旅游感知视角下西南少数民族地区农业旅游发展模式研究

黄燕玲 罗盛锋 著

科学出版社

北京

内 容 简 介

农业旅游研究是我国旅游研究的重要内容之一，"主客"旅游感知及满意度高低是新农村建设中农业旅游目的地发展可持续与否、发展模式选择的关键依据。

本书通过对桂、黔、滇三省(区)少数民族农业旅游资源以及典型特色农业旅游示范点的研究，在分析农业旅游的内涵、新农村建设与可持续发展的关系基础上，以探索少数民族地区农业旅游和谐发展、西部地区农业旅游资源的永续利用、解决"三农"问题、推进社会主义新农村建设为研究目标，从"主客"感知出发探讨少数民族地区农业旅游发展优势与瓶颈，并进行农业旅游和新农村发展评价与模式选择，为国内外相关的研究与实践奠定了一定的基础。

本书可供高等院校旅游专业师生和旅游科研、规划、行业管理人员及旅游景区中高层管理人员参考。

图书在版编目(CIP)数据

旅游感知视角下西南少数民族地区农业旅游发展模式研究 / 黄燕玲, 罗盛锋著. —北京：科学出版社，2012
ISBN 978-7-03-033506-7

I. 旅… II. ①黄… ②罗… III. 少数民族–民族地区–农业–旅游资源开发–研究–西南地区 IV. F592.77

中国版本图书馆 CIP 数据核字(2012) 第 019798 号

责任编辑：张　震/责任校对：刘小梅
责任印制：徐晓晨/封面设计：无极书装

科学出版社 出版
北京东黄城根北街 16 号
邮政编码：100717
http://www.sciencep.com

北京厚诚则铭印刷科技有限公司 印刷
科学出版社编务公司排版制作
科学出版社发行　各地新华书店经销
*
2012 年 2 月第 一 版　开本：B5 (720×1000)
2017 年 4 月第二次印刷　印张：17 1/4
字数：340 000
定价：120.00 元
（如有印装质量问题，我社负责调换）

序

　　农业旅游是农业与旅游活动相结合的新型旅游形式，它以其鲜明的乡土性、文化性、生态性和体验性而成为广受旅游者欢迎的消费热点，并成为旅游研究的重要内容之一。无论是农业旅游的理论探索还是农业旅游的发展实践，其目的都是为了更好地满足旅游者需求，改善农民生活，促进农业旅游地的可持续发展。因而，农业旅游的可持续发展模式研究成为农业旅游研究的关键。

　　对于农业旅游地而言，当地社区居民与旅游者是最重要的两大利益主体。居民与旅游者感知的好坏、满意度的高低成为农业旅游地能否可持续发展及其发展模式选择的重要依据。本书基于旅游感知视角对西南少数民族地区农业旅游发展模式进行研究，较好地把握了农业旅游研究的核心命题，不仅有利于丰富和深化农业旅游开发的理论和方法，而且对确保西南少数民族地区乃至整个西部地区农业旅游资源的永续利用、有效解决"三农"问题、推进社会主义新农村建设具有较为重要的理论价值和实践意义。

　　该书通过对西南少数民族地区农业旅游资源以及典型的特色农业旅游示范点的实地考察、问卷调查和深度访谈，以探索少数民族地区农业旅游和谐发展及西部地区农业旅游资源的永续利用为主要研究目标，沿循资料准备和开展调研、理论研究与实地调查、理论推导与定量研究、实证分析与初步成果交流、补充调研和成果修订的研究路线，采取规范分析与实证分析相结合的方法，在较为深入系统的理论梳理和实地调研的基础上，构建了旅游者感知、满意度及行为理论模型，设计并验证了具有信度和效度的测度量表，重点从旅游地关键的利益相关者——农村居民与旅游者的视角探讨西部少数民族地区农业旅游发展优势与瓶颈，运用结构方程模型进行了实证分析。该书研究成果构建了科学、适用的农业旅游地可持续发展评价及发展模式，完善了农业旅游资源与可持续发展能力评价方法，丰富了农业旅游的理论内涵，具有学术创新价值和实践指导意义。

　　该书是黄燕玲在她的博士论文和她与罗盛锋共同完成的国家基金项目研究成果的基础上集成的一部旅游学专著，凝聚了他们近几年从事旅游研究的心血和学术智慧。作为黄燕玲攻读博士学位期间的导师，我为她所取得的研究成果和学术贡献倍感欣慰和自豪,并祝愿她取得更高水平的学术成就。

黄震方

南京师范大学旅游系教授、博士生导师

2011 年 12 月于南京

前　言

农业旅游是我国旅游研究的重要内容之一。西南少数民族地区自然环境恶劣、经济发展水平较低，但该区域农业旅游资源丰富并面临良好发展机遇。因此，就西南少数民族地区农业旅游展开研究不仅有利于丰富和深化农业旅游开发的理论和方法，也有利于确保该地区乃至整个西部地区农业旅游资源的永续利用，对于解决"三农"问题、推进社会主义新农村建设具有重要的理论价值和实践意义。

本书通过对桂、黔、滇三省(区)少数民族地区农业旅游资源以及典型的特色农业旅游示范点进行实地考察、问卷调查与深入访谈，在分析农业旅游的内涵、新农村建设与可持续发展的关系基础上，以探索少数民族地区农业旅游可持续发展、推进社会主义新农村建设和解决"三农"问题为研究目标，沿循资料准备与开展调研、理论研究与实地调查、理论推导与定量研究、实证分析与成果交流、补充调研与成果修订的研究路线，采取规范分析与实证分析相结合的方法，将方差分析、相关分析、多元回归等统计学基本方法与结构方程、非线性模型、GA遗传算法相结合，从旅游地关键的利益相关者——农村居民与旅游者的视角，即"主客"感知出发探讨西南少数民族地区农业旅游发展优势与瓶颈，提出了相应的少数民族地区农业旅游经营管理运作模式。

全书分三个部分共计八章。

第一部分是研究综述和理论基础，包括第一章和第二章。主要阐述西南少数民族地区农业旅游研究的背景与意义，对农业旅游、旅游感知的国内外研究进展与相关理论进行综述。

第二部分是研究区域背景分析和旅游感知视角下的新农村建设与农业旅游目的地发展模式研究，包括第三章至第七章。第三章对基本概念、研究方法、数据来源等进行说明，阐述区域背景及案例地基本情况。第四章对农业旅游与新农村关系进行阐述。第五章在广泛收集资料和实地调查研究的基础上，构建居民与旅游者两个维度的应用结构方程模型，进行感知、态度、行为的关系研究。研究发现西南少数民族地区居民的旅游感知总体以正面为主，负面影响感知较弱，不同案例地的居民满意度不同程度影响居民参与行为。旅游者感知模型首次从实证层面单独定量验证旅游商品对旅游者满意度与忠诚度的影响，同时定量验证西南少数民族农业旅游目的地自然风光、乡村风貌、民族风情等主题特色的保持与挖掘是吸引旅游者的关键因素。第六章结合新农村建设目标、区域特点、农业旅游开发实际，强调"主客"感知对维持与提升可持续发展能力的重要地位，构建新农村建设目标框架下的少数民族地区农业旅游目的地可持续发展能力评价体系，并运用数学方法对案例地进行可持续发展能力测评，结果较为合理。第七章在"主客"旅游感知与可持续发展能力研究基础上，对西南少数民族地区农业旅游目的地的一般发展模式、空间发展模式、资源产品开发模式及经营管理模式进行探讨，并根据研究结果对可持续能力中上的案例地的发展模式进行总结并提出相应建议。

第三部分，即本书第八章，是研究的主要结论、创新之处与今后研究展望。

研究认为，西南民族地区发展农业旅游的目标与新农村建设目标相吻合，农业旅游的发展对新农村建设具有促进和带动作用，应当把发展农业旅游纳入社会主义新农村建设的整体范畴，正确处理好农业旅游发展与新农村建设的关系。同时，政府主导或者市场与政府共同主导下农旅结合、农民参与的发展模式是目前西南少数民族地区农业旅游发展较为合适的模式选择。注重特色农业景观开发、"两土三乡"资源的利用、加强自然生态资源与少数民族文化保护、不断提高旅游目的地居民的生活水平与旅游业参与度、为旅游者提供高质量的旅游体验并加强政府调控是建设社会主义新农村、提高少数民族地区农业旅游目的地可持续发展能力的关键。研究成果将为带动该区域特色农业发展、加速农村产业结构调整、促进农业与旅游业结合以及农业旅游可持续发展提供借鉴。

本书是国家社会科学基金项目"西部民族地区特色休闲农业与新农村建设研究——以桂、黔、滇三省区为例"（项目编号：06XJY024）和国家自然科学基金项目"'主客'感知视角下西南民族地区旅游影响机理与时空分异研究——以桂、黔两省区为例"（项目编号：41101136）研究的部分成果。本书的出版得到桂林理工大学旅游管理重点学科建设项目、旅游管理特色专业建设项目、旅游管理博士点建设项目和桂林理工大学专著出版基金的资助。

本书在农业旅游开发、感知行为探讨、可持续发展模式研究等方面进行有益探索的同时，难免存在不足和疏漏之处，恳请读者批评和指正。

作　者

2011 年 11 月于桂林

目 录

序
前言
第一章　绪论 ··· 1
　第一节　研究背景 ··· 1
　　一、宏观背景 ··· 1
　　二、西南少数民族地区农业旅游产生的直接动力 ··········· 3
　第二节　选题依据与意义 ··· 5
　　一、农业旅游研究正成为我国旅游研究重要内容之一 ··· 5
　　二、研究地域的必要性 ··· 6
　　三、西南少数民族地区农业旅游面临重大发展机遇，具有重要研究价值 ······ 7
　　四、"主人与客人"旅游感知测评是旅游目的地研究的重要课题 ····· 9
　第三节　研究问题及内容 ··· 10
　第四节　基本方法和技术路线 ··· 13
　　一、基本方法 ··· 13
　　二、技术路线 ··· 14
第二章　文献研究及相关理论基础 ··································· 16
　第一节　农业旅游文献研究及述评 ································· 16
　　一、国外农业旅游研究回顾 ··· 16
　　二、中国农业旅游研究进展 ··· 22
　　三、农业旅游研究述评 ··· 26
　第二节　"主客"旅游感知文献研究及述评 ··················· 27
　　一、居民对旅游影响的感知研究及述评 ····················· 27
　　二、旅游者旅游感知研究及述评 ································· 34
　第三节　相关理论基础 ··· 36
　　一、相关理论 ··· 36
　　二、理论述评 ··· 46
第三章　研究区域背景与数据来源 ··································· 48
　第一节　相关概念分析 ··· 48

  一、农业旅游 ·· 48
  二、旅游目的地 ·· 49
  三、西南少数民族地区 ······································ 50
 第二节 研究区域背景及案例地选择 ······························ 51
  一、研究区域总体概况 ······································ 51
  二、研究案例地基本情况 ···································· 64
 第三节 研究方法、数据来源与处理 ······························ 73
  一、数据来源 ·· 73
  二、研究方法 ·· 75
  三、问卷信度检验 ·· 76

第四章 农业旅游与社会主义新农村建设 ···························· 80
 第一节 社会主义新农村建设 ······································ 80
  一、发展背景 ·· 80
  二、新农村建设的内涵 ······································ 80
  三、新农村建设的方向 ······································ 81
 第二节 我国农业旅游发展与新农村建设的关系和整合 ········ 82
  一、目标的一致性 ·· 83
  二、农业旅游的发展对新农村建设的促进和带动作用 ···· 84
  三、新农村建设是农业旅游持续发展的有力保障 ········ 86
  四、我国农业旅游发展与新农村建设的整合 ·············· 90
 本章小结 ·· 96

第五章 "主客"旅游感知、满意度与行为研究 ···················· 98
 第一节 感知模型构建的理论与方法 ······························ 98
  一、结构方程模型理论与方法 ······························ 98
  二、SEM 在旅游感知与行为研究中的运用 ············· 104
 第二节 居民旅游感知、满意度及参与行为关系研究 ········· 107
  一、居民感知与旅游目的地发展关联性研究 ············ 107
  二、模型构建 ··· 107
  三、假设提出 ··· 110
  四、实证研究 ··· 113
 第三节 旅游者感知、满意度与忠诚度关系研究 ··············· 135
  一、旅游者感知与旅游目的地发展关联性研究 ········· 135
  二、模型构建 ··· 136
  三、假设提出 ··· 144

四、实证研究 ·· 145
　本章小结 ·· 163
第六章　基于新农村建设目标的农业旅游目的地可持续发展能力研究 ············ 168
　第一节　农业旅游目的地可持续发展能力研究 ·· 168
　　一、可持续发展能力评价理论基础 ··· 168
　　二、现有可持续发展能力评价研究的基本情况 ·· 169
　　三、基于新农村建设目标的民族地区农业旅游目的地可持续能力评价体系构建 ··· 175
　第二节　基于GA优化的可持续发展能力评价 ··· 180
　　一、遗传算法原理与优点 ·· 180
　　二、可持续发展评价模型 ·· 181
　　三、西南少数民族地区农业旅游目的地可持续发展能力分析 ······················· 184
　本章小结 ·· 189
第七章　西南少数民族地区农业旅游发展模式研究 ·· 191
　第一节　西南少数民族地区农业旅游可持续发展理论模式 ····························· 191
　　一、西南少数民族地区农业旅游发展遵循的基本原则 ································· 191
　　二、西南少数民族地区农业旅游可持续发展一般模式分析 ··························· 192
　第二节　西南少数民族地区农业旅游空间发展模式 ······································ 196
　　一、区位因子 ·· 196
　　二、农业旅游目的地地理空间形态 ··· 197
　　三、农业旅游目的地发展的经济空间演化 ·· 200
　第三节　西南少数民族地区农业旅游资源(产品)——市场开发模式 ··············· 203
　　一、西南少数民族地区农业旅游开发的主要影响因子 ································· 204
　　二、西南少数民族地区农业旅游开发内容 ·· 211
　　三、农业旅游资源(产品)——市场开发模式 ··· 212
　第四节　西南少数民族地区农业旅游经营管理运作模式 ································ 216
　　一、农业旅游经营管理一般模式回顾 ·· 216
　　二、西南少数民族地区农业旅游现阶段发展模式研究 ································· 218
　　三、案例地——"主客"总体感知均良好的红岩新村模式 ···························· 221
　　四、案例地——旅游者忠诚度高的巴拉河旅游区模式 ································· 224
　本章小结 ·· 229
第八章　结论与讨论 ·· 231
　第一节　主要研究结论 ·· 231
　第二节　研究的创新点 ·· 233
　第三节　研究展望 ·· 234

一、模型的修正与验证 ··· 234
　　二、对新农村建设框架下可持续发展能力的评价 ······················· 234
　　三、西部少数民族地区农业旅游目的地的动态、系统、全面研究 ········· 235
参考文献 ··· 236
附录 ··· 252
　　附录A　居民参与旅游情况调查问卷（一） ································· 252
　　附录B　居民参与旅游情况调查问卷（二） ································· 255
　　附录C　旅游者感知调查研究问卷（一） ································· 258
　　附录D　旅游者感知调查研究问卷（二） ································· 261
后记 ··· 264

第一章 绪 论

第一节 研究背景

一、宏观背景

(一) 全球生态危机

人类社会的科技水平、社会生产力水平和物质财富随着机器大工业的迅速发展而迅猛增长。当我们为丰富物质生活的到来而雀跃时，诸多问题也开始困扰我们，生态环境恶化日趋严重。人口爆炸、土地沙化、资源枯竭、能源危机、环境污染以及由此引发的一系列问题，已经使人类陷入生存困境，全球生态面临严重危机。

(二) 可持续发展观的确定

可持续发展是人类寻求与生态环境和谐共存的一种生存发展模式。自人类诞生到工业革命之前，人类活动对资源的消耗相对较少，对环境的破坏范围也较小，从总体上看，人与自然、环境的发展基本协调。随着工业革命的到来，社会生产力得到极大提高，经济规模不断扩大，由于片面追求经济增长，人类一味滥用赖以支撑经济社会发展的自然资源和生态环境，资源过度消耗，生态环境急剧破坏，人与自然的关系达到了空前紧张的程度。传统发展模式可能带来的灾难性后果促使人们对过去的行为和"高增长、高消费、高污染"的发展模式进行深刻反思。

经历了 1972 年联合国通过《人类环境宣言》、1980 年提出"可持续发展"概念、1987 年世界环境与发展委员会通过《我们共同的未来》报告、1990 年联合国环境与发展大会通过《二十一世纪议程》、1992 年世界环境与发展大会提出《里约环境与发展宣言》，可持续发展已成为世界各国、各地区制定发展战略时的必然选择。这是人类对发展观的探讨经过了从经济、技术层面到文化、价值层面的深化，是人类对以往发展观反思的结果，涉及人对自然、人对社会及自身的本质的认识。

(三) 我国社会主义新农村建设深入推进

中国共产党十六届五中全会提出了"生产发展、生活宽裕、村容整洁、乡风文明、管理民主"的社会主义新农村建设的任务,明确新时期农业和农村工作的总目标和总要求。建设社会主义新农村成为我国现代化进程中的重大历史任务。只有切实推进社会主义新农村建设,加快农业、农村发展和农民增收的步伐,促进农村经济社会全面进步,才能解决"三农"问题。农业旅游依托的旅游资源分布于农村,以农业生产、农民生活、农村风貌、民俗文化等为主要内容,是集农业生产和观光休闲为一体的农业生产经营模式(同时也是一种旅游新产品、新形式)。农业旅游与建设社会主义新农村具有高度的内在统一性。农业旅游的发展,可以调整农业产业结构,提升农村的产业层次和水平,促进农业多种功能的实现,推动农村的全面发展。旅游业是关联带动性强、拉动内需明显、扶贫功能强大的产业。农业旅游的蓬勃兴起和迅速发展,可以引导和吸引大量农民从事或参与旅游接待服务,向非农领域转移,从而有效实现农村富余劳动力就业,加快广大农民脱贫致富的步伐。而新农村建设的深入推进,又为包括旅游业在内的农村各类产业的发展壮大提供了难得的机遇。

(四) 我国城市化进程加速

从城市化水平来看,世界城市化发展的规律表明,当一个国家或地区的城市化水平达到 30% 左右时,城市化进程将进入快速发展阶段。从经济发展水平来看,世界银行对全球 133 个国家的统计资料表明,当人均国内生产总值从 700 美元提高到 1000~1500 美元、经济步入中等发展中国家行列时,城市化进程加快,城市人口占总人口比重将达到 40%~60%。我国国家统计局数据显示,2006 年年底,我国人均 GDP 已经超过 2000 美元。2006 年,我国东、中、西部城市化水平分别为 54.6%、40.4% 和 35.7%。2007 年,中国城镇化率平均达到 43.9%。城市化和经济发展水平的指标都表明我国城市化已进入快速发展的阶段。城市化进程的加快导致城市数量、规模的迅速膨胀。其结果是,一方面由于城市人口增加带来了农业旅游的潜在客源;另一方面,则由于城市化带来的交通和基础设施的改善,距离中心城市较近的部分农业旅游目的地可进入性增强。同时,大量城郊农田被侵占,田园景色变得越来越难得一见,这促使城市居民日渐怀念乡野自然风光。

二、西南少数民族地区农业旅游产生的直接动力

(一) 西南少数民族地区农业旅游的吸引力

1. "乡村性与农耕文化"的吸引力

后工业社会推动城市居民回归自然，农业旅游兴起是后工业社会渴望回归自然的回馈与响应。拥有辉煌工业文明的后工业社会正在失去与自然的和谐相依：喧闹的城市环境、快节奏模式化的生活、大同小异的人造景观和林立的高楼大厦疏远了人与自然、人与人的距离，无奈、紧张、烦躁压迫着现代人的神经。钢筋水泥、千篇一律的城市景观无力解救生活在狭小杂乱工作与生活空间中的处于亚健康的城市人，于是与此形成强烈对照的恬静乡野、田园风光、清新空气、泥土芳香、淳朴民风、清新的绿色食品、人与自然和谐相伴的生活方式以及保存久远的文化传统则构成了一种强烈的诱惑。作为人类聚居的最初形态，乡村是聚居文明的发祥地。代代传承的千年农耕文化、民族文化和传统习俗使乡村成为丰富多彩的生态文化展示地，成为人与自然、人与人和谐共处的精神家园。

2. "民族性"的吸引力

西南少数民族地区聚居着壮、瑶、侗、苗等数十个少数民族，是我国少数民族人口数量最多的区域。各少数民族在农业生产方式和习俗等方面有明显差异，拥有多姿多彩的民族文化，包括民间传说、民间工艺、居住文化、服饰文化、婚嫁习俗、祭祀文化、耕作文化等。它们因其特有的文化底蕴、奇风异俗、与现代主流社会中心文化之间的巨大差异，对外界产生了浓厚的神秘感，深深吸引着人们去探奇访幽，对希望了解中国传统文化的境外旅游者更是具有巨大的吸引力。少数民族文化作为一项重要而宝贵的乡土、本土人文旅游资源，是西南少数民族地区农业旅游发展的重要基石。

3. "地方性"的吸引力

西南少数民族地区农业旅游的吸引力还源自其特殊地缘性知识体系和突出的族群特色。在全球化进程中，"地方"往往处于一种"边缘"状态，然而，"地方性"又是保留、保存和保持文化多元价值不可缺少的土壤。为了让"地方"有更大的发展空间，并使西南少数民族地区农业旅游的最大特点——"两土三乡"（乡土特色、本土资源、乡村生活、乡风民俗、乡野环境)得以保存，应当倡导农业旅

游,并将其作为一项长远发展目标。西南少数民族地区"地方性"产生的独特魅力在我国农业旅游发展中不可或缺。

(二) 西南少数民族地区农业旅游的推动力

1. 经济发展产生强劲动力

一个国家旅游产业的发展与综合国力密切相关。我国综合国力不断增强,为实现旅游业又好又快发展提供保证。发达国家旅游业发展的经验表明,在人均GDP达到1000美元以后,旅游的大众化、普遍化便进入快速发展期,我国总体上已经达到这一临界值,沿海发达地区则早已超过这一临界值。随着生活水平的提高,人们的可支配收入和闲暇时间增多,国内民众对旅游的需求已全面释放。假日经济的兴起推动了国内旅游全面升温,出现旅游人数的大幅增长、热点地区扩张、旅游旺季前"推"后"延"的特点。

2. 各级政府对发展旅游的支持力

旅游业在扩大内需、拉动经济增长和提高人民生活质量方面发挥着日益重要的作用。随着旅游业产业地位的形成,大旅游、大市场、大产品和大产业概念为政府所接受,各级政府对发展旅游青睐有加、大力支持,旅游投入逐年增加,旅游市场日趋规范,旅游行业改革逐年深化。

3. 实现"城市反哺农村"有效途径

目前,我国仍有60%的人口生活在农村,城乡差别很大;"三农"问题已成为我国全面建设小康社会的瓶颈。在长期的发展过程中,城乡分割的二元制结构使投资、资源、人才、技术和知识的配置向城市、工业和城市居民倾斜,城镇与农村经济发展上呈现不完整性、不平衡性和不趋同性。因此,我国提出"城市反哺农村",不断强调城乡统筹协调发展。农业旅游适应城市居民的生活需要和心理需求,可以促成多次光顾和反复消费,因此农业旅游的发展有利于打破城乡分治的樊篱,增强城乡交流。作为一种有效的城乡统筹途径,农业旅游为各级政府所提倡。

4. 促进农村经济全面发展的驱动力

西南少数民族地区大部分仍属于欠发达地区,迫切需要通过经济发展带动社会全面进步。而发展农业旅游成功的案例证明,它契合了长期以来农民渴望脱贫致富的愿望,农业旅游的利润和效益是普通种养业的5~10倍。农业旅游是农村经济中最具有附加值的产业，农业旅游可以调整农业生产结构不合理、农村第三产业比例小、农业经济效益低下等不利于农村经济发展的传统产业结构，带动农村商业、服务业、交通运输、建筑等相应产业的发展，同时改变传统农业仅仅专注于土地本身的大耕作农业的单一经营思想，把发展的思路拓展到关注"人—地—人"和谐共存的更广阔的背景之中。

综上所述，城市人口迅速扩张与城市化进程加速保证农业旅游客源形成，回归自然与乡土的生态和谐理念为城市居民做好了进行农业旅游的思想准备，城市日益恶化的生存环境所产生的推动力，西南少数民族地区乡村淳朴优良环境与地方性、民族性文化所形成的吸引力，以及我国改革不断深入、各级政府对旅游的支持力与健康的旅游产业环境为农业旅游发展创造良好条件，正是本书产生的背景。

第二节 选题依据与意义

一、农业旅游研究正成为我国旅游研究重要内容之一

通过对中国学术期刊网（www.cnki.net）的检索，发现农业旅游相关研究成果呈上升态势，如表1-1所示。截至2007年8月18日，经对国家图书馆（www.nlc.gov.cn）的检索，农业旅游（"旅游"+"农业"、"休闲"+"农业"、"观光"+"农业"、"乡村"+"旅游"）方面的文献有234项记录；对我国两大搜索引

表1-1 中国学术期刊网中关于农业旅游研究的成果检索一览表

年份	中国学术期刊网	题名	篇数	
1980~1996年	所有期刊	"旅游"+"农业"	19	
		"休闲"+"农业"	14	
		"观光"+"农业"	23	
		"乡村"+"旅游"	2	
1997~2006年	所有期刊	"旅游"+"农业"	447	
		"休闲"+"农业"	147	
		"观光"+"农业"	461	
		"乡村"+"旅游"	463	
			硕士论文	博士论文
2000~2006年	硕士、博士毕业论文	"旅游"+"农业"	13	0
		"休闲"+"农业"	1	1
		"观光"+"农业"	19	0
		"乡村"+"旅游"	26	0

注：①"+"代表"并且"；②表中相关统计未考虑重复计数问题，不同主题词的检索可能有重复

擎就关键词农业旅游、休闲农业、观光农业、乡村旅游进行检索，情况如表 1-2 所示，结果表明农业旅游出现的总频数最高，其次为休闲农业。农业旅游研究正成为我国旅游研究重要内容之一。

表 1-2　我国两大搜索引擎检索"农业旅游"情况表

搜索引擎	检索内容			
	农业旅游/项	休闲农业/项	观光农业/项	乡村旅游/项
www.baidu.com	1 930 000	2 530 000	295 000	1 770 000
www.google.com	2 670 000	1 720 000	542 000	1 250 000
搜索量总排位	1	2	4	3

二、研究地域的必要性

将西南少数民族地区农业旅游目的地作为研究对象基于以下原因：

其一，西南少数民族地区是少数民族"地方性"最为典型的区域之一。西南少数民族地区是我国少数民族人口数量最多的区域，乡土气息浓郁，少数民族文化丰富，具有民族多样、生物多样、景观多样的特点。旅游研究对"地方"的建构成为一种引人注目的发展趋势，它不仅使我们看到东道主社会地方的自然和文化形貌，而且可以通过对地方的研究更进一步检讨旅游者的经历、经验以及他们的认同情况（Kohn，1996）。"在当代人类学的分析中，地缘性（locality）无疑成为一个关键性视角。"（Silverman and Gulliver，1992）因为"地方"才是人类文化多元存在和保护的"留守地"。因此，西南少数民族地区"农业旅游目的地"应当成为我国旅游研究的关注地域。

其二，西南少数民族地区农业旅游目的地可持续发展具有特殊性。旅游目的地是整个社会的一部分，而西南少数民族地区农业旅游目的地中尚有众多非典型意义的旅游地，它们的可持续发展具有一定的特殊性。其发展状态不仅直接影响到旅游目的地的可持续发展，甚至还会波及旅游者以及旅游者所在社区的和谐发展。因此，西南少数民族地区农业旅游目的地的可持续发展是整个西部地区乃至整个国家可持续发展至关重要的一部分。

其三，西南欠发达地区与东部发达地区经济、文化、自然环境均存在较大差异。西南少数民族地区农业旅游资源丰富的区域很多分布在欠发达地区，这些地区经济发展更为重要。同时，西南少数民族地区农业旅游目的地多处于少数民族聚居地，其人口教育程度相对偏低、经济贫困、思想保守，而原生态的自然环境与人文环境又极其脆弱，在旅游者大量涌入，人流、物流、信息流的冲击下，当地居民容易产生心理、社会文化与经济利益的失衡感，自然与人文生态更容易遭受破坏，从而妨碍旅游目的地的可持续发展，因此扶贫工作与保护开发必须兼顾。2004~2006年国家旅游局公布的两批359个国家级农业旅游示范点分布于全国31个省(直辖市、自治区)，但地区分布不均衡，呈现出明显的空间集聚特征。全国范围看，农业旅游示范点主要集中分布在东部地区，占据了总量一半以上，研究也较多。而西部地区虽然农业旅游资源丰富，但由于经济基础、区位交通、人力资源等方面存在着不少劣势，农业旅游发展与研究相对滞后。研究如何促进包括农业、农村、农民参与在内的西南少数民族地区农业旅游可持续发展更具有现实意义。通过研究居民与旅游者的感知来判定农业旅游目的地发展模式优劣，从而吸取教训、改进发展路径，以起到以点带面的示范作用。

三、西南少数民族地区农业旅游面临重大发展机遇，具有重要研究价值

世界旅游组织(UNWTO)于1993年提出：旅游是一种经济发展模式，可以提高接待社区生活质量，能为旅游者提供高质量的体验，并可维持接待社区和旅游者所依赖的环境质量。农业旅游具有增加农民就业机会与收入渠道，提高农民收入，改善农村产业结构的经济功能；增加城乡居民接触，缩小城乡差别，提升农村生活品质的社会功能；提供认识农业、了解动植物生长过程、体验农村生活及认识农村文化及生态的教育功能；提供休闲场所，开展健康休闲活动，解除工作及生活压力，达到休养身心作用的游憩功能；使农村特有的生活文化、农耕文化、产业文化及民俗文化得以继承，同时能创造出具有特殊风格的本土文化与乡土文化的文化传承功能。因此，研究西南民族地区农业旅游可持续发展对妥善解决我国"三农"问题具有十分重要的意义。

(一) 政策机遇

国家不断推进西部地区基础设施和生态环境的建设，促使西部地区的特色经济、优势产业有较大的发展。实施西部大开发，中央财政加大对地区的支持力度，西南少数民族地区均处于我国西部政策扶持范围之内。国家的投资重点放在西部生态环境和基础设施建设上，这无疑为西南少数民族地区农业旅游创造了良好的政策机遇。西南三省分别处于我国两大流域的上游(云南、贵州位于长江中上游，广西处于珠江流域上游)，三省区均面临退耕还林、保护生态环境的重任。因此，桂、黔、滇三省区要发展农业旅游既存在着可能性，也有必要性。同时，建设社会主义新农村这一重大决策，既为我国农业、农村发展带来了千载难逢的历史机

遇，也为农业旅游在我国西部地区的农村更好更快的发展开辟了广阔天地。

(二) 市场机遇

进入信息时代以来，人们闲暇时间越来越多，休闲、旅游需求不断增加。根据国外学者的预测，到2015年左右，人类将有50%的时间用于休闲。旅游作为休闲活动的重要内容将日益受到人们的青睐。目前我国法定节假日一年有115天，使旅游更有了时间上、制度上的保证，尤其是休假制度的调整更有利于我国居民进行短途旅行。集奇趣性、参与性、多功能为一体的农业旅游将使旅游者充分感受"创耕耘，植五谷，驯畜禽，尝百草，创编织，兴贸易"的农业生产过程，并体味生机盎然的农村生活景象，因此能极大地满足城市居民求新、求异、参与、实惠等方面的需求。开展农业旅游也相应促进西南地区旅游产品的多样化、改善旅游线路网络布局，从而开拓更广阔的旅游客源市场。

我国旅游形势喜人，西南三省区旅游情况同样呈现上升态势(除2003年"非典"以外)，如表1-3和表1-4所示。西南少数民族地区是经济欠发达地区，先期投入的产业必须有较大的消费市场支持，否则即使有政策、人才、资本的支撑也不可能持续发展。农业旅游在西南少数民族地区有发展前景正是由于不断加速的城市化进程带来了广大城市居民旅游消费市场。桂、黔、滇三省区均属"泛珠三角"区域，该区域人口和经济总量均占全国1/3，加上香港和澳门两个特别行政区，市场前景广阔。"泛珠三角"区域内城镇居民收入较高的省份，如广东、福建的城市居民应是西南少数民族地区发展农业旅游重要目标客源市场，"泛珠三角"九省区城镇人口及城镇居民收入如表1-5所示。

表1-3 2000~2009年西南少数民族地区旅游业主要指标   单位：万人次

年份	入境旅游者 广西	入境旅游者 贵州	入境旅游者 云南	国内旅游者 广西	国内旅游者 贵州	国内旅游者 云南
2000	122.92	18.39	100.11	3 951.21	—	3 841.04
2001	124.51	20.55	113.16	4 403.12	2 099.24	4 578.94
2002	130.22	22.81	130.36	4 886.92	2 200	5 110.1
2003	64.53	7.7	100.01	4 540.35	1 835.21	5 168.8
2004	112.5	23.1	110.1	5 517.5	2 480.37	6 011
2005	147.71	27.62	150.28	6 490.93	3 098.39	6 864.9
2006	167.64	32.14	181	7 399.67	4 715.75	7 721.3
2007	205.5	43.00	221.90	8 549.73	6 219.89	8 986
2008	201.02	39.54	250.217	9 687.41	8 150.69	10 250.1
2009	209.85	39.95	284.49	11 805.9	10 400.0	12 022.9

资料来源：桂、黔、滇三省区2000~2009年统计年鉴及旅游年鉴

表 1-4 2000~2009 年西南少数民族地区旅游业主要指标

年份	国际旅游外汇收入/百万美元 广西	贵州	云南	国内旅游收入/亿元 广西	旅游总收入/亿元 广西	贵州	云南
2000	307.00	61.00	339.00	146.86	—	62	204.25
2001	300.63	68.73	367.01	179.17	—	81.43	211.4
2002	321.00	80.00	419.00	201.11	—	106.43	289.9
2003	164.34	28.94	340.14	193.36	—	116.79	306.64
2004	287.91	80.20	422.45	231.11	—	167.60	369.27
2005	359.00	101.00	528.00	277.8	—	251.17	428.26
2006	423.12	115.20	658.4	334.00	366.2	387.05	499.78
2007	418.5	129.17	859.58	402.03	444.15	512.28	559.21
2008	601.66	116.97	1007.55	491.88	533.7	653.13	663.27
2009	643.34	110.44	1172.21	657	701	805.23	810.8

资料来源：全国统计年鉴，桂、黔、滇三省区 2000~2009 年统计年鉴及旅游年鉴

注：各省区统计年鉴对旅游统计有区别：广西 2006 年以前将国际旅游收入与国内旅游收入分别统计，总收入未作说明；其他两省则只统计国际旅游收入与总收入

表 1-5 2006 年、2009 年"泛珠三角"九省区城镇人口及城镇居民收入

省区	城镇人口/万人 2006年	2009年	城镇居民人均可支配收入/元 2006年	2009年
福建	1 708	3 627	13 753.28	19 577
江西	1 678.38	1 913.80	9 551	14 020
湖南	2 619.93	2 767	10 504.67	15 084.3
广东	5 861.52	6 110	16 015.58	21 574.72
广西	1 718	1 904	9 898.8	15 451
海南	376.16	424	9 395	13 750.9
四川	2 800.25	3 168	9 350.1	13 839.40
贵州	1 086.12	1 135	9 116.61	12 863
云南	1 367.3	1 154	10 070	14 424

资料来源：国家统计局发布的各省区 2006 年、2010 年统计公报

四、"主人与客人"旅游感知测评是旅游目的地研究的重要课题

对于一个农业旅游目的地而言，最重要的利益相关者是当地社区居民与旅游者两个群体，也即"主人与客人"（以下简称"主客"）双方。不同于国家或区域可持续发展，旅游目的地可持续发展的本质与核心是利益主体的感知。"人——利

益主体"才是旅游目的地规划和开发活动最积极、最活跃的实施者，最重要的体验者和承受者，是旅游目的地发展的核心要素。基于旅游目的地利益主体的普遍存在与其感知的可比性、利益主体之间矛盾冲突的相似性，研究将为建立具有普适意义的旅游目的地可持续发展能力评价体系、比较模型提供全新框架。

旅游者对旅游目的地的感知及满意与否，关系到旅游产品的质量评价、旅游市场的开拓与旅游地的可持续发展。旅游目的地应该像工业生产部门一样在质量上追求"零缺陷"，使旅游者在各方面都得到满足，拥有高品质的体验。因此，对旅游者旅游感知、满意度及购后行为进行现实衡量、寻找旅游目的地绩效的薄弱环节，以明确工作急需改进的领域就成为当前旅游目的地建设与管理中的重要课题之一。

旅游目的地居民对旅游影响感知及态度研究是近年来国外旅游社会学、旅游地理学研究的关注点。正如《关于旅游业的21世纪议程——实现与环境相适应的可持续发展》中所言，目的地居民是旅游业可持续发展关怀的重要对象，居民参与是旅游发展过程中的一项重要内容和环节。在旅游发展中，旅游目的地居民正逐步被视为旅游产品的核心，具有典型地缘特色的西南少数民族地区的农业旅游的发展更是如此。旅游业的发展一方面促进社会经济和文化的发展，另一方面加剧了环境损耗和"地方性"的消减。旅游的影响，无论是积极的还是消极的，在目的地社区这一层次上体现得都尤为突出。Franklin和Grang(2001)据此认为，旅游有助于提升对地方知识的了解，同时也有助于增强东道主社会对自己地方文化的自我认同，进而"创造和再造出地方感(sense of place)、历史、文化和所有权"。考察目的地社区居民对旅游影响的感知和态度，推动其参与和支持旅游发展，是实现旅游业可持续发展的重要前提和步骤，所以该领域研究应该成为我国学术界研究的重要内容之一。

第三节 研究问题及内容

对新农村建设发展模式与少数民族地区农业旅游研究的目的是希望通过探讨社会主义新农村建设要求与内涵及农业旅游发展目标，分析二者的相互关系与协调统一，最终达到少数民族农业旅游地可持续、和谐发展目标。

建设社会主义新农村是解决"三农"问题、加快农业和农村各项事业发展的总抓手，是实现农村和谐、促进城乡和谐的根本途径，是构建和谐社会的战略任务和基础工程。新农村是和谐社会在农村的实现形式。发展农业旅游是新农村建设的有效途径。农业旅游的发展将改善农民生活水平、促进农村发展、实现农业产业结构调整，带动地区全面进步，为实现少数民族地区可持续、和谐发展作出贡献！

可持续旅游核心目标与框架中强调旅游发展应当"提高旅游地居民的生活水平；为旅游者提供高质量的旅游感受"，寻求利益相关者之间的平衡与协调。世界旅游组织20世纪80年代也曾通过《旅游权力法案》和《旅游规范》，把旅游对人的教育、人的交流、人的发展，作为旅游业的目标看待。这些观点说明当地人和旅游者的发展都很重要，对他们之间的平衡协调将越来越受关注。旅游地居民与旅游者作为其中最为重要的利益主体，他们对农业旅游发展的好坏、新农村建设的评判、发展模式优劣及选择最有发言权。"主客"旅游感知及满意度高低应当成为农业旅游目的地发展可持续与否、发展模式的选择的关键依据。因此，居民与旅游者对旅游发展的满意程度成为研究关注焦点，影响居民与旅游者满意度形成的各种感知因素成为研究的必然着眼点。

农业旅游作为一种对自然生态、文化、社区有着特别感受的、负责任的、具有强大的扶贫功能的旅游产品在国内外引起研究学者、政府和相关机构的关注。然而尽管文献中一再强调农业旅游重要意义与功能，但有关农业旅游目的地居民与旅游者感知、行为与满意度定量研究却是少之又少，农业旅游目的地发展可持续与否、新农村建设发展模式的选择与"主客"旅游感知及满意度高低密不可分，对该领域研究的不足限制了人们对农业旅游的全面了解。农业旅游对农村居民带来怎样的影响？居民是否支持农业旅游的发展，是否愿意参与到旅游业中？旅游者对农业旅游目的地满意与否？"主客"感知与农业旅游目的地可持续发展之间存在怎样的关系？如何制定西南少数民族地区农业旅游可持续发展能力的评价体系？西南少数民族地区农业旅游可持续发展的模式是什么？至此，引出研究问题。本书将以农业旅游目的地的居民与旅游者为研究出发点和着眼点，主要对下述问题进行研究(图1-1)。

问题1：农业旅游与社会主义新农村建设存在怎样的关系？

农业旅游发展的目的与社会主义新农村建设目标是否一致？社会主义新农村建设的主要内容是否能够通过发展农业旅游逐步实现？农业旅游的发展对促进农村可持续发展有何益处？这是本书首先要解决的问题。

问题2："主客"感知与旅游目的地可持续发展能力构建存在怎样的关系？

"主客"双方对旅游发展的良好感知是农业旅游目的地得以和谐、可持续发展的重要基石。

由于西南地区农业旅游目的地与传统意义上的旅游目的地有所不同，无论在规模、品位、区位还是可持续发展能力表现和形成机理等方面均有差异，仅仅按照传统的指标因子来比较西南少数民族地区农业旅游目的地发展能力，难以得到普遍适用的、统一可测的指标体系。而作为旅游目的地，"主客"双方必然存在，从他们的视角评价旅游目的地可持续发展能力将更为直观，更具有可比性。因此，如何从"主客"感知、行为及满意度出发衡量旅游目的地可持续发展能力，给予定性与定量的评价，使研究具有可推广性是本书所关注的内容。

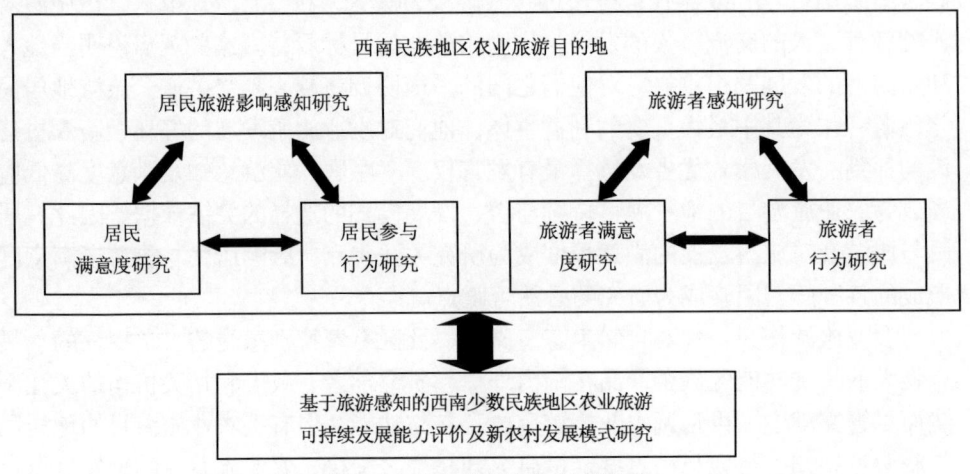

图 1-1　本书要解决的主要问题

问题 3：农业旅游目的地居民对旅游影响的感知、态度及参与行为之间存在怎样的关系，如何评估与测量？

旅游目的地居民旅游影响感知研究对考察居民的满意度及参与行为有着重要作用。但目前几乎没有定量研究来分析存在于农业旅游目的地居民旅游影响感知及居民满意度和参与行为之间的关系。而且，国内旅游目的地居民的感知研究较少涉及少数民族地区。本书以西南少数民族地区农业旅游为研究对象，探讨居民旅游影响感知与满意度及参与行为之间的相互关系，将有助于完善这一领域的研究。

问题 4：农业旅游目的地旅游者对目的地的感知、满意度及购后行为之间存在怎样的关系，如何评估与测量？

对抽象事物的定量研究一直是管理科学领域的热点和难点，国内有关顾客满意度的定量测评研究起步较晚，而且较多集中于企业有形产品的分析，由于旅游产品的无形性，国内对特定旅游产品的旅游者感知及满意度定量测评尚处于初步探索阶段，相关文献不多，而且比较零散。此外，目前的研究更多地关注发达地区或旅游风景名胜区，对西南少数民族乡村区域的研究尚不多见。研究探讨西南少数民族地区农业旅游目的地旅游者感知、满意度及购后行为之间的关系，将有助于填补这一领域的空白。

问题 5：新农村建设目标指导下如何使农业旅游目的地可持续发展，如何评价？少数民族地区农业旅游目的可持续发展模式是什么？

为真正实现西南少数民族地区农业旅游目的地可持续发展，本书探索构建及评估在中国背景下的农业旅游可持续发展能力评价体系，以及西南乃至西部地区能推广、具有可操作性的农业旅游发展模式，包括一般理论模式、空间布局模式、资源（产品）与市场开发模式及经营管理运作模式。

基于以上问题，本书主要内容安排如表1-6所示。

表1-6　内容安排表

三部分	七章节
第一部分 研究背景与理论基础	第一章　绪论 研究背景、依据、意义、问题、内容、方法与技术路线 第二章　文献研究及相关理论基础 农业旅游文献研究及述评、旅游影响感知文献研究及述评、相关理论基础
第二部分 旅游感知、新农村建设与 农业旅游发展模式研究	第三章　研究区域背景与数据来源 第四章　农业旅游与社会主义新农村建设 第五章　"主客"旅游感知、满意度与行为研究 第六章　农业旅游目的地可持续发展能力研究 第七章　西南民族地区农业旅游发展模式研究
第三部分 结论与讨论	第八章　结论与讨论 研究的主要结论、创新之处与研究展望

第四节　基本方法和技术路线

一、基本方法

综合运用计量经济学、社会学、人类学、地理学、旅游学、遗传算法等的基本原理，利用相关分析方法和分析工具对西南少数民族地区农业旅游目的地"主客"旅游感知、新农村建设与可持续发展能力体系及评价、发展模式进行研究。主要研究方法有：

（1）文献查阅法。掌握国内外关于农业旅游、旅游感知、可持续发展、新农村建设等的研究进展及实践应用情况。

（2）比较分析方法。对当今国内外先进农业旅游开发、旅游目的地"主客"旅游感知、可持续发展研究进行比较分析，以使西南少数民族地区新农村建设与农业旅游可持续发展能力评价体系、"主客"旅游感知、参与行为及满意度模型构建更具科学性、合理性。

(3) 田野工作法(深度访谈、问卷调查与实地考察)。研究选取西南少数民族地区全国农业旅游示范点进行实地调研,深入了解分析西南少数民族地区农业旅游与新农村建设发展情况、目的地居民旅游影响感知情况、旅游者满意度与忠诚度情况等,为探讨西南少数民族地区农业旅游可持续发展能力及"主客"感知模型构建提供参考。

(4) 定性和定量研究相结合的综合集成方法。利用 EXCEL、SPSS、LISREL、MATLAB 等软件进行因子分析、路径分析、遗传算法分析等定量研究;运用方差分析、交叉分析、相关分析、多元回归等多种方法从不同角度对西南少数民族地区农业旅游可持续发展能力及"主客"感知模型进行研究。

本书在实证分析与规范分析相结合的基础上,通过观察(感觉)获得对某些现象的认知,得出相关的结论,同时又根据研究的需要,把一定价值判断作为出发点和落脚点,提出所研究的事物"应该是什么"、"不应该是什么"。循着这样的思路,将重点放在对西南少数民族地区案例地的研究上,通过分析确定它们可持续发展能力强弱,据此讨论西南少数民族地区农业旅游目的地的发展模式,并提出相应对策。

二、技术路线

技术路线如图 1-2 所示。

第一章 绪 论

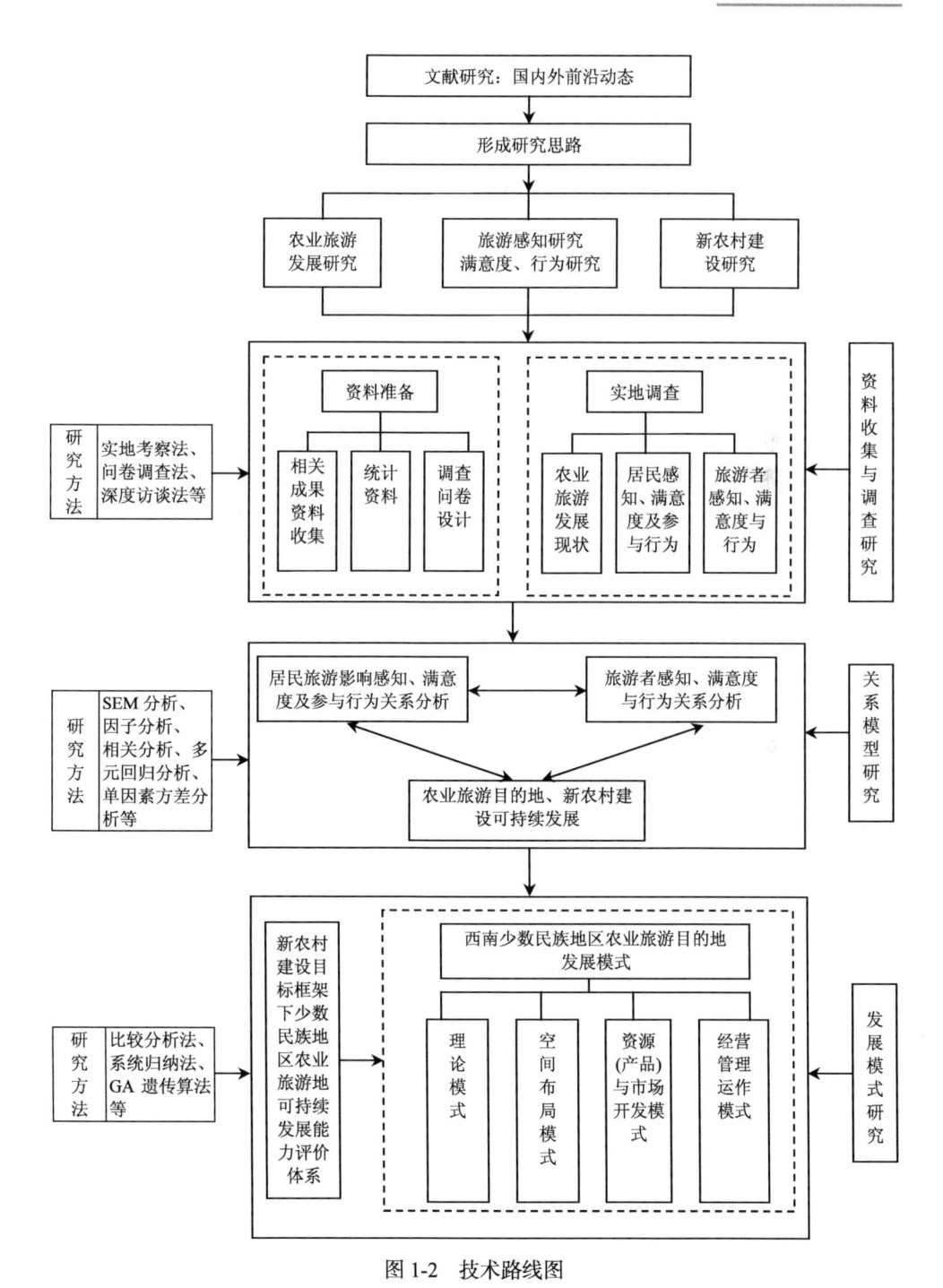

图 1-2 技术路线图

第二章 文献研究及相关理论基础

第一节 农业旅游文献研究及述评

一、国外农业旅游研究回顾

19世纪30年代欧洲就已开始了农业旅游。1865年，意大利成立了"农业旅游全国协会"，专门介绍城市居民到农村去体味农田野趣，这是农业旅游的萌芽(Steime，1996)。第二次世界大战后，日本出现了以梨园和葡萄园为主的"观光农园"，法国巴黎郊区有出名的葡萄园观光，波兰戏称农业观光为"梨树下的度假"，新加坡有著名果园路。农业旅游经历了由欧美发达国家兴起、普及继而向发展中国家推广的历程。当前，国外对农业旅游、乡村旅游的概念，农业旅游产品和市场开发，农业与乡村可持续发展、宏观政策等方面研究比较充分，研究方法多种多样，主要运用社会学、人类学、地理学、旅游学研究的方法，包括访谈法、问卷调查、案例分析、相关分析、聚类分析、比较法和综合法等。调查的方式主要有小范围座谈(a small meeting)、大范围讨论(a large open public meeting)、一户一户的问卷调查(a house to house survey)等。

(一) 农业旅游相关概念研究

在国外，与农业旅游(agro-tourism/agri-tourism)概念相近的术语较多，主要有农庄旅游(farm tourism)、乡村旅游(rural tourism)、农村/村寨旅游(village tourism)等。

1. 农业旅游(agro-tourism/agri-tourism)

Pulinaa等(2006)指出农业旅游是意大利发展最快的一种旅游业形态，托斯卡拉(Tuscany)旅游局认为发展农业旅游是为了保护农地及农村生活免受城市化的吞噬。Weaver和Fennell(1997)认为农业旅游是农业经营与商业旅游的综合体。Nilsson(2002)认为农业旅游作为农场多种经营的一种形式，特色在于农场主/农民积极地为旅游者提供膳食住宿等旅游服务。Bowen 等(1991)、Hjalager (1996)和 Lobo 等(1999)均认为农业旅游是旅游多样化的一种形式。Clarke(1996)认为农业旅游应当包括农庄住宿、自助采摘、农事活动与节日，为孩子设计的农场旅行等。McGehee 和 Andereck(2004)认为经济利益是发展农业旅游的外在动机，社会和文化价值是其内在动机。欧洲、澳洲等世界先进国家农业旅游以休闲观光农场，特别是民宿农庄或度假农庄的形式最普遍，其农业旅游有四个特点：它是一种替代性的旅游产品；采用副业形态经营民宿，以增加农场经营收入；游客以国外自助游者居多；强调教育解说服务，提供丰富的农业知识。

2. 农庄旅游(farm tourism)

农庄旅游是基于农庄的生产、接待、娱乐设施而开展的观光或度假活动，旅游者可以在农庄里尽情享受农村生活，它是一种利用旅游活动对农业产业功能进行有效补充的农场形态。Dernoi(1983)认为农庄旅游在欧洲由来已久，近年来它作为旅游资源和农村社区利润来源的重要性日益显现。Hjalager(1996)认为农庄旅游尤其指农民以所有者的身份积极与小型旅游企业合作的一种经营形式。Hong(2001)则对农庄旅游的社会意义进行探讨。Hoyland(1982)和 Nilsson(2002)就农庄旅游的特点进行探讨，Nilsson 还指出"farm tourism(农庄旅游)"与"rural tourism(乡村旅游)"难以区分，就范围而言，后者涵盖的内容要多于前者。Clarke(1996)则详细阐述"farm tourism"与"tourism on the farm"的区别，当膳宿从农场环境中剥离时可称之为"farm tourism"，而"tourism on the farm"则将农场的环境、生产、接待、娱乐设施等综合为一个产品进行推销。Busby 和 Rendle(2000)指出农业耕种与农庄旅游的联系变得日渐淡漠，由于有了从事旅游经营的收入而且这部分收入渐渐高于农耕收入，这使农场主逐渐远离农业生产活动；而"farm activities(农耕活动)"也不再是农庄旅游的必要组成部分。Walford(2001)的研究也印证这一观点，他指出旅游者更为关注优美、恬静的氛围。

3. 乡村旅游(rural tourism)

乡村旅游是一个内涵广泛的术语。欧洲联盟(EU)和世界经济合作与发展组织(OECD, 1994)将乡村旅游(rural tourism)定义为发生在乡村的旅游活动。其中"乡村性(rurality)"是乡村旅游整体推销的核心和独特卖点。因而乡村旅游应该是发生于乡村地区，建立在乡村世界特殊面貌、小规模经营、空间开阔和可持续发展的基础之上的旅游类型。欧洲联盟还曾将所有发生在非城市领域的旅游均称之为"乡村旅游"，这使得乡村旅游概念的界定变得摇摆不定。

Getz 和 Page(1997)认为乡村旅游应当包括野生地，即所有非城市旅游都是乡村旅游，它包括以下要素：乡村旅游的经营者、乡村旅游产品和服务、乡村吸引力、乡村旅游的地理范围。而在德国，则主要是指有人居住的农村空间旅游，包括农场旅游和农林地区或社区，不包括野生地。

Bramwell 和 Lane(1994)曾对乡村旅游的概念作了较为全面的阐述，认为乡村旅游的概念远不仅仅是在乡村地区进行的旅游活动那么简单。相反，由于乡村旅游是一种复杂的、多侧面的旅游活动，不同的国家和地区乡村旅游的形式不同，同时界定了乡村旅游的五大元素：位于乡村地区；旅游活动是乡村的，即旅游活动建立在小规模经营企业、开阔空间、与自然紧密相联、具有文化传统和传统活动等乡村世界的特点基础上；规模是乡村的，即无论是建筑群还是居民点都是小规模的；社会和文化具有传统特征，变化较为缓慢；类型多样。

而著名学者 Inskeep(1991)对乡村旅游的提法与分类有另外见解，他在《旅游规划———一种可持续的综合方法》一书中，将农业旅游(agro-tourism)、农庄旅游(farm tourism)、乡村旅游(rural tourism)等提法不加区分，相互替代；将对偏远乡村的传统文化和民俗文化旅游称之为"village tourism"。

除了前面几种提法外，对于乡村旅游还有另外的解释。Patmore(1983)认为乡村就其自身而言不是休闲资源，而是介于城市和荒野山地之间的连续体，因而城市和乡村并没有严格的区别，乡村本身并没有什么特性使乡村成为旅游资源。相反，乡村是由于生活于其中的人们所赋予的文化而变得富有魅力。

4. 村寨/农村旅游(village tourism)

对民族村寨旅游的相关研究始于 20 世纪 70 年代，西方学者 Christian Saglio 于 20 世纪 70 年代末在塞内加尔卡萨曼斯地区对当地的村寨发展旅游进行了研究。国外有关民族村寨的旅游学研究主要是基于"乡村旅游"这一大概念下进行的。不少居民感知的研究也是着眼于村寨，如 Lepp(2007)。Friedmann(1980)指出农舍及农民间的族群关系是农村社区维系的纽带，包括日常交换农产品、互助劳作等，正因为如此，农村/村寨是典型的农村关系表现的最直接的舞台。传统村寨系统所拥有的经过世代传承的权力、等级制度和声誉，仍使其对当地社会、经济有着广泛影响(Lipscomb, 1998)。规模小的县、镇与村寨是旅游者所中意的旅游点，也是吸引他们到访的主要原动力之一(Lepp, 2004; Lepp and Holland, 2006)。

(二) 农业旅游发展的供求关系研究

农业旅游发展的主要动因，从需求角度看，是城市人逃避城市污染和快节奏生活方式，渴望回归乡野的心理需要；从供给角度看，农业旅游是增加农户的经济收入，促进当地社区的社会经济发展的有效途径之一。Greffe(1994)认为，固定工作时间制以及双休日的实施，收入增加，交通基础设施的改善，各种旅游形式和种类日趋丰富，人均寿命延长等是农业旅游得以发展的重要原因。

1. 需求研究

对农业旅游需求的研究随着社会发展和需求变化而不断深化。在研究初期，学者们认为农业旅游/乡村旅游主要是穷人的旅游度假形式，随着时代的发展，越来越多的富人参与进来，旅游主体人群的文化层次渐高，改变了农业旅游简陋(poor image)的形象，使农业旅游成为社会各个阶层参与的形式。随着农业旅游主体人群的变化，其需求结构和消费结构也相应变化。

总的来看，需求量和消费量在不断增加的同时，需求结构向多样化发展，农业旅游者表现出不同的出游动机，如独特的生态环境、特别的冒险机会、文化景观、惬意幽静的氛围等(Sharpley and Sharpley, 1997; Page and Getz, 1997)。专项旅游市场也随着需求变化逐渐细分，Greffe(1994)据此认为对于农业旅游经营者而言无疑是一难得的机遇，他们可以通过提供不同的产品而获取最大利益。Greffe还对旅游者的需求进行区分，由两个轴(一个轴为物质主义者——理想主义者，另一个轴为现代的——传统的)划分为4个象限，认为农业旅游者/乡村旅游者的主要兴趣集中在右边两个象限，以主题度假和家庭度假为主要目标。这为确定潜在市场需求提供了帮助。

2. 供给研究

在相关设施供给方面，随着旅游需求的多样化，供给也呈多样化趋势。住宿类型的不同以及伴随的服务差异是供给研究的重要内容。研究者将住宿类型分为宾馆、露营地、家庭旅馆、半自助旅舍、季节性租用的农舍、提供食宿的农舍和第二住宅等，研究不同国家和地区各种住宿类型所占的比例，并对其发展变化做定量分析，可以得出其发展变化趋势。从发达国家的情况来看，提供食宿的农舍、家庭旅馆等形式增长很快，而宾馆和档次低的旅舍增长较慢或呈下降趋势(Slee and Yells, 1985; Evans, 1990; Clarke, 1996; Isabel and María, 2005)。住宿类型朝多样化方向发展的同时，服务的类型和范围也随之多样化。总的趋势有三个方面：一是提供服务以多维度形式进行；二是提供服务的档次愈来愈高；三是服务标准化，规范服务质量(Dernoi, 1991; Evans and Ilbery, 1992; Briedenhann and Wickens, 2004)。

在农业旅游产品开发与市场营销研究方面，Hegarty 和 Przezborska(2005)在对波兰和爱尔兰作了比较研究后认为，农业产业多样性决定了它的发展潜力，但其发展潜力还取决于区域资源及客源市场条件。Davies 和 Gilbert(1992)以威尔士为例，分析了不同农业旅游发展模式下，农场主如何融入统一的市场产品供应链条之中，并识别了不同参与者在其中的角色。Sharpley(2002)以塞浦路斯为例对当地的农业旅游开发及面临的问题进行研究，他指出缺乏有效的市场机制是制约当地农业旅游发展的重要因素。农场主拥有土地、经济上依赖于农场经营、农业旅游深受大众欢迎是刺激其发展的推动因素。

(三) 农业旅游空间布局研究

这方面国外研究不是很多，但研究方法先进。基于 GIS 的缓冲区分析，Walford(2001)对英格兰和威尔士的自然风景独特区、海岸传统文化区、国家公园三类风景区与休闲农场的空间分布关系研究后认为：距离风景区 5 千米以内的家庭农场比那些远离景区的农场更有可能从事旅游接待业务，在许多情况下也优于位于风景区内的旅游接待型农场。

(四) 农业旅游与乡村可持续发展

1. 农业旅游与乡村经济发展的关系研究

农业旅游的发展伊始就与振兴乡村经济密不可分。在许多西方国家，旅游业被当做是促进乡村发展可供选择的路径。农业旅游为乡村发展带来的益处包括：增加村民经济收入，提高居民生活水平；创造新的就业机会；稳定经济，并促进乡村经济朝多元化方向发展；推动当地基础设施建设；增加当地税收；为企业和服务业的发展提供机会和支持；一定程度上改善投资环境，吸引其他外部企业参与发展；有助于传统手工艺保护等。Slee 等(1996)研究表明，农业旅游对推动当地经济发展的确起到了重要作用。Unwin(1996)以爱沙尼亚为例阐述乡村旅游对当地人民生活及经济发展起的推动作用。

但同时也有学者认为，在乡村区域发展旅游也可能带来一些副作用或对地方经济的发展作用不大。Fleischer 和 Pizam(1997)以以色列典型的乡村旅游形式——提供住宿和早餐的农庄旅游(B&B operation)为例，认为乡村旅游规模很小，旅游季节短，带来的收益较低，对地方经济影响不大；Oppermann(1996)和 Hjalager(1996)也曾得到相似结论。

2. 农业旅游与乡村社区可持续发展的关系研究

国外学者较早认识到农业旅游在各国地方旅游业中的生命力。在管理方面的研究中较早地提出了在农业旅游的发展中协调各方面的利益关系和方法，并提出了社区参与式的管理是农业旅游管理发展的一个重点。其中，旅游对乡村社区发展的影响研究极为细致，涉及乡村社会经济和文化传统的各个方面，如有助于培养对当地社区的自豪感；构建社区结构；增强对外文化交流；通过各种文化和娱乐活动，培养团队精神；为保护和加强地方文化创造条件。同时可能出现：不同的意识形态和生活方式的介入导致对社区文化传统的冲击；犯罪率上升；人口过分拥挤；侵害当地人的私人生活空间；各阶层、团体和家庭由于不能公平分享利益而导致的相互嫉妒等。如 Peterson 和 Asby(1998)重点介绍了英国西南威尔士"SPARC"乡村旅游计划的核心在于所有发展阶段都最大限度地鼓励社区参与(包括规划、实施与监测)。Reichel 等(2000)指出以色列乡村旅游的发展能增加农民收入，通过对游客和旅游企业的调查，证明需要通过对村民的相应培训来提高服务质量和观念，促进乡村旅游的发展。MacDonald(2003)以加拿大的一个社区为例论证了农业旅游文化发展对社区的重要性。

这个领域的研究还特别强调农业旅游发展中的公平和公正问题，即当地社区在承受旅游带来的负面影响的同时，应分享旅游带来的利益；乡村社区各阶层和团体都应从中受益。Ryan(2002)将公平和公正、社区参与管理和分享权利以及可持续发展的观点称之为"新旅游"发展观(issues of new tourism)。

3. 社区居民对发展旅游的态度研究

20 世纪 70 年代开始，国外兴起了对旅游目的地的研究，其中当地居民感知和态度研究是其中一项重要内容。此部分内容将在本章第二节作阐述。

4. 农业旅游与环境的关系研究

农业旅游一方面能促进乡村自然和历史文化传统资源的开发利用，改善乡村的卫生状况，能促进乡村资源保护；但另一方面，随着旅游人数和旅游活动的增加，降低了乡村自然和文化氛围，增加了乡村垃圾和噪声污染。Tribe 等(2000)对乡村旅游的环境管理作了较为全面的论述。Mitchell(2006)对美国宾夕法尼亚州的农艺博览会的危机管理进行实证研究。但总体而言，农业旅游与环境的关系的研究相对较少。

5. 农业旅游发展管理与政策研究

在欧洲，政府十分关注农业旅游/乡村旅游的发展。政府对其管理主要是通过制定开发政策、提供人力和财政支持、进行专门的机构管理、组织市场开拓等(Hjalager, 1996; Fleischer and Pizam, 1997; Gartner, 2004; Hall and Jenkins, 1998)。其中，农业旅游产品的质量保证制度方面研究较多。Embacher(1994)在研究奥地利旅游发达地区的农业旅游时，对其严密的组织管理进行了详细阐述。Hjalager（1996)提出无论何种规模的乡村旅游，自组织管理的必要性不容忽视，并且提出结构性创新的相关建议。Sharpley(2002)在研究塞浦路斯乡村旅游发展时也指出，由于缺乏长期的财政支持、基本的交通和服务设施、必要的职业培训和有效的管理机构，乡村旅游的发展面临诸多挑战。Fleischer 和 Tchetchik (2005)对基于农业生产活动的旅游企业与放弃农业生产活动的旅游企业的比较研究证实：基于农业生产活动的乡村旅游企业经营业绩更好。在对农业旅游开发和管理中，研究表现出一个共同的趋势——大多数学者都将当地居民参与的因子归入到开发模式的构建中，积极倡导"社区参与"的管理模式。

但也有不同的声音。Tosun(1998)在土耳其 Urgup 地区的案例研究中，认为在发展中国家情况有变数，当地社区参与旅游发展过程并不容易。原因有：管理体制和法制结构不适合实施此策略；当地社区缺乏参与旅游业发展的财力；缺乏旅游专家和参与旅游发展的能力；当地有权势者可能改变和直接组织参与，使旅游利益落在少数人手里等。Tosun 进一步认为，在许多发展中国家，当地参与旅游发展需要对当地政治、法制、管理和经济结构作全面的考量与变革。

二、中国农业旅游研究进展

我国农业旅游源于 20 世纪 80 年代末的深圳荔枝采摘园。1998 年国家旅游局以"华夏城乡游"作为主题旅游年，提出"吃农家饭、住农家屋、做农家活、看农家景"的宣传口号，2006 年推出"中国乡村游"，2007 年推出"中国和谐城乡游"，为农业旅游的发展起到了极大的推动作用。目前，国内在理论方面，主要集中于农业旅游、休闲农业、观光农业、乡村旅游的概念、特点、类型的探讨，特定地区发展农业旅游的资源、市场等条件的评价，农业园区内部的空间结构，农业旅游区的区位特征研究等方面。

(一) 农业旅游含义分析

农业旅游、休闲农业、观光农业、乡村旅游在我国出现概念泛化的趋势，我国学者对农业旅游定义主要有以下几种观点：①它属于农业范畴；②它属于交叉产业；③它是一种旅游项目或旅游形式。就其内涵而言，侧重点不同，同时也导致主体不同，即以"农"为主还是以"游"为主。无论何种观点，对于农业旅游是利用农业自然资源与农村人文资源这一认识是统一的。鉴于休闲农业、观光农业是农业旅游发展的不同阶段的名称，而农业旅游与休闲农业在大众中的认可度最高（见第一章，表1-2）。选取农业旅游、休闲农业、观光农业的概念进行分析，结果发现，认为农业旅游是一种旅游项目或旅游形式的居多（王莹，1997；黄震方等，1999；叶滢和刘杰，2001；程道品和梅虎，2004；郑雨尧等，2006；王小磊等，2007），也有学者认为它是一种交叉、新型产业（丁忠明和孙敬水，2000；宋红和马勇，2002；陈昭郎，2004；吴必虎等，2004）或是直接归属于农业（郭焕成等，2000；台湾农委会，2000；舒伯阳和宋信凯，2006）；农业旅游内容涵盖农林牧副渔，主要利用乡村田园景观、自然资源、环境资源、人文资源及生态景观进行开发；具有游憩、教育、经济、健康、文化和环保等多种功能；主要以城市居民为市场；能够达到体验乡村文化、认识了解农业、转换生活形态、解除紧张生活与舒解身心、提升生活质量的目的。

(二) 农业旅游的资源开发与市场营销

卢云亭（1995）认为观光农业产生的社会背景是：有钱有闲是条件；城市环境恶化是推力；乡村环境改善是引力；城市人口迅速扩张与城市化进程是客源形成的因素；城乡文化差异、观光农业活动的参与性强、农游合一的"1+1>2"效应是观光农业发展的三个驱动力。它具有市场定势性。观光农业的客源主要由城市流向农村，形成时空上相对稳定的市场流。郑健雄（2004）认为特色是休闲农业产品生命力之所在，城市居民去农村观光、休闲、度假的目的就是观新赏异，体验清新、洁净的乡村生态环境和悠久的农耕文化，感受淳朴的乡情乡味。他以乡村的自然或人文旅游资源为经，以资源利用或保护导向为纬划分出生态型、农业体验型、度假型、乡村体验型等不同的休闲农业产品，并将台湾休闲农业在乡村旅游产品谱系中作了定位。肖光明（2004）认为复合型观光农业的市场推广工作，既要结合农业旅游的特点又要跳出自身的特点来进行，概而言之，应是层次化、多样化与品牌化经营策略三者的有机结合。

需要注意的是，我国学者对农业旅游的资源开发与市场营销分析多是针对具体的区域提出的，而区域多集中在发达地区。主要运用调查问卷、实地访谈等方法对特定区域发展农业旅游的区位、市场、资源等条件进行分析。黄震方等(1999)以南京城郊观光农业的发展为例探讨观光农业的开发原则与开发内容。陶卓民等(2003)对南京市农业旅游市场需求分析与市场定位进行研究。罗晓彬和王汝辉(2005)对成都市郊休闲农业开发提出对应的市场营销策略：打造产品创新系列、实施差别定价、寻求外部合作、策划特色促销活动等。陈文君(2005)对广州的都市休闲农业进行开发分析。钟国庆(2006)对北京市休闲果业的市场进行分析，认为休闲果业作为一种新的休闲农业类型还没有到达大众普及阶段，消费对象还限于特定人群——一是有车一族，二是限于对休闲果园有偏爱的游客。

(三) 农业旅游的区位与空间布局

农业旅游资源多处于城市郊区、旅游地区、特色农业区。对农业旅游资源的研究以定性为主。郭焕成等(2000)认为观光农业资源多集中在大城市郊区、沿海经济发达地区、旅游地区、少数民族地区以及特色农业区，具有强烈的地域性和季节性，开发必须强调因地、因时制宜，充分考虑资源、区位、市场等条件，尽量与旅游业相结合、与农村建设相结合。宋红和马勇(2002)认为由于大城市边缘区独特的区位和自然、经济、社会条件，在发展观光农业上有着明显的优势。吴必虎(2004)研究了距离对中国城郊型休闲农业空间分布的影响。

舒伯阳(1997)提出了乡村空间、体验交流场所、农产品交易场所的功能分区概念以及观光农业园区功能四分区方案，同时强调要分析目标市场的旅游业发展阶段——是否成熟到了需要观光农业园区的时期？郭春华等(2002)分析了观光农业的规划要点、分区原则及空间布局结构。卢亮和陶卓民(2005)对农业旅游空间布局的理论基础、影响因素、布局模式及其演化规律进行阐述。杨彦明和董锁成(2004)把观光农业资源划分为城郊型、景点依附型、线路依附型和独立型，并据此探讨了酒泉市观光农业布局。刘笑明等(2005)运用主成分分析法和聚类分析法对西安市观光农业空间布局进行定量、定性研究，将200个乡镇分成6种不同的类型，这6种类型乡镇发展观光农业的适宜性及适宜发展的项目类型各不相同，最后根据有关区划原则在分区聚类结果之上，在空间上将西安市观光农业划分为"四带两区"，并指出了各自观光农业的发展方向及发展类型。肖翠金和伍青生(2007)提出采用GIS系统，考虑农业信息、空间信息、交通因素、经济文化信息等相关因素确定休闲农业的选址定位。

(四) 农业旅游的景观研究

针对农业旅游景观的研究相对较少。王仰麟和陈传康(1998)、李同升和马庆斌(2002)用景观生态学的理论,分析了观光农业区的空间差异性及生物多样性,试图寻求观光农业经济、生态、社会效益协调发展的途径。徐峰(2003)在"大农业"的范畴下,对观光农业的种植业、林业、牧业、渔业和副业景观进行不同的设计,实现生产与观光的协调统一。傅丽华(2007)运用景观生态学原理对城郊农业景观特点进行分析,突出景观与行为的相容性分析,运用数学模型对农业旅游产品进行综合评估,并以株洲市仙庾岭为典型案例进行分析。

(五) 农业旅游的开发模式与发展方向研究

我国在农业旅游的开发模式研究上多以特定区域为对象。

朱孔山(2004)从总体上讨论了我国农业旅游开发模式与发展。刘春香(2006)就我国发展观光休闲农业存在的问题进行分析,提出我国要发展休闲农业应当突破旧观念,提高认识;借鉴国外及台湾地区发展休闲农业的经验,提高管理和经营水平;合理规划,突出特色;建立合理的农业生产经营体制。杨涛(2006)以广东梅州为例探讨农业旅游的开发模式,提出科技教育型都市农业旅游开发区、客家文化体验型农业旅游开发区、生产体验及观光休闲型农业旅游开发区、热矿泥和热泉康体保健及休闲型农业旅游开发区等具体模式。程道品和梅虎(2004)提出观光农业旅游、农家乐旅游模式、乡村旅游模式(田园风光休闲型),并对桂林发展市郊农业旅游进行探析。郭彩玲(2004)对陕西农业生态旅游开发模式进行研究,总结出自发式模式、自主式发展模式、开发式阶段模式三种模式。黄萍(2006a,2006b)对成都三圣乡农业旅游创新开发模式进行实证研究。戴美琪和游碧竹(2006)提出休闲农业旅游将呈现两种发展趋势,一种朝综合化、规模化、大型化的方向发展,另一种则是朝特色化、精致化的方向发展。袁定明(2006)、郑铁和周力(2006)阐述了我国农业旅游的现状、类型、发展的特点及其所产生的效益,并分析了存在的问题,提出了我国农业旅游进一步发展的对策:农业旅游应定位于旅游与农业协调所体现的地域特点,即地域农业特色和地域农业文化特色;园区规划应把握市场定位和确立发展模式;政府、业务部门要加强组织和协调工作。

(六) 少数民族地区农业旅游发展研究

西南少数民族地区农业旅游的研究欠缺。主要研究旅游发展对民族地区的经济贡献及管理中要注意的问题。毛跃一(2005)认为西南地区具有丰富的农业资源，但是西南地区是我国农业相对落后的地区之一，其原因是由于西南地区农业资源开发不够，据此提出走以科技进步与创新为根本动力，大力发展生态农业、旅游观光农业、特色农业的西南地区农业开发之路。卢世菊(2005)认为少数民族地区开展乡村旅游能促进当地尽快脱贫致富，是调整少数民族地区农村产业结构、解决"三农"问题的有效途径，我国少数民族地区的发展乡村旅游，主要有城郊型、景区互补型、特殊农业景观型、民族文化村寨型、边境型、综合型六种开发类型。罗永常(2003)认为"发展黔东南苗族侗族自治州雷山县郎德村旅游业，就要发展村民参与决策与管理，即村寨旅游的决策主要由村寨自主决定，也主要由村寨自主管理，村里建有旅游接待小组负责旅游的日常管理，并制定有严格的接待管理制度"。此外，简王华(2005)以广西为例阐述民族文化旅游品牌构建。

三、农业旅游研究述评

纵观西方农业旅游研究文献发现：研究吸收各学科所长，在对农业旅游活动的机理、影响因素、测度方法等问题探求上取得不少成果。在研究方法上，以数理统计模型、统计学、系统方法等实证研究为主，针对特定群体进行的深度访谈、问卷调查、田野调查是西方学者获取有价值资料的重要手段，多数论文运用这些方法获取一手资源进行问题探讨。尤其是统计分析、数学方法的运用增强其研究的说服力。通过定量分析来考察农业旅游中旅游者行为、需求、态度及制约因素，经营者、社区居民感知，农业旅游与经济、社会、环境发展的关系等。

反观我国农业旅游研究，总体上正处在起步阶段。目前，我们仍有60%的人口生活在农村，城乡差别很大，"三农"问题已成为我国全面建设小康社会的瓶颈。在这样的背景下，研究农业旅游的产业性质、市场定位、空间布局等，对促进我国农业、农村发展，改善农民生活水平无疑具有重要的理论和实践意义。从研究内容看，我国农业旅游研究区域上以东部沿海地区、经济发达省市居多，西部欠发达地区、少数民族地区较少；内容上涉及面广，但研究层次不够深入，研究结论常常趋同；研究方法上以定性为主，定量方法极少，定量方法运用欠缺导致我国农业旅游研究难以深入，问题分析与说明的力度不足。农业旅游研究要善于借鉴并运用其他学科的方法，不断丰富和完善研究的方法体系，在实用研究的同时应重视理论研究，在定性研究的同时要重视和定量研究相结合，积极地把新的科技手段应用于农业旅游开发与规划的实践当中。

农业旅游的本质、农业旅游的经营主体及政策立足点、城乡互动与农业旅游的空间布局、体验经济与农业旅游产品开发、农耕文化、民族文化资源的保护与开发和乡村旅游的可持续发展的研究、西部乡村旅游开发和可持续发展的研究应当成为我国农业旅游研究的关注重点（成升魁等，2005；何景明，2003；王秀红，2006）。

基于以上分析，本书在借鉴前人研究成果的基础上，尝试从多学科的角度出发，剖析西南少数民族地区农业旅游的演化机制、农业旅游资源禀赋与市场需求、农业旅游目的地"主客"感知等，在此基础上构建农业旅游目的地可持续发展能力框架，并进行示范性研究。

第二节 "主客"旅游感知文献研究及述评

一、居民对旅游影响的感知研究及述评

(一) 国外居民对旅游影响的感知研究

国外的居民旅游影响感知和态度研究在20世纪70年代开始兴起。20世纪90年代以后，随着"可持续旅游"和"社区发展"受到重视，人们逐渐意识到可持续旅游目标的实现离不开受旅游影响的社区居民的参与（Sheldon，2001）。这一认识极大地推动国外旅游地居民感知和态度研究的发展和深入。发达国家非常重视目的地居民对发展旅游态度的研究，认为当地人对发展旅游的态度影响旅游者的感受，从而影响旅游的发展。总体上，国外旅游地居民旅游感知与态度研究侧重于以下四个方面：居民对旅游影响的感知与态度分析、居民旅游感知影响因素、相关理论以及基于居民旅游感知和态度差异的群体聚类等。

1. 居民对旅游影响的感知与态度分析

在居民旅游感知和态度的文献中，大量涉及旅游影响感知的内容方面的研究。由于长期以来人们一直强调旅游的经济属性，认为它应当属于一种经济现象，世界各国（地区）发展旅游也主要着眼于它的经济效益，所以早期的旅游影响研究亦倾向于关注旅游的经济效应，几乎所有的研究都涉及了居民对旅游经济影响的感知（Getz，1986；Liu et al.，1987；Perdue et al.，1990），之后随着旅游业的不断发

展，旅游对于目的地的其他影响开始为学者关注，文化影响、社会影响和环境影响逐渐进入研究者的视野。

经济利益是社区居民感知最明显和最重要的方面(Akis et al., 1996; Belisle and Hoy, 1980; Var et al., 1985)，主要包括创造就业机会、带来新的商业和投资机会，并为社区和政府增加税收等。但也有研究指出，居民认为个人从旅游中获得的利益很少，真正获益的只是一部分人，大部分人只能从事低收入的职业，旅游发展带来的经济成本，如物价上涨、土地被征用、生活成本提高以及外汇漏损等却由社区的大部分人来承担(Perver, 1996)，这部分人因此普遍反对旅游业。

较之旅游经济影响研究，旅游的社会影响研究开展稍晚，但由于国外学者对居民的社会和文化影响感知研究日益重视，因此它的发展比较快。1974年，以旅游对目的地社会文化影响为主要议题的首次旅游人类学研讨会在墨西哥城召开，标志着对这一论题关注度的极大提高。Butler(1974)等认为旅游的社会影响可以分为两大类，一类是关于接待地或目的地的特征，包括对于"主客"关系的影响；另一类是旅游对基础设施和当地资源开发、利用的影响。Doxey(1975)总结出旅游对目的地的社会文化影响可以根据当地居民对它的态度划分为欣喜阶段、融洽阶段、冷漠阶段、对抗阶段和不确定阶段。Smith(1977)编著的《主人和客人》则通过大量人类学案例研究，描述了旅游对目的地社会文化的多方面影响，并把旅游开发的社会影响归结为示范效应、社会分层与社会化、自尊、文化复兴和憎畏感。由于研究者对旅游社会文化影响的两面性考量时曾一度未能平衡对待，因此，Cohen(1978)提出不应把注意力都集中放在旅游的负面影响上，而应考虑到旅游对目的地整个社会的综合贡献。20世纪80~90年代旅游社会影响的正负方面才渐渐被平衡地看待。鉴于旅游的社会文化影响较为复杂，研究者主要是从两方面来入手研究这一问题。一是通过分析旅游者的行为来研究这一问题，考虑的主要因素有：①旅游者的数量；②旅游者逗留时间的长短；③旅游者的特征；④旅游者的经济特征；⑤旅游者在当地的行为活动(Butler, 1974)。二是通过分析旅游地居民对旅游业发展的态度来认识旅游的社会文化影响(Besculides et al., 2002; Brunt and Courtney, 1999)。

虽然旅游业曾被称之为无烟工业，但事实并非如此。20世纪70年代以后，旅游对环境的影响逐渐成为旅游研究的热点问题之一。其中Young(1973)著作《旅游：福音抑或灾难?》对旅游在环境和社会文化方面的影响进行了较为全面的论述，认为旅游推动了现代化进程，但是常常又以破坏自然环境为代价，作者甚至对旅游业的经济贡献也提出质疑。Wall和Wright(1977)所做研究具有很强的代表性，他就以下五个方面进行了研究：①旅游环境影响研究方法的探讨；②旅游对地质地貌、植被、水质、野生动物、大气的影响机制；③旅游对环境的影响与环境要素间的内部联系;④对环境容量的研究;⑤解决旅游对环境的不利影响问题的方法。经合组织(OCED)1980 年的报告指出:环境是旅游业重要的资金投入,因此,维护一个好的环境对旅游业的进一步发展是至关重要的。旅游目的地居民的旅游环境影响感知具有复杂性。研究发现,居民可能认为旅游既有积极的也有消极的环境影响(Liu et al.,1987;Palmer and Riera,2003;Becken,2005)。消极的环境影响包括自然和历史文化资源的破坏、安宁的生活环境被打破、大量有碍观瞻的建筑、空气污染、噪声和垃圾的增多、交通拥挤等;积极的环境影响感知主要涉及资源的保护、社区形象的提高、社区生态系统的平衡、更多游憩机会等。

此外,在分析维度上,Gursoy 等(2002)批评了以往学者的居民旅游支持模型中仅从经济、社会和环境方面考察旅游发展感知的三分法。他认为,应该从成本和利益两个角度研究居民的感知并构建了新的理论模型,并将影响感知划分为五个方面:经济利益、社会利益、社会成本、文化利益和文化成本。他还认为居民的旅游影响感知的五个类型间并不是相互独立的,存在相互制约的关系(Gursoy and Ford,2004)。许多学者认为居民经济利益感知同其旅游支持态度间呈现显著的正相关关系(Keogh,1990),即居民感知到的经济利益越大,就越倾向于支持旅游业的发展。但 Gursoy 等(2002)发现,文化成本和社会成本感知与居民支持态度间并不存在显著、直接的负相关。同时,居民对旅游业的态度并非处于真空状态,而是受到经济水平、环境意识以及文化偏见等多种因素的影响(Lawson et al.,1998)。此外,环境感知也影响了居民的旅游发展支持态度,二者间存在直接的负效应,居民高度关注由于旅游发展而引起的环境的消极变化(Lawson et al.,1998;Yoon et al.,2001)。不过,总体而言,居民对旅游业还是友善对待、积极支持的(Johnson et al.,1994)。

2. 居民旅游感知和态度的影响因素分析

旅游地居民的旅游感知和态度在不同的社区间以及在同一社区内的不同时间和不同群体间存在差异,如图 2-1 所示。研究发现,居民社会人口统计学特征、社区归属感或居住时间、主客接触的程度、对旅游的经济依赖程度以及旅游地所处的生命周期阶段等内外因素均对居民旅游影响感知和对旅游发展的态度产生了影响(Murphy,1985;Teye and Sirakaya,2002;赵玉宗,2005)。此外,是否当地居民、在旅游地居住时间长短、居民感知的主客间文化或精神距离、居民与旅游中心地的空间距离等都是居民旅游感知和态度的影响因素(Canan and Hennessy,1989;Um and Crompton,1987;Liu and Var,1986)。

人口统计学特征上的差异有时可以帮助解释居民对待旅游业及旅游者态度上的不同。Teye 和 Sirakaya(2002)的研究表明,教育程度越高的居民越倾向于同外来旅游者交流。Renata 和 Bill(2000)通过对澳大利亚黄金海岸居民的调查发现，老年居民显示了较高的对旅游发展适应性和对消极影响的容忍性，他们对旅游业的态度甚至比年轻人更为友善。Maso 和 Cheyne(2000)对居住在某偏僻山谷的乡村居民针对新设游憩休闲设施进行调查，性别差异导致的感知差别在该调查中有显著反映。Sharpley 和 Vass(2006)通过对英国东北部的从事旅游的乡村居民的调研，肯定了居民对旅游的认可、支持的态度，尤其是女性从旅游经营中找回自信与工作的快乐，但是他们仍然依恋农场主的身份与务农事业。McGehee 等(2007)以美国维吉尼亚为例研究乡村女性在旅游经营中所扮演的重要角色，以及她们更为积极的态度。也有学者提出，在调查居民感知的过程中更应注重被调查者的个人价值观，而非人口学特征(Williams and Lawson，2001)。

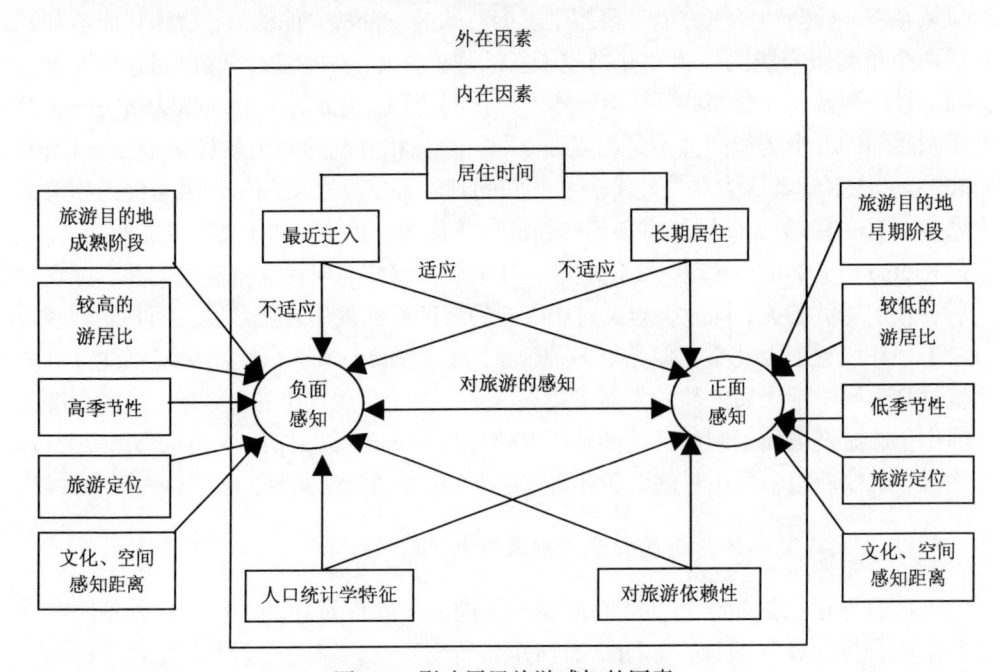

图 2-1　影响居民旅游感知的因素

居民对旅游的经济依赖和其旅游支持行为间存在正向关系，在旅游部门就业的居民更可能倾向于支持旅游发展，经济上处于衰退的地区的居民往往高估经济收益而低估旅游发展的成本(Jurowski et al.，1997；McGehee and Andereck，2004；Andereck et al.，2005)。

居民对旅游业的态度与旅游目的地的发展阶段密切相关。处于不同发展阶段上的旅游目的地居民对旅游业的认识存在差异，因而影响到他们对旅游发展的态度(Hernandez et al.，1996；Smith and Krannich，1998)。

社区归属作为影响居民旅游感知和支持态度的因素之一，引起了许多学者的重视。社区归属感有助于形成积极的经济和社会影响感知，但可能导致居民对消极环境影响的感知，即具有强烈社区归属感的居民可能比其他居民更加关注旅游带来的消极影响。居民在社区居住的时间越长，社区归属感越强，对旅游发展持更消极的态度(Ap，1992；Lankford and Howard，1994)。但也有学者认为，社区归属与居民感知没有显著因果关联(Gursoy et al.，2002)。

3. 基于感知和态度差异的居民群体聚类研究

国外学者对旅游地居民的分类研究始于20世纪80年代末，Davis等(1988)最早在美国佛罗里达州通过对415个居民样本的聚类分析将旅游地居民分为五种类型：热爱者、憎恨者、谨慎的支持者、中立者和理性爱好者。Evans (1993)在新西兰旅游部的数据调查的基础上将居民划分为四种类型：热爱者、憎恨者、克制者和自利者。Madrigal(1995)分别研究了美国亚利桑那州的以自然环境为主的乡村旅游地塞多纳(Sedona)的居民和英国有悠久历史的城市约克(York)的居民的旅游感知和态度，发现尽管两地的旅游发展背景存在较大差异，但居民态度聚类结果却极为相似，大致划分为三种类型：热爱者、憎恨者和现实主义者。此外，Fredline 和 Faulkner(2000)、Williams 和 Lawson(2001)也运用聚类分析方法对社区居民进行了划分，总体来看聚类结果基本相似。

4. 居民旅游感知和态度的相关理论解释

随着对旅游影响研究的深入，越来越多的国外学者开始重视旅游学科知识，同时注重相关学科理论的运用和解释。在进行旅游地居民感知和态度研究的过程中，从早期20世纪70~80年代的旅游发展周期理论到20世纪90年代引入社会交换理论和社会表征理论，不断丰富居民感知和态度研究的理论基础，目前国外旅游地居民旅游感知和态度研究的代表性理论主要有6个，如表2-1所示。

表 2-1 国外旅游地居民旅游感知和态度研究的代表性理论

主要理论	代表人物	研究时间
社会交换理论	Perdue, John Ap	1990, 1992
社会表征理论	P. L. Pearce	1996
旅游地生命周期理论	G. V. Doxey, R. W. Butler	1975, 1980
社会承载力理论	K. H. Craik, R. W. Lawson	1976, 1998
马斯洛需求层次理论	A. H. Maslow	1943
旅游依托度理论	Smith, Krannich	1998

(二) 国内居民对旅游影响的感知研究

我国对旅游地居民旅游感知和态度的研究始于 20 世纪 90 年代初期，陆林 (1996)关于皖南旅游区居民对发展旅游的态度调查是早期最具代表性的研究，而李有根等(1997)、戴凡和保继刚(1996)、王宪礼等(1999)则从居民感知的角度研究了旅游对当地社区和居民的社会文化影响。此后，国内学者开展了对古村落(章锦河，2003)、海滨型(宣国富等，2002)以及海岛型(吴忠宏等，2005；陈金华和陈秋萍，2007)旅游地居民的感知和态度的研究。同时，国内部分学者在居民旅游感知和态度调查的基础上，根据居民对旅游感知和态度的差异对旅游地的居民群体进行了划分(黄洁和吴赞科，2003；苏勤和林炳耀，2004；黄玉理，2007)。刘敏等(2007)、郭英之等(2007)还对不同旅游发展阶段的旅游地居民感知与态度进行更为细化的研究。此外，国内部分学者也对国外旅游地居民旅游影响感知和态度研究的理论基础进行了引介，诸如发展阶段理论和社会交换理论等(刘赵平，1999)以及社会表征理论(应天煜，2004)等。王莉和陆林(2005)在对国外旅游地居民旅游影响感知和态度研究进行综述的基础上，就我国开展相关研究进行了展望，并提出许多建设性的建议。

(三) 国内外居民对旅游影响的感知研究述评

国外学者注重对旅游地居民旅游的经济、社会文化和环境影响感知的多角度考察，特别是对感知和态度的影响因素的研究格外重视。注重理论成果的总结和应用，方法论较成熟。国外描述性的定性分析越来越少，较多地运用了数学方法，模型研究受到众多学者的青睐。尤其是结构方程模型在测度居民旅游感知和对旅游发展的支持态度上得到了较多的运用，极大地推动了旅游地居民旅游感知和态度研究的进程，有关居民对旅游影响的主要研究观点如表 2-2 所示。

我国在旅游地居民旅游感知和态度研究上总体而言还处于起始阶段，许多方面的研究还有待于进一步的深入和拓展：一是应借鉴相关学科研究，加强比较、分析和归纳不同文化背景中旅游发展范式的理论经验和研究成果，区别不同区域旅游发展所表现出的特殊性和差异性，并对国内各类旅游目的地发展及其影响加以重点研究，为旅游地的发展战略选择提供理论参考和依据；二是与国外研究相比，我国现有关于旅游地居民态度和旅游发展影响研究仅限于传统村镇、海滨型旅游地，而有关民俗文化型、休闲度假型等不同特征的旅游目的地的研究仍少有问津。特别是由于研究案例不多，不同类型、旅游发展程度不同的旅游地居民对旅游影响感知和态度的比较研究相对缺乏。

表 2-2 有关旅游影响感知(态度)研究的主要观点

影响的指标	结论
旅游发展程度	1. 旅游发展程度与居民的影响感知(包括消极和积极)正相关 2. 消极影响的感知与旅游发展、游客数量正相关 3. 旅游发展程度只与消极影响感知有正相关关系
对旅游的经济依赖情况	1. 旅游从业者对旅游业的评价比其他群体更为积极 2. 旅游从业者对旅游的感知与其他群体没有明显差别 3. 居民、管理者和旅游从业者对旅游的感知有差别 4. 旅游从业者对旅游的消极评价也比一般居民更多 5. 从旅游业中是否得益与对旅游业的积极态度有正相关关系
居住地到目的地的距离	1. 离旅游区越远的居民对旅游的评价越消极 2. 游客密集区的居民对旅游的态度更为积极 3. 居民的态度与游客数量、旅游类型都有关 4. 接近旅游开发区的居民感受到更多的负面影响
与游客交往的程度	1. 与游客接触越多对旅游的评价越消极 2. 与游客接触越多对旅游的正面感知越多
被研究者的人口社会特征	1. 旅游影响的感知与年龄、性别、教育程度等人口特征没有相关关系 2. 居民的人口特征与旅游影响感知的关系非常小 3. 居民对旅游的态度与年龄、教育程度等人口特征有关 4. 旅游收益被有效管理时,旅游感知与人口特征无关
社区认同	1. 居住时间长,出生于本社区的人对旅游的态度更为积极 2. 社区认同与旅游感知之间没有明显关系 3. 社区认同越强,对旅游的肯定或否定评价越强
户外休闲设施的使用	1. 户外活动的多少与旅游影响的感知无明显关系 2. 户外活动地是旅游区的居民对旅游的正、负面评价都较多
社区的总体经济状况	1. 对社区的未来发展有信心,则不支持发展旅游业 2. 对旅游业的低支持与总体经济水平较低相关
有关旅游的知识	旅游知识越多,对某一旅游发展项目了解越多,对旅游越支持
旅游公共关系宣传的影响	接受过公共关系宣传的居民比没有接受过宣传的居民对旅游的态度更为积极
自我感觉影响旅游决定的能力	1. 可以影响决定的感觉与旅游的积极感知有很大关系 2. 可以影响决定的感觉与积极感知和消极感知都相关

注:根据宗晓莲和朱闳(2004)整理

二、旅游者旅游感知研究及述评

旅游者感知是指旅游者通过感官获得的对旅游地的旅游对象、旅游环境条件等信息的心理过程，是旅游者对旅游地产品和服务感知程度的综合反映，受多种因素的影响，王斌(2001)作树状图进行分析，如图 2-2 所示。旅游者感知是旅游者行为研究领域重要内容。国内外旅游者感知研究往往为旅游目的地、旅游企业提供市场定位战略，或进行区域旅游形象策划服务。游客对旅游目的地的感知决定了其对目的地的选择、评价和满意度。

对旅游目的地发展能力的强弱、竞争力大小的日益关注已经将学界的注意力集中在对目的地产品的确定和描述上，以及游客如何感知这种复杂的因素集合体和体验上(Murphy et al., 2000)。Hillery 等(2001)就旅游者对旅游目的地环境的感知做了研究。Reisinger 和 Mavondo(2002)研究了美国、澳大利亚两国青年市场对目的地特性的重要性、旅行动机与目的地特性感知之间的关系。许多研究者运用情感尺度(如推荐意愿)研究过去旅行感知对将来旅行行为的影响(Fakeye and Crompton, 1991；Ross, 1993；Getty and Thompson, 1994；Heung and Qu, 2000；Manjula, 2000；George, 2003)。

Boulding(1956)、Moutinho(1984)、Woodside 和 Lysonski(1989)以及 Gartner(1991)等，在研究旅游目的地感知的影响因素研究方面，特别强调了目的地形象在旅游决策中的重要性。潜在旅游者选择目的地的过程很大程度上取决于旅游目的地的感知形象。Goodrich(1977)、Pearce(1982)、Phelps(1986)、Calantone 等(1989)以及 Milman 和 Pizam(1995)等分析研究了旅游目的地感知形象的影响因素，认为旅游感知形象与旅游者或潜在旅游者的行为动机、旅游决策、服务质量的感受以及满意程度等因素存在密切关系。

旅游形象感知的类型研究方面，Gunn 和 Scape(1992)把旅游者或潜在旅游者形成的旅游感知形象概括为原生形象和诱导形象。原生形象指潜在旅游者还未到旅游目的地之前所形成旅游感知形象，而诱导形象则在旅游者实地旅游之后形成。Fakeye 和 Crompton 在此基础上，进一步把旅游者和潜在旅游者所形成的旅游感知形象概括为原生形象、诱导形象和混合形象。Gartner(1993)在旅游感知形象形成过程的研究中，把旅游感知形象分为明显诱导、隐藏诱导、自主原生等 8 个类型。Robert(2000)认为旅游感知形象是心理预景，只有积极的旅游形象才能影响潜在旅游者。实际上，对旅游目的地的感知无论是积极的还是消极的，在形成旅游目的地形象认知后，可持续相当时间；同时，由于潜在旅游者的体验经历、文化背景、地理渊源、对目的地的熟悉程度，以及对目的地的期望值不同，因而对目的地感知也会有所不同或改变。

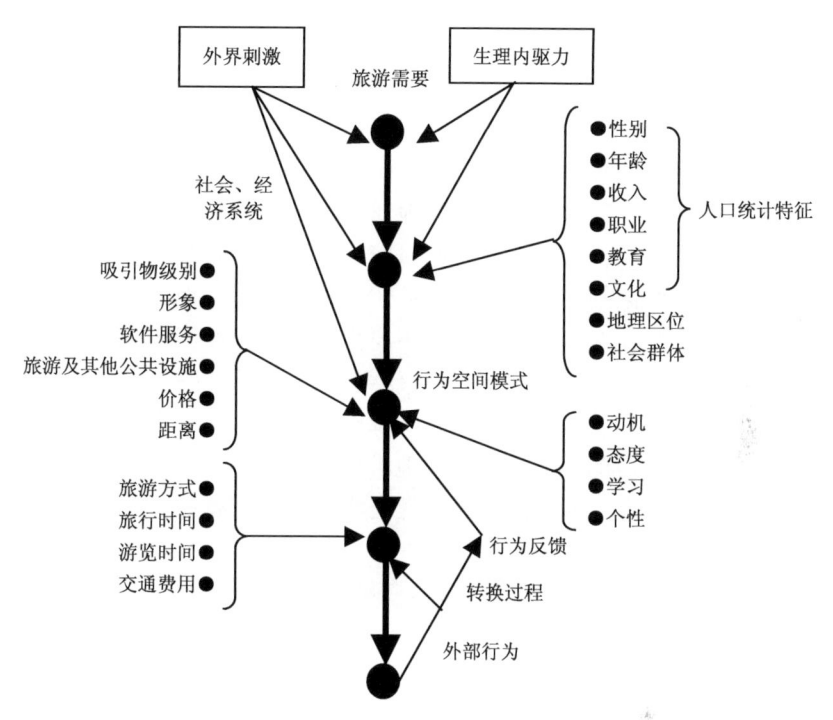

图 2-2 旅游行为影响机制模型树
资料来源：王斌(2001)，有改动

旅游感知的行为模式研究方面，Lue 等(1993；1996)对特定地区的多个目的地旅行的感知行为模式的实验性研究，证实了许多因素与目的地旅行的感知行为模式有关。Carmen 和 Faulkner(1999)认为大多数旅游者在旅行时，会选择一个以上的旅游目的地。然而，对多个目的地旅行的感知模式结构研究仍相当薄弱。

近年来，我国旅游学者在吸取国外研究成果的基础上，拓展了旅游者感知的理论领域，特别对旅游形象设计的概念、内涵和营销等方面做了很多的实证研究。保继刚认为旅游者感知的旅游形象受到感知距离和目的地的人文事象等因素的影响(陈健昌和保继刚，1988；戴凡和保继刚，1996)；王家骏(1997)认为如果旅游感知形象和旅游者的期望与偏好之间差异性越大，潜在旅游者选择的可能性越小，而同一性越大中选几率会增大；吴必虎等(1997)则对中国居民的旅游目的地行为进行了研究；王磊和赵西萍(1999)从旅游主客体的角度，探讨了实际发射性、传播发射性、个体化、社会化等旅游目的地形象与旅游形象感知的主客体关系；陆林和焦华富(1996)对山岳旅游者感知行为进行研究；汪侠等(2007)运用多层次灰色评价方法对旅游者感知进行研究；还有研究者提出了旅游者的数量与其感知度之间的关系模型，以此作为旅游需求引力模型；或通过旅游地市场因子分析，对比分析旅游地间的吸引力状况，得到各自的旅游地吸引力因子，完成旅游地市场现实定位（黄震方和李想，2002；杨玲等，2004；宋振春等，2006）。黄颖华和黄福才（2007）构建旅游者感知价值的结构模型，探讨旅游者如何形成对旅游经历价值的感知。

与国外研究相比，我国在这一领域的研究仍处于起始阶段。国内研究总体而言，研究内容主要是对区域性旅游目的地形象的策划研究；研究方法大多是对旅游形象策划的定性研究，对定量研究相对较弱；从研究区域而言，局限于对国内和区域性旅游形象的策划及设计研究；从研究结果而言，相当的研究成果是着眼于区域性旅游市场开发，具有主观性，主要为地方政府经济和社会的战略发展提出建议及对策。因此，无论是研究方法、研究内容还是研究视角方面都有待深入。

基于此，本书在借鉴前人研究成果的基础上，运用数学模型尝试从旅游者感知方面对不同发展阶段的农业旅游目的地进行研究，并对西南少数民族地区典型案例进行调查，探讨有效的西南民族地区农业旅游发展模式。

第三节　相关理论基础

一、相关理论

(一) 可持续发展理论

可持续发展是人类寻求与生态环境和谐共存的一个生存发展模式，其实质上是一个涉及经济、社会、文化、技术及自然环境的综合概念，包括自然资源与生态环境的可持续发展、经济的可持续发展和社会的可持续发展三个层次。

旅游业焕发出的勃勃生机是当代社会生活质量提高的重要标志。旅游是现代人类而且也是未来人类的一种基本生活需求。然而，尽管旅游业号称"无烟工业"，但旅游资源的不合理开发、旅游管理的不完善等也会对自然和人文环境造成污染和破坏。旅游业同样面临着可持续发展问题。20 世纪 80 年代后，旅游可持续发展被提到重要地位。旅游业不仅要倡导可持续发展，而且也是人类最需要实施可持续发展的一个领域。

1990 年加拿大温哥华召开"全球可持续发展国际大会"，旅游组织行动委员会在《旅游可持续发展行动战略》（*Tourism Planning: An Integrated and Sustainable Development Approach*）的草案中，明确地提出"可持续旅游"的概念，构筑了该理论的基本框架和主要目标。
（1）让人们更加明白和理解旅游能给环境和经济带来的好处；
（2）在发展中维护公平、保证人与人之间对环境资源选择机会的公平性；
（3）提高旅游地居民的生活水平；
（4）为旅游者提供高质量的旅游感受；
（5）保持上述几个目标所依赖的环境质量。

显然，在旅游可持续发展中寻求"经济、社会、环境的共同发展"是根本目的。对于发展中国家来说，贫穷和落后是环境的最大污染源，是影响人类生存和可持续发展的最严重问题。发展经济是发展中国家共同面临的首要任务。我国西南少数民族地区对发展经济的渴求更甚！旅游业作为一个投资少、见效快、产业关联带动作用强的新兴产业，对促进贫困地区经济增长、改善人民生活水平有着不可替代的重要作用。发展旅游业，不仅是落后地区发展国民经济和改善人民生活的现实选择，也是延续和光大这些地区民族和传统文化的重要举措，是实现可持续发展的有力保障。因此，对于落后、贫困地区来说，"发展"才是旅游可持续发展的落脚点和根本目的。要在保护好生态环境的基础上，积极开发和利用旅游资源，大力发展旅游业，并通过旅游业带动当地经济社会的全面发展，促进人民生活水平的不断提高，谋求人类的可持续发展。

倡导西南少数民族地区开展农业旅游，以旅游业为主导产业进行发展，其目的就是有利于该地区的可持续发展。因此，农业旅游发展中必须坚持可持续发展原则，制定严格的旅游环境容量，减少西南少数民族地区资源的消耗，保持和恢复西南少数民族地区生态环境的良好状态，农业旅游中的利益主体应增强保护意识，使自己的行为对生态环境负责。在关注旅游经济价值的同时，还应当关注社会和环境方面的价值，注重人的旅游需求的全面满足和旅游与社会、经济、环境的共生、和谐发展，这是农业旅游价值的最终取向。

可持续发展理论中的三大观点：①可持续观点，人类发展应寻求区域的共同平衡发展（横向平衡性）并不影响后代人的发展（纵向永续性）；②共同性观点，地球的完整性和人类的相互依赖性决定了人类有着共同的根本利益，人类必须共同保护好环境和资源，谋求共同发展；③公平性观点，要突现当代和后代人的利益公平（即代内公平和代际公平），其对西南少数民族地区发展农业旅游具有重要指导意义。

(二) 社会交换理论

社会交换理论在解释居民对旅游影响的感知和态度方面一直深受国内外学者

的重视。社会交换理论(social exchange theory)是在古典政治经济学、人类学和行为心理学基础上发展起来的，它将人与人之间的互动行为看成是一种计算得失的理性行为，其核心观点是将个人和集体行动者之间的社会过程视为有价值的资源交换，并认为人类的一切行为互动都是为了追求最大利益的满足。社会交换理论由 Long 等(1990)引入旅游学作为解释居民对旅游影响感知的研究框架。然而，深入探讨社会交换理论在旅游学中的作用过程与机制的当推 Ap(1992)。

社会交换理论在旅游研究中比较适用的领域主要集中在旅游开发过程中相关利益者行为分析方面和旅游者消费行为分析两方面。在旅游开发过程中，当地政府、旅游开发商、旅游地居民等都属于相关利益者，他们彼此相互博弈。因此，在分析旅游地政府行为、旅游开发商和经营商行为、旅游地居民行为方面，交换理论具有较强的解释能力。

在旅游者消费行为分析方面，尽管旅游者旅游消费行为具有一定的非理性倾向，但也是在追求旅游效用最大化，因此，社会交换理论为解释旅游者行为奠定了理论基础。因为在旅游目的地必然存在资源交换，旅游者用他们的经济资源交换当地居民的友好与服务。有研究表明，当旅游者对旅游过程满意的时候，将很有可能发生重游行为，并且会极力推荐给亲朋好友，使得旅游地获得潜在客源。反之，则会产生抱怨甚至投诉行为，不仅很可能不再重游，而且会通过口头、网络、媒体等各种抱怨的方式对旅游地的形象带来负面的影响。

在社区居民态度方面，当社区居民认为旅游发展为社区和个人带来的正面的经济、社会文化和环境影响要高于负面的影响时，居民将支持并积极参与旅游发展，反之则可能恼怒、愤恨继而反对社区的旅游发展。Long 等(1998)曾使用概念模型来解释居民对旅游影响的认识。Allen 还进一步证实居民的知觉与导致这种认知来源之间的关系。研究发现当地旅游发展带给个人的利益受到控制时，对旅游发展有积极感性认识的居民就支持加速发展旅游及旅游特殊政策。但是，为什么以及在什么条件下居民对旅游影响表现出这种反应，目前，还缺乏解释性研究。国外学者已经提出许多理论来解释，如报偿理论、冲突理论、游玩理论、归因理论、依附理论等。但没有一个理论能够围绕这种现象提供完善解释(李有根等，1997)。Long 等(1990)指出，居民通过为旅游开发者、旅游经销商及游客提供诸如旅游资源、服务等，以期获得他们认为与之相当的利益。该框架解释了居民个人获利与其对经济发展感知之间的关系。此外，众多学者通过构建理论化的概念模型和居民对旅游支持模型，特别是运用结构方程模型(structural equation model)方法研究居民旅游感知、态度及其影响因素间的关系，进一步验证了社会交换理论具有一定解释力(赵玉宗，2005；王莉和陆林，2005；乔治·瑞泽尔，2005)。

美国得克萨斯大学的 John Ap 通过研究，结合各种社会交换理论的基本概念和因素，构造出社会交换过程模型(Ap，1992)，试图理解居民与旅游者之间的动态相互关系，解释居民对旅游影响形成的知觉。模型概括说明居民初始涉及旅游交换、持续交换及最后脱离交换的过程。居民根据社会交换理论来评价旅游，也就是根据对他们所提供的服务得到的预期利益或支出的成本进行评价。模型基本构成有四部分：需求满足、交换关系、交换后果、不交换。联系各部分间关系的过程有：①交换开始；②交换形成；③交换评估；④后果积极估计；⑤后果消极估计。模型结构如图 2-3 所示。他认为社会交换理论的优势在于其可以同时揭示正面与负面感知，可以研究个体或者全体的关系，同时还研究了社会交换理论在解释居民对旅游影响的态度方面的适用性。

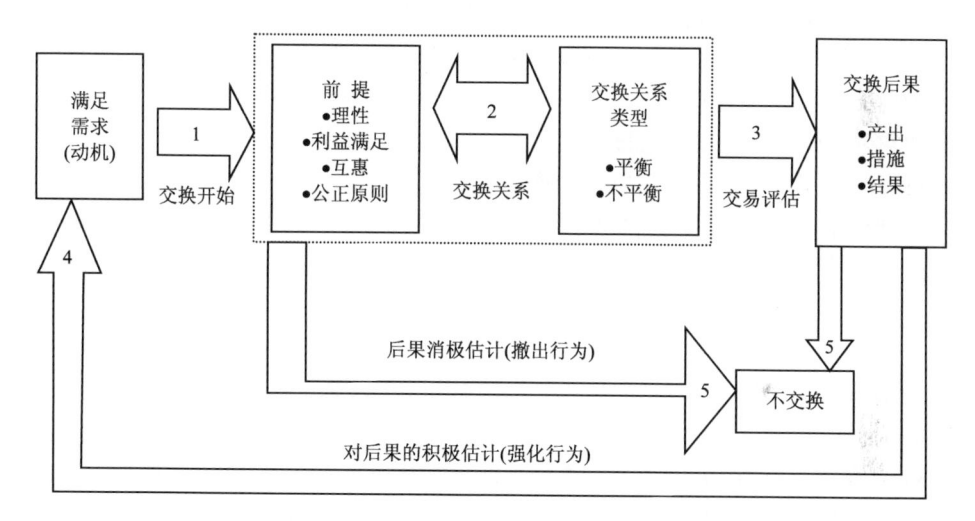

图 2-3　社会交换过程模型

资料来源：Ap(1992)

社会交换理论可以部分解释社区居民对旅游业态度以及居民与旅游者之间的交换行为。但社会交换理论在解释力上还是有限的。首先这一理论没有提出具体的、通过居民态度研究即可检验的概念；即便社会交换理论可以检验，仅通过居民态度调查不可能解释交换这一双向的问题。没有旅游者确定的态度，只能说明交换理论的一半内涵。

（三）社会表征理论

社会表征理论(the theory of social representations)在关于旅游影响感知研究的基本逻辑问题上的观点，为研究者提供了一种崭新的思维方式。与社会交换理论从个体角度来考察目的地居民感知和态度不同，社会表征理论是从群体角度来考察居民的感知和态度。"社会表征"（social representations）一词最早出现在法国实证主义社会学家 Durkleim 的名为《个体表征和集体表征》(*Individual Representations and Collective Representations*)的论文中。后来，法国社会心理学家 Moscovici 对这一概念进行扩展，意指"拥有自身的文化含义并独立于个体经验之外而存在的感知（preconceptions）、形象（images）和价值（values）等组成的知识体系"（Fredline and Faulkner，2000）。社会表征的典型特征是：①社会共享性与群体差异性；②社会根源性和行为说明性；③相对稳定性和长期动态性。社会表征理论是一个组织化的理论，对产生于群体的认知和行为作出解释，强调群体的中心性、群体影响和沟通个体的意识，同时强调社会心理现象和过程只能通过将其放在历史的、文化的和宏观的社会环境中才能进行最好的理解和研究。它关注日常社会知识的内容、形成过程、各种群体如何共有某种社会知识等，同时还是一个基于社区层次的理论，在旅游影响中它强调个人对旅游的态度与社区观点、相关信息等的关系，重视分析态度的形成过程，重视行为者本人的思考、感觉、评价。

　　社会表征理论于 20 世纪 90 年代中期被澳大利亚学者 Philip L. Pearce 引入旅游学研究。在其专著《旅游社区关系》(*Tourism Community Relationship*)中，Philip L. Pearce 向人们展示了社会表征方法在理解社区对旅游发展的回应问题上能够发挥的作用(应天煜，2004)。该理论提出，人们如何看待旅游和游客，或者说有关旅游的知识体系影响了人们对它的感知。因此，应该探究的是人们如何形成对旅游的认识，这种认识如何影响他们对旅游的态度。旅游态度是人们对旅游产业及其相关现象的感知，是有关旅游的社区陈述的一部分。居民对旅游发展的感知和态度可能会受到来自社会等多方面因素的影响，而不仅仅是个体的直接经验，例如，居民对旅游开发的反应在一定程度上取决于他们的旅游损益计算，但是同时也深受大众传媒、社会交往、自身经历等影响。此外还受到他所隶属的群体或想要隶属群体观点的影响，因为社会识别和个人价值与人们持有的态度有很强关系。因此，研究者应关注各种信息交流和社区文化，而不是只关注个体态度。因而 Philip L. Pearce 等学者对以往基于社会交换理论的居民感知和态度研究的逻辑提出了质疑，他引入了社会表征理论看作帮助解释社群成员理解和回应外部环境变化过程的理论框架，并研究其在社区旅游规划和决策过程中的应用。Fredline 和 Faulkner(2000)认为社会表征来源于直接经验、社会互动和媒介三种形式，并运用社会表征方法对社区居民群体进行了划分。在明确社区内部的细分群体后，采用合适的媒体和沟通方式，进行"内部营销"才能逐步影响和修正社区有关旅游发展的社会表征，有助于进一步地获得社区居民地理解、支持和参与。

目的地社区旅游社会表征的形成机理如图 2-4 所示。一地发展旅游业，必然会受到旅游业带来的各种积极和消极作用的影响。这些影响通过直接经验、社会互动和媒体宣传等途径作用于目的地社区的居民个体，从而形成有关旅游的个体感知印象（社会表征）。这种个体的社会表征会指导和控制个体对旅游影响的行为回应，而其行为所产生的后果，反过来又会对个体原有的旅游社会表征加以修正。与此同时，个体旅游社会表征间的异同还会导致原有社会群体的分化和重组，并形成具有一定共识程度的群体旅游社会表征。群体的旅游社会表征一旦成立，就会独立于个体表征而存在，但同时也会与群体行动、个体社会表征以及个体行动发生相互作用（应天煜，2004；桥纳森·特纳，2001）。

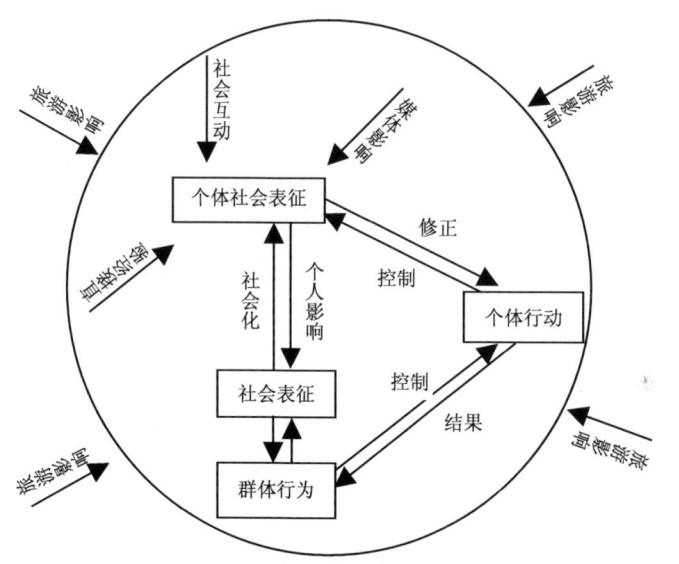

图 2-4　社区旅游社会表征形成机理示意图

资料来源：Pearce(1982)等

总之，社会表征理论在有关旅游影响感知研究的基本逻辑问题上的观点，为公众参与旅游开发，实现旅游业的可持续发展提供了一种全新的思维方式和理论框架。它可以帮助旅游业赢得旅游目的地居民的理解、支持和参与，促进西南少数民族地区农业旅游目的地可持续发展。

(四) 主客影响——态度模式

美国著名的旅游人类学家瓦伦·史密斯(Smith, 1980)从人类学角度出发，针对旅游主客关系，提出旅游影响-态度模式。图 2-5 中正三角形表示由于旅游者的不断增多而对某个地区的文化产生的影响越来越大，倒三角形表示东道主地区居民对不断增多的游客感觉日显淡漠。

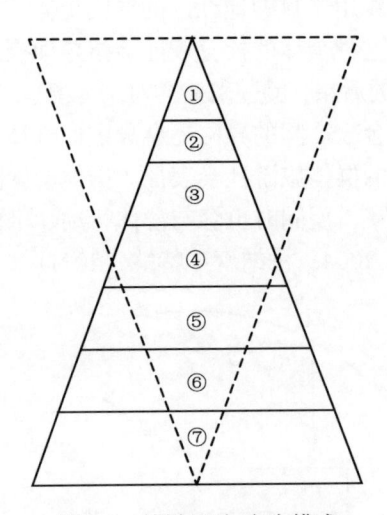

图 2-5 旅游影响-态度模式

注：①探险旅游者；②精英旅游者；③不落俗套的旅游者；④特殊旅游者；
⑤初期大众旅游者；⑥大众旅游者；⑦租赁或包机旅游者

不同类别的旅游者出现频率很像一个金字塔。金字塔顶端，当探险旅游者和精英旅游者出现时，由于数量不多，所以对当地的文化影响很小，对服务的要求也很少，这些旅游者的到来大都未引起当地人的注意，只有很少的人为他们服务。对于精英旅游者和不落俗套旅游者而言，他们一般住在小旅馆，乘坐地方的交通工具旅行，当地人欢迎他们去消费，同时他们的到来也很少给当地带来破坏。但是，随着旅游者的迅速增加，不同的旅游需求和设施需求也出现了。Smith 认为当大批租赁飞机旅游者出现时，此时地方性与民族性在当地已变得不重要。但与此同时，东道国与游客间的冲突也日趋明显。Smith 认为旅游业成功发展的关键点，发生在两个三角形交叉的时候，也就是初期大众旅游者即将到来的时候。初期大众旅游者"寻求"西方式的舒适，需要许多不同的设施。此时旅游地就应该决定：①是有意识地对此进行管理，甚至限制旅游业，以便保护当地的经济和文化的完整性；②还是应该鼓励旅游业的发展，把此看做是一个经济发展和文化重建的理想目标。一些经济强大，具有社会传统的海湾石油国家包括沙特阿拉伯选择了前者；不丹进行了第二种选择，通过每年限制签证，其国家旅游局希望借旅游业来增加外币的收入，但同时又限制一些社会相互影响的发生，因此不丹村民和游客之间没有什么直接冲突。1986 年世界旅游组织的研究对此进行了赞誉并鼓励继续这一做法，但由于旅游者不断地向年轻的僧侣赠送象征性的礼物，导致在僧侣当中出现了"日益增长的物质主义"思想，1988年不丹政府拒绝将一些寺院向外来者开放。

如果一个旅游地能经受住从初期旅游业到全盘的大众旅游业的过渡，那它最终就能获得一种完全的适应，大量的游客就会成为这个旅游地的"景观"之一。Smith同时还指出，旅游业以及旅游者不应该成为整个社会风气变差的替罪羊。许多社会科学家认为，如果一个国家人口过多或比较贫困（或过分贪婪），就会把自己所拥有的一切出售给那些购买者，包括文化遗产。每个国家都存在许多深层次的经济问题，但他认为这与旅游完全没有或者没有多少关系。对这些游客进行责难是很容易的，重要而且困难的是如何解决这些根本的问题(Smith，1980；王丽华，2006)。

瓦伦·史密斯的这一模型通过主客间的关系直观反映了旅游影响和居民态度之间的演变过程，尤其直接地指出了政府决策的关键点，对旅游地前景选择及政策制定，具有宏观指导意义。

(五) 旅游地生命周期理论

旅游地生命周期研究是地理学对旅游研究的主要贡献之一，被广泛运用于旅游目的地发展、规划、产品设计营销推广等领域，同时在分析不同时期旅游者与居民在相互认知、对旅游业态度等方面起着重要的解释作用。

三十多年前就已出现旅游地生命周期概念(the concept of destination life cycle)。德国著名地理学家克里斯泰勒(W. Christaller)曾研究了地中海沿岸旅游乡村的演化过程，认为旅游乡村生命周期可以分为三个阶段：发掘阶段、增长阶段和衰落阶段。Doxey(1975)根据在巴巴多斯(Barbados)和加拿大安大略的尼亚加拉湖区(Niagara-on-the-Lake)的案例调查研究，最早提出在旅游发展过程中居民对旅游发展的态度会随着旅游开发的深入，经历了从开始的"欢欣"(euphoria)，到"冷漠"(apathy)、"讨厌"(annoyance)直至"对抗"(antagonism)的四个阶段，后来又在此基础上增加了"排外(xenophobia)"。该理论认为，当地居民对旅游者的态度改变来自旅游者数量的不断增加以及他们的到来给当地原有生活方式带来的威胁。但许多学者认为，这一理论对居民旅游态度的研究过于简单，在现实中，由于社区内部的复杂性和社区的多重性，不同的居民在给定的时间区间内可能显现Doxey模型所描述的各个状态。随后Butler等学者对其进行了发展和深化，也就是1980年由加拿大学者Butler提出的，目前被学者们公认并广泛应用的旅游地生命周期理论。Butler在《旅游地生命周期概述》一文中，借用产品生命周期模式来描述旅游地的演进过程。他提出的旅游地的演化要经过 7 个阶段：探索阶段、参与阶段、发展阶段、稳定阶段、停滞阶段、衰落或复苏阶段，如图 2-6 所示。每个阶段均有其标志性特征：

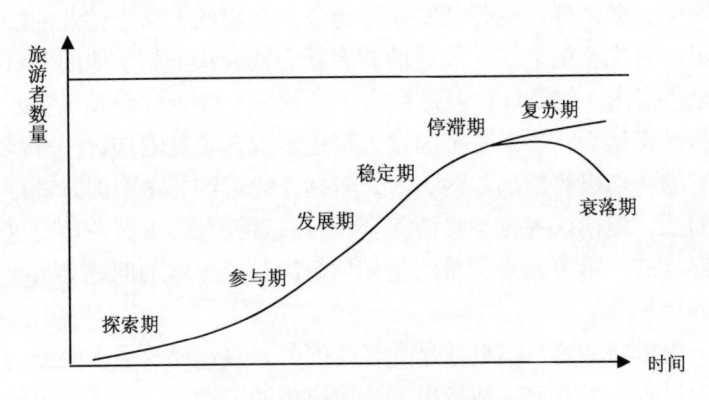

图 2-6 旅游地生命周期理论图

资料来源：R. W. Butler(1980)

(1) 探索阶段(exploration stage)：旅游地发展初始阶段，自然和文化吸引物招徕少量"异向中心型"旅游者，或称之为探险者。此时旅游地很少有专门旅游服务设施。

(2) 参与阶段(involvement stage)：旅游人数增多，当地居民为旅游者提供简便旅游服务，制作广告宣传旅游地。旅游市场季节性、地区性出现。旅游业投资主要来自本地区。公共投资开始注意旅游基础设施建设。

(3) 发展阶段(development stage)：旅游人数增长迅速，超过当地居民。外来资本大量投入，外来旅游公司大量进入，给旅游地带来大量先进的旅游设施和服务，同时控制了当地旅游业。大量人造旅游吸引物出现，并逐步取代原有自然和文化旅游吸引物。大量旅游广告吸引更多旅游者。较为成熟的旅游市场形成。"混合中心型"旅游者取代"异向中心型"旅游者，旅游设施过度利用和旅游环境恶化现象开始出现。

(4) 稳定阶段(consolidation stage)：旅游人数增长速度下降，为了缓和旅游市场季节性差异，开拓新的旅游市场，出现更多的旅游广告。"自向中心型"旅游者光临。旅游地有了明确的功能分区，当地居民感受到旅游业的重要性。

(5) 停滞阶段(stagnation stage)：旅游人数高峰来到，已经达到或超过旅游容量。旅游地依赖比较保守的回头客。大批旅游设施被商业利用。旅游业主变换频繁。旅游地可能出现环境、社会、经济问题。为了发展，要开发旅游地外围区。

(6) 衰落阶段(decline stage)：旅游者流失，旅游地依赖邻近地区的一日游和周末旅游的旅游者来支撑。旅游地财产变更频繁，旅游设施被移作他用，地方投资重新取代外来投资占主要地位。

(7) 复苏阶段(rejuvenation stage)：全新的旅游吸引物取代原有旅游吸引物。要进入复苏阶段，旅游地吸引力必须发生根本的变化，为达到这一目标有两种途径：一是创造一系列新的人造景观；二是发挥未开发的自然旅游资源的优势，重新启动市场。

在衰落或复苏阶段有五种可能性：①深度开发卓有成效，游客数量继续增加，市场扩大，旅游区进入复苏阶段；②限于较小规模的调整和改造，游客量可以较小幅度地增大，复苏幅度缓慢，注重对资源的保护；③重点放在维持现有容量，遏制游客量下滑的趋势，使之保持在一个稳定的水平；④过度利用资源，不注重环境保护，导致竞争能力下降，游客量显著下降；⑤战争、瘟疫或其他灾难性事件的发生会导致游客急剧下降，这时想要游客量再恢复到原有水平极其困难。

旅游地生命周期理论在帮助理解西南少数民族地区农业旅游目的地发展状况、当地居民旅游感知差异以及旅游目的地如何在旅游产品与项目开发、延长旅游地生命循环的周期等方面具有借鉴意义，可为提升西南少数民族地区农业旅游目的地可持续发展能力进行理论指导。

(六)"涵化"理论

西南少数民族地区发展旅游不可避免产生不同文化系统之间的接触联系，而人类学中的"涵化"理论对此有着深入理解(庄孔韶，2004)。

"涵化"(acculturation)属于人类学的专业性概念，指不管人们愿意还是不愿意，只要发生文化接触，其社会文化就会发生变化。Nash(2001)认为，涵化属于文化变迁(culture change)范畴中的一种情况，即至少存在着两个或更多群体因经过相互接触后而产生的变化。早在20世纪50年代，美国"社会科学研究理事会"(Social Science Research Council，SSRC)在夏季报告会上对涵化作出定义：文化涵化指"由两个或更多的文化系统之间的联系接触所发生的文化变化"(SSRC，1954)。由于不同的文化交流与接触的形式多种多样，"涵化"形式也多种多样，其中"借入"(borrowing)是一种重要的形式和因素。这种"借入"通常是双向的，每一方都会通过"借入"另一方的文化因素使自己的文化产生某种变化。根据这样的原则，文化涵化的发生自然存在着两方面的因素：一种是外来因素的介入，使之对某一种原生性的文化产生作用，进而发生变化；另一种是内部因素，即视一个群体或族群的内部凝聚力、认同力，在面对来自外界因素影响和作用时的承受能力。但无论如何，涵化必须是以两种或以上文化的交流与接触为前提条件(彭兆荣，2004)。

不同民族之间在文化上相互借鉴的道理比较容易理解，不过，实际情况却经常并不简单，特别是表现在两种文化的接触与交流过程中，如果一方的文化属于"高文化"(high culture)而另一方属于"低文化"(low culture)，那么，前者对后者所施与的作用和影响将远远大于后者对前者所施与的作用和影响。相对"弱势"的社会文化会更容易受到来自相对"强势"的社会文化的作用和影响。反映在西南民族地区农业旅游开展中此类情形就显得比较突出。城市居民所代表的城市文化、工业文明与乡村居民的乡村文化、农耕文化，少数民族文化与汉族文化等在相互交流中如何影响，民族地区旅游目的地居民如何看待发展旅游带来的变化，旅游者对农业旅游目的地的认知与感受等都涉及"涵化"理论。人类学理论在应用研究方面很自然地会对"不平等的"、"不对称的"文化接触与交流的危险性作出警示，以提醒东道主社会在迎接大规模旅游活动到来的时候，必须格外注意对"自我"文化体系的防护，加强"自我"文化的保护水平，提高族群和地方文化的自我认同和自我传承。很明显，旅游者之所以会选择某一种文化观光、休闲、体验，在很大程度上正是由于东道主地方文化具有独特的吸引力，而如果在旅游发展的过程，这些独特的文化受到破坏，或者降低了独特的品质，也就降低了对旅游者的吸引力。而我们的目标是要在西南民族地区发展农业旅游过程中获得"双赢"。

"涵化"理论对西南少数民族地区部分农业旅游目的地少数民族文化淡化起到一定解释作用，也将为如何保护西南少数民族地区农业旅游目的地独特性、增强旅游地竞争力与可持续发展能力作出指导。

二、理论述评

理论的回顾、梳理与阐述一方面是为实际研究作指导，另一方面当出现新的情况、不同现象时，能对其进行修正，以完善理论或推翻理论重新构建新的认知体系。不同学科对旅游现象进行了卓有成果的研究，并进行理论构建与分析。社会学、人类学、心理学、旅游学等对旅游影响研究较多，因此相应的理论与模式也较多。综观这些理论，从人类心理需求为出发点对问题进行研究的主要有社会交换理论、主客影响-态度模式；从旅游目的地发展演变角度分析的主要有旅游地生命周期理论；由社会整体结构入手进行问题探讨的如社会表征理论等。在对西南少数民族地区农业旅游目的地居民与旅游者旅游感知分析时，不同理论均有其解释的合理性，如居民通过为旅游开发者、游客提供诸如旅游商品、旅游资源时，通常期望获得他们认为与之相当的利益，这可以通过社会交换理论进行说明。但这些理论并不能完全解释在西南少数民族地区农业旅游目的地发生的各类现象，如调查发现处于旅游地生命周期中探索阶段、参与阶段、发展阶段的西南少数民族地区农业旅游目的地居民、参与旅游经营的人对旅游影响的感知并非总是好于不经营旅游的居民等。

旅游影响与感知的研究目的最终应归结于为新农村建设、旅游目的地可持续发展服务，因此，可持续发展理论为本研究奠定重要理论基石。在研究过程中，社会交换理论、社会表征理论将为理解西南少数民族地区居民与旅游者感知、行为、满意度提供重要分析框架；主客影响-态度模式、旅游地生命周期理论、"涵化"理论为分析西南少数民族地区农业旅游目的地发展状况、当地居民旅游感知差异，以及如何保护旅游目的地的地方性、民族性、乡村性，促进旅游产品与项目开发、延长旅游地生命周期提供重要指导，以促进西南少数民族地区农业旅游目的地可持续发展。

第三章 研究区域背景与数据来源

第一节 相关概念分析

一、农业旅游

(一) 农业

本书所指农业为广义的农业，包括所有农业生产活动。即农村各种经济组织和农户经营的农、林、牧、渔业生产活动，各种专业性农、林、牧、渔场的农业生产活动，国家各级机关、团体、学校、部队进行的农业生产活动，集体所有制的乡、镇、村办农场的农业生产活动，以及工矿企业经营的农、林、牧、渔业生产活动。

(二) 农业旅游 (agro-tourism/agri-tourism)

agro-tourism/agri-tourism 在我国翻译为农业旅游、观光农业、休闲农业、乡村旅游等，基于前文综述中对国内外农业旅游及相关概念的阐述，本书将观光农业、休闲农业、农业旅游统称为农业旅游，同时鉴于西南少数民族地区农业旅游的开展与少数民族文化的挖掘、村民的参与、少数民族村寨的展示等不可分割，因此本书中涉及的农业旅游也包含西南少数民族地区乡村旅游。

据此，本书对农业旅游的定义是：以农业生产与经营活动为基础，在农业生产与经营活动空间中进行，利用农村人文资源、自然环境、生态资源，将农林牧渔农事活动、农村民俗文化及农家生活、自然风光、科技示范、休闲娱乐、生态保护等融为一体，使人们达到身心愉悦体验目的，农业与旅游业相结合的农业经营新方式，也是一种新型旅游产品/旅游形式。

农业旅游究其特性有三点：

一是农业特性。农业旅游是在农业生产的基础上开发出来的，尽管在开发旅游功能过程中可能部分、局部改变原来的农业生产结构，如原来以种植粮食作物为主改为种植花果林木，但西南少数民族地区受经济、文化、地域等的限制，大农业范畴内的生产不可能完全取代，因此，农业生产仍然是西南少数民族地区农业旅游发展的重要依托。有的农业旅游发达的国家为了保护农业生产，防止农业旅游过度开发，甚至采取了一些限制措施。例如，在意大利，政府规定农业旅游收入不得超过农业总收入的 1/3，否则就加大税收比例。

二是生态特性。农业旅游作为一种调节人与自然、经济生产与生态环境之间矛盾，建构合理、平和、健康的人性和心灵秩序的旅游产品，它的发展应当遵循可持续发展模式，因此，在发展过程中必然考虑到其生态特性，减少人工作用，在尽可能不破坏原有生态环境的情况下，运用生态学原理，促进其自身生态系统的良性循环。农业旅游的发展也应当包含生态旅游的特征。

三是游憩特性。农业旅游从发展阶段看，可分为观光农业阶段、休闲农业阶段(成升魁等，2005)，前者更强调视觉上的感知，后者更注重体验上的感知，但二者并非截然分开。我国旅游业发展已经从大众化的观光阶段逐步进入休闲度假时代(吴承照，2005)，如图 3-1 所示，户外的休闲与游憩渐渐成为人们生活中不可分割的组成部分。在进行城市居民休闲度假旅游需求研究中也发现，对休闲度假有偏好的居民更乐于参与趣味游乐类型的活动(黄燕玲和黄震芳，2007)，而农业旅游自身发展的特性也契合了城市居民的需求。游憩特性包括观赏活动、农事参与、民俗活动、自然体验等。

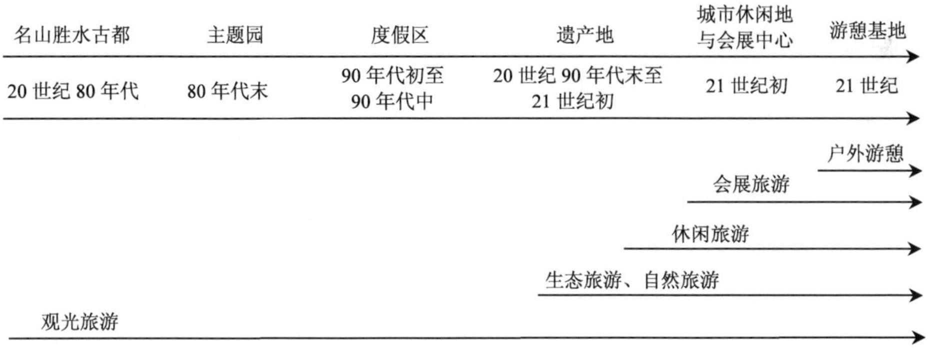

名山胜水古都	主题园	度假区	遗产地	城市休闲地与会展中心	游憩基地
20 世纪 80 年代	80 年代末	90 年代初至 90 年代中	20 世纪 90 年代末至 21 世纪初	21 世纪初	21 世纪

户外游憩
会展旅游
休闲旅游
生态旅游、自然旅游
观光旅游

图 3-1　中国旅游发展的六个阶段

资料来源：吴承照(2005)

二、旅游目的地

Leiper(1993)认为旅游目的地是人们旅行的地方，是人们选择逗留一段时间以体验某些特色或特征——某种类型的感知吸引力。

Buhalis(2000)提出，越来越多的人认为目的地可以是一个感知的概念，被消费者主观地认识，而这种认识取决于他们的旅游线路、文化背景、观光目的、受教育水平和以往的经历。目的地经常被人为地以地理界限或政治屏障来划分，而很少考虑消费者的偏好或旅游业的功能。因此，他认为目的地是游客可以理解的、确定的、唯一实体的地理区域，具有政治和法律框架下的旅游营销与规划。

Buhalis(2000)总结了前人对旅游目的地的定义，并提出目的地是旅游产品的集成地，为消费者提供综合的体验。目的地是旅游产品与向消费者提供一种完整经历的综合体。

魏小安(2003)提出旅游目的地最简单的定义就是能够满足旅游者终极目的的地点或主要活动地点。综合而言，旅游目的地就是提供新鲜体验和丰富阅历的地方。旅游者之所以会离开自己常住地到目的地旅游，从效用的角度看，是因为消费者觉得从特定目的地进行闲暇消费能够得到比常住地以及其他备选目的地更多更优效用。也就是说，该特定目的地对该消费者具有吸引力。从这个意义上也可以说旅游目的地是能够使旅游者产生动机，并追求动机实现的各类空间要素的总和。其要素包括三个层次：吸引要素、服务要素与环境要素。

世界旅游组织(WTO)明确地提出，"地方旅游目的地"是一个包括旅游产品，如支持性的服务设施和吸引物以及旅游资源、具体的空间，应有用于管理的具体的行政界线，具有特定市场竞争力的形象和感知，包括各种利益主体，通常包括一个当地社区和可以作为一个大的目的地的网络，这些是旅游产品送达和旅游政策实施的关键(WTO，2002；Lew and Mcker-cher，2006)。该定义不仅清晰界定了旅游目的地的基本特征，同时也已经得到旅游学界地广泛认同。本书所选案例地均符合以上条件。

三、西南少数民族地区

本书所指西南少数民族地区为广西、贵州、云南三省区。广西壮族自治区是我国5个少数民族自治区之一，境内有壮族、汉族、瑶族、苗族、侗族、仫佬族、毛南族、彝族、京族、水族和仡佬族12个民族，少数民族人口占全区总人口的38.54%；贵州全省有49个民族，其中人口超过10万的少数民族有苗族、布依族、侗族、土家族、彝族、仡佬族、水族、回族等10个民族，苗族、布依族、侗族、仡佬族等少数民族在贵州分布较集中，少数民族人口占全省总人口的37.85%；云南有24个少数民族，其中白族、傣族、纳西族、景颇族等15个是云南独有的少数民族，少数民族人口占全省人口总数的33.41%。

广西、云南、贵州西南三省区的少数民族人口数量位于全国前三位。

第二节 研究区域背景及案例地选择

一、研究区域总体概况

(一) 西南少数民族地区农业发展现状与困境

1. 农业发展现状

西南少数民族地区由于自然、历史、社会等原因，经济发展相对落后。西南少数民族地区绝大多数贫困人口生活在农村，乡村人口比重大，人均占有的农作物面积少，农民收入等方面与全国平均水平相距甚远，从表 3-1 可见一斑。从劳动力结构看，农业劳动力占农村总劳动力比例大，西南少数民族地区的乡村从业人员在农业中的比重高于全国平均水平(2005 年桂、黔、滇三省区分别为 66.06%、65.56%、82.41%，全国为 59.49%)。农业经济比重看，三省区农业经济在其经济结构中占有重要位置，2005 年三省区的农林牧渔业指数[①]为 0.355、0.289、0.308，高于全国平均值 0.215。但农业资源利用效率不高，耕地资源的平均消耗系数、农业水资源的平均消耗系数、化肥的平均消耗系数均较大。农田水利建设方面，2005 年桂、黔、滇三省区的有效灌溉面积分别占三省区同期农作物总播种面积的 23.42%、14.81%、24.54%，低于全国水平 35.39%。

表 3-1　2005 年、2009 年西南少数民族地区农民生活基本情况表

对比项 区域	农村居民家庭人均纯收入/元 2005 年	农村居民家庭人均纯收入/元 2009 年	农村居民家庭生产性固定资产原值/(元/户) 2005 年	农村居民家庭生产性固定资产原值/(元/户) 2009 年	乡村人口比重/% 2005 年	乡村人口比重/% 2009 年	乡村人均占有农作物播种面积/公顷 2005 年	乡村人均占有农作物播种面积/公顷 2009 年
全国	3 254.93	5153	7 155.56	9 970.57	57.01	53.41	0.209	0.223
广西	2 494.66	3 980.44	4 483.33	6 671.44	66.38	60.80	0.210	0.197
贵州	1 876.95	3 005.41	4 175.40	5 968.84	73.13	70.11	0.176	0.180
云南	2 041.79	3 369.34	6 605.73	9 358.08	70.5	66.00	0.193	0.210

资料来源：2005 年、2009 年中国统计年鉴

2. 农业发展面临的困境

1) 农业生态系统存在隐患

西南少数民族地区生态环境较为脆弱，三省区中广西属中度脆弱省份(脆弱指

[①] 农林牧渔业指数=农林牧渔业总产值/GDP 总产值。

数为 0.4507)、云南为强度脆弱省份(脆弱指数为 0.5925)、贵州是极强脆弱省份(脆弱指数为 0.7153)(赵跃龙,1999)。谢花林(2005)撰文指出,从综合农业生态系统的活力、组织结构和恢复力三方面指标分析,广西农业生态系统处于"亚健康"状态,而云南、贵州则处于"不健康"状态[①]。由于山地多、平地少,农业生态系统所受外界压力不断增加,农业现代化水平低,传统农业技术进步缓慢,系统生产力较低,不断增加的劳动力供给的边际效益逐渐趋于零,这对区域的可持续发展构成相当大的隐患。

2) 农业结构性矛盾突出

西南少数民族地区农业生产区域比较优势尚未很好发挥,特色经济、优势产品未能发挥促进作用。农业产业内部结构相似系数很高,如表 3-2 所示,反映出西南少数民族地区农业产业布局与专业化调整力度亟待加强。区域性结构不同程度存在着大而全、小而全的问题。此外,农业规模化不显著,区域规模化合作缺乏(黄燕玲,2008)。

表 3-2 2005 年、2009 年全国及西南少数民族地区农业产业内部产值结构及系数[②] 单位:亿元

区域	对比项	农林牧渔业总产值	农业	林业	牧业	渔业	结构相似系数
2005 年	全国	39 450.89	19 613.37	1 425.54	13 310.78	4 016.119	—
	广西	1 448.372	711.886 6	61.681 7	511.596 4	143.616 3	0.994
	贵州	571.843 2	335.526 4	23.910 7	194.206 6	9.411 5	0.982
	云南	1 068.581	559.319 7	105.528 6	339.684 9	22.966 4	0.980
2009 年	全国	60 361.0	30 611.1	2 359.4	19 468.4	5 626.4	—
	广西	2 377.2	1135	129	812.5	216.9	0.998
	贵州	875.2	501.5	36.9	281.5	11.1	0.990
	云南	1 706.2	850.7	196.1	557.8	42	0.986

资料来源: 2005 年、2009 年中国统计年鉴

3) 农业和农村投资不足导致农业现代化水平低

农业和农村投资不足导致农业现代化水平低,主要表现在农村内部农业与非农业投资不平衡和第一产业投资的增长较慢、规模过小。西南少数民族地区由于农业投资不足,农田水利建设滞后,难以推动耕地垦殖、低质土地改造和农业技

[①] 健康的农业生态系统是指那种能够满足人类需要而又不破坏甚至能够改善自然资源的农业生态系统,其目标是高产出、低投入、合理的耕作方式、良好的稳定性、恢复力和持续性。

[②] 地区农业产业内部结构相似系数是指某地区农业产业内部农、林、牧、渔、业的产业结构与全国农业内部结构的相似程度,其计算公式为: i 为地区农业产业内部产业结构相似系数 $= \sum X_{ij} \overline{X_j} / \sqrt{\sum X_{ij}^2 \sum \overline{X_j}^2}$, X_{ij} 为 i 地区农业产业内部 j 产业的比重, $\overline{X_j}$ 为全国农业产业内部 j 产业的比重。

术水平的提高。而耕地质量差及农业生产条件落后，从基础上制约农业比较收益，反过来又影响农业对资金，特别是对银行贷款及社会和农户投入的吸引力，造成不良循环。由于资金不足，农村经济中现代经济的成长比较缓慢，农业处于自给自足、粗放经营的状态，农村劳动力在非农产业就业的比重上升幅度较小。2005年，桂、黔、滇三省区农村劳动力在非农产业就业的比重分别为33.94%、34.44%、17.59%，虽然比2000年有所上升，但仍低于全国增幅(8.89%)。

(二) 西南少数民族地区发展农业旅游所特有的资源禀赋

西南少数民族地区拥有良好的农业旅游资源禀赋，发展农业旅游将为其农业结构调整、农村经济发展、农民收入增加作出重要贡献。

1. 地域特色农作物资源丰富

农业旅游首先依赖特殊的农业自然景观。独特的地理环境、气候条件、自然景观和生物物种的多样性使西南少数民族地区有着丰富的农业旅游资源。西南少数民族地区处于北纬20°~30°，气候类型丰富多样，气候温暖、无霜期长、热量充分，有利于发展丰富多彩的农业活动。从水分条件看，西南少数民族地区年均降雨量在1000毫米以上，雨热同期，有利于农作物的生长。从地形条件看，西南少数民族地区地形复杂，土壤类型繁多，为发展不同的农作物提供了基础。例如，广西是全国亚热带、热带水果主要产区之一；贵州是全国油菜、烤烟和茶叶的重要产区；云南的花卉、烟草、菌类种植业发达。从生物资源条件看，西南少数民族地区自然生态环境复杂多样，蕴藏着种类众多、组成复杂的野生动植物资源。在农业部《全国特色农业区域布局"一村一品"规划(2006~2015)》报告书里明确列出的十大类特色农产品中——包括特色蔬菜、果品、粮油、饮料、花卉、纤维、中药材、草食牲畜、猪禽蜂、水产，西南三省份均有特色农产品列于其中，而且品种多样、分布面广(表3-3~表3-8)。

表3-3 西南少数民族地区特色蔬菜区域布局表

产品名	优势区范围
莲藕	广西片：柳江、贵港市、宾阳
魔芋	云南片：昭阳、永善、绥江、镇雄、大关、盐津、彝良、威信、水富、普洱、景洪、勐腊、文山、屏边、蒙自、永善、富源、陇川、梁河、陆良、红河、永胜 贵州片：盘县、花溪、龙里、荔波、台江、剑河、锦屏、天柱、正安、道真、大方、毕节、赫章、纳雍、威宁

续表

产品名	优势区范围
藠头	云南片：西山、马龙、开远、丘北、景谷、澜沧、泸西、红河
芋头	云南片：宾川、弥渡、建水、祥云、石屏、通海、普洱、红河
	广西片：荔浦、阳朔、柳城、八步、恭城、藤县
竹笋	云南片：昌宁、龙陵、大关、永善、绥江、新平、墨江、西盟、勐腊、宾川、屏边、河口、石屏、墨江、富宁、红河、金平、澜沧
	贵州片：三都、荔波、独山、榕江、从江、黎平、罗甸、紫云、桐梓、习水、赤水、铜仁、江口
	广西片：融水、融安、三江、鹿寨、田林、全州、资源
黄花菜	贵州片：石阡、德江、江口、印江、岑巩、余庆、沿河
荸荠	广西片：荔浦、平乐、临桂、永福、八步区、钟山、阳朔
	云南片：施甸、昌宁、龙陵、腾冲
黑木耳	云南片：禄劝、双柏、永仁、峨山、新平、金平、丘北、富宁、景东、西盟、江城
	广西片：田林、乐业
松茸	云南片：宁蒗县、香格里拉、德钦、贡山、维西、玉龙、福贡、泸水
辣椒	贵州片：遵义、绥阳、湄潭、余庆、凤冈、红花岗、仁怀、赤水、大方、金沙、黔西、独山、三都、平塘、罗甸、荔波、花溪、平坝、石阡、西秀、镇宁、台江、册亨、思南、水城
	云南片：永善、绥江、镇雄、大关、盐津、巧家、彝良、威信、水富、鲁甸、会泽、泸西、砚山、丘北、弥渡、施甸、宣威、马龙、隆阳、蒙自、建水
花椒	云南片：宁蒗、华坪、洱源、西山、鲁甸、巧家、永善、景东、维西、陆良
	贵州片：望谟、安龙、普定、平坝、镇宁、紫云、关岭、盘县、六枝特区、都匀、福泉、惠水、罗甸、瓮安、荔波、龙里、平塘、长顺、独山、贞丰、绥阳
大料	广西片：百色、凭祥、上思、平果、德保、凌云、宁明、龙州、钦北、天等、大新、藤县、苍梧、容县、金秀、桂平、平南、港南区、岑溪、北流
	云南片：富宁、广南、马关、麻栗坡、西畴、文山

表 3-4 西南少数民族地区特色果品区域布局表

产品名	优势区范围
葡萄	云南片：姚安、永仁、元谋、禄丰、蒙自、弥勒、丘北、宾川
特色梨	云南片：(砂梨)易门、泸西
石榴	云南片：蒙自、建水、巧家、会泽、华坪、永胜、石屏、文山、宾川
杨梅	云南片：石屏
枇杷	广西片：鹿寨、金秀、合山、象州、武宣、忻城、苍梧、藤县
	云南片：罗平、剑川、弥渡、云龙、洱源、鹤庆、祥云、永平、施甸、蒙自、宾川、陇川
特色柚	广西片：阳朔、平乐、恭城、容县、融水、贺州
	云南片：勐腊、潞西市、瑞丽市
特色核桃	云南片：漾濞、大理市、祥云、宾川、弥渡、南涧、巍山、华宁、隆阳区、施甸、腾冲、龙陵、昌宁、古城区、普洱、景东、景谷、临翔区、凤庆、云县、永德、镇康、双江、耿马、沧源、永平、云龙、洱源、剑川、鹤庆、潞西市、陇川

54

续表

产品名	优势区范围
板栗	云南片：峨山、红塔区、易门
柿子	广西片：阳朔、临桂、合山、金秀、南丹、宜州、八步区、恭城、平乐
龙眼	广西片：南宁、灵山、桂平、容县、藤县、苍梧、岑溪、福绵、玉州、博白、陆川、横县、钦北、钦南、龙州、宁明、合浦、扶绥、江州、兴业、港南、浦北、覃塘、隆安、平果、武鸣、平南、北流市、大新 云南片：华宁、孟连、隆阳区、永胜、屏边、昌宁、红河
荔枝	广西片：钦南、邕宁、武鸣、隆安、宾阳、横县、东兴、合浦、藤县、桂平、苍梧、邕宁、博白、陆川、防城、兴业、福绵、平南、港南、容县、玉州、灵山县、北流市、钦北区、浦北 云南片：屏边、元阳、新平、盈江、永德、耿马、红河、景洪市
香蕉	广西片：邕宁、武鸣、右江、上思、田阳、隆安、扶绥、博白、龙州、海城、宁明、江州、凭祥、钦北、永新、西乡塘、合浦、钦南、陆川、福绵、玉州、平果、防城、大新、浦北、灵山、南宁城北区、田东 云南片：绿春、金平、元阳、新平、个旧市、河口、元江、马关、元谋、景洪市、勐腊、隆阳区、红河、武定、耿马、孟连、施甸、龙陵、昌宁、翠云区、景东、景谷、西盟、双柏、屏边、广南、富宁、南涧、潞西市
菠萝	广西片：邕宁、武鸣、隆安、马山、上林、宾阳、横县、东兴、上思、百色右江区、田阳、田东 云南片：元阳、畹町、陇川、瑞丽、勐腊、河口、马关、潞西市、镇康、景洪市、屏边
芒果	广西片：邕宁、武鸣、隆安、马山、上林、宾阳、横县、灵山、浦北、北流、容县、陆川、博白、兴业、南宁、扶绥、龙州、合浦、百色右江区、田阳、田东 云南片：河口、景洪、施甸、腾冲、镇康、元江、勐腊、昌宁、龙陵、景东、华坪、景谷、永德、新平、隆阳区、双江、红河、金平、元阳
番木瓜	广西片：南宁、邕宁、横县、灵山 云南片：泸水、河口、金平、蒙自、屏边、元阳、临沧、景洪、元江、隆阳、景谷

表 3-5 西南少数民族地区特色粮油区域布局表

产品名	优势区范围
芸豆	云南片：玉龙、永胜、大姚、巍山、云龙、洱源、维西、丽江、宁蒗、大理、剑川、南华、绿劝、武定、兰坪、昭通、镇雄、麻栗坡、丘北、文山、砚山 贵州片：毕节、威宁、大方、赫章、水城、盘县、六枝
绿豆	广西片：扶绥、江州区、灵山、钦北区、龙州、桂平市、横县、宁明、全州、武宣、八步区
红小豆	云南片：宁蒗、翠云区、凤庆、云县、永德、巍山
蚕豆	云南片：永胜、凤庆、易门、楚雄市、双柏、牟定、姚安、大姚、禄丰、开远市、蒙自、建水、弥勒、陆良、江川、祥云、保山、洱源、石林、宜良、嵩明、禄劝、大理、巍山、永平、剑川、鹤庆 广西片：苍梧、北流市、桂平市
豌豆	云南片：易门、永德、蒙自、建水、广南、丘北、永平、云龙、宜良、师宗、澄江 贵州片：毕节、威宁
荞麦	贵州片：威宁、赫章、毕节、纳雍、六枝、盘县 广西片：兴宾区、柳江、靖西

55

续表

产品名	优势区范围
燕麦	云南片：迪庆、宁蒗、大关、鲁甸、巧家 贵州片：威宁、赫章
青稞	云南片：香格里拉、德钦、中甸、维西、玉龙
高粱	贵州片：仁怀、金沙、习水 广西片：忻城、都安、右江区、德保、灌阳、全州、兴宾区
薏苡	云南片：宣威、富源、罗平、广南、文山、师宗、马龙、丘北 贵州片：兴义、兴仁、晴隆、贞丰、普安、安龙、紫云、望谟、长顺 广西片：隆林、田林、西林、乐业
啤酒大麦	云南片：玉龙、剑川、弥渡、祥云、泸西、南涧、巍山、鹤庆、洱源、沾益、马龙、南华、临翔、云县、石林、寻甸、嵩明、隆阳、腾冲

表 3-6 西南少数民族地区特色饮料区域布局表

产品名	优势区范围
红茶	云南片：凤庆、澜沧、双江、云县、昌宁 广西片：灵山、百色、玉林
普洱茶	云南片：翠云区、墨江、景东、景谷、江城、绿春、广南、勐海、潞西市、景洪、勐海、广南、勐腊
绿茶	广西片：(五岭区)阳朔、灵川、全州、资源、平乐、荔浦、鹿寨、武宣、忻城、融水、金秀、藤县、昭平、钟山、富川、柳城、(粤西桂东)武鸣、苍梧、钦州市、浦北、桂平、平南、容县、北流、陆川、博白、横县、上林、隆安、马山、川黔区：凌云、罗城、环江 贵州片：(武陵区)铜仁、思南、德江、石阡、印江、松桃、道真、黎平、雷山、台江、(川黔区)贵阳、盘县、水城、湄潭、习水、仁怀、兴义、兴仁、普安、贞丰、安龙、晴隆、毕节、大方、纳雍、威宁、安顺市、都匀、贵定、余庆、凤冈、丹寨 云南片(滇西南区)：景洪市、思茅、德宏、云县、保山、腾冲、龙陵、普洱
咖啡	云南片：普洱、翠云、澜沧、景谷、墨江、孟连、隆阳、龙陵、昌宁、潞西、瑞丽、勐腊、勐海、景洪、耿马、沧源、镇康、双江、临沧、永德、盈江、陇川、镇沅、江城

表 3-7 西南少数民族地区特色花卉、纤维、中药材区域布局表

产品名	优势区范围
鲜切花	云南片：呈贡、官渡、嵩明、安宁、红塔、通海、江川、晋宁、澄江、富民、麒麟、元江
桑蚕	广西片：象州、宜州市、横县、忻城、鹿寨、柳城、柳江、融安、环江、东兰、凤山、罗城、都安、宾阳、邕宁、上林、灵山、钦北、浦北、合浦、覃塘、福绵、港南、平南、蒙山 云南片：曲靖市(陆良、沾益、麒麟区)，昭通市(镇雄、巧家)，大理白族自治州(祥云、鹤庆)，保山市(隆阳区)、思茅市(景东区)
亚麻	云南片：马关、西畴、麻栗坡、宾川、祥云、弥渡、巍山、牟定、武定、永胜、开远、隆阳、施甸、腾冲、昌宁、陇川、潞西、翠云、景洪、临沧、弥勒
剑麻	广西片：扶绥、平果、田阳、武鸣、隆安、玉州、福绵、兴业、博白、江州、龙州、大新
三七	云南片：文山、砚山、马关、西畴、邱北 广西片：靖西、德保、那坡

续表

产品名	优势区范围
天麻	云南片：永善、绥江、镇雄、大关、盐津、巧家、彝良、威信、水富、鲁甸、香格里拉、德钦、维西、剑川、弥渡、云龙、洱源、鹤庆、祥云、宾川、永平、漾濞、巍山、南涧 贵州片：黔西、大方、织金、金沙、赫章、纳雍、威宁、赤水、仁怀、遵义、绥阳、桐梓、习水、凤冈、正安、余庆、湄潭、道真、务川、德江、都匀、福泉、贵定、惠水、罗甸、瓮安、荔波、龙里、平塘、长顺、独山、三都、清镇、开阳、修文、息烽、水城、盘县、六枝特区、乌当、铜仁、沿河、印江
杜仲	贵州片：遵义、湄潭、赤水、正安、习水、仁怀、黔西、金沙、大方、印江、贵定、务川、绥阳、道真
当归	云南片：维西、德钦、香格里拉、兰坪
罗汉果	广西片：永福、临桂、龙胜、灵川、兴安、资源、全州、融安、融水、金秀、八步、桂平
金银花	广西片：忻城

表 3-8　西南少数民族地区特色草食牲畜、猪禽蜂、水产区域布局表

产品名	优势区范围
牦牛	云南片：香格里拉、德钦、维西、玉龙、宁蒗
藏绵羊	云南片：香格里拉、德钦、维西、玉龙、宁蒗
乌金猪	云南片：麒麟区、宣威、陆良、会泽、富源、罗平、马龙、师宗、沾益、昭阳、永善、绥江、镇雄、大关、盐津、巧家、彝良、威信、水富、鲁甸 贵州片：赫章、威宁、黔西、大方、纳雍、毕节
香猪	贵州片：从江、榕江、剑河、三都 广西片：环江、巴马
藏猪	云南片：香格里拉、德钦、维西
特色肉鸡	广西片：兴业、岑溪、合浦、邕宁、博白、临桂、灵山、北流、容县、武鸣、南丹 贵州片：威宁、黎平、榕江、从江、兴义、毕节、大方、黔西 云南片：盐津、大关、威信、腾冲、云龙、西畴、景洪
特色水禽	云南片：宜良、元江、峨山、永平、腾冲、剑川、弥渡、云龙、洱源、鹤庆、祥云、宾川、漾濞、巍山、南涧、广南、晋宁 贵州片：平坝、织金、三穗、印江、黄平、天柱、铜仁、松桃、凯里、麻江
特色蜂产品	广西片：巴马 云南片：罗平、大姚、腾冲
珍珠	广西片：东兴、合浦
鳟鱼	云南片：寻甸、古城、玉龙、会泽、剑川、洱源 贵州片：镇宁、关岭、江口、乌当、兴义、兴仁、惠水、铜仁、锦屏、花溪、修文、都匀、西秀、遵义、盘县
锯缘青蟹	广西片：合浦、东兴、灵山、浦北
鲶鱼	广西片：玉州区、福绵区、北流市、邕宁区、良庆区、西乡塘区、雁山区、临桂县、兴安县、右江区、田阳县、田东县、长州区、岑溪市、苍梧县、港北区、桂平市、平南县、柳北区、柳南区

由此看出，西南少数民族地区发展特色农业的自然条件多样、资源丰富，为发展农业旅游奠定良好基础。

例如，本书所选择的案例地之一的巴拉河旅游区，其稻田养鱼示范点、稻田养螺蛳、反季节蔬菜种植、花卉园林等很有观赏价值，同时也使得这一旅游区农业气息浓厚。为了让旅游者体验农业旅游的乐趣，村民们因地制宜，联合连片发展茶、果种植园：猫猫河村的千亩茶园、南花的百亩果园、南猛村的巨丰葡萄、乌秀的科技杨梅等，带来了很好生态环境效益和经济效益。案例地广西红岩村的万亩月柿林，一到秋天，红灯笼一样的柿子压弯了枝头，成为秋天收获的象征，游客到村子，可自己采摘新鲜的水果，体验农家的生活；案例地云南罗平县 40 多万亩油菜花海于 2002 年被上海大世界吉尼斯总部确定为世界上最大的自然天成花园，每年二三月份油菜花开期间，全国各地有 2.5 万多群蜜蜂汇集于此采蜜，农业景观独特。

2. "两土三乡"资源丰富

西南省份各民族与华夏文化相结合共同创造的历史文化遗产是祖国人文旅游资源的重要组成部分。由于人为破坏较少，目前这些资源大都保留了未经雕饰的原始风貌，给人以强烈的新奇感，符合旅游者求新、求异、求知、求乐的需求和趋势，具有强烈的吸引力。因此，西南少数民族地区的"两土三乡"资源的挖掘是其农业旅游目的地能否突出主题与特色的关键因子之一。西南少数民族地区内涵丰富而独特的农耕文化、民俗文化无疑为开发西南地区农业旅游资源锦上添花。

1) 乡土气息浓郁

农业旅游目的地一定要具备良好的生态环境与乡土风貌。例如，案例地贵州巴拉河旅游区猫猫河村，寨头和周围都种植有郁郁葱葱的护寨树。在这些护寨树中，有终年常绿的青松杉木，有香樟树，还有楠木、银杏、枫香等。苗族人民喜以枫香树为护寨树，对枫香树情有独钟，有着深层次的原因：它是苗家的图腾树，有了它守村护寨，寨民能身体健康，饲养能六畜兴旺，劳作能五谷丰登；巴拉河旅游区脚猛村的五斗表演——斗牛、斗鸡、斗鸟、斗马、斗狗在城市是绝对看不到的；南花村的农家饭，一般是 15 个菜，以本村菜谱为主，还有各式喝酒名称——碰杯酒、交杯酒、转转酒、互敬酒、碰头酒、跳高酒等，乡土气息浓厚。

2) 少数民族文化丰富

在西南少数民族农村地区，文化遗产表现在其历史古城和古迹方面，但更多体现在少数民族集聚地以及他们古远的民风民俗。旅游者决策行为研究表明，与旅游者所在地文化差异越大的景区，就越易于被旅游者所选择。因此，少数民族味越浓，民族特色越鲜明，对旅游者的吸引力就越大，旅游开发的价值就越大。

西南少数民族地区聚居着壮、瑶、侗、苗等数十个少数民族，各少数民族农业生产方式和习俗有明显差异，多姿多彩的民俗农耕文化，包括民间传说、民间工艺、居住文化、服饰文化、婚嫁习俗、祭祀文化、耕作文化都具有潜在的旅游价值。少数民族文化作为一项重要而宝贵的乡土、本土人文旅游资源，是发展农业旅游的重要基石，可以作为开展文化旅游的良好基础，也是西南少数民族地区农业旅游开发能否取得成功的关键之一。少数民族文化主要涵盖以下七大内容。

（1）民族信仰与宗教：少数民族信仰的外来宗教主要有佛教、道教、伊斯兰教和基督教。一些外来宗教与少数民族的自然崇拜、民族信仰相结合，成为具有本民族特色的宗教信仰。此外，民族地区还有丰富多彩的民间信仰文化，如壮族的布洛佗文化，白族的本主信仰、花婆崇拜等，具有神秘的吸引力。宗教是神秘的，而宗教传入民族地区并且本地化后，更具神秘性。

（2）民族建筑：西南少数民族的建筑特色是少数民族突出文化特色之一。民族建筑构造及布局反映了一个民族适应自然、创造生活的智慧。很多少数民族的建筑工艺十分精湛。如广西三江侗族的桥梁、鼓楼等建筑工艺，在国内外都有相当的影响力。西南少数民族地区许多乡村是以特有的地理环境和风水结构发展起来的，利用不同的地形、地貌、水道形成多种给排水、避寒、避风、采光、交通等合理的乡村聚落空间布局。这对发展乡村旅游、科学旅游、文化旅游和研究活动均具有重要意义。如贵州巴拉河旅游区郎德上寨，其极富苗族建筑特色的吊脚木楼，错落有致，鳞次栉比，层叠而上；各户的木楼，曲栏回廊，窗棂照壁，堂屋寝室，整洁宽敞。堂前一排弧形木栏杆长凳，苗语称为"阶息"，供来客憩息赏景，平时则是苗姑刺绣的地方。各户之间用鹅卵石铺砌的道路互相连结，又与全寨五条花街衔接，浑然一体。与郎德上寨相邻的西江千户苗寨，木质吊脚楼群依山而建，层层相叠、气势恢宏，民族风情浓郁，经过600余年的发展，现已形成全国最大的苗族古镇。这些均是产品特色所在。

（3）民族饮食：作为我国饮食文化重要组成部分的民族饮食也是一项独具吸引力的旅游资源。其文化价值在于让旅游者体验到异族风情。西南少数民族地区各民族的饮食习惯受自然环境和社会经济条件等因素的综合影响，形成了各具特色的饮食习惯。如布依族的粽粑、花饭、酸笋鱼，傣族的竹筒饭，侗族的酸鱼酸肉，苗族的酸汤等。

（4）民族服饰：服饰是人类为了生存而在不同的地域空间活动中所产生的一种特有的文化。民族服饰是民族文化最直接的表现。广义的服饰包括衣饰、头饰、足饰和首饰几大类。服饰可以反映出一个民族的历史痕迹。民族服饰具有鲜明的民族性、地域性、传统性和艺术性，是民族特征的综合体现。通常，少数民族的服饰色彩较为绚丽，而且各具特色，如壮族花鞋是壮族的刺绣工艺之一，又称

"绣鞋"。有些民族会把本民族的发展史在衣服上绣成各种图案，如苗族，服饰成为移动的民族文化读本。

（5）民族歌舞：民族歌舞是反映少数民族生产劳动和生活风情的一种艺术表现，具有浓郁的民族特色和地域特色。西南少数民族多深居山中，以山歌抒发感情，曲调高亢明亮，自由奔放。舞蹈方面，例如有着悠久历史的农耕民族——壮族，其反映劳动生活的就有捞虾舞、绣球舞、舂米舞等数种舞蹈；流传于贵州水族的"斗角舞"，通过各种艺术形式歌颂牛，寄托人们对农业丰收的祈愿；谷雨、芒种前后插秧的时节举行的云南白族"绕三灵"，表达祈祷风调雨顺、人畜平安的美好心愿。

（6）民族庆典：民族庆典既包括约定俗成的、世代相传的节庆活动，也包括现代的各类展会，是民族特征的综合反映。各少数民族的节庆活动生活气息浓郁，群众参与广泛，是最生动和参与性最强的旅游资源。民族节庆按内容可以分为社交游乐节庆、祭祀节庆、纪念节庆和庆贺节庆等。如壮族的三月三歌节、侗族的花炮节属于社交游节会；苗族的芦笙节，纳西族的龙王会属于农祀节；傣族、布依族的泼水节属于民族庆典。在贵州巴拉河旅游区各村寨每年都过春节、清明节、吃新节、苗年节、姑娘节等，在这些节日中举行敲铜鼓、吹芦笙、唱古歌、跳芦笙、跳铜鼓、吹木叶、农家饭手艺、刺绣、银饰制作等比赛，对旅游者而言既新奇又富有参与性。

（7）民族婚恋：少数民族的婚姻礼俗及家庭形式，反映了极为独特的民俗风情。壮族的赶花街、彝族的火把节等，都是青年聚会交友的极好机会。侗族地区有夜嫁、夜娶的习惯；苗族保留了抢婚的习俗。少数民族的婚恋过程仪式化，是一种民族伦理的体现，旅游者通过参与其中，会对该民族的文化有深层的认识。

总之，西南少数民族地区特有的资源禀赋特点是"四多"，即民族多样、生物多样、文化多样、景观多样。开发要做到"三原"，即努力维护与保持其原生态、原创态、原有态。

(三) 西南少数民族地区农业旅游发展基本情况

1. 西南少数民族地区旅游业发展基本情况

与我国良好的旅游发展态势相近，西南少数民族地区的旅游业同样呈现出上升趋势，无论是国际入境游客还是国内旅游者的数量均年年增长（2003年"非典"除外），如图3-2所示。

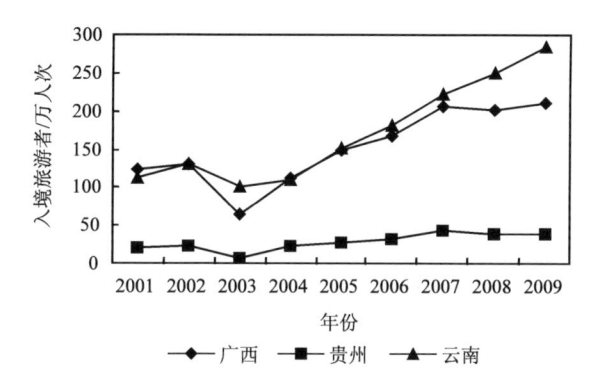

(a) 西南少数民族地区 2001~2009 年入境旅游者基本情况

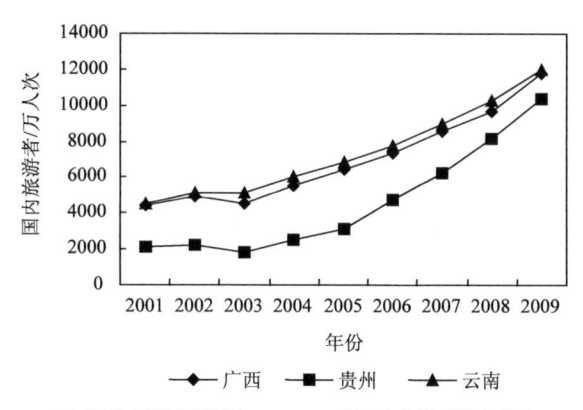

(b) 西南少数民族地区 2001~2009 年国内旅游者基本情况

图 3-2 西南少数民族地区 2001~2009 年接待旅游者基本情况

2. 西南少数民族地区农业旅游发展基本情况

截至 2009 年，西南三省区全国农业旅游示范点情况如表 3-9~表 3-12 所示，从数量上看广西最多，贵州次之，云南较少。以 2006 年数据计算，三省区的全国农业旅游示范点中民族村寨均占有相当比例，其中以云南最高，广西次之，贵州第三，如图 3-3 所示。由此可见西南少数民族地区开展农业旅游时，均不同程度地与当地少数民族文化开发结合，以期达到增强旅游产品吸引力、促进农业产业结构转变、提高少数民族地区农村人口收入与生活水平等目的。从距离中心城市远近分析，西南三省区全国农业旅游示范点距离最近的中心城市（地级市）最远不超过 300 千米，考虑到三省区山多路不平，将所有 47 个全国农业旅游示范点按距离中心城市远近划分三类：50 千米以内为近郊；50~150 千米为中郊；150 千米以上为远郊。情况如图 3-4 所示，广西与贵州两省区农业旅游示范点近郊分布较多，远郊分布较少,云南的农业旅游示范点则是中郊分布较多,近郊与远郊分布持平。单从空间距离分布情况看,贵州的分布态势最优。

表 3-9 西南少数民族地区全国农业示范点总量表(2006 年与 2009 年数据)

西南三省区	农业旅游示范点			
	国家级/个		省(区)级/个	
	2006 年	2009 年	2006 年	2009 年
广西	23	39	29	175
贵州	18	30	—	—
云南	6	9	—	—

资料来源:国家旅游局、广西壮族自治区旅游局

表 3-10 广西壮族自治区全国农业旅游示范点名录(截至 2009 年)

序号	景点名称	所在地	批准年份	序号	景点名称	所在地	批准年份
1	现代农业科技示范园	南宁	2004	21	扬美古镇	南宁	2006
2	世外桃源	桂林	2004	22	金满园	南宁	2006
3	农工商农业观光旅游区	柳州	2004	23	三娘湾	钦州	2006
4	凌云茶场	百色	2004	24	黄姚古镇	贺州	2007
5	现代农业技术展示中心	南宁	2005	25	荔江湾景区	桂林	2007
6	布洛陀芒果风情园	田阳	2005	26	兴怡山庄	桂林	2007
7	大芦村民族风情旅游区	灵山	2005	27	梦里水乡	桂林	2007
8	罗政村	北流	2005	28	大塘湾民俗山寨	桂林	2007
9	大洲村	融安	2005	29	毛洲岛绿色农庄旅游有限责任公司	桂林	2007
10	丹州村	三江	2005	30	添发花果山生态园	柳州	2007
11	红岩生态旅游新村	桂林	2005	31	中渡左镇旅游区	柳州	2007
12	乡村大世界	南宁	2006	32	浮石镇鹭鸶洲农业观光区	柳州	2007
13	下伦农业观光旅游区	柳江	2006	33	江山半岛渔家乐	防城港	2007
14	景泉农庄	柳城	2006	34	广西百色国家农业科技园区管理委员会	百色	2007
15	香粉乡雨卜旅游村	融水	2006	35	古辣蔡氏书香古宅景区	南宁	2009
16	龙脊景区	龙胜	2006	36	濑浩新村	百色	2008
17	蝴蝶谷	桂林	2006	37	明仕田园景区	崇左	2009
18	刘三姐茶园	桂林	2006	38	巴马坡纳农家旅游度假村	河池	2009
19	历村	桂林	2006	39	程阳八寨和冠洞旅游点	柳州	2009
20	田野现代农业示范园	北海	2006				

表 3-11 贵州全国农业旅游示范点名录(截至 2009 年)

序号	景点名称	所在地	批准年份	序号	景点名称	所在地	批准年份
1	巴拉河流域农业旅游区	黔东南州	2004	17	普定县讲义-号营村	安顺市	2005
2	兴义下伍屯万峰林	黔西南州兴义市	2004	18	平坝县天台山天龙屯堡	安顺市	2005
3	修文县谷堡乡	贵阳市	2004	19	怡心生态观光园	黔西南州兴义市	2005
4	共青林场怡心园	黔西南州兴义市	2005	20	清龙河乡村旅游区(布依族)	贵阳市开阳县	2006
5	丹寨县金钟农场	黔东南州	2005	21	永乐乡村旅游区	贵阳市	2006
6	麻江县下司镇农业观光园	黔东南州	2005	22	中国"茶海之心"——田坝村	遵义	2007
7	黄平县舞阳河景区	黔东南州	2005	23	岜沙苗寨	贵阳市从江县	2007
8	施秉县牛场中药材基地	黔东南州	2005	24	木城河乡村旅游区	关岭自治县	2007
9	江口县梵净山景区	贵阳市	2005	25	铁溪景区	贵阳市镇远县	2007
10	福泉城厢镇"金谷福梨"观光园	黔南州福泉市	2005	26	湄潭县核桃坝村龙凤村(黔北民居)	遵义市	2007
11	贵定县盘江镇音寨村	黔南州	2005	27	小黄民族村	贵阳市从江县	2007
12	新蒲镇农业观光园	遵义市	2005	28	余庆县龙家镇黄金榜村	遵义市	2007
13	董公寺镇生态农业园	遵义市	2005	29	仁怀市"苗山人家"	遵义市	2007
14	乌当情人谷——阿栗杨梅园	贵阳市	2005	30	娄山关乡村旅游点	遵义市	2008
15	花溪生态农业示范园	贵阳市	2005	31	禾风布依族乡	贵阳市开阳县	2008
16	黄果树石头寨	安顺市	2005				

表 3-12 云南全国农业旅游示范点名录(截至 2009 年)

序号	景点名称	所在地	批准年份	序号	景点名称	所在地	批准年份
1	罗平县油菜花海	曲靖市	2004	6	瑞丽市大等喊傣族自然村	德宏傣族景颇族自治州	2004
2	昆明市西山区团结乡	昆明市	2004	7	隆阳区潞江坝民族文化生态旅游区	保山市	2007
3	红河哈尼梯田箐口哈尼族民俗村	红河哈尼族彝族自治州	2004	8	福保文化城	昆明市	2007
4	云南高原葡萄酒有限公司	红河哈尼族彝族自治州	2004	9	耿马傣族佤族自治县孟定镇	沧浪市	2008
5	蒙县县万亩石榴园	红河哈尼族彝族自治州	2004				

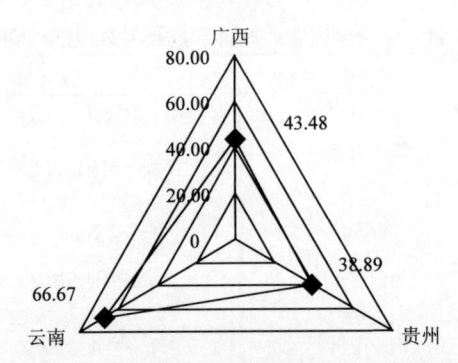

图 3-3　西南少数民族地区全国农业旅游示范点中民族村寨所占比例示意图

注：以 2006 年数据计算

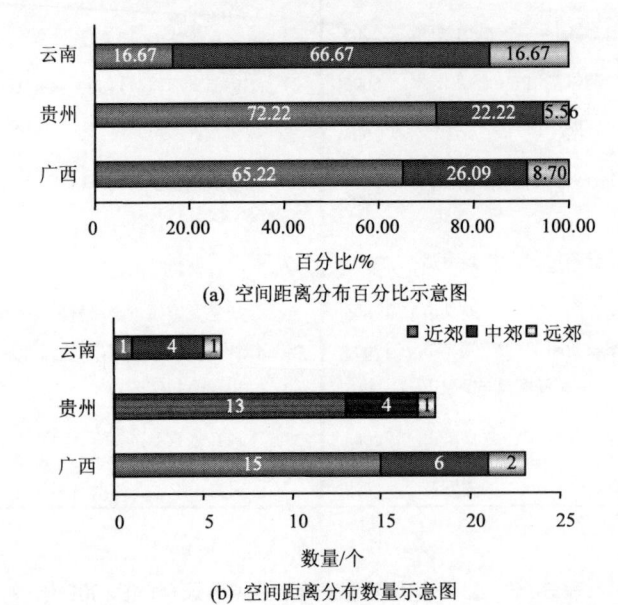

(a) 空间距离分布百分比示意图

(b) 空间距离分布数量示意图

图 3-4　西南少数民族地区全国农业旅游示范点空间距离分布图

注：以 2006 年数据计算

二、研究案例地基本情况

　　选取研究案例应充分考虑案例地的典型性、代表性、各种特征的差异化，以使得研究具有说服力、对比性和示范性。因此，在西南少数民族地区农业旅游目的地中选取研究案例主要考虑以下因素：一是属于国家级农业旅游示范点，以突出其农业旅游特征及典型性与代表性；二是处于西南省份少数民族聚居区，以更加突出其农业旅游地方性与民族性特征；三是不同选点尽可能是处于旅游发展生命周期中的不同发展阶段；四是有新型农业与传统农业对比、传统民族文化、民俗文化结合；五是经营管理模式有差异。

　　据此，本书选择广西壮族自治区桂林市恭城瑶族自治县红岩新村（以下简称红岩新村）、贵州黔东南苗族侗族自治州巴拉河流域农业旅游区（以下简称巴拉河旅游区）和云南省曲靖市罗平县油菜花海（以下简称罗平油菜花海）三个全国农业旅游示范点进行考察，图3-5是三个案例地区位示意图，表3-13是对三个研究案例地基本特征比较[①]。

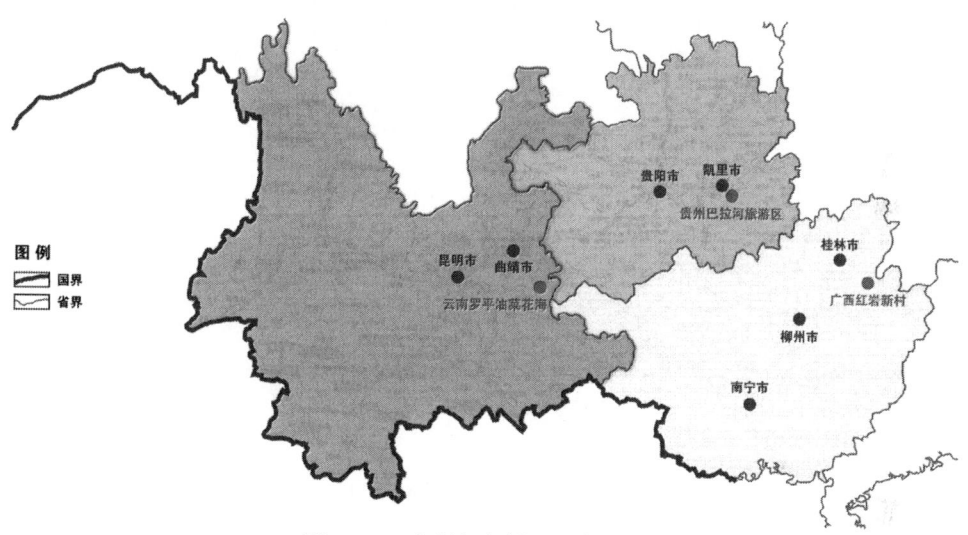

图 3-5　三个研究案例地区位示意图

(一) 广西红岩新村概况

　　红岩新村，位于广西桂林市恭城瑶族自治县莲花镇，距恭城县城14.7千米，距桂林市中心122.7千米。红岩新村的地形主要以丘陵和峰林为主，海拔在145~311.9米。红岩新村唯一的一条河流是平江河，它发源于恭城县东部银殿山，属珠江水系，从西南向东北流经红岩新村，在平乐县境内汇入茶江。河流年均径流量10m³/s，枯水期径流量为3m³/s。以平江河为界，南部以喀斯特峰林为主，山体峻峭，北部以丘陵为主，地势相对平缓，坡度一般在5°~15°。红岩新村土壤以地带性土壤——红壤、砖红壤为主，土壤呈弱酸性，适宜种植柑橘、月柿等果树。

---

① 案例地基础资料来源于：广西壮族自治区桂林市恭城瑶族自治县旅游局；贵州省黔东南苗族侗族自治州旅游局；云南省曲靖市罗平县旅游局。以下均同。

表 3-13 三个研究案例地基本特征比较

对比项	农业旅游目的地		
	红岩新村	巴拉河旅游区	罗平油菜花海
级别	国家级农业旅游示范点	国家级农业旅游示范点	国家级农业旅游示范点
聚居民族	瑶族、汉族、壮族	苗族、汉族	布依族、彝族、回族、汉族等
荣誉	2004 年度获得广西"全区生态富民示范村"；2002~2004 年度"全区农业系统十佳生态富民样板村"	2003 年评为贵州乡村旅游示范区；2005 年，巴拉河旅游区的南花村，被农业部授予"生态家园富民示范点"；2001 年，巴拉河旅游区的郎德上寨，被文化部授予"中国民间艺术之乡"、国务院批准为"全国重点文物保护单位"、同时被列为"全国百座特色露天博物馆"，2007 年被评为中国十五个景观村落	2002 年吉尼斯世界纪录——世界最大的自然天成花园；99 昆明世博会和第一、第二、第三、第四届昆明国际旅游节的前奏和序幕的旅游定点分会场
资源类型	科技种果、生态休闲、社会主义新农村示范村	少数民族风情、民间艺术、乡土风貌	科技种植、乡土风貌、少数民族风情
资源特征	山水生态环境优良、突出的新农村建设经验、"五位一体"生态农业建设、万亩柿园为核心的水果种植、采摘活动	山水生态环境优良、少数民族歌舞和古建筑群、农作物种植、采摘活动	山水生态环境优良、布依族风情、面积巨大的油菜花海
空间形态与规模	片状模式，小型，人口 390 人	串珠模式，中型，人口 4758 人	块状模式，大型，人口 55 万
区位与通达度	汽车，桂林至红岩新村行程近 3 小时	汽车，凯里至最近入口行程 10 分钟	汽车，曲靖至罗平行程 3 小时；火车专列，昆明至罗平 4 小时
主要客源市场	广西区内为主，周边省市少量	贵州省及相邻省份占五成，全国其他省份占四成，国际游客少量	云南省内为主，周边省市少量
与最近的中心城市距离/千米	122.7(桂林市)	12(凯里市)	131(曲靖市)
最近的中心城市市区人口数/万人	75	42	71.2
省会城市人口数/万人	701.58	327.87	508.47
2007 年游客接待量/万人次	20	30	32.96
开发时间	2003 年至今	2001 年至今	1998 年至今
所处旅游生命周期阶段	探索阶段向参与阶段过渡	发展阶段	发展阶段向稳定阶段过渡
旅游管理经营特点	政府主导，村民自主管理	政府主导，政府+企业+农村旅游协会	政府主导，"农家乐"松散型

2006年年末，红岩新村共有农户102户，人口390人，其中85%以上的居民为明末清初从广州等地迁至莲花镇的瑶族朱姓后代，至今已繁衍至第24代，其余为壮族和汉族。村中居民彼此之间感情很深，团结甚紧。红岩新村农业以水果种植为主，主要种植月柿，人均有果面积近2亩，年均有果6600多千克，人均纯收入8000多元，人均旅游收入3000元以上，红岩新村的村民依靠科技种水果，走上了富裕的道路，农民建新房的愿望越来越强烈。从2003年开始，红岩新村共建起51栋别墅，每家别墅6间客房，目前共拥有客房300多间，餐馆40多家，全村一次性可接待旅游者500多人。同时，建起了瑶寨风雨桥、滚水坝、梅花桩、旅游登山小道、灯光球场和大小型停车场，以及环形村道等公共设施。如今，红岩新村以其优美的自然环境和村民热情好客的服务态度吸引了众多的游客前来游览；获得"全区生态富民示范村"称号，2002~2004年获得"全区农业系统十佳生态富民样板村"等荣誉称号，2005年成为大桂林旅游圈唯一一个农民自己经营的"全国农业旅游示范点"。恭城县2003~2006年连续在红岩新村举办月柿节，效果良好，如表3-14所示。调查数据显示，被访居民的家庭近几年年均旅游收入以1万~2万元和2万元以上居多，分别为23.26%、37.21%。

表3-14 2003~2006年恭城月柿节及恭城县旅游情况表

年份	恭城月柿节		恭城县旅游情况	
	接待游客/万人次	社会旅游总收入/万元	接待游客/万人次	社会旅游总收入/万元
2003	17	873.3	50.04	1805.6
2004	18.2	1056	52.7	3816.1
2005	13	940	61	4085
2006	13.7	759	61.9	5573

红岩新村旅游资源丰度与聚集度良好，如表3-15所示。此外，突出的新农村建设经验也是其发展农业旅游的重要吸引力。从2001年开始，恭城县正式开始进行"富裕生态家园"新村建设试点工作，2003年初，在县委的引导下，红岩村开始了新村建设。红岩新村建设实施统一规划、统一建设、统一装修，由桂林市和恭城县工程技术人员对整个新村进行规划、布局与建设，同时对房屋样式进行设计。按照"五改十化"（即改水、改路、改房、改厨、改厕和交通便利化、村屯绿化美化、户间道路硬化、住宅楼房化、厨房标准化、厕所卫生化、饮用水无公害化、生活用能沼气化、养殖良种化、种植高效化）的标准，围绕"农村新村建设的样板、特色产业发展的基地、科学技术普及的先导、生态环境保护的典范、农民增产增收的园地、精神文明建设的先锋"目标，实现自然景观与人文景观和谐统

一，精神文明与物质文明同步发展。目前，红岩新村楼房依平江河两岸建成，错落有致，农村文明、卫生状况明显改善，村容村貌焕然一新。走进红岩新村的农家，宽敞明亮的客厅里，大彩电、高档成套音响、消毒柜、饮水机、空调等一应俱全，特别是厨房里，电冰箱、电饭锅、电磁炉、消毒柜、洗衣机等应有尽有。经过几年建设，红岩新村已成为一个"生产发展、生活宽裕、乡风文明、村容整洁、管理民主"的社会主义新农村。因此也吸引了各地代表团到此参观，突出的新农村建设经验是其发展旅游的重要吸引力。

表 3-15　广西红岩新村旅游资源一览表

资源分类	名称	位置	特征描述
自然旅游资源	平江河	平江河	它发源于恭城县东部银殿山，属珠江水系，由西南向东北流经红岩新村，河宽53米，河深4米，河两岸凤尾竹成丛，椪柑林成片，间夹马尾松、槲树，滚石坝处河面有10余座竹筏船，河南岸有一处观景水车
	马鞍山	平江河上游南岸	外形酷似马鞍，又因后鞍山有一山洞，为太平天国时千учитывают修建防御设施，洞门酷似龙门，故又称龙门山。前鞍山峰标高245米，后鞍山峰标高225米，东西走向，整个山体以灌木为主，森林覆盖率高，岩性为石灰岩
	老虎山	平江河下游南岸	酷似蓄势待发的老虎，故称老虎山，又因与龙门山遥望，而取鲤鱼跳龙门之意，又名鲤鱼山，山顶标高209.2米，南北走向，岩层北东倾向，倾角30°，整个山体岩石裸露，植被少，岩性为石灰岩
	万亩月柿园	平江河北面	占地面积7000亩，以种植月柿为主，并实行现代农业灌溉技术，是恭城县农业生态示范基地
	恭城月柿	万亩月柿园	已有300多年的历史，恭城月柿果型美观、色泽鲜艳、个大皮薄、肉厚无核。柿树霜降前后，叶落果黄，柿子好似一串串灯笼挂在树上，场景颇为壮观
人文旅游资源	红岩新村	红岩新村	共51栋房屋，每户约300平方米，民居建筑是三层浅黄色小别墅，且呈一定的规模
	迎宾广场	红岩新村	半径16.2米，水泥面，三岔路口处有一红岩新村标示牌和一张示意图，目前广场起停车场作用
	月柿节主会场	迎宾广场200米处	长70米，宽50米，占地3500平方米，是月柿节大型文艺演出的主会场，场地为砂石场面，能容纳7000人左右，舞台坐北朝南，会场东南端中间有一座升旗台，旗杆高18米，会场东面和北面为万亩月柿园
	观景台	离主会场南面100米处	位于万亩月柿园中，距月柿节主会场100米，高5.6米，面积60平方米，能容纳50人左右，站在观景台上，万亩月柿园尽收眼底
	滚水坝	平江河上	坝长60米，宽8.24米，水泥路面，有105个滚石(酷似梅花桩)，主要起拦水作用，丰水期易形成跌水小瀑布，落差4米，兼起游客漫步梅花桩，清洗来往车辆等作用
	农具展览馆	平江河南岸	由两间茅屋组成，里面摆放了打谷机、切猪草机等农具

续表

资源分类	名称	位置	特征描述
人文旅游资源	恭城油茶	红岩新村	又叫"爽神汤"，是以老叶红茶为主料，用油炒至微焦而香，放入食盐加水煮沸，加生姜同煮，外加磨碎的花生粉使得味浓而涩，涩中带辣，是各地油茶之冠，享誉桂北和广西各地。恭城油茶山歌唱道："恭城油茶味道好，茶叶姜蒜都是宝。红薯芋头杂粮配，活到九十不算老。"
	瑶族歌舞	红岩新村	瑶族风情色彩纷呈，民俗旅游独具风韵。瑶族善歌舞，以歌舞传情达意，表达对生活的热爱以及对祖先神灵的怀念和尊敬。为此红岩新村成立了民族歌舞表演队，表演相关节目
	瑶族"三对半"	红岩新村	瑶族独特的一种口头艺术表演形式，四人同上舞台表演，其中一人藏于其他三人背后，只听其声，未见其人，与露面的其他三人共同表演类似相声小品类节目。将村中百姓生活中喜闻乐见的事情搬上舞台

红岩新村农业旅游资源以科技种果、生态休闲、新农村示范村为其典型特色。目前尚处于旅游发展生命周期中的探索阶段(exploration stage)向参与阶段(involvement stage)过渡。

(二) 贵州巴拉河旅游区概况

巴拉河旅游区位于贵州黔东南苗族侗族自治州首府凯里市东南约 12 千米处，以凯里三棵树镇的怀恩堡村为起点，沿巴拉河向南逆流而上 20 千米，直至雷山县境内。东面为雷公山山脉，西部为水域，其平均宽度为 6 千米左右，总面积约 120 平方千米，总耕地面积 2545 亩。巴拉河流域的南花、郎德、季刀、怀恩堡、猫猫河、南猛、脚猛七个主要村寨分布在沿河两岸。共有农户 1082 户、人口 4758 人，其中，苗族人口占 98% 以上。距贵阳龙洞堡机场 140 多千米，通过凯麻高速公路西连贵新高等级公路直达广西，东有 65 号高速公路进入湖南。旅游区进寨公路镶边工程已基本完成。七个村寨距离凯里至雷山主干公路均在 2 千米以内，最近的只有 200 米。

"山水+田园+民族文化+科技农业+历史遗存"是巴拉河旅游区的主要特色。沿河两岸山川秀美，风光旖旎，农业兴旺，民风淳朴。村寨依山傍水，古木葱葱，环境优美。厚重的民族文化，浓郁的民族风情，浩瀚的口啤文字，富于哲理的曲艺嘎百福，娓娓悦耳的押调苗歌，内涵丰富的鼓社集会，别具情趣的婚俗礼仪，式样繁多的民族服饰，别具一格的村寨吊脚楼，郎德保爷桥、御清桥、古炮台、军事屯堡等众多的人文景点以及男耕女织的劳动生活场景，吸引了大量的中外游客。1985 年，郎德上寨作为黔东南民族风情旅游点率先对外开放。

从 2000 年以来，随着农业旅游的发展，产业结构不断调整，农业科技含量也逐年提高。"双杂"良种、两段育秧、玉米育苗移栽、稻田养鱼、优质果树栽培、脱毒洋芋栽培、沼气等农业科学技术在巴拉旅游区得到全面推广和普及。2003 年，巴拉河以其丰富的旅游资源，在《贵州省旅游发展总体规划》中被列为贵州乡村旅游示范区，世界旅游组织重点援助项目，并得到新西兰政府的技术援助，这是贵州省第一个外援旅游项目，其目的是通过技术援助，在贵州乡村偏远地区发展旅游业，促使旅游产品多样化，为偏远地区的扶贫解困作出贡献。2004 年 3 月，新西兰政府派出的国际旅游专家和农业专家进入巴拉河流域开展工作。2004 年国家旅游局评定黔东南州巴拉河流域农业旅游区为首批全国农业旅游示范点；2005 年，巴拉河旅游区的南花村，被农业部授予"生态家园富民示范点"；郎德上寨，2001 年被文化部授予"中国民间艺术之乡"、被国务院批准为"全国重点文物保护单位"、被列为"全国百座特色露天博物馆"、2007 年被中国古村落保护与发展专业委员会评为中国 15 个中国景观村落。巴拉河旅游区在提高农村经济效益、促进产业结构的调整、发展非农产业、创造农业经济新的增长点、保护生态环境、促进农村两个文明建设以及加快农民脱贫致富步伐等方面起到了很好的带动和示范作用。调查数据显示，被访居民的家庭近几年年均旅游收入以 3000~5000 元和 5000~10 000 元以上居多，分别为 23.29%、16.44%。

近年来，巴拉河旅游区接待了党和国家领导人、国际友人和中外专家、学者。联合国世界旅游组织秘书长弗朗西斯科·弗朗加利先生考察了巴拉河南花、郎德等苗寨后，激动万分，他说："巴拉河之行是我一生中最难忘、最荣幸的一次体验，（黔东南）这个歌舞之州、森林之州、神奇之州将会成为世界上最具吸引力的旅游胜地。"近年来巴拉河旅游区旅游发展迅速，2005~2007 年三年的"五一"黄金周旅游接待人数分别达到 13 万人次、14 万人次和 20 万人次，旅游收入分别达到 3010 万元、3035 万元、4192 万元，增长势头良好。

2004 年，按照"同质中寻差异，对比中显个性，选择中把重点"的原则，巴拉河旅游区提出了七个村寨的分工和定位，七个村寨基本概况如表 3-16 所示。

巴拉河旅游区的旅游资源的特点可以归纳为：

（1）资源品质好，原生原创，具有唯一性；保护完整的民族文化遗产对众多想了解民族风情的客源有着不可估量的吸引力。

（2）景观结构好，丰富多样，具有集聚性。

（3）体量较大，布局良好，观光与体验相结合，休闲与度假相结合。

目前巴拉河旅游区处于旅游发展生命周期中的发展期（development stage）。

表 3-16 贵州巴拉河旅游区七个村寨基本情况及旅游分工与定位分析表

村寨名称	户数	2006年人均收入/元	特点	分工与定位	住宿、餐饮+特色旅游活动内容
怀恩堡	76	1620	明末清初的古驿道，处于巴拉河旅游区的入口（由凯里方向进入的门户）	为巴拉河区域提供旅游综合服务	①围绕信息服务，开展购物、餐饮、车辆租用、导游等综合配套服务；②沿山间步道观赏村寨的田园风光
南花	167	2017	苗族歌舞	苗族歌舞展示	①歌舞表演；②乡村休闲度假
季刀	220	1529	古朴的村寨建筑结构和历史文化	看百年粮仓 听百年古歌 踏百年步道	①苗族古歌演唱；②观赏古建筑和古步道；③河边休闲嬉水；④观赏古朴自然的寨容寨貌
朗德	128	1768	苗族歌舞和古建筑群，酒礼	参观苗族传统古建筑，苗族歌舞表演展示	①观赏古建筑；②欣赏浓郁的苗族歌舞；③体验苗族同胞的生活
脚猛	215	1370	苗族铜鼓舞、特色农业（葡萄）、五斗（斗牛、斗鸡、斗鸟、斗马、斗狗）	特色农业观光，猫猫河—脚猛—南猛—朗德以徒步为主的旅游路线节点服务	①提供徒步线路中途休整的服务项目；②水果种植、采摘活动；③观赏"五斗"表演；④铜鼓表演；⑤环绕村寨徒步，体验人与自然之和谐
南猛	163	1418	芦笙艺术之乡	芦笙表演；脚猛—南猛—朗德以徒步为主的旅游路线节点服务	①看表演；②进行徒步、骑马、自行车旅游；③提供餐饮、马匹和车辆、住宿等服务
猫猫河	113	1600	全国卫生文明村寨、处于巴拉河旅游区的入口（由雷山方向进入的门户）	苗族刺绣展示、乡村休闲度假、旅游综合配套服务	①观赏卫生文明的寨容寨貌；②感受自然、悠闲的乡村生活；③享受乡村休闲度假和娱乐的快乐

(三) 云南罗平油菜花海概况

罗平县地处云南省东部，滇、桂、黔三省（区）结合部，素有"滇东门户"、"滇黔锁钥"、"鸡鸣三省"之称，距离距省会昆明 240 千米，距曲靖市区 131 千米。罗平县是国务院较早批准的对外开放县，也是云南省旅游重点开发地区之一，总人口 55 万，农业人口占总人口数 92.54%，聚居着汉、彝、回、布依、苗等民族。罗平历史悠久，山奇水秀，境内深沟峡谷纵横，盆岭相间，碳酸盐岩广布，有典型的喀斯特地貌奇观。早在公元 1638 年，明代大旅行家、地理学家徐霞客就曾来到罗平，并留下了罗平山水"著名迤东"的感叹。

罗平县境内旅游资源丰富，九龙瀑布群为云南省命名的 11 个优秀风景区之一，鲁布革小三峡碧波荡漾，多依河省级名胜风景区风光绮丽，民族风情浓郁；物产富饶，为云南省烤烟、蜜蜂春繁和蜂产品加工基地县。气候适宜，油菜产量居云南省各县之首，油菜播种面积从1944年的1.03万亩发展到现在的45.03万亩。自1999年至2007年已成功举办了九届"罗平油菜花海旅游节"。2008年，罗平县将油菜花节命名为"罗平国际油菜花文化旅游节"。1999年罗平县共接待国内外游客36万人次，旅游综合收入4528.8万元；到2007年，全县接待海内外游客130万人次，实现旅游综合收入6.6亿元，总体效果显著，如图3-6所示。但油菜花旅游节接待旅游者数量增长出现停滞现象，如表3-17所示。在旅游业的带动下，商品销售、住宿餐饮、休闲娱乐、交通运输、金融、保险等行业迅猛发展；住房、汽车等大宗消费迅速兴起，旅游、文化、健身、娱乐等健康消费快速提升，2007年实现社会消费品零售总额达10.98亿元。罗平油菜花海2004年被评为国家级农业旅游示范点。

1998年农家乐开始在罗平县的三大主景区（多依河风景区、九龙瀑布群风景区、鲁布革三峡景区）周边村庄萌芽，截至2005年末，全县共有农家乐住宿接待47家，总营业额约31.05万元；布依族服饰加工、销售3家，年营业额1.5万元；有花米饭制作销售60家，年营业额12万元；有小水车、竹水桶、竹水枪制作等竹木加工22家，年营业额约6.5万余元；有轿子、竹筏、驮马、三轮车载客、服装出租、照相等从业人员660余人，年营业额196万余元。由于罗平旅游淡旺季分割较为明显，所以在景区从事旅游服务的当地居民人数在各个时间段不一，旺季的时候，在景区及周边从事旅游服务的从业人员有600~700人，约占周边村民小组总劳动力的32.86%。2000年时，三大主景区周边村寨的第一、第二、第三产业结构比例为62∶15∶23，随着旅游的不断发展壮大，至2005年末，当地村民小组的第一、第二、第三产业结构比例已逐步调整为47∶20∶33，产业结构得到进一步优化。旅游促进了农村经济社会不断发展：一是改善了群众生活，近120户380余人因从事旅游业而甩掉了贫困的帽子，近30%的家庭重新建起了新住房；二是农村人居环境进一步改善，政府投资、群众投工投劳浇筑了景区周边村寨乡村水泥路，拉通了自来水、电信光缆，架设了移动机站；三是群众的精神面貌焕然一新。

过去九年间，罗平县精心打造出了十大名片：油菜花海获得"世界最大天成花园"、"全国农业旅游示范点"桂冠；油菜花文化旅游节跻身"全国节庆50强"、"中国节庆产业年会十大花卉类节庆"之列；金鸡峰丛喜获"中国最美峰林"美称；九龙瀑布群荣获"中国最美瀑布"美誉；鲁布革电站被评为"全国工业旅游示范点"；罗平进入"中国旅游名县"、"中国旅游文化大县"和"中国县域旅游品牌百强县"行列。

在考察了罗平县旅游资源的类型和空间聚集状况之后，得出罗平县旅游资源在县域空间分布上的特征如下：旅游资源分布广泛，但又相对集中；资源分布比较均匀、组合有序、重点突出；各区均有主题资源，品位较高，但有一定的相似性。

目前其农业旅游处于旅游发展生命周期中的发展期(development stage)向稳定期（consolidation stage)过渡。

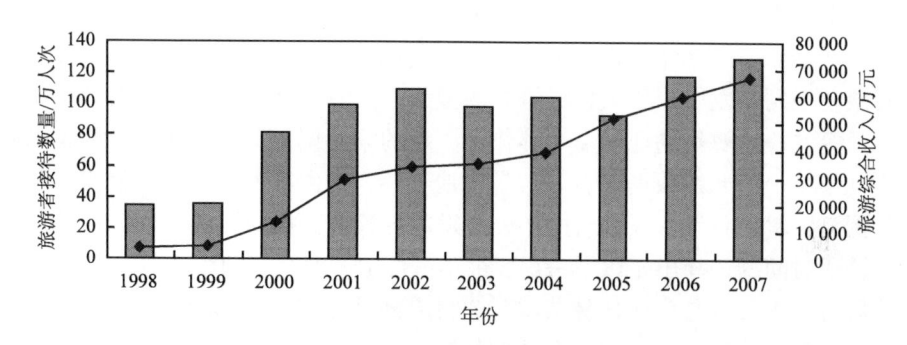

图 3-6　云南罗平县 1998~2007 年旅游接待情况表

表 3-17　1999~2007 年历届罗平油菜花旅游节接待情况统计表

年份	旅游接待人次/万人次	同比增长/%	旅游综合收入/万元	同比增长/%
1999	11.4	—	1 912.9	—
2000	33.6	194.7	5 638	194.7
2001	37.1	10.4	7 075.3	25.5
2002	46.8	26.1	14 969.6	111.6
2003	55.9	19.5	18 786.5	25.5
2004	53.83	−9.1	15 063.83	−19
2005	20.05	−28	10 566.17	−29.9
2006	35.96	79.4	14 902.26	41
2007	32.96	−8.5	14 559.71	−2.3

第三节　研究方法、数据来源与处理

一、数据来源

本书目的是通过比较分析处于不同地理位置、不同发展阶段、不同规模、不同经营管理模式的农业旅游目的地居民旅游影响感知、态度与行为，旅游者感知、满意度与忠诚度之间的差异与联系，判断民族地区新农村建设与农业旅游目的地在发展过程中存在的问题与经验，并为探讨如何构建新农村建设目标框架下西南少数民族地区农业旅游可持续发展能力评价体系及可持续发展模式提供依据。居民与旅游者感知、态度与行为研究属于社会学、人类学研究范畴，注重田野调查，强调对任一社会现象的判断都必须建立在踏实的调查研究基础之上，所以主要采用现场深度访谈与问卷调查的方式收集第一手原始资料的实证研究方法。

本书所用数据源于三个部分：一是第一手数据资料——问卷调查，如表3-18所示。在2006~2008年，作者多次深入案例地进行有关自然、经济、社会、文化以及旅游规划与发展等相关背景资料的搜集，同时对社区居民、旅游者、旅游主管部门等农业旅游目的地利益主体作了大量的问卷调查和深度访谈，为本书研究搜集到了第一手原始数据资料。二是实地考察，经由案例地旅游局提供的相关统计数据与资料。三是各级政府网站公开发表的权威数据与资料。

调研时间的选择出于以下考虑：每年三月是云南罗平油菜花节，"五一"是法定节假日，十一月是广西桂林恭城瑶族自治县月柿节，贵州黔东南州巴拉河旅游区也仍然处于旅游季节，因而在此期间对案例地进行调研，居民与旅游者的旅游感知都会更为深刻。此外，在广西桂林龙胜各族自治县龙脊景区还做了400余份问卷调查，但由于本报告中没用到其中数据，因此未在表3-18列出。

表3-18 研究报告所用调查问卷类型与数据来源

问卷类别	地点	时间	发放数量	有效问卷	有效率/%
居民问卷	广西桂林红岩新村	2006年11月 2007年5月1~3日	140	129	92.14
		2007年11月	100	88	88.00
	贵州黔东南州巴拉河旅游区	2006年11月	160	146	91.25
	云南曲靖罗平油菜花海	2007年11月；2008年3月	200	182	91.00
旅游者问卷	广西桂林红岩新村	2006年11月 2007年5月1~3日	200	188	94.00
		2007年11月	200	180	90.00
	贵州黔东南州巴拉河旅游区	2006年11月	200	162	81.00
	云南曲靖罗平油菜花海	2007年11月；2008年3月	200	167	83.50

注：对红岩新村进行了三次居民与旅游者的调查，分别做了两类四套问卷，本书中的研究仅用其中的两套问卷进行分析

调查问卷各项指标的选取主要通过研究目的以及对居民感知、旅游者满意度相关文献的提炼获得，选取在相关文献中出现最多的指标。同时，本书中，①由于西南少数民族地区的风俗民情的独特性，该区域农业旅游的开发离不开少数民族民俗风情的展示，因此在问卷中设置了有关民族性资源的开发与保护

题项；②鉴于西南少数民族地区农业旅游中以特色农产品及民间手工艺品作为旅游商品，同时旅游商品所具有的拉长产业链、增加农民收入等功能，因此在问卷设计中对旅游商品的特色与品质分别进行评价；③鉴于农业旅游发展阶段逐步由观光农业向休闲农业转变，因此在旅游者问卷中单独设置题项，由旅游者自我定位是属于休闲度假旅游者还是观光旅游者，据此分析不同旅游目的的旅游者之间的需求异同。

问卷发放采取随机的方法，问卷发放后，调查者帮助被调查者理解问卷并当场收回，以保证问卷质量及回收率；正式开展调查之前进行了试调查，以保证调查结构的严谨性和完备性。问卷分发情况如表 3-18 所示。其中，居民问卷包括五部分内容：第一部分是被访者的人口统计特征以及社会属性，如年龄、民族、文化程度、家庭年收入等。第二至五部分就居民参与旅游基本情况、居民对本地区旅游的感知、旅游影响及发展建议进行评估。问卷主体部分采用李克特七级量表(按满意程度或赞同程度由低至高分别赋 1~7 分)。旅游者问卷包括五部分内容：第一部分是被访者的人口统计特征以及社会属性，如年龄、性别、居住地、文化程度、职业、个人月收入等。第二至五部分就旅游者旅游基本情况，旅游者对本地区旅游的感知、满意度、忠诚度及发展建议进行评估。问卷主体部分采用李克特七级量表(按满意程度或赞同程度由低至高分别赋 1~7 分)。问卷基本情况见附录。

二、研究方法

(一) 问卷调研基础数据分析部分的研究方法

问卷基础数据分析主要采用传统的统计分析软件 EXCEL、SPSS 对所得数据进行统计分析，对于异常数据进行必要的校正和剔除，对缺省的数据采用样本均值替代法进行处理。研究过程中，主要运用了均值比较、交差列联表分析、方差分析、多元回归方法(其显著性检验采用 F 检验)、Pearson 相关分析法等。其中不同分类下的居民与旅游者感知差异分析，运用了两种方法。一是独立样本 t 检验，主要利用 Levene F 检验判断两总体的方差是否相同，然后据此决定 t 统计量和自由度计算公式，进而对 t 检验的结论作出判断，判断标准是 $F \leqslant 0.05$ 则拒绝方差相等假设，认为存在组间方差差异；$t \leqslant 0.05$ 则拒绝均值相等假设，认为组间存在均值差异。二是单因素方差分析(one-way ANOVA)，用以测试某一个控制变量的不同水平是否给观察变量造成显著差异和变动，方差相等的检验方法运用了方差齐次性检验(homogeneity of variance test)方法，其判断标准是

$F \geqslant 0.05$ 时，认为各组间总体方差相等，满足方差检验前提；同时运用 LSD 最小显著差法与 S-N-K 法进行多重比较，$\alpha=0.05$，组间相伴概率小于显著水平时表示组间存在显著差别。

(二) 数据建模与指标体系分析部分的研究方法

第五章和第六章的"主客"感知结构模型与可持续发展能力评价部分，主要采用 LISREL8.7 结构方程计算软件与 MATLAB 遗传算法工具箱对所构建的模型与指标体系进行计算、分析。

到目前为止，虽然许多学者提出结构方程模型是一个动态发展、动态变化的模型，是对数据的拟合、模型的构建和完善，但由于结构方程模型只是用于对理论模型的否定，而不能证明模型是最优的，仅基于一次、一个案例地的研究是很不够的，需要选择不同的案例地进行深入研究与验证。由于研究数据获取的困难与数据处理的繁杂，多数研究中通常仅对一个案例地进行研究，只有少数研究是对不同区域进行研究（Reisinger, Mavondo, 2002；史春云, 2007）。基于此，为了解旅游目的地居民感知、满意度与参与行为及旅游者体验感知、满意度与忠诚度关系，本书选取西南少数民族地区三个不同地理位置、不同发展阶段、不同规模、不同经营管理模式的国家农业旅游示范点进行比较研究。

对于旅游目的地可持续发展能力的评价部分，评价指标选取主要是提炼前人研究成果并向案例地居民与旅游者进行咨询与访谈，同时征询相关专家意见综合而成，评价方法运用了非线性模型与遗传算法相结合进行计算。遗传算法（genetic algorithm, GA）是一种有效的解决最优化问题的方法，而旅游目的地可持续发展能力通常由多类不同指标构成，各个样本间存在又有各式差异，目前常用的方法是 AHP 法与传统的综合评价指数法结合，但不同专家在指标选取及进行权重分配时观点各异，综合评价一直是该项研究的难点。本书尝试运用非线性模型及 GA 遗传算法对农业旅游目的地可持续发展能力进行评价，评价结果显示与定性分析结果基本吻合，同时由于 GA 具有顽健性，只要增减的评价指标相应的标准值差异不大就可认为该指标是否加入对最终优化得到的参数值没有显著影响，因此可以获得普适性公式与体系，有利于进行广泛的验证与考察。

三、问卷信度检验

信度反映调研问卷的可靠程度。研究采用克伦巴赫（L. J. Cronbach）Alpha（α）信度系数法，利用 SPSS 统计软件对收集的数据进行计算。Lee 等（2004）在进行因子分析时认为 Alpha(α) 值大于 0.6，表明数据可靠性可以接受；本书还采用卢纹岱(2002)、高海霞(2003)等建议的题项删除标准：某一题项的"个项—总量"修正系数小于 0.3，且删除该题项可以增加 Alpha(α) 值，当这两个条件同时成立时删除题项。

(一) 居民问卷信度检验

通过对三个农业旅游目的地居民旅游感知部分的题项进行信度分析，表 3-19 中各因素层的 Alpha(α) 系数均高于 0.6，且总量表 Alpha(α) 系数分别达到 0.8993、0.8445、0.8539，说明在各案例地进行的居民调查问卷数据具有较高的内在信度。进行方差分析发现，三个案例地的 F 值分别为 24.8097、45.1848、27.4545，P 值均为 0(<0.0001)，说明量表重复量度效果良好。

表 3-19 三个研究案例地居民问卷标准化信度分析表

案例地 (N=问卷数)	目标层 (二级潜在因素)	因素层 (一级潜在因素)	指标因子层 (观测变量)个数	标准化 Alpha(α) 系数值
红岩新村 (N=129)	居民对农业旅游现状评价	总体感受	1	—
		本地区(本景区)情况	6	0.9199
		乡村环境	3	
		设施状况	3	
		政府服务与管理水平	3	
	旅游影响评估	经济影响	11	0.7471
		社会影响	8	
		环境影响	5	
		旅游支持条件评价	7	
		感知部分所有变量		0.8993
巴拉河旅游区 (N=146)	居民对农业旅游现状评价	总体感受	1	—
		本地区(本景区)情况	6	0.8033
		乡村环境	3	
		设施状况	3	
		政府服务与管理水平	3	
	旅游影响评估	经济影响	11	0.7533
		社会影响	8	
		环境影响	5	
		旅游支持条件评价	7	
		感知部分所有变量		0.8445

续表

案例地 (N=问卷数)	目标层 (二级潜在因素)	因素层 (一级潜在因素)	指标因子层 (观测变量)个数	标准化Alpha(α) 系数值
罗平油菜花海 (N=182)	居民对农业旅游现状评价	总体感受	1	—
		农业旅游资源的民族性	5	0.7866
		农业旅游资源的休闲性	3	
		农业旅游资源的美景度	4	
		农业旅游资源的可达度	5	
	旅游影响评估	经济影响	3	0.7262
		社会影响	7	
		环境影响	4	
		旅游支持条件评价	4	
		感知部分所有变量		0.8539

(二) 旅游者问卷信度检验

同理对三个农业旅游目的地旅游者的旅游感知部分的题项进行信度分析，表3-20中各因素层的 Alpha(α) 系数均高于 0.6，且总量表 Alpha(α) 系数分别达到0.9657、0.9254、0.9403，说明在各案例地进行的居民调查问卷数据具有较高的内在信度。进行方差分析发现，三个案例地的 F 值分别为24.2564、33.7181、15.3741，P 值均为0($<$0.0001)，说明量表重复量度效果良好。

表 3-20 三个研究案例地旅游者问卷标准化信度分析表

案例地 (N=问卷数)	目标层 (一级因素)	因素层 (二级潜在因素)	指标因子层 (观测变量)个数	标准化Alpha(α) 系数值
红岩新村 (N=180)	旅游者感知	总体感受(旅游者感知综合)	1	—
		旅游体验	1	—
		基本情况评价	3	0.8774
		农业旅游资源的民族性	5	0.9094
		农业旅游资源的休闲性	3	0.8628
		农业旅游资源的美景度	3	0.8569
		农业旅游资源的可达度	4	0.8712
		服务与管理水平	2	0.8830
		旅游商品	2	0.8653
		旅游者感知价值	1	—
		旅游者忠诚	2	0.8061
		新农村建设	1	—
		感知部分所有指标		0.9657

续表

案例地 (N=问卷数)	目标层 (一级因素)	因素层 (二级潜在因素)	指标因子层 (观测变量)个数	标准化 Alpha(α) 系数值
巴拉河 旅游区 (N=162)	旅游者感知	总体感受	1	—
		旅游体验	1	—
		本地区(本景区)情况	6	0.8784
		乡村环境	4	0.7972
		设施状况	4	0.8712
		服务与管理水平	2	0.9013
		旅游商品	2	0.8620
		旅游者感知价值	1	—
		旅游者忠诚	2	0.8567
		新农村建设	1	—
		感知部分所有指标		0.9254
罗平 油菜花海 (N=167)	旅游者感知	总体感受(旅游者感知综合)	1	—
		旅游体验	1	—
		基本情况评价	3	0.8770
		农业旅游资源的民族性	5	0.8466
		农业旅游资源的休闲性	3	0.7627
		农业旅游资源的美景度	3	0.8401
		农业旅游资源的可达度	4	0.8069
		服务与管理水平	2	0.7290
		旅游商品	2	0.8650
		旅游者感知价值	1	—
		旅游者忠诚	2	0.8150
		新农村建设	1	—
		感知部分所有指标		0.9403

第四章 农业旅游与社会主义新农村建设

第一节 社会主义新农村建设

一、发展背景

"社会主义新农村"这一概念,早在20世纪50年代就提出过。20世纪80年代初,我国提出"小康社会"概念,其中建设社会主义新农村就是小康社会的重要内容之一。从2003年开始,中央明确强调"三农"问题是国家建设的重中之重,每年中央的一号文件都是涉农文件。从国家总体发展程度上看,我国已经初步具备了"工业反哺农业、城市支持农村"的经济实力。但是,回到"三农"层面来看,当前仍然面临着众多的问题亟待解决,形势并不乐观。据估算,到2020年农村人口占总人口的比例即使降到45%,仍会有近7亿人,到2030年这个比例下降到30%,还有5亿人生活在农村(黄庭满和方烨,2005)。

党中央明确指出:实现全面建设小康目标的难点和关键在农村。要从根本上遏制城乡社会经济发展差距继续扩大的趋势,就必须按照统筹城乡发展的要求,贯彻"工业反哺农业,城市支持农村"的方针,加大各方面对农村的支持力度。在这样的背景下,中共中央提出建设社会主义新农村的策略无疑将对改变农村地区的落后面貌、提高农民生活水平、缩小城乡差距、实现社会可持续发展具有重要意义。2005年12月31日,中共中央、国务院出台《关于推进社会主义新农村建设的若干意见》,文件指出:解决好"三农"问题仍然是工业化、城镇化进程中重大而艰巨的历史任务;各级党委和政府必须始终把"三农"工作放在重中之重,切实把建设社会主义新农村的各项任务落到实处,加快农村全面小康和现代化建设步伐,这是我国现代化进程中的重大历史任务。

二、新农村建设的内涵

作为国家"十一五"规划的重要组成部分,新农村建设的内涵是非常丰富的。党中央对新农村建设提出的要求是"生产发展、生活富裕、乡风文明、村容整洁、管理民主",建设目标包括"改善农村生产生活条件、提高农民素质、塑造农村新风尚、建设和谐农村"。其内涵涉及了农村物质文明、政治文明和精神文明建设等多个方面。

(1) 生产发展指通过高产高效、优质特色、规模经营等产业化手段,提高农业生产效益,增加收入,这是建设社会主义新农村的首要前提。

(2) 生活宽裕指在生产发展基础上,村民收入相应得到提高,城乡差距缩小,村民能充分享受科技进步、生产发展带来的成果。

(3) 乡风文明指加强精神文明建设,倡导健康文明的社会风尚,发展农村文化设施,丰富村民精神文化生活,这是社会主义精神文明必然要求和具体体现。

(4) 村容整洁表现在建设村镇、改善环境方面,具体包括住房改造、垃圾处理、安全用水、道路整治、村寨绿化等内容,是社会主义精神文明必然要求和具体体现。

(5) 管理民主指加强村级自治组织建设,培养民主管理理念,引导村民主动有序参与乡村建设事业,是社会主义民主政治建设的重要内容、必然要求和具体体现。

三、新农村建设的方向

新农村建设的方向可以解释为在当前政策的指导下农村建设所亟待解决的问题,这些具体问题是在对农村现状进行深入细致考察的基础上总结出来的,其同时也反映了新农村建设内涵的具体要求。从根本上讲,新农村建设的首要任务和中心任务都是统筹城乡发展,即需要打破城乡二元结构,缩小城乡差别,以政府的正确角色加以引领和带动,通过城乡社会经济发展的统一规划、统一投资、建立农村发展的长效机制,在体制和政策上进一步减轻农民负担。需要明确的是,此次新农村建设的区别于以往的关键点就在于建设的关键和出发点是要"解决农民需要什么的问题,满足农民的生存和发展需要",也就是说,建设要从农民最关心的事情做起,切实以农民为主体、为本位,思农民之所思,予农民之所需,行农民之所盼(瞿振元等,2006)。

(一) 基础设施建设

农村基础设施的陈旧与落后是制约农村进一步发展的首要障碍,传统的基础设施包括"路、水、电、气",除此之外,在新的形势下,还应包括校舍、圈舍、卫生所、厕所以及其他公共场所等方面的建设。当前,绝大多数落后农村的基础设施仍然沿用的是 1949 年后人民公社时期的基础设施，面对市场的开放、生产的发展、生活水平的提高以及与外界接触的要求，这些基础设施远远不能满足农民的需求，其中尤以农业道路差最为严重。目前，全国还有 8% 左右的行政村不通公路，中西部地区大多数村基本没有硬化路；全国 2.4 亿农户中还有一半没有通自来水，还有数千万农村人口饮用水没有达到卫生安全标准，无电人口也还有几百万户。绝大多数农村根本没有生活垃圾和污水处理设施，广大农村的环境和村容村貌亟待改观。因此，新农村建设就要从广大农民最迫切需要改善的生产生活条件入手，以改善农村人居环境为重点，着力加强农村基础设施建设。

(二) 公共事业的健全与发展

十六届五中全会强调，要大力发展农村公共事业，这意味着在加快经济发展的同时，农村教育、文化、医疗、贫困救助、养老保险等社会事业，也将进入加速发展时期。目前的农村大多是自己为自己服务，而国家的公共服务项目很少，如何让公共服务更多地深入农村、惠及农民、弥合各项公共事业方面的城乡差距，使农村逐渐步入"低消费、高福利"的生活方式是当前政府最为关心的事情。

(三) 农村组织建设与农业治理

以农村为本位、农民为主体的新农村建设需要建立和培养适当的农村组织来支撑与延续建设的过程并且巩固成果，这也是符合国家目前所推行的村民自治的基本要求的。通过村民自治组织、经济合作组织等组织形式的建立，不仅能够改变农业的治理结构，解决公平问题，促进村庄的和谐，而且能最终解决发展效率的问题。温铁军提到，发展有一定规模的经济组织，这样才可能有效地去跟外部的其他经济主体进行谈判，才能真正建立稳定的契约关系。

第二节 我国农业旅游发展与新农村建设的关系和整合

国内农业旅游萌发于 20 世纪 90 年代中后期，起步虽晚，但发展势头迅猛，表现出旺盛的生命力。农业旅游作为现代旅游业的一个新产品，具有成本低、参与性强、体验性强、自然朴实等特点，又极大地满足了都市人求新、求异、参与、实惠等方面的需求。农家乐、渔家乐、农业观光旅游、农业生态旅游、农村民俗文化游等各种形式的农业旅游都受到了人们的欢迎。

传统农业以种植业为主，养殖业、畜牧业和农产品加工业等为辅，存在着科技含量低、容易受自然环境和气候影响等问题。发展农业旅游，能多形式、多渠道地丰富和发展农村经济结构，并使农村经济向纵深方向发展，还可以有效带动相关产业发展。在传统的种植、养殖和畜牧农业的基础上，向观光农业、休闲农业、生态农业和高效农业发展，大力发展农业旅游，将有效带动农民增收。在大部分的农村地区，由于传统农业的季节性，农民一年当中的农闲时间较多。除外出务工已成为农民增收的一大来源外，发展农业旅游，既能改变农民传统的生活、劳作方式，增加农民收入，又能丰富农民的文化生活，在一定程度上可以解决目前农村剩余劳动力就业问题，维护农村稳定。

如果说旅游业是一个耗费较少的产业，那么农业旅游基本上就是零耗费产业。发展农业旅游，必然要与保护生态环境和人文环境、建设生态农业和生态林业等有机结合，既可以使农业生产增值，进一步优化和美化农村环境，又可使人与自然和谐发展，有效促进农业可持续发展和新农村建设。

一、目标的一致性

(一) 农业旅游发展目标与和谐社会目标的一致性

和谐社会建设是中国改革发展进入关键时期的客观要求，是顺应社会和民意要求的明智选择。改革开放 20 多年以来，我国社会经济发展已取得了显著成就，但其中也存在着很多不和谐的因素，如市场经济还不成熟，仍未形成有序的运转机制；社会成员收入差距过大，贫富严重不平衡；"三农"问题日益突出，城乡矛盾加剧；就业压力巨大，社会保障不普遍等，对社会稳定产生了重大影响。

农业旅游是旅游业的重要组成部分。农业旅游作为一种旅游形式，在旅游业中的产业关联带动、吸纳当地就业和促进改革开放、脱贫致富、生态保护等方面，都发挥着独特而显著的作用，是推动广大农民奔小康的重要途径。农业旅游的发展缩小了城乡差距，促进了农村经济的发展、增加了农民收入；农业旅游的发展促进了农业地区的文明程度和农民文化素质的提高；同时加强了人与人的交流，改善了农业的环境，人与自然的和谐发展得到体现。可见，农业旅游的发展目标是和社会主义和谐社会相一致的。

(二) 新农村建设目标与和谐社会发展目标的一致性

社会主义和谐社会是经济建设、政治建设、文化建设与社会建设协调发展的社会；构建社会主义和谐社会必须坚持科学发展，统筹城乡发展，统筹区域发展，统筹经济社会发展，统筹人与自然和谐发展，统筹国内发展和对外开放。我国是拥有 13 亿人口的农业大国，农村户籍人口高达 9.4 亿，占总人口的 72%（农业部调研组，2006）。因此，在我国，农业是最基础的产业，农村是最大的社区，农民是最大的社会群体，实现农村和谐，是实现全社会和谐的基础；没有农村的和谐，就没有城乡关系的和谐，就不可能有整个社会的和谐。

建设社会主义新农村是解决"三农"问题、加快农业和农村各项事业发展的总抓手，是实现农村和谐、促进城乡和谐的根本途径，是构建和谐社会的战略任务和基础工程。可以说，新农村是和谐社会在农村的实现形式，在农村领域，建设新农村和构建和谐社会两者目标一致，内涵相通。只有实现"生产发展、生活宽裕、乡风文明、村容整洁、管理民主"，才能达到"民主法治、公平正义、诚信友爱、充满活力、安定有序、人与自然和谐相处"。扎实推进新农村建设，关系构建社会主义和谐社会全局。

二、农业旅游的发展对新农村建设的促进和带动作用

(一) 发展农业旅游是新农村建设的有效途径

首先，有利于促进农业产业化发展途径。"旅游业的发展能够促进旅游目的地区域产业的经济结构发生改变。旅游者的各种消费需求，成为推动生产发展的新动力，为其他部门、其他行业开辟新的生产门路提供了可能。旅游业对调整第一、第二、第三产业经济结构能产生一定的影响。"（王恩涌等，2000）农业旅游能够有效地促进当地农业的产业化经营，带动农副产品和手工艺品加工、交通运输、房地产等相关产业发展。

其次，有利于促进农民素质提高和乡风文明。农业旅游把城市的许多新信息、新理念带到农村，对农民素质和乡风民俗具有潜移默化的影响，使学文化、学技术成了一些农民的自觉行动，许多村民学起了普通话、外语和计算机，全面提升了农民素质。

再次，有利于促进环境保护和可持续发展。发展农业旅游的农村乡镇，通过开发和保护旅游资源，使广大农民兄弟有了很强的环保意识，促进了当地环境资源、生态资源和文化资源的保护，增强了农村地区的可持续发展能力。

最后，有利于推进农村基层管理民主。农业旅游具有现代服务业的特性，它的发展为农村引入了现代管理理念。一些地方在基层组织的引导下，农民自主决策、民主决策，促进了农村管理民主，一些农村纷纷成立各种协会，民主管理水平不断提高。

(二) 农业旅游发展是统筹城乡发展的重要举措

第一，缩小了城乡差距。发展农业旅游，给农村带来了大量的人流、物流、资金流、信息流。通过旅游这个渠道，把一部分城市的消费资金转移到农村，增加了农村的经济实力和农民的收入。据测算，一个年接待10万人次的农业旅游景点，可直接和间接安置300位农民从业，直接和间接为1000个家庭增加收入（邵琪伟，2007）。为了增加旅游吸引力和旅游接待能力，发展农业旅游的农村更加注重对自然生态环境的保护，更加注重改善道路、水、电、通信等基础设施，更加注重对住房、厕所、厨房的维修和改造，更加重视绿化美化和环境卫生，因而有利于农村自然生态环境和居住条件的改善。

第二，促进了农村经济社会协调发展。一些农村发展农业旅游后，集资办起了教育和医疗，提高了适龄儿童入学率和农民参加合作医疗率；还有一些农村建立了社会保障制度，农民达到社保条件后可以按月领取保障金，农民也能像城里人一样享受医疗、教育和社会保障；发展农业旅游，以农民为主体，农民可以自愿选择是否参与农业旅游开发，也可以选择参与农业旅游开发的方式，还可以自发成立旅游协会、农村经济联合体等行业组织，给农民创造了新的发展机会。

第三，推动城乡共同发展。一方面，发展农业旅游，通过城乡的交流和沟通，有助于方方面面加大对农村的投入和政策支持，促进了各种资源、资本和要素向农村、农民和农业倾斜，推动了农村经济社会的全面发展。许多地方基础设施大幅度改善，一批村容整洁、各具特色的旅游村镇应运而生，促进了农村地区基础设施和居住条件的改善。另一方面，发展农业旅游，有利于拉动消费，扩大内需，促进城市经济持续健康发展，推动了多层次复合型的综合旅游目的地体系的建设，促进旅游小城镇的建设和发展。

(三) 发展农业旅游能够吸收农村剩余劳动力，增加农民收入，为建设新农村提供物质基础

旅游产业关联度高，特别是后向联系强，农业旅游的发展能够带动其他相关产业的发展，如道路交通、餐饮、娱乐等产业，产生投资与就业的乘数效应。据世界旅游组织资料显示，旅游业的投资乘数为4.3，这意味着每增加100元的投资，就能产生400多元的收益。因而发展农业旅游，能够创造大量的就业机会，有利于吸收农村剩余劳动力，为农民增收开辟新的广阔渠道，大幅增加农民收入，使其获得和其他产业从业者相平衡的生活水平，尽快改善农村地区的经济状况。

(四) 发展农业旅游能够充分发挥农村资源的优势作用，大大提高资源利用效率，促进农村经济的可持续发展

发展农村经济，应该立足于农村现有的资源条件。我国农村资源丰富，不仅某些地区拥有特殊的自然资源，一般地区也有可开发利用的大量资源，这是城市所没有的优势。得天独厚的资源为农村产业发展提供了有利条件。而不同产业资源利用的特点、效益与效率不同。因此，从农业到旅游业——将现有的农业资源用于开展农业旅游，对于自然资源来说，虽然形态未变，但利用性质改变了，使其价值得到了增值。同时，这种资源转化形式不仅能够节省成本，而且有利于农村资源的可持续开发利用和农业本身的发展及农村生态环境的保护，达到资源的双重增值和循环利用效果。

(五) 发展农业旅游有利于扩大农村的开放度，更新农民的思想观念建设

新农村不仅要提高农民的物质生活水平，还要提高农民的精神生活质量，需要两个文明一起抓。农业旅游在将非农生产方式带到农村的同时，也将现代精神文明的成果普及到农村地区，有利于农民解放思想，更新观念。相对于传统农业来说，旅游业对劳动者的技术和文化水平要求较高，这促使劳动者努力学习和掌握现代科技文化知识和职业技能，促进了农村教育发展，从而带动了农民整体素质的提高。这些无疑会产生更多的精神需求，使农村的文化娱乐也随之日愈丰富多彩，农民的精神生活质量得到明显改善，有利于形成文明的乡风，促进新农村建设和农村社会全面现代化。

此外，农业旅游的发展对于农业产业也具有一定的促进作用：扩大农产品知名度、促进农产品销售、减少销售成本、增加农产品附加值等，从而提高农业经济效益。

三、新农村建设是农业旅游持续发展的有力保障

农业旅游的可持续发展是一种生态合理、经济可行、社会适宜的旅游活动，是一种高效低耗、无公害的旅游活动，它在推动旅游业向前发展的同时，可以维持农业旅游资源的合理、永续利用，保护和改善农业生态平衡（王慧，2006）。研究在综合可持续发展和旅游可持续发展两方面的理论的基础上，认为农业旅游的可持续发展是以农业旅游资源的可持续利用为前提，以旅游者获取的农业性体验为宗旨，同时使当地的社区和居民得到公平的经济、社会和环境利益的一种旅游

形式。

(一) 新农村建设为农业旅游持续发展奠定了良好的社会环境基础

在新农村建设中，中央提出：重视科学，提高农业科技创新和转化能力。加快建设国家创新基地和区域性农业科研中心，鼓励企业建立农业科技研发中心，国家在财税、金融和技术改造等方面给予扶持。加强农业高技术研究，继续实施现代农业高技术产业化项目，尽快取得一批具有自主知识产权的重大农业科技成果。这一措施是为了提高农业的科技含量及生产效率，但也为农业旅游提供了技术支持。农业旅游的客体一部分是为了亲近大自然、缓解压力而进行消费，还有一部分是为了获取知识或进行科普教育而消费，所以使游客了解先进的农业生产流程，接触高科技农业生产技术也是农业旅游的一种资源，国家对农业科学技术的提高方面的投入也同样可以用于农业旅游资源的发展。

中央提出的另一项措施是：鼓励和支持符合产业政策的乡镇企业发展，特别是劳动密集型企业和服务业。要着眼兴县富民，着力培育产业支撑，大力发展民营经济，引导企业和要素集聚，培育农村新型社会化服务组织。在继续增强农村集体组织经济实力和服务功能、发挥国家基层经济技术服务部门作用的同时要鼓励、引导和支持农村发展各种新型的社会化服务组织。而农业旅游便是一种劳动密集型的服务行业。有了政府的支持，特别在经营风险方面，政府可以运用协调、控制、组织等职能来为农业旅游服务，那么农业旅游的发展也会比较顺利。

由于农业旅游是一种新兴的旅游形式，所以在很多方面还需不断完善，如经营模式、管理体制等方面。为了能够促进它的快速增长，政府就扮演着极为重要的作用，政策的支持将为农业旅游提供一条"绿色通道"，为投资者、经营者和参与者打开方便之门。

(二) 新农村建设为农业旅游持续发展奠定雄厚的经济基础

农业旅游要实现合理有序快速的发展必须具备旅游业发展的条件。这不但要求农业旅游地具有有吸引力的旅游资源，更要有对旅游资源的开发、建设、宣传和保护等方面支持和保障，后者需要雄厚的资金作后盾。目前，由于农村发展农业旅游基础设施薄弱，融资渠道不畅，单靠政府投入显得明显不足，许多市场看好的项目由于缺乏必要资金或资金不到位迟迟得不到开发和建设，已经直接制约了农业旅游经济的快速发展。此外，农业旅游作为旅游业的重要组成部分，其发展受交通、电力、通信等行业的严重制约，其综合性决定了旅游业的发展必须与国民经济发展相适应，农业旅游的发展必须首先与农村经济发展相适应。

新农村建设致力于"生产发展"，坚持把发展农村生产力放在首位，大力发展现代农业，巩固农业基础，繁荣农村经济。同时，新农村建设坚持把农民增产增收，提高群众生活水平与生活质量作为基本出发点和根本目标。由此可见，新农村建设在农村发展中的作用是巨大的，同时为农业旅游的发展创造了广阔的空间，提供了农业旅游发展的经济基础。

(三) 新农村建设可以提供农业旅游发展所依赖的自然生态环境

现代旅游学研究认为，旅游是旅游者的一种生活经历、一种享受、一种审美活动，也是一种综合消费活动。现代社会经济及文化教育的发展，使人们的生活质量和文化水准不断提高，求知欲增强，旅游不仅成为人们重要的生活方式，而且旅游需求不断向多元化、高层次发展。如今在旅游接待地，游客不仅关注旅游业中各部门向其提供的各项旅游产品(行、住、食、游、购、娱)之质量，而且同样关注此种产品存在之环境的质量。因为此种环境已经构成游客消费和享受旅游产品的必要条件，甚至可同样视为旅游享受因素，即旅游产品的有机组成部分。"农业性"是农业旅游的根本属性，农业旅游发展离不开农业旅游地的环境支持。

新农村建设在处理农村生态环境方面：一是解决农业资源的约束问题。我国水资源缺口由 20 世纪 80 年代的 400 亿立方米增加到目前的 500 亿立方米，农业用水短缺的形势日趋严峻。但是我国灌溉水的利用率仅为 45%左右，只有国际先进水平的 60%。由于城市建设占用、水土流失及沙漠化等原因，我国耕地数量目前以每年 100 万公顷左右的速度不断减少，全国已退化、沙化、碱化的草原面积达 1.35 亿公顷，约占草地总面积的 1/3，并且每年还在以 200 万公顷的速度增加，草地质量和草地载畜力下降。二是解决农村环境污染问题。我国农村每天产生的生活垃圾量达到 100 多万吨，不仅是蚊蝇孳生的污染源，也是造成地表水和地下水污染的重要污染源。每年 25 亿多吨畜禽粪便中有 30%以上流失，导致农民居住环境和生产环境污染加剧。同时农药和化肥对饮用水和农田的污染也相当严重。三是农民环保需求加强问题。随着经济发展和收入水平提高，农民环保意识逐步增强，对环境的认知和关注越来越高，关注层面越来越广，加强农村环境治理、提高生活质量已经成为农民群众的迫切需求(农业部调研组，2006)。新农村建设对以上问题的解决便对农业旅游持续发展赢得了生态环境方面的便利条件，促进了农业旅游资源环境价值的实现。

(四) 新农村建设为农业旅游有序发展提供有效的法律法规保障

民主法制建设是新农村建设的重要内容和保障。要稳妥推进农村的民主政治建设，建立健全农业治理机制，尊重农民群众的主体地位和民主权利，依法保障广大农民的知情权、决策权、管理权、参与权、监督权。同时要加强农村的普法宣传和教育，增强农民的法制观念。健全农村民主法制建设的目标是扩大农村基层民主，完善村民自治，提高农民的法律素质，增强农村干部群众的法制观念和依法办事的能力，推进农村依法治理，提高农村法治化管理水平，促进农村物质文明、政治文明、精神文明的协调发展。

农业旅游发展应放到新农村建设的大格局中。农业旅游发展要顺应新农村建设的大方向，还要借助新农村建设的法律法规实现自身的发展，并促进新农村建设的发展。民主法制建设作为新农村建设的重要内容，既为新农村建设提供了保障，也为农业旅游的有序发展提供了保障。可以说，新农村建设为农业旅游创造了法律法规的大环境。此外，农业旅游的发展还要根据农业旅游地的具体情况制定公平的既利于社区居民又不损害自身的法规，这样才能够使农业旅游的发展更加法制化、规范化。

(五) 新农村建设为农业旅游持续发展提供专业技术人才

旅游产业是劳动密集型产业，发展过程中必需各种知识结构的从业人员，包括具有现代管理理念、拥有管理实践经验的中高级管理人才、具有旅游专业知识的专业人员以及具有一般职业技能的普通服务人员。其中，旅游专业人才的数量和素质，对旅游产业的发展会起到十分重要的作用(王湘，2001)。目前，很多农业旅游的经营者、管理者大多是农民，他们的主要优势还是农业生产和农业经营上，对于旅游往往是一知半解，很多农业科技园在农业科技人员的聘请上愿意投入精力和财力，可是却不愿意聘用旅游人才来进行经营管理，这也制约了农业资源向旅游产品的进一步转化，不利于农业旅游的深度发展。

人才资源是推动经济发展和社会进步的重要力量，我国70%的人口在农村，大力开发农村人力资源，加快培养农村科技管理等人才，全面提高农民的科学文化素质，是新农村建设的重要内容。新农村建设对人才的需求和培养，为农业旅游的发展所需人才提供了机遇，同时也增添了新农村建设新的人才类型。

(六) 新农村建设为农业旅游持续发展提供文化支撑

旅游文化是旅游资源形成、旅游形象塑造的基础，是提高旅游层次的保证。在当今的人们渴求返璞归真、亲近泥土之时，传统文化便成为旅游者探古访幽、寻乡问根的主要动机。中国广袤的农业聚集了大约70%的旅游资源，这些以传统文化为特色的天人合一的自然环境、浓郁的乡土文化、独特的民俗风情、优美的田园风光，使农业旅游充满了无穷的魅力，也对农业旅游的发展起着重要的作用。可以说，传统文化是农业旅游存在和发展的基础。农业旅游的发展既可能开发、保护乃至振兴富有当地色彩的文化，也可能造成对农业文化冲击与破坏。

如何通过发展农业旅游展示各具特色的民俗文化风情，避免农业旅游地文化"同化"现象，是农业旅游持续发展的瓶颈。而社会主义新农村建设为农业旅游在文化资源方面的需求提供了支撑。繁荣农村文化，促进乡风文明，塑造农村新风貌，代表了农村精神文明建设的本质要求，是社会主义新农村建设的重要组成部分。繁荣农村文化建设，全面加强包括文化、风俗、法制、社会治安等方面的精神文明建设，是一种适合新农村建设的文化理念。农村文化建设不单单是开展多种形式的群众文化活动，还要着力开展农村特色文化，继承和创新各地农村传统文化，加强对农村优秀民族民间文化资源的系统发掘、整理和保护，开发各地农村的传统文化资源，如名人文化、民俗文化、民间艺术、人文景观、生活习俗、价值观念等。而这些正是农业旅游得以发展的关键，因为农业旅游的内在驱动力正是旅游者对富有特色的农业地域文化的探求和追寻。

四、我国农业旅游发展与新农村建设的整合

(一) 把发展农业旅游纳入社会主义新农村建设的整体规划

农业旅游具有独特的产业功能、很强的关联带动作用和潜移默化的教育作用，应把农业旅游纳入社会主义新农村建设的规划之中，将其作为社会主义新农村建设的重要组成部分加快发展。农业旅游发展还要依靠各级政府的支持，由各级政府全面负责农业旅游工作，统筹规划，加强协调，完善机制，依法管理，动员和组织更多的社会力量参与到农业旅游之中，积极引导各种农民组织发挥市场开拓、行业自律和维护权益的作用，推进农业旅游快速健康发展。同时各相关部门应重点扶持农业旅游工作，把国家和地方对于农业产业化、扶贫开发、环境保护、城镇建设等促进社会主义新农村建设的政策，运用于支持农业旅游的发展，重点帮

助解决农业旅游基础设施薄弱、创业资金不足和从业人员素质较低等问题，消除农业旅游发展中的制约因素。

(二) 农业旅游发展要惠及所在社区农民

农业旅游的关键，是要使广大农民得到实惠。因此，要将农民作为旅游开发的主体、建设的主体、服务的主体，同时，也要使之成为利益主体、发展成果享受的主体。

一是要增加农民就业机会。我国农村产业结构单一，农村剩余劳动力较多。要发挥农业旅游在就业上的"乘数效应"，使广大农民通过参与农业旅游，在离土不离乡的情况下实现有效就业；还应为广大农民依托农业旅游的发展开展多种经营创造良好环境，间接带动增加农民就业。我国农村实际人口占总人口的近70%，农村劳动适龄人口为6亿多，而根据我国目前每亩耕地投入的劳动力计算，我国农业只需1.5亿劳动力。除去外出打工的民工约1亿以及农业工业和其他非农产业的发展吸纳了约1.5亿外，实际剩余劳动力约2.1亿，而且每年还新增600万。而这些剩余劳动力的文化程度普遍较低、技能缺乏、就业竞争力不强。旅游业是劳动密集型产业，与其直接相关的行业有24个，间接相关的行业有124个，能吸收较多的劳动力就业。世界旅游组织认为，旅游业每增加一个就业人员，能为社会创造6~8个就业机会，乘数效应极大。农业旅游让农民在既不离乡也不离土的情况下以家庭为单位开展生产经营活动，使更多就业竞争力比较弱的农民得到就业机会。

二是要千方百计增加农民收入。要保证农民参与农业旅游的劳动报酬，直接增加农民收入，也要注意保护农民的资源参股、资金入股的合法所得。农业旅游是一种充分利用农村资源开展的旅游活动，其依托的资源主要是城市周边以及比较偏远地带的自然景观、田园风光和农业资源，而这些资源的所有者和创造者都是农民。农民可以将一般的生活资料和生产资料转化为经营性资产，具有投资少、风险小、门槛低、经营灵活的特点。同时，农民依旧保留这些经营性资产的所有权，治理成本较低，激励结构简单，产权回报直接。农民作为所有者、经营者和劳动者三位一体，劳动力与土地、资本相结合投入自主经营，创造财富，从农业旅游发展中直接受益，避免了传统旅游开发中因土地和资源被占用而返贫或受益不均的问题。

三是要将农业旅游的发展与农村的精神文明提升相结合。加强对农民业余文化生活的引导，丰富农民的精神生活，提升农民的生活境界。中国是一个历史悠久的多民族国家，上下五千年的历史沉淀，积蕴了深厚的文化底蕴，民族文化异彩纷呈，农业民风民俗丰富多彩。农业各种民俗节目、工艺美术、民间建筑等都被赋予浓厚的文化底蕴。农业旅游是加强和沟通城乡居民感情、体验古老农业劳作、了解风土民情、领略田园风光和回归自然的最佳方式之一。因为旅游必须面向市场，所以农业旅游在一定程度上促进了纯朴而神秘的民俗民风等乡土文化的挖掘和农耕文化的传承和开发；同时客源地的文化也会对旅游地潜移默化，从而促进文明新风建设以及农民素质的提高，最终促进社会、经济、文化的共同繁荣。

四是要将农业旅游发展与农民的长远利益相结合。注重加强对农民的文化知识和劳动技能培训，提升农民素质，培养新型农民。要使农业旅游能够得到长久的发展，必须对以农民为主体的从业人员进行必要的培训，提高他们的专业化服务水平。应该说，对村民进行培训的过程，既是提高他们科学文化知识的过程，也是激发他们开发旅游资源的积极性、增强自我发展能力的过程。通过对农村中广大农民的专业培训和指导，不仅可以解决农村劳动力的就业问题，还直接提高了农民的素质，使其成为有知识、有文化、有技能的农民。

(三) 农业旅游发展要突出农业地方特色

深入挖掘文化内涵和突出特色，是发展农业旅游的灵魂。农业旅游已经从粗放发展阶段进入了较高层次的竞争阶段，低层次的农业旅游产品已不能满足市场需求。农业旅游是一种满足精神需求的文化活动和审美活动，提高农业旅游项目的文化品位，丰富文化含量，可以获得蓬勃生机和高附加值，同时满足游客需求。旅游资源是旅游产品的核心吸引力，从我国的情况看，农业旅游资源数量丰富、规模宏大，而且种类多样、特色鲜明。因此，在发展农业旅游过程中，必须突出特色，发挥优势。

一是要突出农业自然景观的优势，引导游客领略独特的田园风光、山水景观，开展具有特色的农业生态旅游，满足游客旅游审美的需求。

二是要突出农业的传统文化优势。我国的农业旅游不能只停留在观赏、采摘的表象繁荣上，必须走与生态旅游、文化旅游相结合的道路，营造良好的生态环境，挖掘民族文化中丰富的营养，才能持久而兴旺地发展下去。充分挖掘古村、古镇的文化内涵，包装具有特色的传统乡土工艺技术，展示现代农业的科技水平等，使游客在农业旅游过程中，获得更多的历史知识、农业知识、现代科技知识等，满足游客物质和精神享受的需求。

三是要突出体现地方民族特色，挖掘农村特有的民风民俗，增强农业旅游产品的"农业性"。在建筑、服饰、饮食、歌舞乃至旅游活动的设计等方面，尽可能体现出民族风貌、风情、习俗等特色，满足游客对跨文化差异的了解、感受和体验，增强农业旅游的吸引力。

(四) 要因地制宜地发展农业旅游

各地农村的资源条件、地理区位和经济社会发展水平等情况千差万别，发展农业旅游的条件不尽相同。农业旅游有其内在的固有的发展规律，只有按规律办事，才能少走弯路。

一要因地而异、因时而异、因人而异。农业旅游的发展要根据当地的实际情况，在有资源、有客源、有财源的地方先行发展；一些偏远山区和少数民族地区旅游资源丰富，但由于道路交通等基础设施建设难以到位，要选择好发展的时机，防止盲目决策、盲目开发；一些农业旅游发展基础较好或具备发展潜力的地区，也不是每个农民都应参与农业旅游，而要根据农民的意愿和能力情况来决定，不能强求人人参与。

二要加强分类指导。从规划指导、信息服务、宣传促销、人才培训等方面着手，加强对农业旅游发展的服务，在农业旅游产品开发、市场定位、突出特色等方面加以分类指导。但对农业旅游的发展不应设定指标，不设固定模式。比如，对于各种"农家乐"，要倡导健康向上的旅游文化，营造高尚文明的休闲氛围，突出经营的特色化、服务的规范化；对于观光型的农业旅游，要明确发展定位，引入景区管理经验，提升经营和服务水平。对各类农业旅游项目都要保护生态环境，增强亲和性、知识性、参与性等体验内容。

(五) 正确处理发展农业旅游与农村城市化、农民新型化、农业现代化的关系

发展农业旅游，要着眼促进农村地区经济社会长期全面协调发展，推动农村居住条件和周边环境的改善；着力提高农民素质，培养新型农民；积极促进农业产业结构调整，构建现代农业体系。

农业旅游发展的初期，经营农户都容易从自己的角度去理解城市游客的需求。农村人向往城市生活，经营者往往把城市化作为农业旅游发展的目标。常常把极具地方特色和自身特色的东西花大力气改造成普通的一般化的东西。如把农业小道改为水泥路面；菜园田垅改为停车场；经营过多的卡拉 OK 厅等，追求急功近利。这是一种"围城现象"，城里人希望在农村享受到原汁原味的农村本色生活内容，这与经营者的理解刚好错位，劳神费力却削弱了景区的特色和吸引力。因此，发展农业旅游一定要注意保持当地农村特色，要防止某些"城市病"向农村蔓延，防止工业垃圾、城镇污染侵蚀农村净土。

没有农业，就不叫农村；没有新农民，就没有新农村。因此，发展农业旅游必须"农"字当头，以农为根，特别是以农民为根；要以生产发展、生活宽裕、乡风文明、环境提升为目标，既不能把新农村建设等同于旅游新村建设，把新农村规划简单搞成旅游新村规划，也不能因为发展农业旅游而把农村建成没有农业、村庄、农民、特色的所谓新农村。

(六) 发展农业旅游要尊重农民意愿

发展农业旅游势必要占用当地资源尤其是农民赖以生存的土地，打破农民长期以来习惯了的生活方式和安宁的生活环境。农民作为农业旅游发展的利益主体之一，有权对旅游规划的制定和实施发表意见甚至直接参与决策。政府和开发商制定相应的鼓励政策的意义在于尊重社区居民的利益主体权，进而获得他们全方位的支持。否则，在开发和规划不能与当地的意愿和能力相符的情况下，抵制和仇视的行为将提高企业的成本，甚至会毁坏农业旅游的发展趋势。

发展农业旅游要由政府来推动，要以农民为主体，充分尊重农民意愿。政府推动不是包揽一切，而是发挥政府在规划引导、统筹协调、分类指导等方面的优势和积极作用，因地制宜，推动农业旅游的整体发展。农民有选择是否参与农业旅游开发以及如何参与农业旅游开发的权利，不应该强求一律。要尊重市场调剂劳动力资源的规律，不应有更多的行政干预。要在政府的指导推动下，尊重农民意愿，依靠农民智慧，发挥农民的积极性，促进农业旅游的持续健康发展。

(七) 正确处理发展农业旅游与农村其他产业发展的关系

旅游业具有多样性、社会性和公共性等特点，是以旅行社、旅游饭店、旅游景区、旅游车船公司和旅游商贸公司为主要内涵，并于与园艺业、博物馆业、交通运输业、农业及金融业等相联系的产业。旅游业直接和间接相关的产业部门与其他产业相比在数量上多得多，且关联程度也较高。目前，我国正面临产业结构大调整，传统的农业结构和经营方式已经不能适应市场经济发展的需要；农村经济开始由分散、封闭的粗放型经济向集约型、效益型转变。农业旅游的发展，有利于调整大农业内部的比例关系，有利于把地方的资源优势转化为产品优势。通过旅游业的前后向产业拉动，促进农村商业、通信、餐饮、旅游纪念品加工等行业的发展，使农村走出一元经济的束缚，走上农业产业化、农村市场化的道路。

农村各产业之间和谐发展是农村经济社会全面发展的根本前提。要发挥农业旅游产业关联度大的优势，通过发展农业旅游，促进农村各产业之间协调发展，为农村经济社会发展服务。农业旅游也要充分依托其他产业，取得其他产业的支持，在其他产业发展中得到快速发展。

(八) 正确处理发展农业旅游与农村生态环境保护的关系

农业旅游的发展对农村生态环境是把"双刃剑"。一方面，农业旅游地一般都是由农业环境优越、农业产业发达的地区发展起来的。在处理得当的情况下，农业旅游的开展有利于自然环境向着乡土化、特色化的方向发展。农业旅游业能够激发居民整治环境、改善生态环境质量的积极性和主动性。发展农业旅游创造的经济效益，能为生态保护提供更多的资金和技术支持。因此，农业旅游将会推动景观美化与环境整治。另一方面，如果在发展过程中不进行科学的规划和管理甚至反其道而行之，则会给农业的自然资源和生态环境造成不同程度的破坏。农业社区一般较少具有完善的排水系统和污水处理设施，生活污水一般利用农业相对较为完善的农田灌溉系统进行排放。由于大量旅游人口涌入农村，生活污水得不到充分的净化，容易造成对水渠、河道的污染，进而对农田土壤、农作物造成污染。农业旅游者一般借助私人交通抵达旅游地，交通沿线在黄金周、周末等高峰期会造成空气质量超标的现象。而一些农业旅游公路两侧对绿化树种的选择欠缺考虑，农田直接在沿线两侧耕种，容易造成对农作物的污染。不负责任的旅游行为，会带来大量不可降解的物质进入农村地域。如游客随手扔弃塑料瓶、塑料袋等。不符合地方特色的设计和建设，则会造成与自然景观的不协调，甚至破坏整体形象。

因此，生态环境是农业旅游资源的重要组成部分，也是农业旅游实现可持续发展的重要基础。应牢固树立"环境兴游"、"生态兴游"的观念，坚持科学保护、合理开发和永续利用的原则，坚持发展旅游与生态保护间的内在统一规律，先规划、后开发，使农业旅游的发展成为促进农村生态环境保护的有效手段和重要渠道。要避免资源的浪费和简单粗暴使用，杜绝对生态环境的破坏性开发。

(九) 正确处理发展农业旅游与传承农业传统文化的关系

目前，农业旅游已经从粗放发展阶段进入了较高层次的竞争阶段，低层次的农业旅游产品已不能满足市场需求。农业旅游是一种满足精神需求的文化活动和审美活动，提高农业旅游项目的文化品味，丰富文化含量，可以获得蓬勃生机和高附加值，同时满足游客需求。我国的农业旅游不能只停留在观赏、采摘的表象繁荣上，必须走与生态旅游、文化旅游相结合的道路，营造良好的生态环境，挖掘民族文化中丰富的营养,才能持久而兴旺地发展下去。充分挖掘古村、古镇的文化内涵,包装具有特色的传统乡土工艺技术,展示现代农业的科技水平等,使游客在农业旅游过程中,获得更多的历史知识、农业知识、现代科技知识等,满足游客物质和精神享受的需求。要突出体现地方民族特色,挖掘农村特有的民风民俗,增强农业旅游产品的"农业性"。在建筑、服饰、饮食、歌舞乃至旅游活动的设计等方面,尽可能体现出民族风貌、风情、习俗等特色,满足游客对跨文化差异的了解、感受和体验,增强农业旅游的吸引力。

农业传统文化是农业旅游的灵魂。要深入挖掘优秀的民族民俗文化,不断提升农业传统文化的魅力和旅游吸引力,推进农业传统文化的产品化,变文化优势和资源优势为经济优势。要注重对农业传统文化的保护,在实践中摸索继承和发扬农业优秀传统文化的新路子,使农业旅游成为弘扬优秀农业传统文化的重要渠道。要防止将优秀的传统农业文化庸俗化。

(十) 正确处理发展农业旅游与农村土地利用的关系

由于城市建设占用、水土流失及沙漠化等原因,我国耕地数量已由 20 世纪 90 年代初的 0.09 公顷下降到 0.08 公顷,且现有耕地中 60%左右是旱地、40%左右是缓坡和陡坡地、1/3 的耕地缺有机质、70%以上的耕地缺磷、20%左右的耕地缺钾、1/6 左右受重金属污染;全国已退化、沙化、碱化的草原面积达 1.35 亿公顷,约占草地总面积的 1/3,并且每年还在以 200 万公顷的速度增加,草地质量和草地载畜力下降。可见我国农村的土地数量在迅速减少,土地质量在不断的下降。

农业旅游的发展,不可避免地会对农业原有的土地利用格局产生影响,但是打着发展农业旅游的旗号,对农业用地,特别是耕地进行占用,进行新一轮的宅基地扩张的行为是应坚决给予处罚的。农业旅游的土地利用,应本着最小化的原则进行,即尽量利用原有土地类型,避免土地类型发生变化;尽量减少对原有景观的破坏,如果实在无法避免,也要对景观进行修复和整治。

本 章 小 结

新农村建设要求"生产发展、生活富裕、乡风文明、村容整洁、管理民主",建设目标包括"改善农村生产生活条件、提高农民素质、塑造农村新风尚、建设和谐农村"。其内涵涉及了农村物质文明、政治文明和精神文明建设等多个方面。根据分析,农业旅游发展目标与社会主义新农村建设目标的是一致的,农业旅游的发展对新农村建设有促进和带动作用,新农村建设是农业旅游持续发展的有力保障。在发展过程中应当把发展农业旅游纳入社会主义新农村建设的整体规划，尊重农民意愿，使其发展惠及所在社区居民，要因地制宜突出地方特色，同时正确处理发展农业旅游与农村其他产业发展的关系，保护农村生态环境，正确处理发展农业旅游与传承农业传统文化和农村土地利用关系。

第五章 "主客"旅游感知、满意度与行为研究

本章研究的目的是通过比较分析经营管理方式、空间形态与规模、发展阶段等均有差异的西南少数民族地区农业旅游目的地居民旅游影响感知与行为，旅游者感知、满意度与忠诚度之间的联系和差异，判断在旅游目的地在发展过程中存在的问题与经验，并为探讨如何构建西南少数民族地区可持续发展能力与农业旅游发展模式提供依据。

从"主客"两个角度对农业旅游目的地进行研究是考察旅游目的地发展可持续与否的重要内容。旅游目的地居民与旅游者的感知、满意度、参与行为等是旅游目的地可持续发展能力的重要观测变量，如何在发展旅游业的同时营造出令当地居民、旅游者都满意的旅游目的地，是学者、政府和旅游从业者研究旅游目的地如何、怎样发展的重要关注点。充分了解居民对旅游发展影响的感知、态度，提高居民对旅游影响的正面感知，减少负面影响，促进居民积极参与到旅游发展中来，是实现旅游目的地可持续发展的根本。同时，只有充分了解影响旅游者满意度和忠诚度的因素，才能完善服务改进工作。通过提高旅游者旅游体验的满意度，吸引旅游者故地重游，鼓励他们向亲朋好友推荐，从而增加旅游目的地潜在客源，提升旅游目的地的知名度和竞争力，这是实现旅游目的地可持续发展的保障。

本章研究方法主要是 SEM 结构方程模型及传统的数学统计方法。

第一节 感知模型构建的理论与方法

一、结构方程模型理论与方法

结构方程模型(structural equation modeling, SEM)是在 20 世纪 70 年代瑞典学者 Karl Jöreskog 与 Dag Sörbom 等所提出的统计理论基础上发展而成，是一种从变量间或变量群间的协方差结构出发，积极探讨和确认因果关系的分析方法。最近十多年在社会科学、行为科学、心理学、教育学、市场营销学等研究领域被广泛应用。虽然结构方程模型在旅游学上的应用不多见，但由于其特有的分析优势，已经受到越来越多的学者关注。这主要是由于研究的不断深入及研究课题的日益复杂，传统的统计方法已经越来越无法胜任这一工作，因此人们逐步将结构方程

模型作为一种检验研究假设的方法。

(一) SEM 基本原理与优点

结构方程模型是用来检验有关观测变量(observed variables)与潜在变量(latent variables)之间假设关系、融合了验证性因子分析(confirmatory factor analysis)和路径分析(path analysis)两种统计技术的一种综合统计方法，是对验证性因素分析、路径分析、多元回归及方差分析等统计方法的综合运用和改进提高。

总体而言，与传统分析方法相比，结构方程模型具有以下六项优点(Jöreskog and Sörbom, 1993；侯杰泰等，2004)：

第一，可同时考虑及处理多个因变量。

第二，可采用比传统方法更有弹性的测量模型，如某一变量从属于两个潜变量，传统方法中，一个指标大多只依附于某一个变量。

第三，可以计算观测变量的误差，精确估计观测变量与潜在变量之间的关系，而目前一般应用的主成分评价法、因子分析法、层次分析法、多因素综合评价法、模糊曲线法等统计分析方法的共同缺点是都假定所有的变量都能直接测量、测量没有误差、变量之间只有单向的因果关系等，但这些假设现实中都是很难满足的。

第四，能让研究者定义一个先验的假设模型。

第五，可考察模型与数据的拟合程度。

第六，可检验不同模型对同一数据拟合水平的差异。

结构方程模型包括两部分：一是观测变量模型，二是潜在变量模型。总体上，结构方程模型包括以下五大内容。

1. 观测变量模型

测量模型一般由两个方程式组成，分别规定了内生的潜变量 η (endogenous latent variable)和内生的显变量(即观测变量) Y 之间，以及外生的潜变量 ξ (exogenous latent variable)和外生的显变量 X 之间的联系。事实上，测量模型可以看成是对观测变量的可测量性即可靠性的一种描述。

对于因变量(内生变量)Y: $Y = \Lambda_y \eta + \varepsilon$

$$E(\varepsilon) = 0$$

对于自变量(外生变量)X: $X = \Lambda_x \xi + \delta$

$$E(\delta) = 0$$

ε 与 η、ξ、δ 不相关，δ 与 η、ξ 不相关。

式中，$Y = (y_1, y_2, \cdots, y_p)^T$ 为因变量观测值构成的向量 $(p \times 1)$；

$\eta = (\eta_1, \eta_2, \cdots, \eta_m)^T$ 为潜在因变量构成的向量 $(m \times 1)$；

Λ_y 为 Y 对 η 的回归系数矩阵 $(p \times m)$；

$\varepsilon = (\varepsilon_1, \varepsilon_2, \cdots, \varepsilon_p)^T$ 为 Y 的测量误差构成的向量 $(p \times 1)$；

$X = (X_1, X_2, \cdots, X_q)^T$ 为自变量的观测值构成的向量 $(q \times 1)$；

$\xi = (\xi_1, \xi_2, \cdots, \xi_n)^T$ 为潜在自变量构成的向量 $(n \times 1)$；

Λ_x 为 X 对 ξ 的回归系数矩阵 $(q \times m)$；

$\delta = (\delta_1, \delta_2, \cdots, \delta_q)^T$ 为 X 的测量误差构成的向量 $(q \times 1)$。

2. 结构变量模型

线性结构方程部分规定了系统中假设的潜在外生变量和潜在内生变量之间的因果关系，即

$$\eta = B\eta + \Gamma\xi + \zeta$$

$E(\zeta) = 0$，ζ 与 ξ 不相关，ζ 同方差且非自相关。

式中，η 为潜在因变量构成的向量 $(m \times 1)$；

ξ 为潜在自变量构成的向量 $(n \times 1)$；

B 为因变量作用于因变量的回归系数矩阵 $(m \times m)$；

Γ 为自变量作用于因变量的回归系数矩阵 $(m \times n)$；

ζ 为残差项构成的向量 $(m \times 1)$。

3. 结构方程模型假定

ε 与 η 不相关；

δ 与 ξ 不相关；

ζ 与 ξ 不相关；

ζ、ε 和 δ 之间均不相关。

协方差矩阵满足：

$Cov(\xi) = \Phi(n \times n)$；$Cov(\zeta) = \Psi(m \times m)$；$Cov(\varepsilon) = \Theta_\varepsilon(p \times p)$；$Cov(\delta) = \Theta_\delta(q \times q)$

4. 模型中观测变量的方差-协方差矩阵

向量 $Z = (Y', X')'$ 的方差-协方差矩阵为

$$\Sigma = \begin{bmatrix} \Lambda_y A(\Gamma \Phi \Gamma' + \psi) A' \Lambda_y' + \Theta_\varepsilon & \Lambda_y A \Gamma \Phi \Lambda_x' \\ \Lambda_x \Phi \Gamma' A' \Lambda_y' & \Lambda_x \Gamma \Lambda_x' + \Theta_\delta \end{bmatrix}$$

式中，$A = (I - B)^{-1}$。

5. 固定、自由和约束参数

结构方程模型共有八个基础参数矩阵(parameter matrices)需要在结构关系模型中估计，Λ_x、Λ_y、Γ、B、Φ、ψ、Θ_ε、Θ_δ。Λ_x 和 Λ_y 矩阵是因子负荷矩阵，Γ、B 是结构通径系数矩阵；Φ 是外生潜在变量 ξ 的方差协方差矩阵(variance/covariance matrix)；ψ 是结构方程误差项 ζ 的方差协方差矩阵；Θ_ε、Θ_δ 是观测误差(ε、δ)的方差协方差矩阵。

(二) 旅游研究中 SEM 建模步骤及要求

结构方程模型在旅游学上的应用通常可以划分为八步。

1. 文献梳理

根据研究目的，对相关文献进行梳理，为结构变量(内生与外生变量)的选择和理论模型的建立、路径设置及结构变量的观测变量设计做准备。

2. 理论模型建构

建立潜在变量之间理论联系的结构模型，提出模型假设，此模型称之为理论模型。理论模型包括：观测变量与潜变量关系；各潜变量间的相互关系；复杂模型中可以限制因子负荷或因子相关系数等参数数值或关系。通常可以用路径图(path diagram)表示。

3. 模型识别

模型识别，即验证数据满足参数估计的条件是否充分。模型识别前提条件是估计参数少于或等于样本协方差矩阵中观测变量的数目。

4. 搜集数据资料

在估计和解释 SEM 结果以及样本误差估计时，样本规模 N 是个很重要的因素。虽然并没有明确的样本规模要求，但建议规模在 100~200 样本，200 为临界值 (Boomsma, 1982)。与估计参数相比，样本数必须要足够大，一般规则是估计参数的

5倍,最低不能低于50。当样本总量 N 不够大时,应尝试用更多题目测量每个因子。

5. 数据分析与处理

首先,使用结构方程模型进行分析之前必须对数据的常态性进行检验说明,可以利用 SPSS、PRELIS 程序进行。一般应进行单项和多变量的偏度(skewness)与峰度(kurtosis)或显著性检验。当偏度系数 $|S|$ >3、峰度系数 $|K|$ >10、显著性考验 $|T|$ <1.96,可以视为非常态。对于非常态数据可以通过变形,如取对数等方法进行转换(邱皓政,2005;史春云,2007)。

然后,对问卷进行信度检验。一般采用克伦巴赫(L. J. Cronbach)Alpha(α)信度系数法。其中单项与项目整体相关度通常要大于0.3,如果小于0.3但删除后单项 Alpha 系数小于整体的 Alpha 系数,则该项目仍可视为可信(Yoon et al., 2001; Lee et al., 2007),可以保留。还要计算整体信度,一般要大于0.7以上才比较理想,也有学者提出在 0.6~0.7 同样可以接受(Hair et al., 1998)。

对于变量比较多的数据,一般先进行探测性因子分析,常用主成分分析方法以减少变量数目,但也有通过因子分析来确定观测变量与潜在变量之间的特定关系。一个模型一般最多包括20个变量(4~6个结构变量,每个包含3~4个观察指标变量)。当变量数目过多就会产生解释上和统计显著性上的困难(Reisinger and Turner, 1999; Gallarza and Saura, 2006; Lee et al., 2007)。保留因子载荷大于0.40的变量,然后对所有包含在一个因子中的项目计算得到一个组合因子,以组合因子作为结构变量的测量指标,这个方法有助于减少在验证性因子分析中的共线性或指标间误差的相关性(Yoon and Uysal, 2005)。

6. 模型估计

LISREL 共提供7种参数估计的方法:工具变量(IV)、两阶段最小二乘(TSLS)、无加权最小二乘(ULS)、最大似然(ML)、广义最小二乘(GML)、一般加权最小二乘(WLS)、对角加权最小二乘(Jöreskog and Sörbom, 1993)。其中,ML 方法最常用,其假设前提是变量呈多元正态分布。该方法需要比较多的样本数量,通常要求的样本数最低为100。一般为两步法(two-stage)模型估计。但是,当指标不满足多元正态性假设时,从理论上说使用 WLS 比其他方法合理。

首先进行测量模型的估计。目的是通过验证性因子分析(CFA)方法检验模型中各观测变量与结构变量之间的关系,检验是否正确地测量其潜在变量、是否存在观测变量在其他潜在变量上也有载荷、不同的观测变量之间是否存在相关。可以对个体变量信度(squared multiple correlations)过小或共线性较多的变量进行删除,以保证每个指标通常只包含在一个结构变量中(Gursoy et al., 2002)。一般如果 $t \geq 1.96$

为 0.05 水平上显著，$t \geq 2.58$ 为 0.01 水平上显著，$t \geq 3.29$ 为 0.001 水平上显著，说明观测变量对结构变量的表示（或解释）是有效的（Swanson and Horridge，2006）。

然后进行结构模型的估计与信度和效度的检验。结构模型估计的目的是在整体模型的考量下，通过 CFA 方法验证所提出的检验结果与理论模型之间的一致性是否支持假设路径，检验整体模型是否支持理论模型。潜变量的组合信度（composite reliability）大于 0.6 则比较理想（Swanson and Horridge，2004），收敛效度（convergent validity）要求平均变异抽取量（average variance extracted）大于 0.5，判别效度（discriminant validity）以潜变量的平均变异抽取量与该潜变量与其他潜变量的相关系数平方之间比较的结果来判断，也就是潜变量的平均变异抽取量的平方根要大于该潜变量与其他潜变量的相关系数（Wong and Law，2003）。

7. 模型拟合检验

通常单一指标不能说明模型的整体拟合程度，因此对整体模型的拟合检验通常使用绝对拟合指数、相对拟合指数、简约拟合指数分别来加以评价，如表 5-1 所示，各评价指数分别代表模型不同方面的拟合。绝对拟合指数是将理论模型和饱和模型比较得到的统计量，只涉及理论模型本身。相对拟合指数是通过将理论模型和基准模型比较得到的统计量。简约拟合指数反映模型的简洁程度，一般模型提倡越简单越好。同时，从表 5-2 和表 5-3 中拟合指数的说明也可以看出，结构方程模型在旅游学上的应用日益趋于严谨、规范与完善。

表 5-1 模型整体拟合常用指数及其标准

	拟合指数		标准
绝对拟合指数	基于拟合函数的指数	X^2/df	1~5
	基于离中参数的指数	MC	0~1，当>0.85 则拟合较好
	近似误差指数	RMSEA	<0.1：好的拟合；<0.05：非常好的拟合；<0.01：非常出色的拟合
		SRMR	<0.08，模型可以接受
	拟合优度指数	GFI	>0.90，模型可以接受
		AGFI	>0.90，模型可以接受
相对拟合指数	理论模型的卡方减少比例	NFI	>0.90（当样本量少时，会低估拟合程度）
	非范拟合指数	NNFI	0~1，取值越大越好；通常>0.90
	非中心卡方分布下的期望值调整	CFI	0~1，取值越大越好；通常>0.90
简约拟合指数		PNFI	>0.50，模型可以接受
		PGFI	>0.50，模型可以接受

资料来源：Mulaik et al.，1989；Jöreskog and Sörbom，1989；Byrne，1989；侯杰泰等，2004

8. 模型修正

由于实际运用中所获取的样本数据分析结果与理论模型会存在一定的差距,因此常常要根据修正指数(MI)和期望改善值来对模型进行修正,但仍应以理论为基础,以能作出合理的解释为修正模型的前提,一般不提倡纯粹为数据而修正模型。

二、SEM 在旅游感知与行为研究中的运用

(一) SEM 在旅游目的地社区居民态度、行为研究中的应用

理解旅游目的地社区对旅游开发的感知,了解居民对旅游业发展态度和参与行为,以及影响态度与行为的因素,对旅游目的地发展非常重要,因此目的地居民旅游影响感知与旅游发展态度成为结构方程模型在旅游社区居民应用研究中的重点与热点(表 5-2),而将参与行为一并加入 SEM 模型中考查的研究却不多见。

表 5-2 2000 年以来 SEM 在研究旅游目的地居民感知、行为中的应用

序号	作者	观测变量	潜在变量 外生变量	潜在变量 内生变量	拟合指数
1	Yoon 等(2001)	16	经济影响、社会影响、文化影响、环境影响	整体影响、旅游开发态度	$X^2(89)=105.87$ GFI=0.96 RFI=0.94 AGFI=0.94 RMSR=0.047 RMSEA=0.025 NNFI=0.99 PNFI=0.71 CFI=0.99 IFI=0.99
2	Ko 和 Stewart(2002)	17	旅游开发利益、正面旅游影响感知、负面旅游影响感知	整体社区满意度、旅游开发态度	$X^2(110)=376$ GFI=0.926 RMSEA=0.058 RMR=0.044
3	Gursoy 等(2002)	29	社区关注、社区依赖、经济为中心态度、居民对旅游资源的使用	地方经济现状、感知利益、感知成本、旅游开发态度	$X2(361)=654.74$ GFI=0.94 PNFI=0.81 RMSEA=0.032 RMR=0.045
4	Lee 和 Back(2003)	37	社会、环境、经济的正面与负面影响	利益、支持态度	$X^2(1194)=3758.21$ RMSEA=0.062 CFI=0.91 NNFI=0.90
5	Jurowski 和 Gursoy(2004)	25	社会关注、经济影响、居民对旅游资源的使用	地方经济现状、感知利益、感知成本、旅游开发态度	$X^2(588)=761.57$ GFI=0.89 NNFI =0.95 CFI=0.95 RMSEA=0.040
6	Gursoy 和 Rutherford(2004)	39	社区归属感、社区关注、环境为中心的态度、居民对旅游资源的使用	经济受益、社会受益、文化受益、当地经济发展状况、文化成本、社会成本、支持旅游发展	$X^2(668)=707.72$ GFI=0.90 NNFI=0.98 CFI=0.98 IFI=0.98 PGFI=0.76 PNFI=0.77 RMR=0.039 SRMR=0.048 RMSEA=0.014 CN =293.55

续表

序号	作者	观测变量	潜在变量 外生变量	潜在变量 内生变量	拟合指数
7	Yoon 和 Uysal(2005)	15	旅游开发影响、环境态度、地方依赖	旅游吸引物开发偏好、目的地竞争战略的支持态度	$X^2(80)=92.66$ GFI=0.96 IFI=0.99 AGFI=0.94 RMSEA=0.02 RFI=0.94 RMR=0.03 NNFI=0.99 NFI=0.95 PNFI=0.73 CFI=0.99 PGFI=0.64
8	杨光柱等(2005)	37	开发基础认知、地方的认同感、旅游影响感知	农户参与态度、农户参与能力、农户参与决策、农户参与行为、旅游开发偏好	$X^2/df=2.00$ GFI=0.93 AGFI=0.91 RMR=0.02 NFI=0.90 NNFI=0.95 IFI=0.94 RMSEA=0.06
9	Gursoy 和 Kendall(2006)	19	社会关注、社区归属、环境为中心的态度	感知成本、感知利益、大型事件支持度	$X^2(135)=228.51$ GFI=0.95 AGFI=0.92 NFI=0.90 NNFI=0.93 CFI=0.95 PGFI=0.67 PNFI=0.70 RMR=0.031 RMSEA=0.041
10	Pam Dyer 等 (2007)	25	正面经济影响、正面社会影响、正面文化影响、负面经济影响、负面社会影响	旅游开发支持度	$X^2(362)=514.96$ GFI=0.91 AGFI=0.90 NFI=0.90 NNFI=0.96 CFI=0.97 IFI=0.97 PGFI=0.76 PNFI=0.80

(二) SEM 在研究旅游者感知与行为中的应用

结构方程模型用于旅游者感知与行为研究的焦点在于旅游者旅游体验中对产品和服务质量的感知与对价值的感知、满意度和忠诚度之间具有相关关系。在旅游者感知与行为关系的应用研究中运用结构方程模型的学者相对较多(表 5-3)。研究者对旅游者在旅游目的地体验的感知质量与其满意度之间的关系，以及这种感知和满意度对其旅游过后的重游行为和推荐意愿之间的关系通过不同的案例、不同的外生变量进行研究。全部或部分验证感知质量—感知价值—满意度—忠诚度链的存在。

表 5-3 SEM 在研究旅游者感知与行为中的应用

序号	作者	观测变量	潜在变量 外生变量	潜在变量 内生变量	拟合指数
1	Neal (1999)	16	4	4	$X^2(8)=11.94$ GFI=0.99 CFI=1.00 RMR=0.02
2	Oh (1999)	16	4	4	$X^2(12)=16.45$ GFI=0.99 RMSEA=0.028 TLI=0.99 CFI=1.00

续表

序号	作者	观测变量	潜在变量 外生变量	潜在变量 内生变量	拟合指数
3	Kashyap(2000)	21	4	3	$X^2(311)=331.96$ GFI=0.92 RMR=0.11 TLI=0.99 NFI=0.96
4	Murphy(2000)	16	2	3	—
5	Tam(2000)	12	2	2	$X^2(39)=44.87$ GFI=0.92 AGFI=0.85
6	Petrick(2001)	9	3	1	$X^2=18.31$ Bentler's fit index 0.90
7	Babin(2001)	26	4	3	$X^2(285)=480.5$ CFI=0.83 RMSR=0.086
8	Petrick(2002)	19	4	4	$X^2(9)=86.19$ GFI=0.942 CFI=0.95
9	Reisinger 和 Mavondo(2002)	—	5	8	GFI=0.969(0.954) AGFI=0.934(0.917) NFI=0.944(0.922) TLI=0.953(0.922) CFI=0.975(0.944) RMSEA=0.046(0.078) CMIN/df=0.742(3.172)
10	Oh(2003)	11	3	3	$X^2(17)=22.59$ GFI=0.97 RMSEA=0.045 AGFI=0.93 TLI=0.98 CFI=0.99
11	Swanson 和 Horridge(2004)	21	2	3	$X^2(51)=212.05$ GFI=0.92 CFI=0.92 RMSEA=0.06
12	汪侠等(2005)	21	1	6	$X^2(219)=518$ RMSEA=0.05 GFI=0.954 AGFI=0.942
13	Swanson 和 Horridge(2006)	13(因子分析后)	1	3	$X^2(17)=112.94$ GFI=0.93 AGFI=0.86 RMSEA=0.12 SRMR=0.065 NNFI=0.84 CFI=0.90 PGFI=0.44 IFI=0.90 RFI=0.81
14	Martina(2006)	57(主成分分析前)	6	3	$X^2(10)=32.90$ RMSEA=0.093
15	Kaplanidou(2006)	16	3	1	$X^2(90)=144.482$ NFI=0.979 NNFI=0.989 CFI=0.992 RMSEA=0.027
16	汪侠(2006)	27	3	2	X^2/df=1.15 RMSEA=0.04 GFI=0.963 AGFI=0.955 NFI=0.925 NNFI=0.946
17	黄燕玲(2006)	18	4	6	X^2/df=1.65 RMSEA=0.063 GFI=0.91 AGFI=0.87 NNFI=0.93
18	Lee 等(2007)	13(因子分析后)	3	2	$X^2(54)=72.13$ GFI=0.97 AGFI=0.95 RMSEA=0.030 NNFI=0.99 CFI=0.99 PNFI=0.67 IFI=0.99
19	冯(2007)	17	1	5	—
20	史春云(2007)	13	3	2	X^2/df=1.05 GFI=0.98 AGFI=0.96 RMSEA=0.012 NNFI=1.00 CFI=1.00 PNFI=0.69 IFI=1.00

资料来源：根据史春云(2007)，已作修改；"—"为原文中没有说明；外生变量与内生变量中的数字代表测量指标的数目

第二节　居民旅游感知、满意度及参与行为关系研究

一、居民感知与旅游目的地发展关联性研究

居民旅游感知、满意度及参与行为是旅游目的地可持续发展能力的重要观测变量，如何在发展旅游业的同时营造出令当地居民满意的旅游目的地，是学者、政府和旅游从业者研究旅游目的地如何、怎样发展的重要着眼点。充分了解居民对旅游影响的感知、态度，提高居民对旅游影响的正面影响感知，减少负面影响，提高居民满意度与参与度，是实现旅游目的地可持续发展的根本。本书将为西南少数民族地区通过发展农业旅游解决"三农"问题提供现实依据。

二、模型构建

目前有关居民旅游影响感知研究的模型相对比较单一。学者们主要研究居民的旅游影响感知和旅游发展态度之间的关系，同时考虑居民旅游影响感知、态度（满意度）和参与行为之间的相互关系和影响的研究仍占极少比例。

2001年，Dogan Gursoy 以社会交换理论为基础，建立了社区支持旅游发展的模型。该模型显示了居民对旅游发展的态度和居民旅游影响感知之间的关系，并将居民的旅游影响感知分为感知的利益和成本两个方面。但该模型仅用居民对旅游正面经济影响的感知作为衡量居民感知到的旅游发展所带来的利益；用居民对旅游负面社会影响的感知作为衡量居民感知到的旅游发展所需的费用，缺少有关居民对旅游社区经济负面影响感知、社会文化正面影响感知和环境正负面影响感知的关注，研究题项选择的偏颇直接影响了该模型的研究结果，限制了模型的广泛使用。Gursoy 和 Ruther（2004）等又通过对美国华盛顿州与爱达荷州居民的调查（有效样本290个），建立居民对旅游感知和态度的改进模型（图5-1）。

Lee 和 Back（2003）建立了测量居民对博彩旅游感知和态度的关系模型（图5-2），与 Dogan Gursoy 模型相比，Choong-ki 模型从经济、社会文化和环境三个方面六个角度研究了居民对旅游影响的感知情况，弥补了 Dogan Gursoy 模型仅从正面经济维度和负面社会维度来测度居民旅游影响感知的缺点，但该模型将居民的旅游感知综合为利益一个维度，导致从模型中不能清晰地揭示旅游负面影响感知同居民旅游态度之间的关系。

虽然 Dogan Gursoy 与 Choong-ki 构建的两个模型从不同的角度揭示了居民旅游影响感知和态度之间的关系，但模型中并未体现居民针对性的参与行为，不能

揭示居民旅游影响感知、态度和参与行为之间的相互关系。

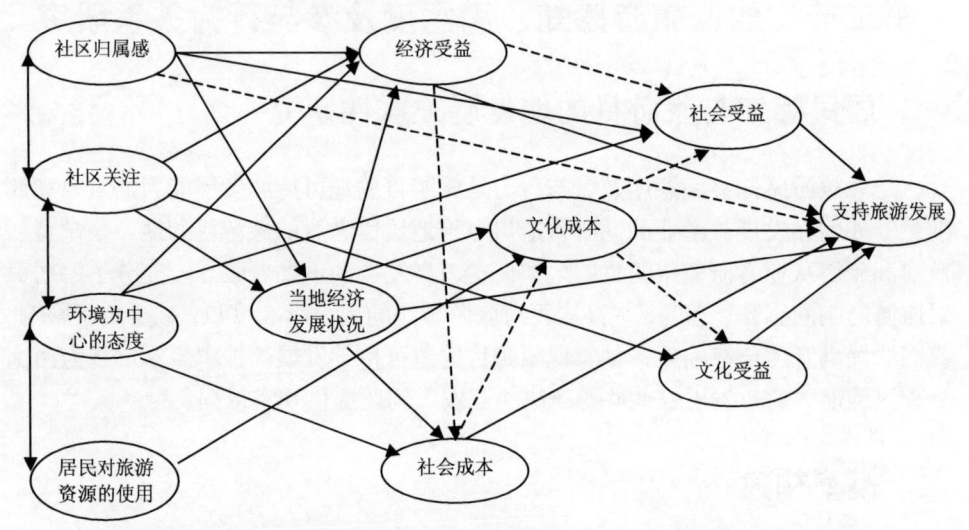

图 5-1 居民对旅游感知和态度的改进模型图（Gursoy and Rutherford，2004）
图中实线为影响显著关系，虚线是在原模型基础上新增加的路径

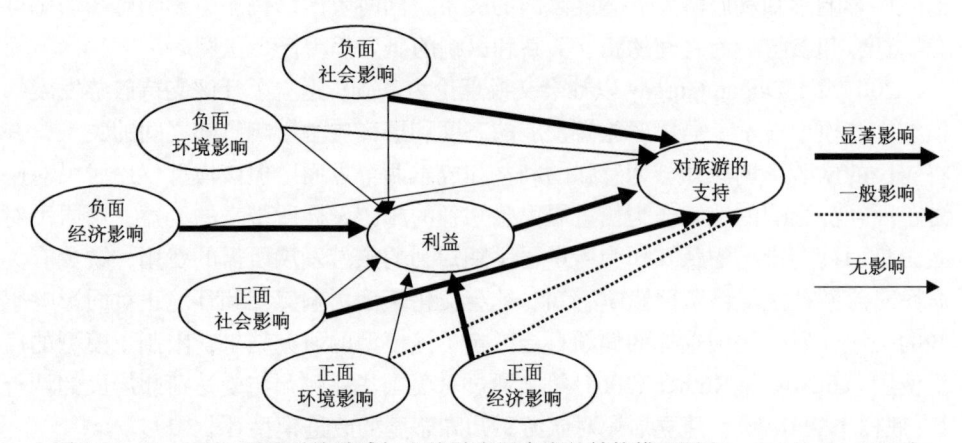

图 5-2 Choong-ki 居民对旅游感知和旅游发展态度的结构模型图（Lee and Back，2003）

地理文献研究中一直使用 Abler 于 1975 年构建的用来描述文化接触的态度和行为之间的关系模型来分析社区居民的感知、态度和行为之间的关系，如图 5-3 所示。

由于 Abler 的模型考虑到了同一地区居民态度和行为之间的变异，因而模型在地理研究中受到许多学者的青睐。一些学者尝试将该模型引用到旅游研究的文献中。该模型的支持者 Ap（1992）和 Crompton（1993）用该模型对四个旅游社区居民的旅游发展和社区参与行为之间的关系进行了研究，他们认为居民对旅游的反应经历了四个连续的阶段：包容、忍耐、调整和退缩。包容反映出"积极的促进"；忍耐（或者接受或者放弃两种感情并存）表现出"默默地接受"；调整和退缩并不适合模型，他们发现没有现象表明通过积极的反对来表现对抗。学者 Gursoy 和 Kendall(2006)用该模型来研究本土居民面对国际旅游者的影响而采取的策略，获得的研究建议策略有适应、维持界限、逃跑和反抗。Crompton 与 Gursoy 的研究结果都主要是针对居民对旅游者的态度来推断居民的行为反应，并没有考虑居民对旅游影响的感知，也不能很好地揭示居民的感知、态度和行为三者之间的关系。

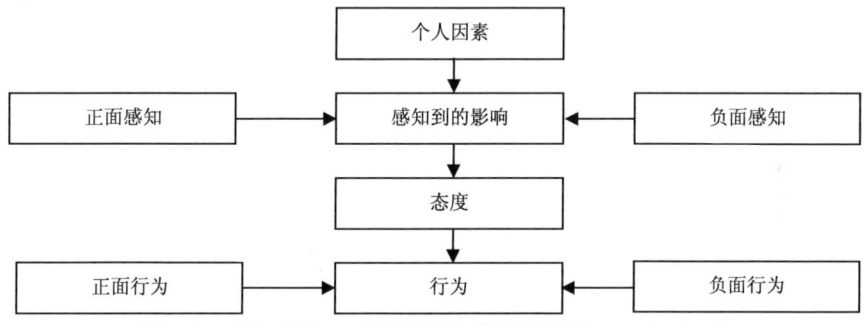

图 5-3　Abler 感知、态度与行为模型图（Abler et al., 1975）

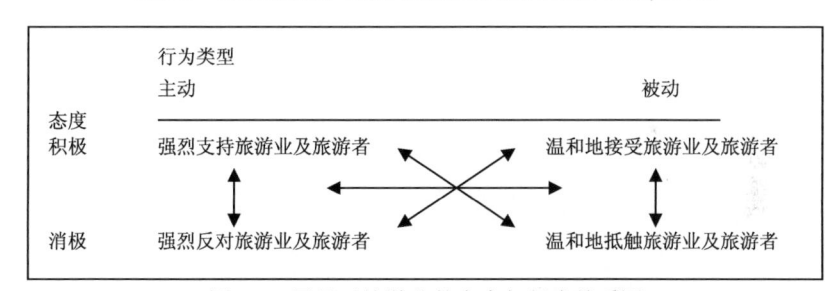

图 5-4　居民对旅游业的态度与行为关系图

资料来源：Mathieson and Wall (1982)

态度不可能完全预测行为，但二者之间存在着相关的关系，如图 5-4 所示（Mathieson and Wall，1982）。社会交换理论与表征理论提出居民对旅游影响的态度依赖于旅游所产生的这些变化是提高或降低了其在社区内的参与程度，如果当地居民感知到旅游是改善他们的生活质量、提供更多与外界接触的机会、提高他们参与社区活动机会的因素，他们就会对旅游有正面的反应。相反，如果他们感知到旅游导致当地人被排除在传统的活动之外，他们就会有消极的反应。Lankford 和 Howard(1994)指出，居民参与到旅游业中的活动是预测其对旅游态度的一个非常重要的因素。此外，旅游目的地居民的人口统计学因素，如年龄、性别、受教育程度等也不同程度地对居民的旅游影响感知产生作用。

三、假设提出

本章以前人有关居民旅游影响感知和旅游发展态度的研究模型为参考，在以上诸模型的基础上建立了如图5-5所示的关于农业旅游目的地居民旅游影响感知、满意度及参与行为之间关系的验证性因子分析结构模型（理论模型）。尝试用模型来综合考虑西南少数民族地区农业旅游活动区域居民对旅游影响感知、满意度和参与行为之间的相互关系，为揭示西南少数民族地区农业旅游目的地居民旅游影响感知、态度和参与行为的特征提供依据，并据此评判不同案例地发展模式的优劣及出现的问题。本书研究模型有以下两个特点：①关注居民的态度和旅游参与行为之间的实证关系；②在同一个研究中涉及了居民对旅游影响的正负面感知，并根据西南少数民族地区实际情况，即其旅游发展离不开政府的大力扶持，在正面感知结构变量的观测变量中尝试加入"支持条件"因子，以考察支持条件与居民态度、行为的关系。

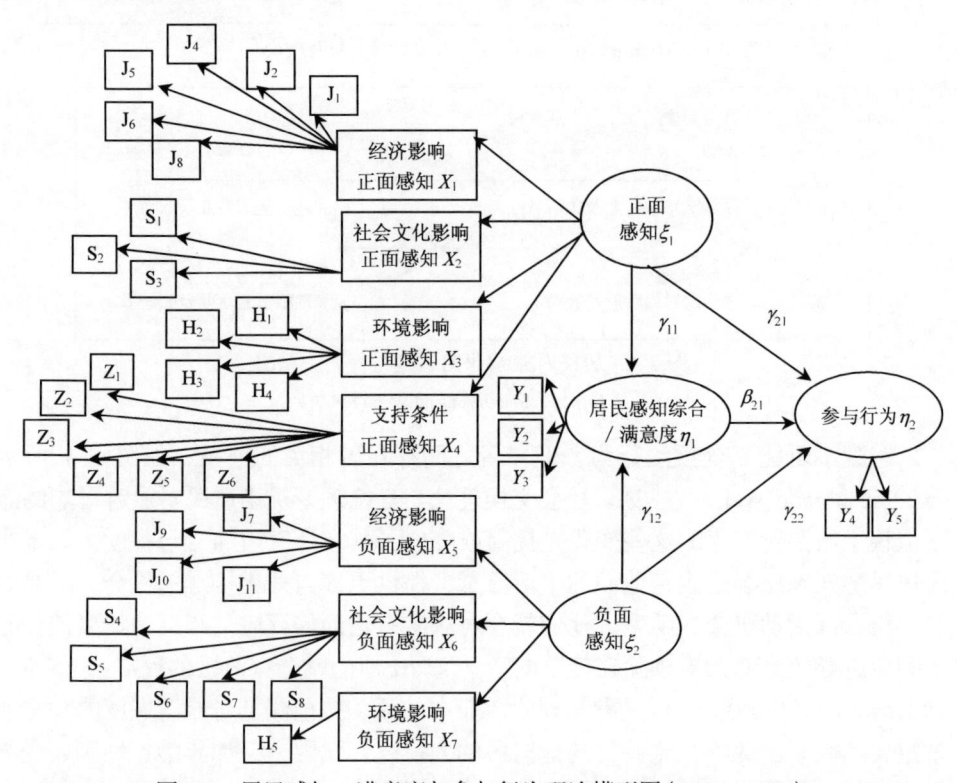

图 5-5 居民感知、满意度与参与行为理论模型图（RPSP-model）

综上所述，结合图 5-5 建立的研究模型，本章提出如下五组假设：

H_1：居民对旅游影响的正面感知与农业旅游发展满意度有显著正向关系。
H_2：居民对旅游影响的正面感知与居民的社区参与行为有显著正向关系。
H_3：居民对旅游影响的负面感知与农业旅游发展满意度有显著负向关系。
H_4：居民对旅游影响的负面感知与居民的社区参与行为有显著负向关系。

表 5-4 居民感知、满意度与参与行为结构模型 RPSP-model 各观测变量名称及取值来源

	观测变量	对应问卷题目
Y_1	总体感受	总体感受
Y_2	生活环境感受	乡村风貌，卫生状况
Y_3	设施状况与政府服务管理水平感受	交通，旅游接待及其他公共设施，政府服务管理水平
Y_4	参与旅游经营	旅游经营
Y_5	参与教育培训	教育培训服务、教育培训机会、参与旅游培训
X_1	经济影响正面感知	J_1 旅游促进地方经济发展 J_2 旅游经营收入增加 J_4 购物和娱乐条件及服务质量改善 J_5 基本生活水平显著提高 J_6 解决农村大量剩余劳动力 J_8 外来投资增多
X_2	社会文化影响正面感知	S_1 提高地方形象 S_2 促进居民思想观念的更新和开放 S_3 有接受旅游职业技能培训的机会
X_3	环境影响正面感知	H_1 投资环境大大改善 H_2 自然环境得到有效开发和保护 H_3 环境卫生状况令人满意 H_4 居民环保意识增强
X_4	支持条件正面感知	Z_1 政府对农民开展旅游经营资金、税收上进行大力扶持 Z_3 政府经常请来农业专家为农民引进新技术，解答难题 Z_4 政府对农林改造政策十分公平有利 Z_6 政府、集体、旅游公司、居民利益分配合理 Z_5 政府因开展旅游对农民房屋拆迁补偿政策非常公平
X_5	经济影响负面感知	J_7 农业肥料等生产资料价格上涨 J_9 基本生活用品价格上涨影响生活质量 J_{11} 发展旅游只导致少数人受益 J_{10} 旅游发展导致居民贫富两极分化
X_6	社会文化影响负面感知	S_4 传统文化资源开发商业化、庸俗化 S_5 游人众多，居民使用公共休憩设施的机会减少 S_6 引发居民与旅游公司等外来经营者之间的冲突 S_7 引发居民与旅游者之间的冲突 S_8 犯罪和不良现象增加
X_7	环境影响负面感知	H_5 交通和人口过度拥挤、吵杂

注：观测变量所取值为各对应题项均值，云南罗平油菜花海数据编号与表中有差异，主要内容大体一致

H₅：居民对农业旅游发展的满意度与居民农业旅游社区参与行为有显著相关关系。

图 5-5 中"字母+数字"代表的指标如表 5-4 所示。

居民 RPSP-model 感知结构方程模型中，潜在变量列于椭圆形中，观测变量列于长方形中，如图 5-5 所示。ξ 表示外生潜变量(共计 2 个隐变量，ξ 为 2×1 矩阵)；η 表示内生潜变量(共计 2 个隐变量，故 η 为 2×1 矩阵)；B 表示一些内生潜变量对其他内生潜变量的效应系数矩阵(2×1)；Γ 表示外生潜变量对内生变潜变量的效应系数矩阵(2×2)；ζ 表示结构方程误差项(error or residual term)，是(2×1)矩阵。RPSP-model 结构方程内部模型表示为方程(5-1)，即

$$\eta = B\eta + \Gamma\xi + \zeta \tag{5-1}$$

并可对应表示为方程(5-2)，其中 β 与 γ 为通径系数(path coefficients)。β_{ij} 是 η_j 对 η_i 的通径系数，表示作为起因变量的 η_j 对作为效应变量的 η_i 的直接影响程度；γ_i 表示外生潜变量对 η_i 的通径系数，即作为起因变量的 ξ_i 对作为效应变量的 η_i 的直接影响程度。

$$\begin{bmatrix} \eta_1 \\ \eta_2 \end{bmatrix} = \begin{bmatrix} 0 & \\ \beta_{21} & \end{bmatrix}\begin{bmatrix} \eta_1 \\ \eta_2 \end{bmatrix} + \begin{bmatrix} \gamma_{11} & \gamma_{12} \\ \gamma_{21} & \gamma_{22} \end{bmatrix}\begin{bmatrix} \xi_1 \\ \xi_2 \end{bmatrix} + \begin{bmatrix} \zeta_1 \\ \zeta_2 \end{bmatrix} \tag{5-2}$$

对于外生变量，有方程(5-3)，即

$$X = \Lambda_x \xi + \delta \tag{5-3}$$

对于内生变量，有方程(5-4)，即

$$Y = \Lambda_y \eta + \varepsilon \tag{5-4}$$

将方程(5-3)与方程(5-4)展开可得到以下数学方程式(5-5)、方程式(5-6)：

$$\begin{bmatrix} X_1 \\ X_2 \\ X_3 \\ X_4 \\ X_5 \\ X_6 \\ X_7 \end{bmatrix} = \begin{bmatrix} \lambda_{11} & 0 \\ \lambda_{21} & 0 \\ \lambda_{31} & 0 \\ \lambda_{41} & 0 \\ 0 & \lambda_{52} \\ 0 & \lambda_{62} \\ 0 & \lambda_{72} \end{bmatrix} \times \begin{bmatrix} \xi_1 \\ \xi_2 \end{bmatrix} + \begin{bmatrix} \delta_1 \\ \delta_2 \\ \delta_3 \\ \delta_4 \\ \delta_5 \\ \delta_6 \\ \delta_7 \end{bmatrix} \tag{5-5}$$

$$\begin{bmatrix} Y_1 \\ Y_2 \\ Y_3 \\ Y_4 \\ Y_5 \end{bmatrix} = \begin{bmatrix} \lambda_{11} & 0 \\ \lambda_{21} & 0 \\ \lambda_{31} & 0 \\ 0 & \lambda_{42} \\ 0 & \lambda_{52} \end{bmatrix} \begin{bmatrix} \eta_1 \\ \eta_2 \end{bmatrix} + \begin{bmatrix} \varepsilon_1 \\ \varepsilon_2 \\ \varepsilon_3 \\ \varepsilon_4 \\ \varepsilon_5 \end{bmatrix} \quad (5\text{-}6)$$

其中，X 为外生观测变量构成的向量矩阵(7×1)；Λ_x 为 X 对 ξ 的测度系数或载荷矩阵(7×2)；δ 为 X 的测量误差构成的向量矩阵(7×1)；Y 为内生观测变量构成的向量矩阵(5×1)；Λ_y 为 Y 对 η 的测度系数(regression weight)或因子载荷(factor loadings)矩阵(5×2)；ε 为 Y 的测量误差构成的向量矩阵(5×1)。

居民感知 RPSP-model 结构方程模型中一共有八个基础参数矩阵需要在线性结构关系模型中估计：Λ_x、Λ_y、Γ、B、Φ、ψ、Θ_ε、Θ_δ。Λ_x 和 Λ_y 矩阵是因子载荷矩阵，Γ、B 是结构通径系数矩阵；Φ 是外生潜在变量 ξ 的方差协方差矩阵；ψ 是结构方程误差项 ζ 的方差协方差矩阵；Θ_ε、Θ_δ 是观测误差(ε、δ)的方差协方差矩阵；I 是单位矩阵。内生潜在变量 η 用以下公式可计算得：

$$\text{Var}(\eta) = \text{Var}[(\Gamma\xi + \zeta)/(I - B)]$$

RPSP-model 结构方程模型假定：ε 与 η 不相关；δ 与 ξ 不相关；ζ 与 ξ 不相关；ζ、ε 和 δ 之间均不自相关，即 $E(\eta\zeta') = 0$，$E(\xi\zeta') = 0$，$E(\zeta) = 0$，$E(\varepsilon) = 0$，$E(\delta) = 0$，$E(\eta\varepsilon') = 0$，$E(\xi\delta') = 0$。用由样本得到的协方差矩阵去拟合理论协方差矩阵，即可估计出模型中的自由参数，计算出相应系数值，同时可对模型的拟合性进行假设检验。上述分析可借助统计分析软件(SPSS 11.5、SPSS 13.0)和结构方程建模软件(LISREL 8.70)实现。

四、实证研究

对三个案例地的 SEM 研究拒绝了最初理论模型的一些假设，不同案例地的居民模型之间也存在着巨大的差异。与 Ko 和 Stewart(2002)的研究结论相似，充分说明不同旅游地在发展中社区居民对旅游发展满意度、参与行为具有不同的驱动因素，这与已有的文献研究结果认为居民感知、满意度与其旅游开发态度之间的关系具有不确定性相一致(Gursoy et al., 2002)，同时也说明选择不同地理位置、不同发展阶段、不同规模、不同经营管理模式的专项旅游目的地的重要性和必要性。农业旅游目的地由于旅游开发时间的长短不一、开发路径与强度各异、社会经济文化环境的基础条件和改变程度不同，社区居民参与的强度、获利或受益的程度不同，从而导致不同案例地社区居民的感知和态度存在着较大差异。同时，由于各案例地模型路径系数值差异较大，稳定性不足，因此还同时运用传统统计学方法及 SPSS 软件进行分析。

(一) 广西红岩新村

1. 数据常态与信度检验

成功调查的样本中，瑶族居民占 79.75%，男性占 53.49%，女性占 46.51%，以 25~44 岁年龄段为主，文化程度主要集中在中学和中专水平，家庭收入 2 万元以上居多，收入来源以务农与旅游经营两项为主。根据对红岩新村委会的干部访谈得知，调查样本的结构特征与该村居民总体特征基本一致，可以认为本次调查样本具有代表性。对数据进行单项和多变量的偏度与峰度检验，表 5-5 中各观测变量评价值均属常态，符合 SEM 建模要求。同时，由于极大似然估计法（ML）的健全性，在多数情况下，尤其是当样本数未达数千时，就算变量不是正态分布，ML 估计仍是合适的（侯杰泰，2004）。因此，本书选择最常用的极大似然法作为模型的估计方法。表 5-6 显示问卷标准化信度值均大于 0.6，符合建模要求。从表 5-5 均值分析，居民感知综合较好，满意度较高。而居民参与旅游经营与教育培训的热情较高（Y_4、Y_5 分值均大于 5）；居民对旅游经济、社会、环境影响及支持条件的正面感知均良好，而且对经济与社会影响的正面感知（X_1，X_2）标准差较小，也即居民对二者的看法较为一致；居民对旅游影响的负面感知相对较弱，分值都小于 4。

表 5-5　广西红岩新村居民 RPSP-model 观测变量评价值（N=129）

指标	均值	标准差	偏度	峰度
Y_1	5.976 7	0.963 92	−0.591	−0.640
Y_2	5.465 1	1.213 83	0.405	−0.964
Y_3	5.240 9	1.234 21	−1.015	0.031
Y_4	6.618 6	0.837 20	−2.818	8.280
Y_5	5.279 1	1.309 38	−0.413	−0.963
X_1	5.901 4	0.738 20	−0.224	−1.023
X_2	6.134 4	0.767 23	−0.360	−1.048
X_3	5.850 9	0.869 29	−0.296	−1.060
X_4	5.535 1	1.027 53	−0.958	1.262
X_5	3.407 3	1.071 34	0.669	0.098
X_6	2.552 8	1.126 10	1.375	3.174
X_7	3.023 7	2.036 63	0.475	−1.198

表 5-6　广西红岩新村居民 RPSP-model 建模因子标准化信度分析表

潜变量		观测变量	Alpha(α)系数值
ξ_1	旅游影响正面感知	X_1, X_2, X_3, X_4	0.8099
ξ_2	旅游影响负面感知	X_5, X_6, X_7	0.6470
η_1	居民感知综合/满意度	Y_1, Y_2, Y_3	0.7384
η_2	参与行为	Y_4, Y_5	0.6274
	总量表	—	0.8146

注：分析包括观测变量所取的各对应题项

2. 测量模型检验

极大似然法经迭代 24 次对调研数据进行参数估计，分析观测变量对满意度、参与行为的影响程度，如表 5-7 所示。对 t 值的检验与对统计显著性指标的载荷（路径的 t 值）的审视相关联。如果与路径系数相关联的每一个载荷的 t 值大于 1.96，那么参数就是显著的，并且变量也与其特定的结构显著相关。可以看出，所有观测变量因子载荷及 t 值均显著，无需剔除任何观测变量。

表 5-7　广西红岩新村居民 RPSP-model 测量模型参数估计值及 t 检验

	η_1	t	η_2	t	ξ_1	t	ξ_2	t
Y_1	0.82							
Y_2	0.58	6.43						
Y_3	0.73	8.47						
Y_4			0.63					
Y_5			0.72	5.26				
X_1					0.73	8.87		
X_2					0.58	6.70		
X_3					0.50	5.61		
X_4					0.50	5.56		
X_5							0.29	2.92
X_6							0.27	2.76
X_7							0.47	4.01

运用 LISREL 统计软件对红岩新村居民的 RPSP-model 结构方程模型进行分析，模型拟合度检验结果显示简约拟合指数 PNFI=0.54，PGFI=0.50，拟合度一般，稳定性不足。对模型中的潜变量的路径系数进行标准化估计，结果如方程(5-7)及图 5-6 所示。

$$\begin{bmatrix} \eta_1 \\ \eta_2 \end{bmatrix} = \begin{bmatrix} 0 \\ 0.54 \end{bmatrix} \begin{bmatrix} \eta_1 \\ \eta_2 \end{bmatrix} + \begin{bmatrix} 0.86 & 0.83 \\ 0.83 & -0.20 \end{bmatrix} \begin{bmatrix} \xi_1 \\ \xi_2 \end{bmatrix} + \begin{bmatrix} 0.39 \\ 0.26 \end{bmatrix} \quad (5-7)$$

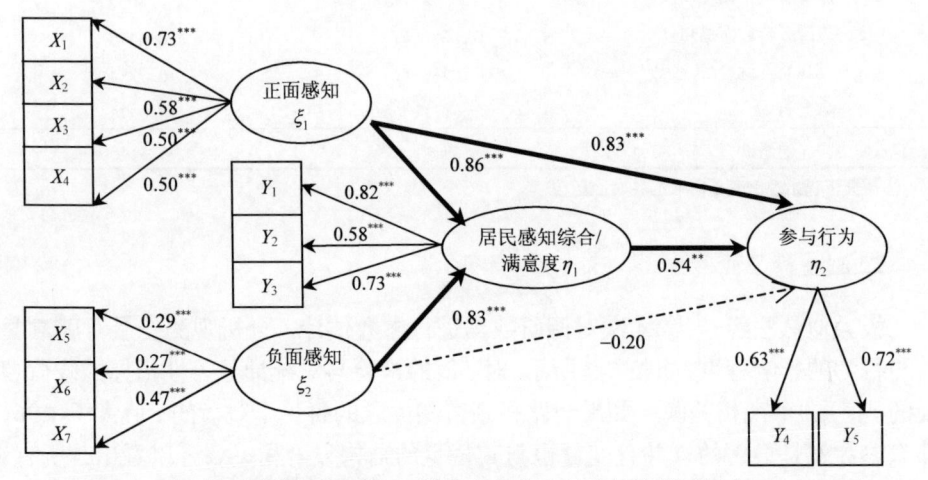

图 5-6　广西红岩新村居民感知、满意度与参与行为结构模型图（RPSP-model）

*，⩾1.96，表示 0.05 水平上的显著；**，⩾2.58，表示 0.01 水平的显著；***，⩾3.29，表示 0.001 水平的显著

(Swanson and Horridge，2006)

3. SEM 研究结果

1）RPSP-model 模型因子载荷方面

旅游影响感知各指标中 X_1、X_2、X_3、X_4、X_7 的因子载荷均较高，也即对村民综合感知/满意度及参与行为有明显作用的是经济的、社会文化、环境的、支持条件的正面影响感知及环境的负面影响感知。其中 X_1（经济正面影响）感知载荷最高，即对"正面感知"潜变量的影响最大，其次为 X_2（社会文化正面影响）感知，在均值评价中它的值达到 6.1344。农业旅游为红岩新村的村民生活水平提高、地域形象提升作出重要贡献，而政府的有力支持与良性引导对村民的满意度同样影响深刻。旅游影响的负面感知因子载荷均较正面感知低，而且从表 5-5 中的均值也看出村民对各类负面感知持反对意见。

2）RPSP-model 模型路径假设方面

广西红岩新村村民 RPSP-model 结构模型显示对假设 H_1、H_2、H_5 支持，对假设 H_4，即村民对旅游负面影响的感知对村民的社区参与行为有显著负向关系仅部分支持，负面影响感知虽然对参与行为有负向关系，但不显著。而对假设 H_3，居民对旅游负面影响的感知对旅游发展满意度有显著负向关系完全不支持，这与红岩新村正处于旅游生命发展初期——探索、参与阶段相关，村民对发展旅游抱有极大热情有关。

4. 运用传统统计方法及 SPSS 统计软件分析结果

传统统计方法及 SPSS 统计软件对其作更深入的分解分析时有以下结论：
1) 经济影响正面感知良好

红岩新村多数家庭都从事旅游经营或与之相关的活动,社区参与的程度较高,93.02%的被访者回答"家庭从事旅游经营",主要涉及的旅游经营活动有：住宿(83.72%)、餐饮(65.12%)、旅游商品买卖(含农产品)(39.53%)、娱乐(6.98%)、旅游交通(2.33%)、观光农园(2.33%)。因此对于旅游的经济影响感受深刻。村民对旅游经济影响感知较为积极,正面感知强烈,对发展旅游多持赞成态度。85%以上的村民同意"旅游促进地方经济发展"、"旅游经营收入增加"、"购物和娱乐条件及服务质量改善"、"基本生活水平显著提高"、"解决农村大量剩余劳动力",这五项指标的评价值均超过"5"分,标准差分值较小；同时,村民认为农业旅游就业季节性明显,务农仍相当重要。与村干部的访谈中也发现,他们对发展旅游是完全支持,但同时提到红岩新村变迁的基础在于发展农村经济,把月柿作为支柱产业来抓是成功关键。对于经济不发达的地区来说,能否让百姓增收是他们首要关心的问题,亦农亦旅的生产方式促进村民更快走上富裕之路。统计结果还显示,旅游也带来一些负面经济影响。如近七成的村民认为"农业肥料等生产资料价格上涨"了,对于"基本生活用品价格上涨影响生活质量"、"旅游发展导致村民贫富两极分化"两项指标持赞成意见的达到40%,这与红岩新村尚有部分农户仍未搬迁住进新居有关。但可喜的是发展旅游仍使大多数村民受益,"发展旅游只导致少数人受益"均值仅为3.1190(表示反对)。

2) 社会影响正面感知强烈

与旅游的经济影响相似,村民对旅游的正面社会影响感知强烈,对负面影响感知较弱。正面社会影响指标均值在"5"分以上,标准差也较小,赞成率高。村民不认为旅游会使自己的传统民族文化消失,对于"传统文化资源开发商业化、庸俗化"负面指标多数被访者持反对意见或中立,但从实地调研看,村中瑶家传统建筑文化、服饰文化已比较淡化,传统的饮食文化、节庆文化相对保存较好。如何在新农村建设中摆脱单纯城镇化模式,在提升居住品质的同时,保持农村特色文化、保留建筑的民族特色值得思考。

对于其他负面社会影响,如"游人众多,村民使用公共休憩设施的机会减少"、"引发村民与旅游公司等外来经营者之间的冲突"、"引发村民与旅游者之间的冲突"、"犯罪和不良现象增加"都有超过70%的村民持反对意见。这与红岩新村建立健全村民自治组织,实行村民自我管理、自我教育、自我服务、自我监督不无关系。

3) 环境影响正面感知强烈

总体上，村民对环境影响感知也比较积极。如"投资环境大大改善"、"自然环境得到有效开发和保护"、"环境卫生状况非常令人满意"、"村民环保意识增强"等指标调研结果显示赞成者居多，比例高于85%，而且结果差异较小。实地考察也证实旅游对环境带来的负面影响较小，红岩新村的自然环境优良，山清水秀，村民对生态环境现状评价较高，从访谈中还了解到，对旅游带来大气、植被等方面的影响，村民普遍没有感知到变化。此外，虽然超过七成的被访者对"交通和人口过度拥挤、嘈杂"负面指标持反对意见，仍有25.58%的村民认为旅游打破了这个瑶族小山村的宁静氛围，改变了他们的生活节奏。

4) 红岩新村村民对于政府给予的支持评价较高

政府对农民开展旅游经营无论是政策、资金还是技术、利益分配上都给予大幅度倾斜，各指标因子评价均值在5分以上。2001年，恭城县政府按照"富裕、生态、民主、文明、和谐"的要求，把发展农村经济、壮大农村实力、增加农民收入与新农村建设有机结合，实施"富裕生态家园"建设。红岩新村作为建设示范点获益匪浅。

从调查看，只是在房屋搬迁补偿问题上，村民有不同看法。此外，有趣的是，尽管政府大力支持是红岩新村发展的关键推动因素，但对于旅游开发应当政府主导还是市场主导这一问题上，被访者对此判断趋于中立，均值为4.7907。

5) 不同统计学特征的居民感知及态度差异

(1) 与旅游业关系密切程度分析。

根据社会交换理论，与旅游业关系密切的村民因在旅游业的发展过程中所得到的利益超过了所承担的社会文化和环境成本，对旅游正面影响的感知较强，对旅游负面影响的感知较弱，总体上对旅游业发展的态度较为积极，而与旅游业关系不密切的居民则情况则比较淡漠。对居民进行分类后的独立样本 t 检验发现，从事旅游经营的被访者与非旅游经营者感知确有差异，但只是部分证明社会交换理论。存在显著标准差差异的因子有13项；存在显著均值差异的因子有9项。多数负面感知因子与已有理论相吻合，即不参与旅游经营的居民感受更为强烈，反映经济影响与旅游支持条件的因子也能与现有理论相呼应，但反映社会与环境影响的因子则不然，如提高地方形象、自然环境得到有效开发和保护、投资环境得以改善、居民环保意识增强、环境卫生状况令人满意等反而是不参与旅游经营的居民感知更好，如图5-7所示。可能的解释是，由于少数民族地区居民教育程度、经济收入相对较低，因为发展旅游而富裕起来的村民由于参与更多的培训、更多地接触到新思想、观念更新快，相应要求也不断提高，因此对于诸如反映社会、环境的一些问题认识更加深刻。

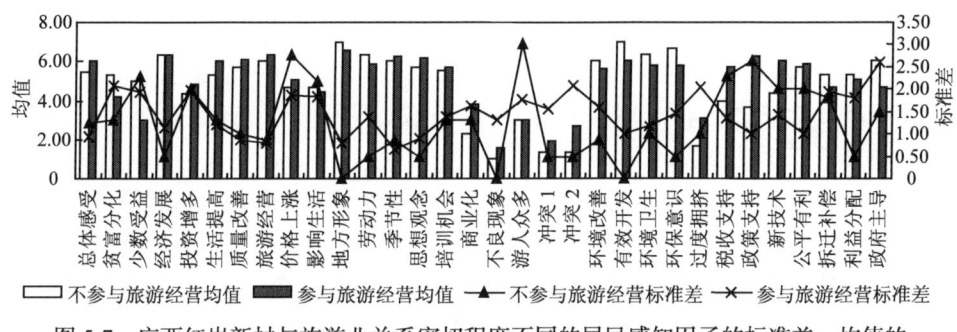

图 5-7 广西红岩新村与旅游业关系密切程度不同的居民感知因子的标准差、均值的差异分析图

(2) 基于性别差异的分析。

对居民进行性别差异分类后的独立样本 t 检验发现，性别对感知差异有影响。存在显著标准差差异的因子有 14 项；存在显著均值差异的因子有 10 项。女性对经济影响的正面影响因子感知更为强烈，对经济影响负面因子感知较为薄弱；性别对社会影响、环境影响诸因子没有产生较大影响，只有两个因子"提高了地方形象"、"促进了居民思想观念的更新和开放"女性的评价值显著高于男性，感知更为良好，男性在"居民环保意识增强"感知上强于女性；旅游支持条件方面，"政府、集体、旅游公司、居民利益分配合理"因子，女性较男性感知更弱，而旅游开发应以政府主导还是市场主导问题上，女性趋于中立，男性则更倾向政府主导，如图 5-8 所示。

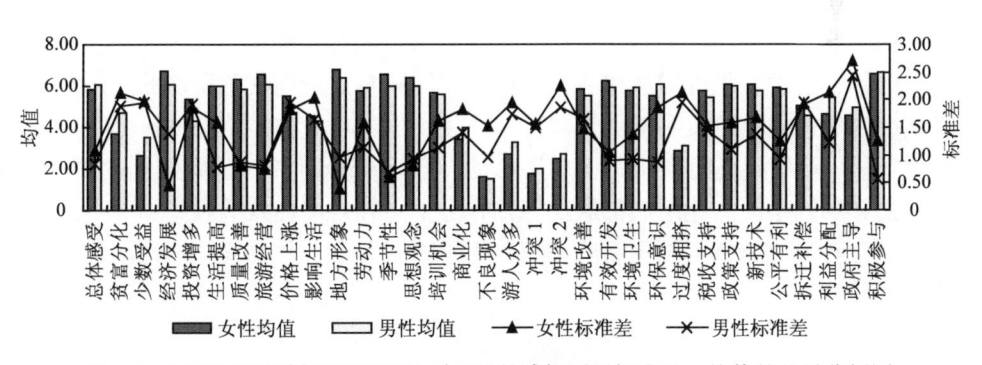

图 5-8 广西红岩新村居民基于性别差异的感知因子标准差、均值的差异分析图

在传统农业活动中，妇女由于身体等条件限制，在农村社会经济中大多处于从属地位。随着旅游的开发，在旅游行业，妇女与男子在体力上的差别变得不那么重要，相反，妇女生而俱有的善于与人沟通、细心周到的天性在旅游服务行业有了用武之地。妇女成为推动旅游发展的重要力量。这不仅提高了她们的经济收

入和社会地位，而且通过职业培训及与外界的交往机会的增加，提高了妇女受教育的程度，扩大了她们的视野。因此，与生俱来的偏于感性认识的妇女在促进自身发展以及改善自己生活水平质量的各因子感知评价上明显高于男性。

(3) 基于不同民族的分析。

由于有瑶族、汉族与壮族居民，因此运用单因素方差分析方法进行分类研究，结果显示不同民族对旅游影响感知有明显差异的指标共2项。少数民族村民较汉族村民对旅游的"农业旅游就业季节性明显"感知更为敏感，而且对"传统文化资源开发商业化、庸俗化"持较强的反对意见。

(4) 其他因素分析。

不同年龄组居民感知：有显著差异的指标分别是"引发居民与旅游公司等外来经营者之间的冲突"、"犯罪和不良现象增加"，出现差异的主要是青少年组（14~24岁）、青壮年组（24~44岁）及中老年组（44~64岁）三个年龄组：在总体感受上年龄越大，感受越好；而青壮年组在负面指标"犯罪和不良现象增加"感知上更为敏感；经历岁月磨砺的中老年人则对负面指标"引发居民与旅游公司等外来经营者之间的冲突"持强烈反对意见，年长者的容忍度总体强于年青人。

居住年限不同的居民感知：将居住时间10年以下、10~30年、30年以上进行三类划分，有显著差异指标是"接受旅游职业技能培训的机会"、"环境卫生状况令人满意"、"政策支持"、"拆迁补偿"、"传统文化开发商业化、庸俗化"、无论是前两项的正面影响感知指标、第三、四项支持条件感知还是最后一项负面影响感知，感知规律曲线大致呈倒"U"形，即居住时间在10~30年的村民评价均较高，对正面影响及支持条件感知更优，而对负面感知也更为敏感。

此外，受教育程度对居民感知也产生不同影响。较高文化层次的居民与较低文化层次居民对旅游发展能促使居民有"接受旅游职业技能培训的机会"、"增强环保意识"等旅游正面影响的感知及发展旅游会导致"传统文化商业化、庸俗化"等负面影响比中间文化层次的居民感知强烈，感知规律曲线大致呈"U"形，这与目前已有的文献资料结论有所不同。而总体感受上，较高文化层次的居民更为挑剔。

(二) 贵州黔东南州巴拉河旅游区

1. 数据常态与信度检验

本次成功调查的样本中，苗族居民占95.9%，男性占57.53%，女性占42.47%，以25~64岁年龄段为主，文化程度主要集中在初中及以下水平，家庭年收入5000~20 000元居多，收入来源以务农与旅游经营为主。根据对旅游区主管部门的干部访谈得知，调查样本的结构特征与旅游区内居民总体特征基本一致，可以认为本次调查样本具有代表性。进行单项和多变量的偏度与峰度检验，表 5-8 中各观测变量评价值均属常态，符合建模要求，表 5-9 显示问卷标准化信度值均大于 0.6，符合建模要求。从均值分析，Y_3 分值小于 5，即居民认为各类设施及政府服务管理水平仍需改进。而居民参与旅游经营与教育培训的热情较高（Y_4、Y_5 分值均大于 5）；居民对旅游经济、社会、环境影响及支持条件的正面感知均良好；居民对旅游影响的负面感知相对较弱，分值都小于 4。

表 5-8 贵州巴拉河旅游区居民 RPSP-model 观测变量评价值（N=146）

指标	均值	标准差	偏度	峰度
Y_1	5.780 8	1.040 51	−1.559	3.229
Y_2	5.767 1	1.037 51	−1.557	3.197
Y_3	4.941 8	1.113 03	−0.848	0.682
Y_4	6.643 8	0.584 16	−1.422	1.026
Y_5	5.135 6	1.037 42	−0.341	−1.109
X_1	5.438 4	0.608 06	−0.322	0.692
X_2	5.082 2	0.980 70	−0.196	−0.457
X_3	5.962 3	0.829 07	−1.295	2.418
X_4	5.157 5	1.122 70	−1.276	2.352
X_5	3.599 3	1.297 04	0.340	−0.269
X_6	1.953 4	1.015 48	1.184	0.381
X_7	1.671 2	1.265 51	1.885	2.447

表 5-9 贵州巴拉河旅游区居民 RPSP-model 建模因子标准化信度分析表

潜变量	观测变量	Alpha(α) 系数值	
ξ_1	旅游影响正面感知	X_1，X_2，X_3，X_4	0.8600
ξ_2	旅游影响负面感知	X_5，X_6，X_7	0.8132
η_1	居民感知综合/满意度	Y_1，Y_2，Y_3	0.4464
η_2	参与行为	Y_4，Y_5	0.6411
	总量表	—	0.7649

注：分析包括观测变量所取的各对应题项

2. 测量模型检验

极大似然法经迭代 32 次对调研数据进行参数估计，分析观测变量对满意度、参与行为的影响程度，见表 5-10。t 值的检验符合要求，各观测变量对满意度、参与行为的影响是显著的，无需剔除任何观测变量。

表 5-10　贵州巴拉河旅游区居民 RPSP-model 测量模型的参数估计值及 t 检验

	η_1	t	η_2	t	ξ_1	t	ξ_2	t
Y_1	0.40							
Y_2	0.27	2.20						
Y_3	0.64	3.40						
Y_4			0.86					
Y_5			0.55	3.46				
X_1					0.55	6.35		
X_2					0.62	7.23		
X_3					0.92	11.98		
X_4					0.62	7.25		
X_5							0.69	7.42
X_6							0.75	7.99
X_7							0.57	6.01

运用 LISREL 统计软件对该旅游目的地居民的 RPSP-model 结构方程模型进行分析，PNFI＝0.55，PGFI＝0.53，与前一案例地相似，同样是拟合度一般，稳定性不足。对模型中的潜变量的路径系数进行标准化估计，结果如方程(5-8)及图 5-9 所示。

$$\begin{bmatrix} \eta_1 \\ \eta_2 \end{bmatrix} = \begin{bmatrix} 0 \\ 0.13 \end{bmatrix} \begin{bmatrix} \eta_1 \\ \eta_2 \end{bmatrix} + \begin{bmatrix} 0.87 & 0.27 \\ 0.03 & -0.54 \end{bmatrix} \begin{bmatrix} \xi_1 \\ \xi_2 \end{bmatrix} + \begin{bmatrix} 0.30 \\ 0.67 \end{bmatrix} \quad (5-8)$$

3. SEM 研究结果

1）RPSP-model 模型因子载荷方面

旅游影响感知各指标的因子载荷均较高，与红岩新村不同的是，巴拉河旅游区村民正面感知中环境影响载荷最大，而经济影响感知最弱；负面感知则是社会文化影响感知载荷最强。也即主要影响村民对旅游业满意度的是社会、环境、支持条件的正面影响，而对村民参与行为有极大负面影响的因素是社会文化的负面感知，虽然巴拉河旅游区民族风情浓郁，但商业化的开发已经带来一些负面影响，它对村民的参与行为显然起着负面作用。

2）RPSP-model 模型路径假设方面

巴拉河旅游区村民 RPSP-model 结构模型显示对假设 H_1、H_4 支持，对假设 H_2、H_5 仅部分支持。而且对假设 H_2 与 H_5 的支持强度极小。对假设 H_3 同样是完全不支持，而 H_5 村民对旅游的满意程度并不显著影响他们参与旅游的积极性，这些情况均出人意料，处于旅游生命周期中的发展阶段的巴拉河景区这一情况说明，景区早期发展的带动效应已直接左右村民参与旅游业各项活动的热情。

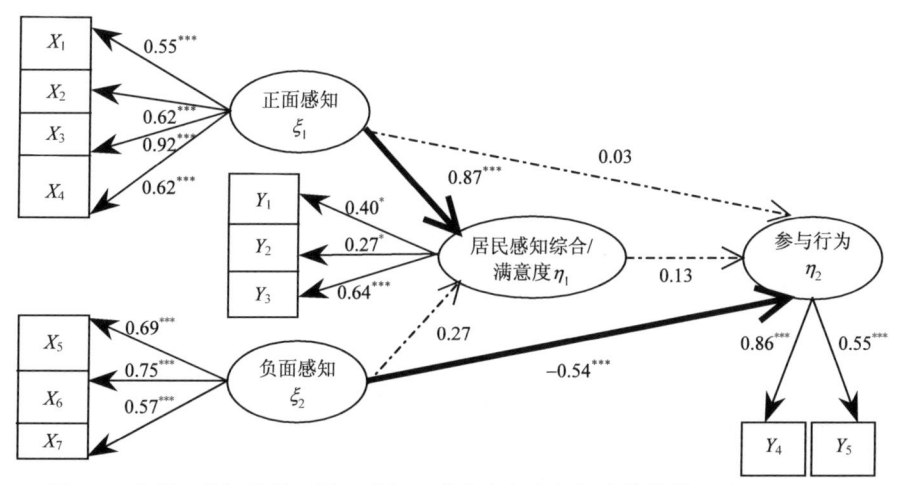

图 5-9　贵州巴拉河旅游区居民感知、满意度与参与行为结构模型图（RPSP-model）

*，⩾1.96，表示 0.05 水平上的显著；**，⩾2.58，表示 0.01 水平的显著；***，⩾3.29，表示 0.001 水平的显著
(Swanson and Horridge，2006)

4. 运用传统统计方法及 SPSS 统计软件分析结果

1）经济影响正面感知良好

巴拉河旅游区南花村与郎德上寨有众多家庭从事旅游经营活动，但从旅游部门获得的数据显示，整个旅游区的社区参与的程度仍有待提高。调查中，78.08%的被访者中回答"家庭从事旅游经营"，主要涉及的旅游经营活动有：住宿（35.62%）、餐饮（42.47%）、旅游商品买卖（含农产品）(34.25%)、娱乐（34.25%）、旅游交通（6.85%）、观光农园与农艺馆（5.48%）、旅游中介（4.11%）等。从分布看，巴拉河景区村民所进行的旅游经营分布较红岩新村更均匀，住宿、餐饮、商品流通、娱乐交通等都有涉及，而红岩新村更多的是在前三项经营内容。80%以上的村民同意"旅游促进地方经济发展"、"旅游经营收入增加"、"购物和娱乐条件及服务质量改善"、"基本生活水平显著提高"、"解决农村大量剩余劳动力"，这五项指标的评价值均超过"5"分，标准差分值较小，但这些数值均低于红岩新村；不过由于具有更为丰富多彩的民俗、民族文化展示使得景区的适游期长于红岩新村，这也是为何巴拉河景区村民对"农业旅游就业季节性明显"的感知较弱的原因。统计结果还显示，旅游也带来一些负面经济影响。如 47.94%的村民认为"农业肥料等生产资料价格上涨"了，对于"基本生活用品价格上涨影响生活质量"、"旅

游发展导致村民贫富两极分化"两项指标持赞成意见的分别达到 38.35%、27.39%，但与红岩新村相比较，这一数字显然较低，也即巴拉河景区旅游带来的负面经济影响相对较小。而且旅游使大多数村民受益，"发展旅游只导致少数人受益"均值仅为 3.4521 分，即村民对此持反对意见。

2）社会影响负面感知较弱，正面感知有分歧

村民对旅游的负面影响感知较弱，但对正面社会影响感知出现分歧。5 个负面影响指标均值均很低，说明村民不认为旅游发展对本景区造成了诸如犯罪增加、引发村民与旅游者之间的冲突、村民使用公共休憩设施的机会减少等不良现象，而且尽管有旅游者提出应当保持本民族的淳朴特色，保持自然与人文的原始面貌，村民对"传统文化资源开发商业化、庸俗化"因子持有的反对意见较红岩新村仍然更为强烈。正面影响感知中提高地方形象与促进思想观念的更新和开放两因子的分值较高。但对于有接受旅游职业技能培训的机会这一因子出现低于 4 分的情形，也即巴拉河景区的旅游培训显然没有达到村民要求，以至于村民持不满意态度，而事实上旅游区在接受新西兰政府技术援助的两年间，培训计划与工作是有条不紊地进行，但由于接受培训的内容、时间长短等的局限，村民的感知仍不理想，少数民族地区旅游目的地的旅游教育培训如何开展，如何才能达到村民期望，值得深思。

3）环境影响正面感知强烈

从评分看，巴拉河景区的环境保护明显好于红岩新村，五个因子中只有投资环境改善的评价低于红岩新村，而自然环境的开发与保护、环境卫生、环保意识等正面影响因子均较高，而且负面影响因子——交通和人口过度拥挤、嘈杂的村民感知很弱。超过九成的被访者对"交通和人口过度拥挤、嘈杂"负面指标持反对意见。总体上，被访者感知比较积极。

4）巴拉河旅游区村民对于政府给予的支持评价良好

巴拉河景区村民对于政府给予的多项帮助评价良好，但除了因子"政府因开展旅游对农民房屋拆迁补偿政策非常公平"外，其他因子的评分都低于红岩新村，而且标准差值也较大，没有因子评分高于 6 分，对于因子"政府经常请来农业专家为农民引进新技术，解答难题"、"政府、集体、旅游公司、村民利益分配合理"村民持中立的立场，显然在进入发展期后，村民感知到的政府支持相对减弱，这符合效用理论，但作为少数民族地区发展旅游，政府的长期有力的支持是必需的，因此，有理由认为作为贵州省重点扶持的乡村旅游示范区和全国农业旅游示范点，巴拉河景区目前仍应受到财税、技术、人才等扶持，为了让景区能够持续发展，有效的培训不可或缺。同时，与红岩新村相似的是，对于旅游开发应当政府主导还是市场主导这一问题上，被访者对此判断趋于中立，均值为 4.1233。

5）不同统计学特征的居民感知及态度差异

（1）与旅游业关系密切程度分析。

从事旅游经营的被访者与非旅游经营者感知有较多差异，均值与标准差都有显著差异的因子多达 10 项，如图 5-10 所示。与红岩新村相似，不少因子与现有理论有出入。经济影响因子中，有一项显著差异，即"农业肥料等生产资料价格上涨"，不参与旅游经营的居民感知分值低，也即较弱，这一情况与已有的研究结论相一致；社会影响因子中，有四项显著差异，其中为三个正面影响因子，结果是参与旅游经营的居民感知分值都低于不参与旅游经营的居民。而参与旅游经营的居民感知负面因子"犯罪和不良现象增加"却强于不参与旅游经营的居民，这一情况显然与已有研究成果不符合；环境影响因子中，有四项显著差异，三项正面感知因子与一项负面感知因子评价情况与社会感知因子情况一样，均为不参与旅游经营的居民正面感知更强烈，而负面感知因子更弱。最可能的解释与红岩新村相像，即由于少数民族地区居民教育程度、经济收入相对较低，而因发展旅游先富裕起来的村民由于参与更多的培训、更多地接触到新思想、观念更新快，相应要求也不断提高，因此对于诸如反映社会、环境的一些问题认识更加深刻。

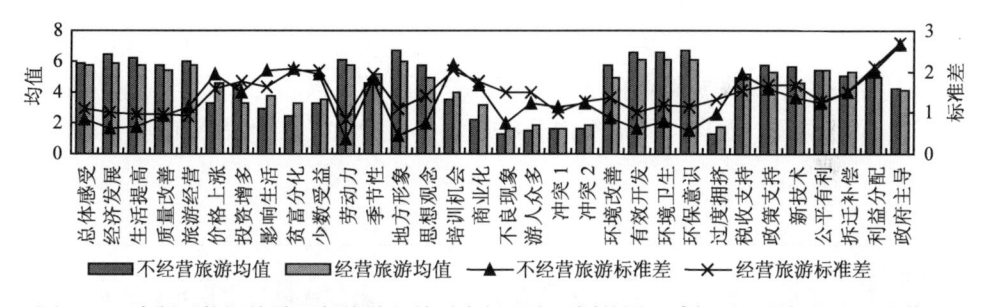

图 5-10　贵州巴拉河旅游区与旅游业关系密切程度不同的居民感知因子的标准差、均值的差异分析图

（2）基于性别差异的分析。

对居民进行分类后的独立样本 t 检验发现，性别对感知差异影响较小。存在显著标准差差异的因子有 5 项；存在显著均值差异的因子有 3 项。有差异的因子主要是"旅游经营收入增加"、"传统文化开发商业化、庸俗化"、"引发居民与旅游者之间的冲突"、"环境卫生状况令人满意"、"政府对农民开展旅游经营资金、税收上进行大力扶持"，除了第一项，其他因子女性感知均强于男性，也即分值较高，两项社会负面影响因子，女性感知更强烈，环境与支持条件的正面影响女性感知也较敏感。

125

(3) 基于不同民族的分析。

由于只有汉族与苗族居民，因此进行分类后的独立样本 t 检验，结果发现不同民族居民对感知差异影响较大，如图 5-11 所示。存在显著标准差差异的因子有 18 项；存在显著均值差异的因子有 12 项。总体感受上，少数民族显著高于汉族居民；经济影响出现显著差异的五个因子中，正面影响因子如"促进地方经济发展"、"外来投资增多"汉族居民感知更好，而负面影响因子"生产资料价格上涨"、"贫富分化"、"少数受益"则少数民族居民感知更强烈，少数民族居民虽然对经济负面影响也持否定态度，但显然不如汉族居民强烈，均值差异均在 1 分以上；社会影响出现显著差异的 7 个因子中同样出现正面因子汉族居民感知更好，负面因子少数民族居民感知更强烈的情况，出现极大分歧的是旅游能否带来更多的"培训机会"，少数民族居民似乎没有受到良好的与旅游相关的职业培训，以至于他们对此评价是持反对意见，这与他们对政府服务管理水平现状评价因子"旅游培训、教育服务"情况一致，该因子评价分值趋于中立，低于汉族居民评价分值。显然，少数民族居民希望在发展旅游经济的同时，能够对其教育给予更多关注，此外，少数民族居民对旅游带来的社会负面影响如"犯罪和不良现象增加"、"引发居民与旅游者之间的冲突"、"引发居民与旅游公司等外来经营者之间的冲突"及环境影响中负面因子"交通和人口过度拥挤、嘈杂"，少数民族居民感知较汉族居民弱，因为评价值均高出 0.5 分以上，当然他们也对这些负面因子持强烈反对意见；旅游支持条件中差异主要是在标准差方面的差异显著，汉族居民的组间差异显著大于少数民族居民，也即前者的组内分歧更大，而少数民族居民感知均值均高于汉族居民。

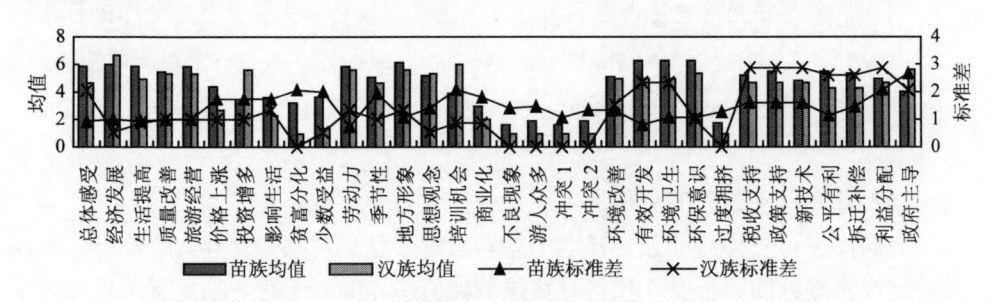

图 5-11 贵州巴拉河旅游区不同民族的居民对各感知因子的标准差、均值的差异分析图

(4) 其他因素分析。

不同年龄组居民感知：满足方差检验的前提条件，存在差异的有 8 个指标，包括旅游经济影响的正面感知因子 3 个，负面感知因子 2 个，社会影响与环境影响正面感知因子各 1 个。正面影响指标老年人感知均相对较强烈，分值更高，不

过对于贫富分化问题老年人是所有年龄组中唯一持支持态度的,即分值高于4分;青少年负面感知相对较弱,这与阅历有关,因为岁月磨砺,老年人对社会发展总体感知更深刻。

居住年限不同的居民感知:出现差异的指标有两个:一是贫富分化问题;二是政府对旅游的税收支持问题。居住年限越长,对贫富分化感知越敏感,分值越大;居住时间三十年以上的居民对第二项支持条件的评价较其他两组低1个分值,他们虽然也认为政府给予了税收政策上的支持,但感知不如另外两组良好。

按受教育程度不同进行差异分析,存在显著差异的指标有6个,教育程度在小学以下的居民对正面感知最强烈,而较高文化层次的居民(主要是大专学历以上居民)对经济影响的负面感知——"农业肥料等生产资料价格上涨"较弱,这与他们由于受教育程度较高,经济条件相对较好,因此对价格上涨不敏感有关。

(三) 云南曲靖罗平油菜花海农业旅游示范点

1. 数据常态与信度检验

成功调查的样本中,布依族、彝族、回族居民占41.21%,男性占六成以上,以25~44岁年龄段占五成,文化程度主要集中在中学水平,家庭年收入以1万元左右的居多,尽管样本中男性偏多,但并不影响SEM的有效性,同时其他各指标比例与当地农村情况基本吻合。进行单项和多变量的偏度与峰度检验,表5-11中各观测变量评价值均属常态,表5-12显示问卷标准化信度值均大于0.6,符合建模要求。从均值分析,Y_3分值较小,即居民对各类设施及政府服务管理水平的评价不高,说明该项工作亟须加强。而居民参与旅游经营与教育培训的热情较高(Y_4、Y_5分值较高);居民对旅游经济、社会、环境影响的正面感知分值较高,而对支持条件的评价一般(X_4分值只有4.5522);居民对旅游社会、环境影响的负面感知相对较弱,而对经济影响的负面感知则相对较强。

表5-11 云南罗平油菜花海居民RPSP-model观测变量评价值(N=182)

指标	均值	标准差	偏度	峰度
Y_1	5.653 8	1.139 91	−0.646	0.170
Y_2	6.329 7	0.964 05	−1.602	2.232
Y_3	4.315 0	1.104 56	−0.425	−0.879
Y_4	6.527 5	0.978 67	−2.795	8.293
Y_5	5.824 2	0.987 14	−0.929	1.428
X_1	5.348 0	0.821 61	−0.436	0.544
X_2	5.608 1	1.027 07	−0.474	−0.034

续表

指标	均值	标准差	偏度	峰度
X_3	5.578 8	1.342 36	−1.220	1.028
X_4	4.552 2	1.692 74	−0.350	−0.917
X_5	3.659 3	1.592 24	0.251	−0.496
X_6	3.201 5	1.042 83	0.377	0.057
X_7	2.967 0	1.717 32	0.555	−0.736

表 5-12 云南罗平油菜花海居民 RPSP-model 建模因子标准化信度分析表

潜变量	观测变量	Alpha(α)系数值
ξ_1	旅游影响正面感知	X_1, X_2, X_3, X_4	0.780
ξ_2	旅游影响负面感知	X_5, X_6, X_7	0.706
η_1	居民感知综合/满意度	Y_1, Y_2, Y_3	0.613
η_2	参与行为	Y_4, Y_5	0.767
总量表	—	0.711

注：分析包括观测变量所取的各对应题项

2. 测量模型检验

极大似然法经迭代 46 次对调研数据进行参数估计，分析观测变量对满意度、参与行为的影响程度，如表 5-13 所示。t 值的检验发现，X_7观测变量 t 值小于要求数值，即环境负面影响感知在潜变量负面影响感知载荷可忽略不计。

表 5-13 云南罗平油菜花海居民 RPSP-model 测量模型的参数估计值及 t 检验

	η_1	t	η_2	t	ξ_1	t	ξ_2	t
Y_1	0.48							
Y_2	0.73	5.70						
Y_3	0.49	4.69						
Y_4			0.93					
Y_5			0.67	7.00				
X_1					0.20	2.41		
X_2					0.82	11.54		
X_3					0.53	6.93		
X_4					0.69	9.53		
X_5							0.92	6.57
X_6							0.43	3.15
X_7							0.02	0.06

云南罗平油菜花居民 RPSP-model 结构方程模型拟合数值 PNFI=0.50，PGFI=0.50，也是拟合度一般，稳定性不足。潜变量的路径系数标准化估计值结果见方程(5-9)及图 5-12 如下。

$$\begin{bmatrix} \eta_1 \\ \eta_2 \end{bmatrix} = \begin{bmatrix} 0 \\ 0.98 \end{bmatrix} \begin{bmatrix} \eta_1 \\ \eta_2 \end{bmatrix} + \begin{bmatrix} 0.69 & 0.22 \\ 0.32 & -0.11 \end{bmatrix} \begin{bmatrix} \xi_1 \\ \xi_2 \end{bmatrix} + \begin{bmatrix} 0.54 \\ 0.36 \end{bmatrix} \quad (5-9)$$

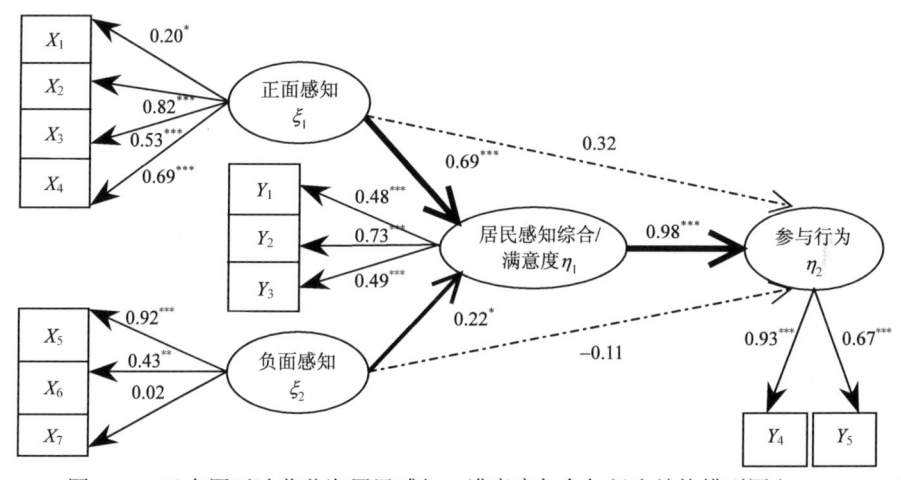

图 5-12　云南罗平油菜花海居民感知、满意度与参与行为结构模型图（RPSP-model）
*，⩾1.96，表示 0.05 水平上的显著；**，⩾2.58，表示 0.01 水平的显著；***，⩾3.29，表示 0.001 水平的显著
(Swanson and Horridge，2006)

3. SEM 研究结果

1）RPSP-model 模型因子载荷方面

旅游影响感知各指标的因子载荷均较高，其中村民正面感知中社会影响载荷最大，而经济影响感知最弱；负面感知则是经济影响感知载荷最强。也即主要影响村民对旅游业满意度的是社会、环境、支持条件的正面影响，而对村民满意度与参与行为有极大负面影响的因素是经济的负面感知。环境负面影响感知在潜变量负面影响感知载荷极小，旅游带来的环境负面影响并不突出，也未影响到居民的满意度和参与行为。

2）RPSP-model 模型路径假设方面

云南罗平油菜花海村民 RPSP-model 结构模型显示各假设均支持或部分支持。假设 H_3 情况与红岩新村、巴拉河旅游区情况相似，即完全不支持。对假设 H_1、H_5 支持，而且 H_5，即村民对旅游的满意度极大影响他们的参与行为。对假设 H_2，即村民对旅游正面影响的感知对村民的社区参与行为有显著正向关系仅部分支持，二者关联不显著。对假设 H_4，村民对旅游负面影响的感知对村民的社区参与行为有负向关系，但关联也不显著。

4. 运用传统统计方法及 SPSS 统计软件分析结果

1）经济影响正面感知良好，负面影响感知有分歧

罗平油菜花海、布依河景区周边的村民在旅游季节中参与到旅游经营活动的人较多，超过六成的被访家庭从事旅游经营或与之相关的活动，不过当地政府部门给出的平均数据要低些。村民主要涉及的旅游经营活动有：住宿(51.65%)、餐饮(59.34%)、旅游商品买卖(含农产品)(10.99%)、观光农园(3.30%)。村民对旅游经济影响感知较为积极，正面感知强烈，尤其对"发展旅游促进地方经济发展"均值最高，达到 6.4066，赞成率高达 98%，显然罗平县十年来发展油菜花节为当地的经济建设作出极大贡献，赢得民众的支持。同时，也"解决农村大量剩余劳动力"，并且促使经济收入不断提高。不过对负面影响"旅游发展导致村民贫富两极分化"的赞成率却超过 50%，均值为 4.2088，村民的相对剥夺感较重，在三个案例地中，只有罗平村民对此题评分在 4 分以上，即表示赞同。因此，政府的宏观调控、引导仍有待加强。

2）社会影响负面感知较弱，正面感知有分歧

村民对旅游的正面社会影响感知强烈，对负面影响感知有差异。正面社会影响指标"提高地方形象"、"促进村民思想观念的更新和开放"的均值在 6 分以上，标准差也较小，赞成率高超过 85%。但村民有"接受旅游职业技能培训的机会"这一题项分值为 4.5275，这一评价优于巴拉河旅游区但逊于红岩新村，因此，政府应在村民的教育培训服务上仍有加强的必要。

村民对于"传统文化资源开发商业化、庸俗化"负面指标多数被访者持赞成意见或中立，赞成率居然高达 59.3%，这与另外两个案例地有明显差异。有趣的是，村民在旅游现状评价中对农业旅游资源民族性评价是最高的，也就是说，在旅游开发中，村民当面临传统文化资源开发商业化、庸俗化时态度是抵制，因此才使得"民族性"得以保持，所以，在旅游开发中如何保持少数民族优良文化资源、保持地域特色是罗平在发展中面临的重要课题。对于其他负面社会影响指标都有超过 70% 的村民持反对意见。

3）环境影响正面感知强烈

总体上，被访者感知也比较积极，如"生态环境得到有效保护"、"环境卫生状况得到改善"、"村民环保意识增强"等指标调研结果显示赞成者居多，均值都高于 5。实地考察也证实旅游对环境带来的负面影响较小，罗平的自然环境优良，多依河河水清澈碧绿，时有竹筏出没其中，两岸竹林绿树相间，村民对生态环境现状评价较高，从访谈中还了解到，对旅游带来大气、植被等方面的影响，村民

普遍没有感知到变化。虽然超过七成的被访者对"交通和人口过度拥挤、嘈杂"负面指标持反对意见，仍有24.2%的村民认为旅游改变了他们的生活节奏。

4）罗平油菜花海村民对于政府给予的支持评价尚可

村民对"政府对农民开展旅游经营政策上进行大力支持"给予较高评价，但对其他指标则持中立意见。其中分值最低的是"政府、集体、旅游公司、村民利益分配合理"，仅为4.2747，在三个案例地中也是最低的，显然，罗平在旅游发展中的运营管理模式仍有待改进。

5）不同统计学特征的居民感知及态度差异

（1）与旅游业关系密切程度分析。

对居民进行分类后的独立样本 t 检验发现，从事旅游经营的被访者与非旅游经营者感知确有差异，但也只是部分证明社会交换理论。存在显著标准差差异的因子有11项；存在显著均值差异的因子有7项。多数负面感知因子与已有理论相吻合，即不参与旅游经营的居民感受更为强烈，如图5-13所示，如"发展旅游只导致少数人受益"，参与旅游经营的居民表示反对，而不参与旅游经营的居民则态度中立；反映经济影响与旅游支持条件的因子也能与现有理论相呼应，但反映社会与环境影响的因子则不然，如提高地方形象、促进了居民思想观念的更新和开放、环境卫生状况得到改善等反而是不参与旅游经营的居民感知更好，这与另外两个案例地情况相仿。同时，不参与旅游经营的居民更希望参与到旅游业中来。

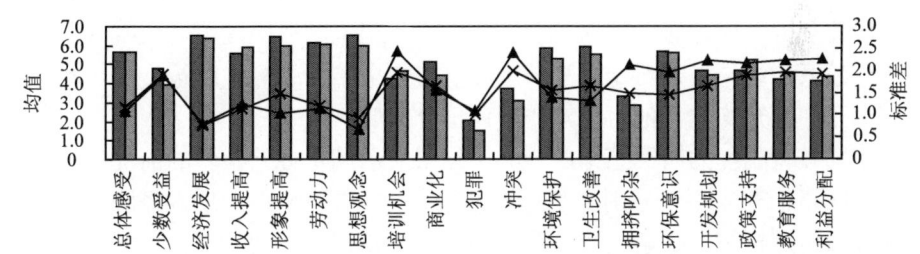

图5-13 云南罗平油菜花海与旅游业关系密切程度不同的居民感知因子的标准差、均值的差异分析图

（2）基于性别差异的分析。

对居民进行分类后的独立样本 t 检验发现，存在显著标准差差异的因子有7项；存在显著均值差异的因子有6项。女性对旅游支持条件的感知更为良好，四个指标因子均值全部显著高于男性，社会影响的负面影响因子"民族文化资源开发商业化、庸俗化"则感知较男性弱；男性在"生态环境得到有效保护"感知上显著强于女性，如图5-14所示。

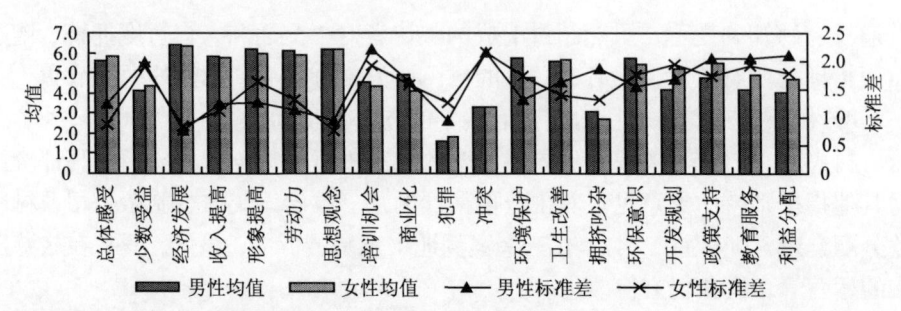

图 5-14 云南罗平油菜花海居民基于性别差异的感知因子标准差、均值的差异分析图

(3) 基于不同民族的分析。

将布依族、回族、彝族与汉族居民分两类进行分析，研究显示有显著差异的指标有 6 项，经济影响正面感知指标"经济收入显著提高"少数民族感知更好；但对于"政府、集体、旅游公司、居民利益分配合理"的感知，汉族居民则持反对意见，而少数民族则持中立或赞成态度。这与当地政府对少数民族给予了更多关注与支持有关；环境正面影响方面，汉族居民则普遍优于少数民族。对教育服务感知虽然有差异，但居民评价均为中等。

(4) 其他因素分析。

运用单因素方差分析方法，检验各项指标在年龄组间方差是否存在差异，结果显示有显著差异的指标只有一项——"犯罪和不良现象增加"，有显著差异的年龄组是 44~64 岁的居民感知，他们较其他年龄组对这一社会负面影响的感知更强。

居住年限不同的居民感知：居住时间 30 年以上的居民除了对改善卫生环境问题感知较其他组高外，对于解决劳动力、有更多培训机会、政策支持、利益分配合理等正面感知均比其他组感知弱，评价分值低。

不同教育程度的居民感知的差异，结果显示满足方差检验的前提条件且有显著差异的指标有 4 项，分别是"总体感知"、"发展旅游促进地方经济发展"、"交通和人口过度拥挤、嘈杂"、"政府对旅游开发规划管理到位"，不同教育程度的居民对四项指标感知均值有差异。总体来看，学历高的居民对旅游的正面与负面影响均感知更为强烈。

(四) 三个案例地综合分析

将三个案例地数据综合后进行各项数据及标准化信度分析，基本符合建模要求。

运用极大似然法经迭代 27 次对所有案例地居民调研数据进行综合参数估计，

如表 5-14 所示，各观测变量 t 值均符合要求。但个体观测变量信度值(SMC)，由于多数观测变量小于 0.5，组合信度(CR)有两个小于 0.6，显示 RPSP-model 理论模型整体稳定性较弱。潜变量的平均变量抽取量(AVE)是某一潜变量对所属的测量指标所能解释的变异百分比，0.50 以上是理想的标准。RPSP-model 测量模型各潜在变量的变异抽取量三个在 0.6 之上，一个小于 0.50 标准，EP=0，小于规定收敛标准(Epsilon=0.000 001)，说明测量模型的各观测变量部分被结构变量所解释，收敛度一般。

表 5-14　三个研究案例地居民 RPSP-model 测量模型的参数估计值及相关检验(N=457)

	η_1	t	η_2	t	ξ_1	t	ξ_2	t	个体变量信度(SMC)	组合信度(CR)	平均变异抽取量(AVE)
Y_1	0.75								0.56		
Y_2	0.46	6.86							0.21	0.544	0.6967
Y_3	0.37	5.85							0.14		
Y_4			0.86						0.74	0.721	0.430
Y_5			0.63	8.33					0.40		
X_1					0.50	9.66			0.25		
X_2					0.70	13.71			0.49	0.675	0.653
X_3					0.59	11.55			0.35		
X_4					0.54	10.51			0.30		
X_5							0.61	9.70	0.38		
X_6							0.76	10.83	0.57	0.591	0.650
X_7							0.31	5.61	0.10		

注：$AVE = \Sigma L_i / (\Sigma L_i + \Sigma Var(E_i))$，$L_i$=变量信度，$Var(E_i)$=变异误差；$CR = (\Sigma H_i)^2 / [(\Sigma H_i)^2 + \Sigma Var(E_i)]$，$H_i$=观测变量因子载荷，$Var(E_i)$=变异误差。

居民 RPSP-model 模型中的潜变量的路径系数标准化估计，结果如方程(5-10)与图 5-15 所示。

$$\begin{bmatrix} \eta_1 \\ \eta_2 \end{bmatrix} = \begin{bmatrix} 0 \\ 0.53 \end{bmatrix} \begin{bmatrix} \eta_1 \\ \eta_2 \end{bmatrix} + \begin{bmatrix} 0.51 & 0.35 \\ 0.18 & -0.27 \end{bmatrix} \begin{bmatrix} \xi_1 \\ \xi_2 \end{bmatrix} + \begin{bmatrix} 0.67 \\ 0.59 \end{bmatrix} \quad (5-10)$$

研究结果显示：

(1) 综合三个研究案例地的居民 RPSP-model 分析，总体与预先假设基本吻合，即居民的正面感知对居民满意度或感知综合有显著影响；居民对旅游影响的正面感知对居民的社区参与行为有显著正向影响，但程度较预期小；居民对旅游影响的负面感知对居民的社区参与行为有显著负向影响。但不支持 H_3，居民对旅游负面影响的感知对旅游发展满意度没有显著负向关系，反而是正向关系，究其原因，与西南少数民族地区农业旅游目的地政府大力提倡发展旅游业，而且也确实为当地居民带来不同程度的实惠有关，虽然居民对负面影响有所感知但强度不大，对居民的总体感受并没有产生实质性的负面影响。

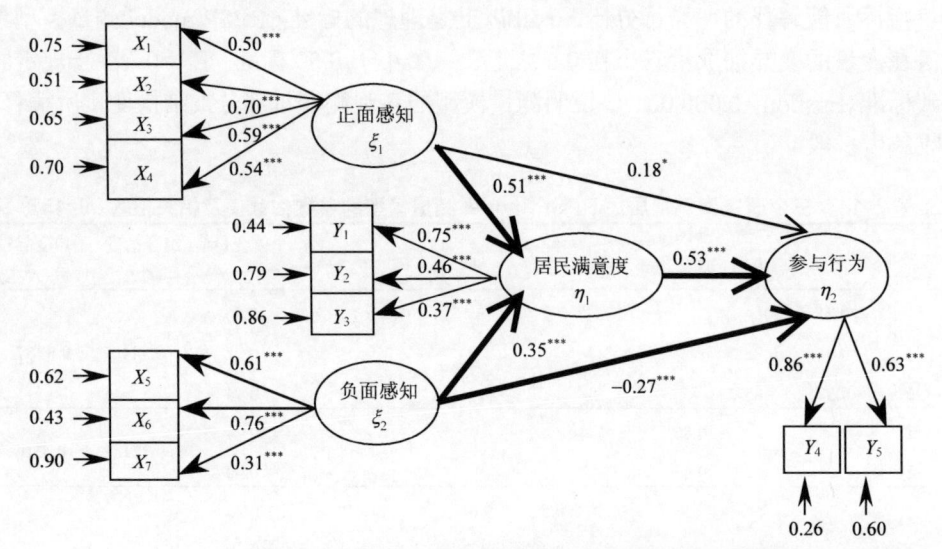

图 5-15　西南少数民族地区居民 RPSP-model 感知结构模型图

*，⩾1.96，表示 0.05 水平上的显著；**，⩾2.58，表示 0.01 水平的显著；***，⩾3.29，表示 0.001 水平的显著
(Swanson and Horridge，2006)

(2) 居民 RPSP-model 很不稳定，各个案例地的 SEM 模型拟合情况各有差异（表 5-15），因此，尽管总体模型对各假设基本支持，但对不同的农业旅游目的地居民的感知、满意度及参与行为必须区分研究。而事实上，农业旅游目的地除了因为旅游开发时间的长短不一、开发路径与强度各异、社会经济文化环境的基础条件和改变程度不同，社区居民参与的强度、获利或受益的程度不同外，还受到居民的自身因素的影响，如受教育程度、居住时间等的影响，最终导致不同案例地社区居民的感知和态度存在着较大差异。

表 5-15　三个案例地对模型假设的验证情况

案例地假设	路径假设	红岩新村	巴拉河旅游区	罗平油菜花海	三地综合
H_1	正面感知——满意度(+)	支持	支持	支持	支持
H_2	正面感知——参与行为(+)	支持	部分支持	部分支持	支持
H_3	负面感知——满意度(−)	不支持	不支持	不支持	不支持
H_4	负面感知——参与行为(−)	部分支持	支持	支持	支持
H_5	满意度——参与行为(+)	支持	部分支持	支持	支持

注："+"表示正向影响；"−"表示负向影响

(3) 从因子载荷看：社会文化影响正面与负面感知均是最高的，这一方面说明，发展旅游改善了西南少数民族地区社会面貌、改变了村民的传统观念，促进居民思想观念的更新和开放，也大大提高了当地的知名度。如对贵州巴拉河旅游区居民、云南曲靖罗平的居民的访谈中很多人表示以前没有强烈走出去的念头，是旅游改变了他们的传统观念。旅游还扩展了村民的视野，促进村民学习新知识，并丰富了业余生活，如贵州巴拉河旅游区居民甚至可以与外国宾客进行简单的交流，而广西红岩新村中也建起了运动场。另一方面也反映由于西南少数民族地区有着丰富多彩的、对城市居民有着强烈吸引力的少数民族文化，因此在开发农业旅游时旅游目的地也常常将少数民族文化融合开发，但是由于种种原因往往会导致传统文化资源开发商业化或在开发时未能取得居民的认可而导致居民的抵触情绪，如在贵州巴拉河旅游区，每年农历正月举行的盛大的祭祀活动——祭山神，现今已成为旅游旺季到来时固定的商业化表演；由于开发管理的体制不同而产生的居民与旅游公司等外来经营者之间的冲突也成为居民关注的焦点。

此外，由于发展农业旅游得到政府的大力扶持，如广西恭城每年举办的月柿节、云南罗平每年举办的油菜花节均是政府主导下开展的，旅游极大地促进农村卫生状况的改善、生态环境保护良好使得支持条件与环境影响的正面感知载荷较高。而经济影响的负面感知，如分配问题、农业肥料等生产资料与基本生活用品价格上涨等容易导致居民满意度下降、参与旅游积极性受挫。

(4) 不同案例地不同统计学特征的居民感知及态度各有差异，几乎难以找到统一的规律。但有一处是三地共同出现的特征，社会影响与环境影响的正面感知，参与旅游经营的居民感知不如不参与旅游经营的居民强烈，参与旅游经营的居民感知对负面影响的感知却强于不参与旅游经营的居民，这一情况显然与社会交换理论相悖，与已有研究成果不符合(Juanta and Var, 1986; 宣国富等, 2002; 谌永生, 2005)。说明社会交换理论只能部分解释社区居民对旅游业的态度。针对不同发展阶段的旅游目的地居民进行社区内部的细分很有必要，不同特征的居民群体针对性地采用合适的沟通方式，进行"内部营销"，有助于进一步地获得当地社区居民地理解、支持和参与。

第三节 旅游者感知、满意度与忠诚度关系研究

一、旅游者感知与旅游目的地发展关联性研究

旅游者满意度和忠诚度是旅游目的地可持续发展的重要观测变量，如何创建令旅游者满意的旅游目的地，是学者、政府和旅游从业者研究旅游目的地如何发

展、怎样发展的主要关注点。充分了解影响旅游者满意度和忠诚度的因素，通过提高旅游者旅行体验的满意度，可以吸引旅游者故地重游，鼓励旅游者向亲朋好友推荐，从而增加旅游目的地潜在旅游者，提升旅游目的地的知名度和竞争力。

西南少数民族地区的农业旅游目的地能否持续、协调发展更取决于能否立足乡土资源、本土资源，突出"三乡"特色——乡野环境、乡风民俗、乡村生活，把握重点，营造出令潜在旅游者向往的旅游景观与氛围；通过研究处于不同空间位置的农业旅游示范点旅游者感知的异同，来比较分析农业旅游点的发展优劣势，以期取长补短、和谐发展。因此，围绕旅游者对农业旅游目的地的感知、满意度与忠诚度，构建旅游者对旅游目的地感知-满意度-忠诚度模型，探讨旅游目的地影响旅游者满意度、忠诚度的因素，同时验证旅游者旅游体验满意度与忠诚度之间的关系，并通过比较分析获得基于旅游者感知视角下的旅游目的地可持续发展能力的差异。

二、模型构建

(一) 满意度、忠诚度研究简要回顾

1. 满意度

自 1965 年 Dardozo 首次将满意度引入营销学后，顾客满意度问题即受到极大重视，学者们从不同研究角度对其内涵进行了不同的阐述。

顾客满意测量方面，鉴于顾客满意度是一个经济心理学的概念，是顾客在消费产品与服务后的主观感觉或者效用，难以直接测量。如何对它进行具体、客观的衡量并使其可比，是测定顾客满意度的关键。Aiello 等 (1976) 认为，顾客的满意程度可被视为是一种整体性的反应，代表顾客对产品不同属性主观感知的总和。也有学者认为顾客满意涉及许多不同因素，不同意进行单一整体满意度测量，认为此种方法将强迫顾客在复杂的情况下，进行一种快速粗糙的反应。他认为最好先由顾客对产品的各个属性做评量，然后再予以加总、组合，而顾客对产品各项属性的满意度与整体满意度间的关系，可以使用下列两种方法进行研究：

（1）使用重要性加权法线性组合顾客对产品各项属性的满意度，探讨其与整体满意度之间的关系。

（2）以产品整体满意度为因变量，以顾客对产品各项属性的满意度为自变量建立回归模型，以了解产品各属性的相对重要性及其对整体满意度的边际贡献。

顾客满意度模型方面，Oliver (1980) 提出"期望差异模型"，Cadotte 等 (1987) 提出"顾客消费经历比较模型"，Westbrook 和 Reilly (1983) 提出"顾客需要满意

程度模型"。

美国学者 Oliver(1980)建立的满意度决策的因果认知模型又称期望差异模型(expectation disconfirmation model),如图 5-16 所示。研究目标来自:事前的期望、态度、购买意愿、不确认与事后满意度、态度、购买意愿之间的关系。该模型可分为四个阶段:第一阶段,顾客会对产品表现、绩效加以事先预期,此预期乃是相信产品在其属性上所能达到的水准,而此预期会影响顾客对产品的态度和购买倾向。第二阶段,顾客实际购买产品并使用,对产品在各属性上的绩效有新的认知,因此,原先的预期可能会出现三种情况,即:①产品绩效超过预期时产生正面的不确认;②产品绩效等于预期,即为验证;③产品表现低于预期时产生的负面的不确认。第三阶段,顾客购前的预期和购后的不确认程度二者将影响顾客的满意程度。第四阶段,顾客的满意程度会重新塑造其对产品的态度、购买产品的倾向,从而对顾客的再购行为有所影响。

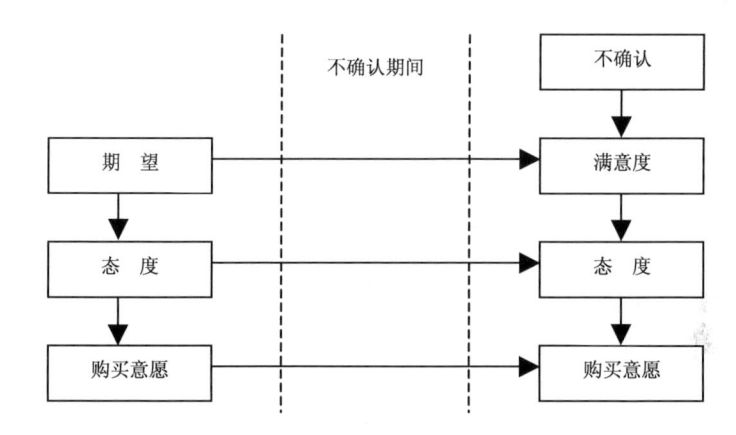

图 5-16　满意决策的因果认知模型(Oliver,1980)

Woodruff 等(1983)最早对模型中涉及的期望(expectation)进行了研究,提出期望应分为三类:对最佳的同类产品或服务实绩的期望;对一般的同类产品或服务实绩的期望;对某个企业产品或服务正常实绩的期望,这类期望与期望差异模型中的期望相似。国内外许多学者认为,顾客期望会直接影响顾客满意程度,有些学者认为两者之间存在负相关关系,另一些学者则认为两者之间存在正相关关系(汪纯孝,1999)。

Oliver(1993)还提出属性基础满意模型(图 5-17),并将满意度视为正面情感、负面情感、产品属性满意、产品属性不满以及不确认的函数,而正面与负面情绪同时受属性满意与不满意的影响,正面情感可以用欢喜与兴趣两方面来描述,负面情感可用外因、内因以及状态三个归因来源进行分析。简言之,Oliver 属性基础满意模型认为顾客对属性绩效的客观满意判断可视为一种心理实现的反应。

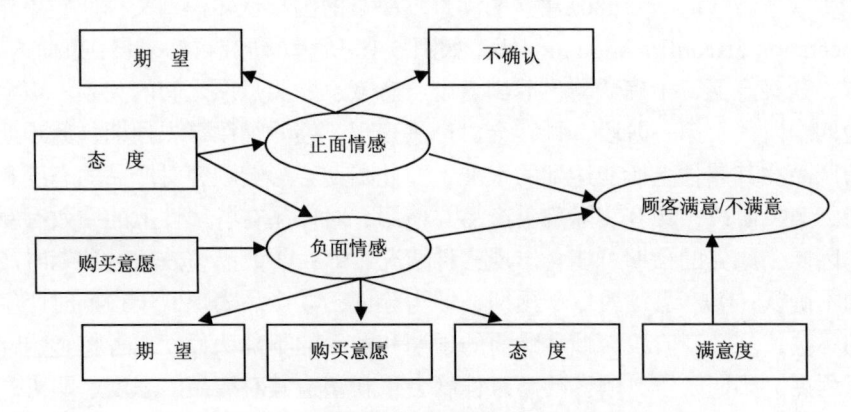

图 5-17　属性基础满意模型 Oliver(1993)

目前对顾客满意度进行测度的主流宏观模型主要有：瑞典顾客满意度晴雨表 SCCB(Sweden customer satisfaction barometer，1989 年)、美国顾客满意度指数模型 ACSI(American customer satisfaction index，1994 年)、瑞士顾客满意指数 SICS(Swiss index of customer satisfaction，1998 年)、欧洲顾客满意度指数模型 ECSI(European customer Satisfaction index，1999 年)。其中，美国 30 个重要的联邦政府机构确定用 ACSI 作为测量其顾客满意度的工具，如图 5-18 所示。同美国模型相比，欧洲模型(图 5-19)中增加了"形象"这个结构变量，去掉了"用户抱怨"，将"感知质量"分成两个部分："感知质量 1"为感知硬件质量，"感知质量 2"为感知软件质量。对于有形产品来说，感知硬件质量为产品本身质量，感知软件质量为服务质量；对于服务产品来说，感知硬件质量为服务属性质量，感知软件质量代表在服务过程中同顾客交互作用的一些因素，如服务提供人员的行为、语言、态度、服务场所环境等因素。总之顾客满意度已成为现代质量管理关注的焦点。

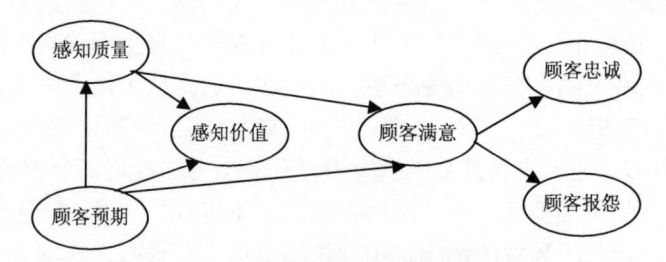

图 5-18　美国顾客满意度指数模型 ACSI

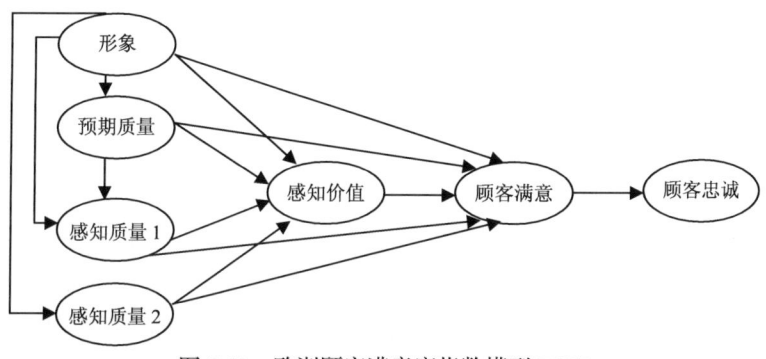

图 5-19 欧洲顾客满意度指数模型 ECSI

虽然国内外顾客满意度研究的文献很多,但由于旅游目的地旅游者满意度远比单项服务或产品的顾客满意度复杂,国外关于目的地旅游者满意度的研究文献并不多见(董观志和杨凤影,2005)。Pizam(1978)等最早发现旅游者满意是其对目的地的期望和在目的地的体验相互比较的结果,若体验与期望比较的结果使旅游者感觉满意,则旅游者是满意的;反之,则旅游者是不满意的。这种将旅游者满意定义为由旅游者期望和实际体验相比较是否一致的理论模式被旅游学界广为接受。对旅游者满意度的了解应当作为评价旅游目的地产品和服务业绩的基本参数(Schofield,2000)。Cronin 和 Taylor(1992)的研究指出满意度要比质量感知对购买意愿有着更强而且方向一致的影响。

国内在旅游者满意度的研究方面,王莹和吴明华(1991)较早从旅游者角度分析了产生旅游期望与感受偏差的原因,此后在旅行社业(沈向友,1999)、餐饮业(汪纯孝,1999;温碧燕和汪纯孝,2002)、饭店业(吴雪飞,2002;黄燕玲等,2006)、旅游景区(汪侠等,2005)、旅游目的地(连漪和汪侠,2004;史春云,2007)等领域均有学者进行顾客满意度的研究。

从机理上看,旅游者满意度与其他服务领域里的顾客满意现象一样,它是旅游者期望和感知相比较的结果,是一种心理比较过程及结果。根据实绩和期望的高低分为四种情况:①当旅游者具有较高的期望和较高的感知实绩时,旅游者感到比较满意;②旅游者具有较低的期望和较高的感知实绩时,旅游者会感到非常满意;③旅游者具有较高的期望和较低的感知实绩时,旅游者会感到非常不满意;④旅游者具有较低的期望和较低的感知实绩时,旅游者会感到不太满意。同时,旅游者满意还是一个基于需求方的心理现象,与它对应的是基于供给方的旅游服务质量。所以旅游目的地不仅要提高服务质量,还要将优质服务有效地传递给游客,即进一步让旅游者领情。

2. 忠诚度

Giffin(1995)认为顾客忠诚由两个因素组成：其一为顾客对于某产品或服务相对其他产品或服务具有较高的依恋；其二为重复购买。此外，顾客忠诚具有四种形态：第一种为溢价忠诚，即顾客由于情感上的依恋才导致忠诚；第二种为惯性忠诚，尽管顾客具有高的重复购买率，但对于产品供应商并没有感情上的依恋；第三种为潜在忠诚，即顾客虽然有情感上的依恋，但可能因为现实因素大于情感因素而不经常重复购买；第四种为无忠诚，表示顾客即无情感依恋也无重复购买行为。Shoemaker 和 Lewis (1999)认为，顾客忠诚是顾客再购意愿与从事合作关系的活动表现。

目前，忠诚度的衡量方式大体可归为行为衡量方式、态度衡量方式和复合衡量方式三种(Yoon and Uysal, 2005)。行为衡量方式可分为：购买比率衡量法、购买顺序衡量法、购买概率衡量法三种基本形式。态度衡量方式认为品牌忠诚是心理承诺与依赖的具体表现，由此心理状态才能导致对某一品牌一致性的重复购买行为，因此忠诚度的衡量需根据顾客的态度、偏好或购买意愿来衡量。其衡量方式主要包括：品牌偏好一致、品牌忠诚、购买行为意向等。忠诚度的复合衡量方式是通过整合行为衡量方式与态度衡量方式而成，复合衡量方式同时考虑行为与态度两种特征，从而弥补了行为衡量方式与态度衡量方式各自的不足。

3. 满意度与忠诚度关系

Anderson 和 Sullivan(1993)在对瑞典顾客满意度研究中发现：顾客的满意度与再购行为有强烈的相关性；Zeithaml(1996)在服务质量与行为意图相关性研究中提出从两方面来衡量顾客满意的购后行为，一是顾客愿意向他人推荐并予以正面口碑宣传的顾客忠诚度，二是愿意支付较高价格以得到服务的行为。

也有学者指出满意对忠诚而言是必要条件，而非充分条件。事实上，在旅游业中也会遇到这类情况，如一般观光客对旅游目的地的游览、对住宿饭店的选择往往是虽然满意但重游或再次入住可能性不大。因此，在旅游业对忠诚度的衡量与评价常用到两个指标，即口碑宣传与再次光顾。我们可以将旅游目的地看做是一种消费产品，旅游者可能重游或者向其他潜在旅游者，如亲戚朋友推荐。因此，了解旅游者忠诚度对目的地管理者、营销者而言很重要。亲身体验与推荐行为也被看作潜在旅游者最可信赖的信息来源，即亲朋好友基于亲身经历的推荐是感兴趣旅行的人们选择出游目的地最常见的获取信息的来源之一。因此，旅游者忠诚度的测量可以通过口碑宣传与再次光顾判定。

(二) 理论模型

与一般顾客感知与满意度模型相同的是,旅游者感知、满意度与忠诚度模型的研究同样遵循感知质量—感知价值—满意度—忠诚度的锁链规律,但与一般的旅游者满意度研究不同的是,本书是基于旅游者与居民感知视角下西南少数民族地区农业旅游目的地的可持续发展的研究,在探讨旅游者感知环节上着重关注少数民族地区独有的自然与人文资源,可以拉长产业链的旅游商品以及旅游者对旅游目的地的软、硬件服务感知(图 5-20)。

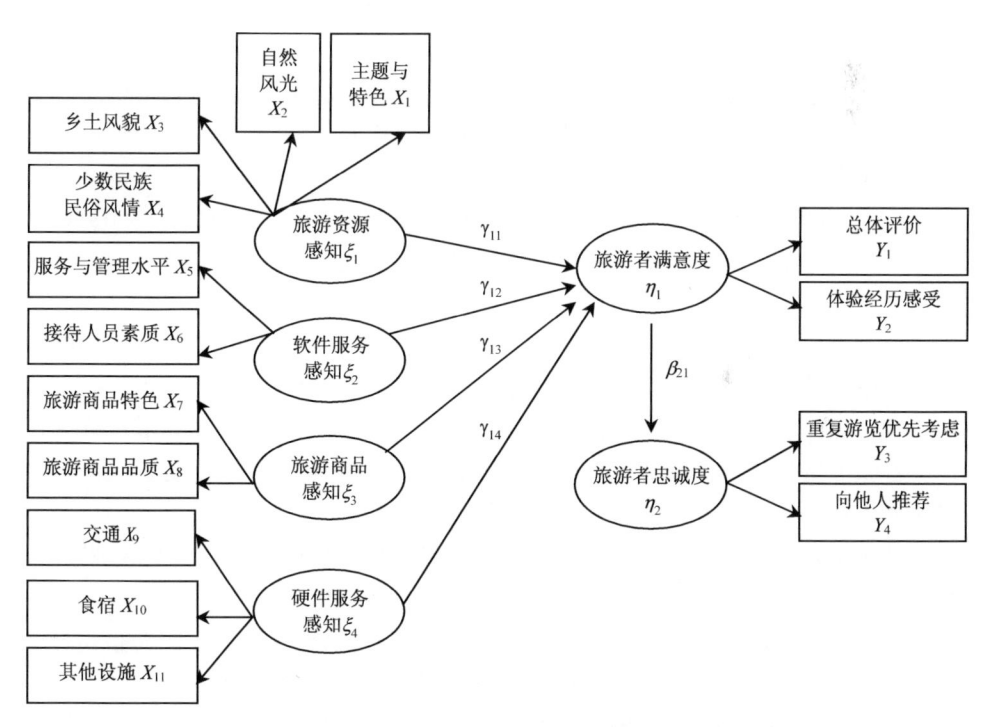

图 5-20 旅游者感知、满意度及行为理论模型图(TPSB-model)

注:观测变量展开即是调查问卷题项

根据文献综述,研究建立包含 6 个结构变量和 15 个观测变量的理论模型,分别在广西红岩新村、贵州黔东南州巴拉河旅游区、云南罗平油菜花海三个案例地进行旅游者问卷调查,第三章中已作阐述。问题采用李克特量表选择方式,皆为 7 点量表。

在两个内生结构变量中,首先是旅游者忠诚度,主要观测变量采用国际上通用的两个测量因子，即分别代表旅游者的重游意愿与推荐意愿的：①"您再次选择农业旅游时会首先考虑本地区(景区)？"；②"您愿意向他人推荐本地区(景区)吗？"回答按可能程度由大至小分七等级分别赋予 7~1 分。通过比较不同发展阶段、发展模式下旅游者对农业旅游目的地的忠诚度评价分值，可以直接反映或比较旅游地之间的可持续发展潜能。

第二个内生结构变量是总体满意度。Bitner 和 Hubbert (1994)指出一个顾客的总体满意度来自于每个服务交易和对整个服务体验过程的感知，总体满意度不同于任何一个单方面的服务事例。同时鉴于单项指标结构变量在测量时不易保持整个旅游者感知模型的稳定性，因此设定两个问题衡量旅游者总体满意度，一是对"农业旅游目的地的现状评价的总体感受"，二是对"您在本地区(景区)旅游经历"的评价，答案按满意程度由大至小分七等级分别赋予 7~1 分。笔者认为正是对旅游目的地的现状感受及旅游后的经历体验的满意程度决定了旅游者忠诚度，两指标可以直接反映或比较旅游目的地之间可持续发展能力强弱。

在四个外生结构变量中，首先是旅游资源的感知。"资源"是指支撑旅游活动的"文化+自然"的统一生态整体。Melián-González 和 García-Falcón (2003)认为，资源禀赋决定了一个特定地理区位上发展某种产业(旅游)的潜力，特定地理区位本身就意味着目的地所拥有的特定资源或能力，从而使得其能够开展特定的经济活动。西南少数民族地区农业旅游目的地之所以能吸引旅游者的重要原因在于其优美的田园风光、轻松惬意的乡村范围、丰富多彩的少数民族风情以及区别于其他旅游目的地的地方性主题与特色。由于旅游资源是吸引旅游者的重要因素之一，旅游资源的感知与总体满意度存在相关关系，因此将"旅游资源感知"作为结构变量之一。

其次是软件服务感知和硬件服务感知。借鉴传统旅游服务分类及欧洲顾客满意度指数模型 ECSI，本书将服务价值感知划分为软件服务与硬件服务两个结构变量，以便更清晰地分析西南少数民族地区农业旅游目的地在发展中的短板是什么。其中软件服务结构变量包括两个观测变量："服务与管理水平"与"旅游接待人员素质"，是评价旅游者对旅游供给系统中主要利益主体居民、政府及旅游经营者的感知；硬件服务结构变量包括三个观测变量：交通设施、餐饮与住宿设施、其他公共服务设施。

最后是旅游商品。不同于饮食、住宿、交通设施是旅游者到旅游目的地所进行的必然消费，旅游商品是旅游者在旅游目的地旅游时最大的可变选项，只有做到特色突出、品质优良才能吸引旅游者购买，其将拉长产业链，有助于为迫切希望脱贫致富的西南少数民族地区农村居民增加收益，带动地方经济发展。因此将旅游商品单独作一结构变量，通过"旅游商品特色"与"旅游商品品质"

进行测量。

四个外生结构变量的观测变量的评价均按满意程度由大至小分别赋予 7~1 分。

因此，旅游者 TPSB-model 理论模型的结构方程数学表达式为

$$\eta = B\eta + \Gamma\xi + \zeta \tag{5-11}$$

并可对应表示方程(5-12)：

$$\begin{bmatrix} \eta_1 \\ \eta_2 \end{bmatrix} = \begin{bmatrix} 0 \\ \beta_{21} \end{bmatrix} \times \begin{bmatrix} \eta_1 \\ \eta_2 \end{bmatrix} + \begin{bmatrix} \gamma_{11} & \gamma_{12} & \gamma_{13} & \gamma_{14} \\ 0 & 0 & 0 & 0 \end{bmatrix} \times \begin{bmatrix} \xi_1 \\ \xi_2 \\ \xi_3 \\ \xi_4 \end{bmatrix} + \begin{bmatrix} \zeta_1 \\ \zeta_2 \end{bmatrix} \tag{5-12}$$

对于外生变量，有方程(5-13)

$$X = \Lambda_x \xi + \delta \tag{5-13}$$

对于内生变量，有方程(5-14)

$$Y = \Lambda_y \eta + \varepsilon \tag{5-14}$$

将方程(5-13)与方程(5-14)展开可得到以下数学方程式(5-15)和方程式(5-16)。

$$\begin{bmatrix} X_1 \\ X_2 \\ X_3 \\ X_4 \\ X_5 \\ X_6 \\ X_7 \\ X_8 \\ X_9 \\ X_{10} \\ X_{11} \end{bmatrix} = \begin{bmatrix} \lambda_{11} & 0 & 0 & 0 \\ \lambda_{21} & 0 & 0 & 0 \\ \lambda_{31} & 0 & 0 & 0 \\ \lambda_{41} & 0 & 0 & 0 \\ 0 & \lambda_{52} & 0 & 0 \\ 0 & \lambda_{62} & 0 & 0 \\ 0 & 0 & \lambda_{73} & 0 \\ 0 & 0 & \lambda_{83} & 0 \\ 0 & 0 & 0 & \lambda_{94} \\ 0 & 0 & 0 & \lambda_{104} \\ 0 & 0 & 0 & \lambda_{114} \end{bmatrix} \times \begin{bmatrix} \xi_1 \\ \xi_2 \\ \xi_3 \\ \xi_4 \end{bmatrix} + \begin{bmatrix} \delta_1 \\ \delta_2 \\ \delta_3 \\ \delta_4 \\ \delta_5 \\ \delta_6 \\ \delta_7 \\ \delta_8 \\ \delta_9 \\ \delta_{10} \\ \delta_{11} \end{bmatrix} \tag{5-15}$$

$$\begin{bmatrix} Y_1 \\ Y_2 \\ Y_3 \\ Y_4 \end{bmatrix} = \begin{bmatrix} \lambda_{11} & 0 \\ \lambda_{21} & 0 \\ 0 & \lambda_{32} \\ 0 & \lambda_{42} \end{bmatrix} \times \begin{bmatrix} \eta_1 \\ \eta_2 \end{bmatrix} + \begin{bmatrix} \varepsilon_1 \\ \varepsilon_2 \\ \varepsilon_3 \\ \varepsilon_4 \end{bmatrix} \qquad (5\text{-}16)$$

式中，X 为外生观测变量构成的向量矩阵(11×1)；Λ_x 为 X 对 ξ 的测度系数或负荷矩阵(11×1)；δ 为 X 的测量误差构成的向量矩阵(11×1)；Y 为内生观测变量构成的向量矩阵(4×1)；Λ_y 为 Y 对 η 的测度系数(regression weight)或因子负荷(factor loadings)矩阵(4×2)；ε 为 Y 的测量误差构成的向量矩阵(4×1)。

三、假设提出

结合文献梳理与已有论点，建立如图 5-20 所示的研究模型并提出如下五组假设。

H_1：旅游者总体满意度对旅游者忠诚度有显著正向影响，即总体满意度直接影响旅游者的重游意愿和推荐意愿。虽然有大量研究都已经对此假设进行了验证，但对满意度的测量有所不同，而且我国多数案例研究集中于著名旅游景点、风景名胜区，极少关注西南少数民族地区，对专项旅游如农业旅游的研究也很少。本书认为旅游者在西南少数民族地区旅游目的地进行旅游，必然存在着与旅游者在传统的、著名的、各类设施服务完备的旅游目的地不同方面的感知和满意程度。例如，可能对资源环境满意，但对交通状况不满意，可能对软件服务满意，但对硬件服务不满意等。基于研究范围、对象的特殊性，了解旅游者心中存在的评判与权衡尺度很重要。这同时影响西南少数民族地区如何因地制宜、挖掘潜力，促进旅游目的地可持续发展。如果假设成立，则西南少数民族地区农业旅游目的地要实现可持续发展，应该特别重视提高旅游者的总体满意度。

H_2：旅游者对旅游目的地旅游资源的感知与旅游者总体满意度存在着相关关系。旅游资源是吸引旅游者选择到当地旅游的直接动力与原因，传统旅游学中资源是影响旅游目的地可持续发展能力最重要的因素之一。由于研究范围是西南少数民族地区，研究对象是农业旅游，因此在资源感知观测变量选择时强调民族性、乡村性、地方性、特色性等。

H_3：旅游者对旅游目的地居民、管理者、运营商的感知与其总体满意度之间存在着相关关系。本书将这类服务归类于软件服务。与一般购物消费不同，旅游者消费主要是获得旅行过程中的体验或经历，其中当地居民态度、政府或运营商服务与管理水平直接影响旅游者总体满意度。如果假设成立，则西南少数民族地区农业旅游目的地应该针对自己在软件服务要素上的不足进行改进,以改善旅游者对软件服务供给的感知。

H_4:旅游者对旅游目的地旅游商品的感知与其总体满意度之间存在着相关关系。本书所指旅游商品为狭义旅游商品,即旅游者在旅游过程中所购买的,能够反映自己旅行经历的、具有纪念意义或收藏意义的、非日常生活必需的物质产品。旅游商品一方面体现旅游目的地物产资源状况,同时,也是体现地域文化的物质载体。正如 Cook 所说:"虽然旅游商品的购买活动很少被认为是开展一次旅游活动的主要动机,然而它的确是一项重要的休闲和旅游活动,也是对旅游产业经济的一种重要贡献。"(Swanson and Horridge, 2004) Jansen(1991)、Ryan (1995)、Swanson 和 Horridge(2004)也指出:"实际上,与旅游商品业密切相关的旅游购物本身就可以成为一个景区主要的吸引力,尤其是对于许多欠发达的国家或地区,由于那里的旅游商品价廉物美,而使景区又具有了更大的吸引力。"同时,Jansen(1998)强调对于旅游者而言,旅游商品的消费除了获得商品外,更希望寻找到一种在不同的特殊生活环境中的体验。而西南少数民族地区农业旅游点的特色之一也正是能提供有别于城市中大机器生产条件下千篇一律的毫无个性可言的旅游商品,并在生产、制作、交换过程中给予商品更为丰富的内涵,例如蕴含地方民族传统文化的苗族手工银饰品。

H_5:旅游者对旅游目的地交通、饮食、住宿及公共设施等硬件服务的感知与其总体满意度之间存在着相关关系。西南少数民族地区农业旅游目的地多处于远离城市的边缘地带,加之经济发展的滞后,使得这些旅游目的地的交通、食宿等服务与城市旅游者的要求尚有一段不小的距离,而硬件服务到位与否直接关系西南少数民族地区农业旅游目的地能否真正实现可持续发展。如果假设成立,则西南少数民族地区农业旅游目的地应该针对自己在硬件服务要素上的不足进行改进,以改善旅游者对硬件服务供给的感知。

四、实证研究

(一) 三个案例地分别研究

1. 旅游者基本特征分析

本书的问题首先来自于对上述相关文献的回顾。经过不断的修正与补充,笔者于 2006 年 11 月至 2008 年 3 月先后在三个案例地对旅游者进行问卷调查,在此基础上检验研究所提出的旅游者感知理论模型与假设路径。

表 5-16 旅游者样本人口统计学基本特征

基本情况	分类	红岩新村	巴拉河旅游区	罗平油菜花海	基本情况	分类	红岩新村	巴拉河旅游区	罗平油菜花海
年龄	14 岁以下	7.45	0	0	性别	男	62.77	66.7	65.3
	14~24 岁	22.34	5.56	39.5		女	37.23	29.6	34.7
	24~44 岁	58.51	74.1	47.3	个人月收入/元	无	13.3	3.7	16.17
	44~64 岁	11.7	14.8	12		≤300	1.064	0	0.00
	65 岁以上	0	3.7	1.2		300~499	3.723	0.62	0.00
文化程度	初中及以下	21.28	5.56	8.38		500~999	9.574	6.79	9.58
	高中或中专	19.15	14.8	7.19		1000~1999	39.89	26.5	22.16
	大专	26.6	18.5	20.4		2000~2999	15.43	32.7	15.57
	本科	28.72	46.3	56.3		3000~4999	10.11	14.8	19.16
	研究生及以上	4.26	14.8	7.78		5000~9999	2.66	7.41	10.18
旅游者来源	大桂林旅游区	44.68				≥1 万元	4.255	7.41	7.19
	桂林以外广西居民	42.55			职业	农民	5.319	5.56	2.40
	其他省份居民	12.77				工人	10.64	1.85	5.99
	京津唐、长三角地区		9.26			专业技术人员	19.15	5.56	14.97
	珠三角地区		9.26			公务员	13.83	44.4	11.98
	贵州周边相邻省份		9.26			教育工作者	3.191	5.56	0.00
	贵州		40.12			私营业主	5.319	9.26	5.39
	大陆其他省份		24.69			企事业管理人员	7.447	16.7	17.96
	海外游客		7.41			学生	14.89	3.7	22.75
	云南省			68.3		服务人员	4.255	0	8.38
	周边省份			22.2		退休人员	2.128	3.7	0.00
	其他省份			9.5		军人	2.128	0	1.20
						其他	9.574	1.85	8.98

注：红岩新村，N=180；巴拉河旅游区，N=162；罗平油菜花海，N=167

表 5-16 是三个案例地旅游者样本人口统计学基本特征。从年龄分组看，三地主要差异体现在 24~44 岁年龄段，巴拉河旅游区的旅游者比例远高于其他两个案例地；三地旅游者性别男性均占到 2/3；三地旅游者在文化程度方面也有差异，巴拉河旅游区与罗平油菜花海的本科学历旅游者远高于红岩新村；三地中，以巴拉河旅游区旅游者来源最为广泛，省内外游客约各占一半，同时境外旅游者近一成，这与其旅游资源更为丰富、级别更高以及政府大力支持密切相关，而红岩新村与罗平油菜花海分别有近九成和近七成旅游者来自于所在省份；在职业上巴拉河旅游区旅游者中公务员的比重远远超过其他两个案例地，而学生的比例则很低；巴

拉河旅游区与罗平油菜花海高经济收入（5000元以上）的旅游者均超过一成比例，红岩新村与罗平油菜花海旅游者均是以1000~1999元收入的旅游者比重最大，巴拉河旅游区则以2000~2999元收入的旅游者比重最大。

旅游者出游基本情况如表5-17所示，到达目的地方式上看，因为路途平坦，红岩新村半数以上的旅游者以自驾车方式前来，其次是单位或旅行社组织，巴拉河旅游区旅游者也有近四成旅游者是自己开车前往，但旅游专线车与单位或旅行社组织前往比例超过四成，这与其旅游者以本省城市人口及客源广泛分布有关，罗平油菜花海旅游者则多以乘旅游专线（火车或汽车）前往，因为云南省开通了昆明至罗平的旅游专列，此外单位或旅行社组织前往比例也近四成。从旅游者获取旅游目的地信息渠道看，红岩新村旅游者超过七成是听亲朋好友介绍前来的，红岩新村的口碑效应突出，但也看出其他宣传方式欠缺，巴拉河旅游区旅游者也有五成是经亲朋好友介绍而来，从旅行社广告与电视宣传中获得信息的旅游者也占有较大比例，而罗平油菜花海的多数旅游者是从互联网、电视处获知罗平油菜花海的信息，当然也有近三成旅游者听从亲朋好友的建议。

表5-17 旅游者信息基本情况表　　　　　　　　　　　　单位：%

	分类	红岩新村	巴拉河旅游区	罗平油菜花海		分类	红岩新村	巴拉河旅游区	罗平油菜花海
出行方式	旅游专线车	7.45	18.5	42.51	旅游目的	观光游览	38.30	59.88	68.30
	公交车	8.51	9.26	9.58		体验乡村	40.43	27.16	31.70
	自驾车	53.19	38.9	14.37		休闲娱乐	34.57	24.07	40.70
	旅行社/单位车	28.72	25.9	38.32		观赏民俗风情	20.21	57.41	51.50
信息来源渠道分析	电视	13.83	31.5	34.73		参加节庆活动	1.06	3.70	3.59
	报刊杂志广告	8.51	7.41	20.36		探亲访友	4.26	0.00	2.40
	广播	2.13	1.85	2.4		品尝农家美食	32.98	12.96	22.80
	书籍	2.13	9.26	11.98		健康、疗养	3.19	0.00	3.59
	旅行社广告	7.45	20.4	22.75		购买特色农产品	14.89	1.85	4.79
	亲友与朋友介绍	74.47	50	27.54		文化/体育/科技交流	3.19	3.70	2.40
	互联网	7.45	7.41	43.71		会议、公务	4.26	17.90	2.40
	其他	13.83	31.5	34.73		其他	7.45	.	.

从旅游者的旅游目的来看，红岩新村旅游者更多是为体验乡村生活而来，其次是观光游览与休闲娱乐；而巴拉河旅游区旅游者则是因为观赏民俗风情、观光游览、体验乡村而来；罗平油菜花海旅游者旅游目的排前三位的是观光游览、休闲娱乐、体验乡村生活。由此可见，虽然都是国家级农业旅游示范点，但旅游者前往旅游目的地的动机还是有一定差异，共同特点是都希望能体验乡村生活，三

地优美的自然风光、田园景观成为重要吸引因子。同时，旅游者对休闲娱乐的选择比例较高充分反映出我国旅游业正由观光旅游向休闲度假转变，西南少数民族地区也不例外。因此，在开发农业旅游时，营造轻松、惬意的休闲氛围必将吸引旅游者。

　　2. 数据常态与信度检验

　　运用SPSS13.0统计软件对广西红岩新村、贵州巴拉河旅游区与云南罗平油菜花海三个案例地调研获取的建模所需调查数据进行初步整理、检查和统计，对于异常数据进行必要的校正和剔除，以尽可能减少误差，对缺省的数据采用样本均值替代法进行处理后对数据常态与题项的信度检验。进行单项和多变量的偏度与峰度检验，表5-18显示所有指标的偏度$|S|<3$、峰度$|K|<10$，即各观测变量评价值均属常态，"个项—总量"修正系数均大于0.3，即内部一致性α值均高于0.3，符合建模要求。表5-19中各结构变量与观测变量Alpha(α)值大于0.6且总量表Alpha(α)系数均高于0.9，说明三个案例地获取的各项数据具有较高的内在信度。数据经检验符合建模要求，全部予以保留。对模型中所有15个因子进行重复度量的方差分析，三个案例地红岩新村、巴拉河旅游区与罗平油菜花海的结果分别是$F=15.5426$、$P<0.0001$，$F=27.1244$、$P<0.0001$，$F=13.1880$、$P<0.0001$，即量表的重复度量效果良好。对旅游者的研究同样选择最常用的极大似然法作为模型的估计方法。

　　表5-18显示三个农业旅游目的地中，旅游者对红岩新村的总体评价(Y_1)与体验经历(Y_2)最好，巴拉河旅游区次之，罗平油菜花海第三。外生潜变量所有11个观测变量中有7项是红岩新村分值最高，但"少数民族民俗风情"评分最低。需要指出的是红岩新村作为大桂林旅游圈唯一一个农民自己经营管理的"全国农业旅游示范点"，其特有的农产品——月柿及突出的新农村建设情况使其具有典型的旅游形象，"民族建筑"在这个瑶族村落——红岩新村是以另外一种形态展现在人们面前，它不再是木制结构干栏建筑，而是统一规划、分三期建起的农家别墅，虽然旅游者在这里看不到原汁原味的瑶家小楼，但却可以惊喜地感受到新农村建设带给少数民族村落的变化，村容整洁、农民富足，加上采摘月柿、柚子参与性强，管理良好使旅游者对其总体给予高度评价。不过，代表内生潜变量旅游者忠诚度的两个观测变量——重复游览优先考虑(Y_3)及向他人推荐(Y_4)则是巴拉河旅游区得分最高，巴拉河典型的苗家风情、浓郁的少数民族特色、"中国民间艺术之乡"、"全国重点文物保护单位"、"全国百座特色露天博物馆"、十五个中国景观村落之一的头衔极大提升其旅游资源的品质。外生潜变量的11个观测变量中有4项(X_1、X_2、X_4、X_6)巴拉河旅游区评价最好，但旅游

硬件服务三个因子(X_9、X_{10}、X_{11})和旅游商品特色(X_7)却不如另两个旅游目的地；罗平油菜花海各因子分值多处于第二、第三位置，较另两个旅游目的地还有一定差距。虽然三个农业旅游目的地中巴拉河旅游区是与最近的中心城市(凯里市)距离最短的，但旅游者对其交通评价却不如另两个目的地，实地调查发现，这与其主要客源市场不在凯里市有关，由于其客源市场较其他两个旅游目的地更广，不局限于本省城市居民，更多来自全国各地甚至国外，因此外省或外国旅游者最可能经由贵阳市再进入旅游区，途中山路崎岖，无形间加大了旅游者对距离的心理感知，即使是贵州本省城市居民自驾车前往这一感知也会产生。而红岩新村有著名的旅游城市桂林作依托，而且没有山路，罗平有从昆明开来的旅游专列，都很便利。

表 5-18　三个案例地旅游者 TPSB-model 模型观测变量评价值及变量内部一致性α值检验

	指标	均值	标准差	偏度	峰度	Alpha if Item Deleted
广西桂林红岩新村	Y_1	5.982 6	0.906 1	−0.42	−0.798	0.941
	Y_2	5.462 4	1.355 7	−0.933	0.788	0.936
	Y_3	5.196 5	1.474 8	−0.738	0.406	0.938
	Y_4	5.538	1.403 3	−1.091	1.239	0.940
	X_1	5.765 4	1.167 9	−0.808	0.026	0.940
	X_2	5.681 8	1.124 1	−0.391	−0.694	0.940
	X_3	5.860 3	1.267 4	−1.366	2.015	0.938
	X_4	4.918 6	1.838 2	−0.522	−0.775	0.944
	X_5	5.485 2	1.378 6	−1.127	1.408	0.937
	X_6	5.441 9	1.325 3	−0.95	0.936	0.937
	X_7	5.494 3	1.302 1	−0.77	0.675	0.937
	X_8	5.383 7	1.287 4	−0.819	0.589	0.937
	X_9	5.625	1.288 7	−0.883	0.616	0.939
	X_{10}	5.745 6	1.153 2	−0.893	0.571	0.939
	X_{11}	5.982 6	0.906 1	−0.42	−0.798	0.943
贵州巴拉河旅游区	Y_1	5.596 2	0.989 25	−0.389	0.094	0.899
	Y_2	5.423 6	0.981 69	0.019	−0.444	0.903
	Y_3	5.490 2	1.314 60	−1.124	1.644	0.904
	Y_4	5.740 0	1.122 50	−0.899	1.003	0.901
	X_1	5.923 1	0.815 52	−0.269	−0.593	0.904
	X_2	6.094 3	0.869 01	−0.705	−0.205	0.905
	X_3	5.788 5	1.114 61	−1.692	4.987	0.912
	X_4	6.025 6	1.108 68	−1.575	4.13	0.905

续表

	指标	均值	标准差	偏度	峰度	Alpha if Item Deleted
贵州巴拉河旅游区	X_5	5.235 3	1.183 56	−0.816	1.56	0.899
	X_6	5.301 9	1.244 89	−0.888	1.161	0.898
	X_7	4.796 3	1.383 75	−0.525	0.02	0.902
	X_8	4.886 8	1.275 58	−0.275	−0.547	0.902
	X_9	4.833 3	1.428 42	−0.401	−0.031	0.909
	X_{10}	4.941 2	1.300 91	−0.711	0.655	0.897
	X_{11}	4.634 6	1.392 47	−0.031	−0.915	0.902
	Y_1	5.365 3	0.859 81	0.253	−0.527	0.896
	Y_2	5.401 2	1.086 94	−0.569	−0.023	0.889
	Y_3	5.113 8	1.398 88	−0.66	0.358	0.895
	Y_4	5.413 2	1.372 03	−0.808	0.296	0.891
云南罗平油菜花海	X_1	5.748 5	1.128 59	−1.17	2.611	0.894
	X_2	5.916 2	1.132 29	−1.194	2.56	0.891
	X_3	5.748 5	1.338 58	−1.162	1.355	0.898
	X_4	5.377 2	1.315 42	−0.758	0.419	0.898
	X_5	5.185 6	1.015 68	0.108	−0.475	0.893
	X_6	5.006 0	1.083 82	0.16	−0.547	0.892
	X_7	4.910 2	1.206 54	−0.117	−0.641	0.893
	X_8	4.838 3	1.025 68	0.127	−0.357	0.894
	X_9	4.892 2	1.298 89	−0.432	−0.045	0.897
	X_{10}	5.089 8	1.216 48	−0.499	0.641	0.896
	X_{11}	5.071 9	1.273 31	−0.154	−0.601	0.899

表 5-19　三个案例地旅游者 TPSB-model 模型各变量标准化信度分析表

潜变量	观测变量	标准化 Alpha(α) 系数值		
		广西红岩新村	贵州巴拉河旅游区	云南罗平油菜花海
ξ_1	旅游资源感知	X_1, X_2, X_3, X_4	0.846	0.696	0.826
ξ_2	软件服务感知	X_5, X_6	0.828	0.901	0.729
ξ_3	旅游商品感知	X_7, X_8	0.783	0.862	0.865
ξ_4	硬件服务感知	X_9, X_{10}, X_{11}	0.820	0.841	0.748
η_1	旅游者满意度	Y_1, Y_2	0.711	0.759	0.661
η_2	旅游者忠诚度	Y_3, Y_4	0.806	0.857	0.815
总量表		—	0.945	0.912	0.905

3. 测量模型分析

运用极大似然法(ML)对三地调研数据分别进行参数估计,分析观测变量对满意度、忠诚度的影响程度,如表 5-20~表 5-22 所示。三地所有观测变量因子载荷及 t 值均大于 1.96,说明测量模型中的观测变量对旅游者满意度的影响是显著的,无需剔除任何观测变量。

表 5-20　广西红岩新村旅游者 TPSP-model 测量模型参数估计值及 t 检验

	η_1	t	η_2	t	ξ_1	t	ξ_2	t	ξ_1	t	ξ_2	t
Y_1	0.68											
Y_2	0.88	10.43										
Y_3			0.87									
Y_4			0.78	11.93								
X_1					0.80	12.44						
X_2					0.77	11.82						
X_3					0.84	13.26						
X_4					0.64	9.17						
X_5							0.81	12.91				
X_6							0.87	14.43				
X_7									0.73	11.27		
X_8									0.88	14.44		
X_9											0.87	13.83
X_{10}											0.84	13.29
X_{11}											0.64	9.08

注：极大似然法(ML)迭代 27 次

在表 5-20 中,广西红岩新村旅游者 TPSP-model 测量模型参数估计值显示,外生潜变量的观测变量因子载荷最大的是旅游商品品质,载荷达到 0.88,已有 300 多年历史的恭城月柿果型美观、色泽鲜艳、品质优良,而红岩新村紧临恭城县月柿节主会场,众多旅游者在金秋季节是对这一特色农产品慕名而来的。其次是交通与接待人员素质,载荷均达到 0.87,虽然红岩新村距离中心城市桂林有 100 多千米,但路途平坦,而且途经有"桂林山水甲天下,阳朔山水甲桂林"美誉的全国著名旅游县——阳朔,途中还可以欣赏到漓江山水,从而缩短了旅游者的感知距离,加上红岩新村村民热情好客,因此这两个因子载荷很高。服务与管理水平、乡土风貌、主题与特色、食宿的因子载荷也均 0.8 以上,旅游者对软件服务和旅游资源的感知显著影响旅游者对旅游目的地的最终评价,红岩新村由于统一规划,各项设施较为齐全,在过去几年的发展中,旅游接待服务设施不断完善,51 座新楼房依平江河两岸建成，错落有致，河上还建起了瑶寨风雨桥、滚水坝、梅花桩，与周围青山绿水交辉相影、相得益彰。月柿林、柚子林更让这一村落生态休闲的特色突出。从旅游者喜好看，在给出的 11 个常见农业旅游活动中"欣赏山水田园风光"、"采摘新鲜水果、花卉"、"品尝农家美食"、"自驾车游览"四项活动的喜欢程度最高，均值在 5.5 分以上。

表 5-21　贵州巴拉河旅游区旅游者 TPSP-model 测量模型参数估计值及 t 检验

	η_1	t	η_2	t	ξ_1	t	ξ_2	t	ξ_1	t	ξ_2	t
Y_1	0.94											
Y_2	0.66	9.51										
Y_3			0.88									
Y_4			0.85	11.78								
X_1					0.79	11.25						
X_2					0.85	12.36						
X_3					0.43	5.32						
X_4					0.45	5.59						
X_5							0.91	14.27				
X_6							0.90	14.17				
X_7									0.85	12.16		
X_8									0.89	12.92		
X_9											0.76	10.82
X_{10}											0.86	12.68
X_{11}											0.75	10.64

注：极大似然法(ML)迭代 15 次

在表 5-21 中，贵州巴拉河旅游区的旅游者 TPSP-model 测量模型参数估计值显示，外生潜变量的观测变量因子载荷最大的是服务与管理水平和接待人员素质，载荷高达 0.91 和 0.90。2003 年，巴拉河旅游区得到新西兰政府的技术援助，对旅游区的服务与管理进行较为细致的规划，出台了《巴拉河乡村旅游标准体系》、《村寨环境和卫生竞赛评判标准》、《乡村农家星级旅馆管理办法》等，定期对旅游者进行满意度调查，这是"服务与管理水平"因子载荷如此之高的原因。接待人员素质更多体现在当地村民的质朴与好客上，每当旅游季节来临时，村民们在寨老的带领下，以苗家最隆重的礼仪着盛装列队出迎，从寨脚的公路到寨门，设迎宾拦路酒十二道，人们在道中置一张红漆方桌，两边站着头戴银饰与身穿多彩刺绣服饰的苗家姑娘，执壶举杯向每位客人热情敬酒，通称为"拦路酒"，最后一道是进寨门，两位俏丽苗寨姑娘，手执特制的水牛角酒杯向客人敬酒。道旁的田埂上，站满吹奏芦笙、芒筒的苗家男子和穿着苗服的女子，从客人喝第一道拦路酒到进入寨内，若客人是男士，则以芦笙、芒筒齐奏迎之；对女士客人，则以歌声相迎。男女客人一同进寨，芦笙、芒筒和歌声齐起，场面甚为壮观，激动人心。其次是旅游商品品质，载荷均高达到 0.89，苗族的手工银饰品不仅工艺精湛、式样繁多，而且还极富民族气息与文化特色。因子载荷高于 0.8 的还有自然风光、商品特色与食宿。

在表 5-22 中，云南罗平县油菜花海的旅游者 TPSP-model 测量模型参数估计值显示，外生潜变量的观测变量因子载荷最大的是食宿，载荷高达到 0.90，在实地调研时发现，旅游者一般愿在农家用餐，尤其是布依族的五色饭极具魅力，但他们通常回到县城住宿，而罗平县城的住宿条件在十多年的旅游开发中已经得到长足改善，目前县城有宾馆饭店 30 余家(其中三星级饭店 2 家、二星级饭店 3 家，1 家四星饭店即将投入使用)。其次是自然风光与旅游商品特色，因子载荷均高达到 0.89，每年春季几十万亩油菜花海金浪翻滚、蝶舞蜂飞、清香沁人。它与各地油菜花相比，奇就奇在花天相连，一望无际，连片的油菜花就有 20 万亩，花海中"浮出"座座绿岛似的青翠峰丛，美不胜收。罗平是云南省烤烟基地和全国蜜蜂春繁基地和蜂产品加工基地，其"三黄"小黄姜、菜油、蜂蜜，"三白"即白果、白薯、白百合，加上布依族的蜡染及刺绣，罗平的旅游商品特色独具乡土气息。因子载荷在 0.8 以上的还有主题与特色、旅游商品品质。

表 5-22　云南罗平县油菜花海旅游者 TPSP-model 测量模型参数估计值及 t 检验

	η_1	t	η_2	t	ξ_1	t	ξ_2	t	ξ_3	t	ξ_4	t
Y_1	0.62											
Y_2	0.86	8.41										
Y_3			0.77									
Y_4			0.90	11.28								
X_1					0.86	13.26						
X_2					0.89	13.91						
X_3					0.57	7.67						
X_4					0.59	8.00						
X_5							0.75	10.61				
X_6							0.76	10.79				
X_7									0.89	13.62		
X_8									0.86	13.02		
X_9											0.50	6.50
X_{10}											0.90	12.97
X_{11}											0.79	10.93

注：极大似然法(ML)迭代 21 次

4. 结构模型分析

运用 LISREL 统计软件对三地分别进行 TPSP-model 结构方程模型拟合分析，模型拟合度检验结果如表 5-23 所示，绝对拟合指数与指标值有一定差距，但差值并不大，相对拟合指数与简约拟合指数则均在合理范围内，反映较好的拟合度。

表 5-23　三个案例地旅游者 TPSP-model 结构模型拟合指数一览表

拟合指数	绝对拟合指数					相对拟合指数				简约拟合指数		
	X^2/df	GFI	AGFI	RMSEA	SRMR	NFI	NNFI	CFI	IFI	RFI	PNFI	PGFI
标准	(1, 5)	>0.90	>0.90	<0.1	<0.08	>0.90	>0.90	>0.90	>0.90	>0.90	>0.50	>0.50
A 地	3.357	0.84	0.75	0.11	0.058	0.95	0.95	0.96	0.96	0.93	0.71	0.55
B 地	4.122	0.78	0.66	0.14	0.094	0.87	0.85	0.89	0.89	0.83	0.65	0.51
C 地	3.413	0.82	0.73	0.12	0.078	0.91	0.92	0.94	0.94	0.88	0.69	0.54

注：A 地为广西红岩新村，B 地为贵州巴拉河旅游区，C 地为云南罗平油菜花海农业旅游示范点。三地自由度相同，即 df=79，A 地 X^2=265.24，$p<0.001$；B 地 X^2=325.68，$p<0.01$；C 地 X^2=269.64，$p<0.001$

对模型中的潜变量的路径系数进行标准化估计，三个案例地情况如表 5-24 和图 5-21 至图 5-23 所示。分析结果显示三个案例地均支持假设 H_1、H_2、H_4，即旅游者综合满意度显著正向影响旅游者忠诚度，旅游者对旅游资源的感知同样显著正向影响旅游者总体满意度，旅游者对旅游商品的感知显著正向影响旅游者总体满意度；三个案例地均不支持假设 H_5，即旅游者对硬件服务的感知对旅游者总体满意度影响轻微；假设 H_3 有争议，云南罗平油菜花海农业旅游示范点研究结果 t 值未达显著要求，也即该案例地旅游者总体满意度与旅游软件服务关联性不明显。

表 5-24　三个案例地旅游者 TPSP-model 整体结构模型路径系数估计值

	假设及路径	广西红岩新村		贵州巴拉河旅游区		云南罗平油菜花海	
		标准化参数估计值	t 值	标准化参数估计值	t 值	标准化参数估计值	t 值
H_1	β_{21}：满意度——忠诚度	0.93	9.73	0.80	10.38	0.93	7.34
H_2	γ_{11}：旅游资源感知——满意度	0.46	4.68	0.44	4.77	0.53	3.32
H_3	γ_{12}：软件服务感知——满意度	0.38	2.71	0.34	3.07	0.16	0.35
H_4	γ_{13}：旅游商品感知——满意度	0.18	2.25	0.20	2.19	0.22	1.98
H_5	γ_{14}：硬件服务感知——满意度	0.04	0.34	0.02	0.17	0.06	0.40

直接效应指由原因变量到结果变量的直接影响，用原因变量到结果变量的路径系数来衡量，间接效应指原因变量通过影响一个或多个中介变量而对结果变量的间接影响，当只有一个中介变量时，间接效应大小是两个路径系数的乘积(侯杰

泰等，2004）。LISREL8.7 程序自动给出整体因果效应、直接效应与间接效应。三个案例地旅游者 TPSB-model 结构方程效应进行分解，结果显示，旅游者忠诚度与旅游资源感知、软件服务感知、旅游商品感知均密切相关，与旅游目的地硬件服务关联微弱，如表 5-25 所示。对三个农业旅游目的地满意度与忠诚度影响最大的均是旅游者对旅游资源的感知。排在对满意度与忠诚度影响程度次席的三个旅游目的地有所不同，红岩新村与巴拉河旅游区均是软件服务，即服务与管理水平、接待人员素质；而罗平油菜花海则是旅游商品。由此可见，三地的旅游资源对旅游者吸引力都很大，这也是农业旅游目的地的优势所在，良好的生态环境、鲜明的特色资源、优美的田园风光是保证农业旅游目的可持续发展的重要基石！独特的民族风情又为之锦上添花，不过在三个案例地的旅游者 TPSP-model 测量模型参数估计值中，少数民族民俗风情的载荷均未超过 0.8，因此这些少数民族聚居的农业旅游目的地的少数民族风情还有浓度展示、挖掘的必要。而三地中，罗平油菜花海的服务与管理水平及人员素质有待进一步提高！三地的硬件服务仍有较大的潜力空间可供挖掘。

表 5-25 三个案例地旅游者 TPSB-model 结构方程效应分解说明表

外生潜变量	广西红岩新村 内生潜变量 满意度	忠诚度	贵州巴拉河旅游区 内生潜变量 满意度	忠诚度	云南罗平油菜花海 内生潜变量 满意度	忠诚度
旅游资源感知						
直接效应	0.46		0.44		0.53	
间接效应		0.43		0.35		0.49
整体因果效应		0.46		0.44		0.53
软件服务感知						
直接效应	0.38		0.34		0.16	
间接效应		0.35		0.27		0.15
整体因果效应		0.38		0.34		0.16
旅游商品感知						
直接效应	0.18		0.2		0.22	
间接效应		0.16		0.16		0.20
整体因果效应		0.18		0.2		0.22
硬件服务感知						
直接效应	0.04		0.02		0.06	
间接效应		0.03		0.016		0.06
整体因果效应		0.03		0.02		0.06

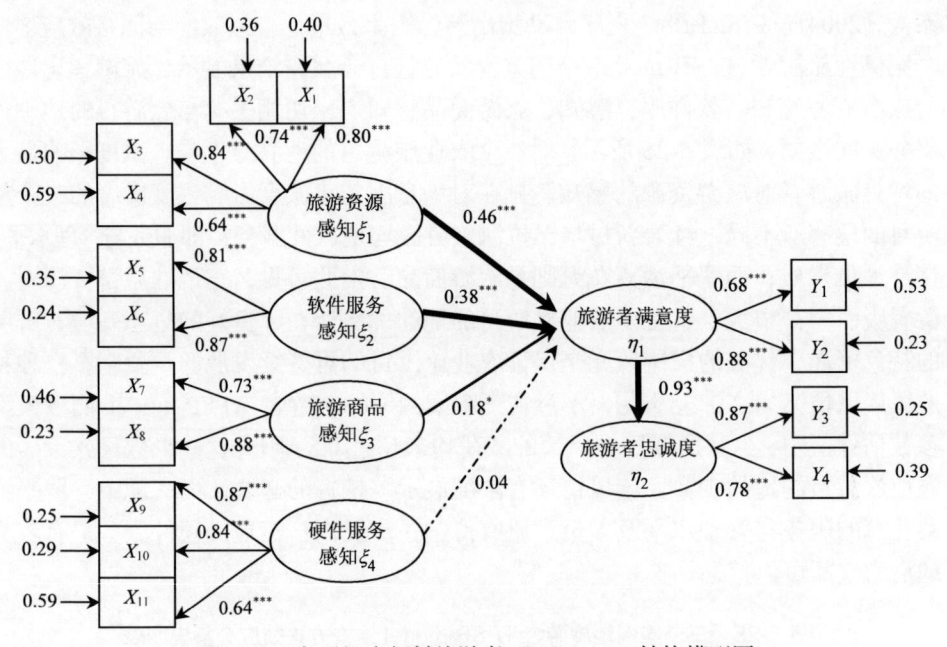

图 5-21　广西红岩新村旅游者 TPSB-model 结构模型图

*表示在 0.05 水平上显著；**表示在 0.01 水平上显著；***表示在 0.001 水平上显著

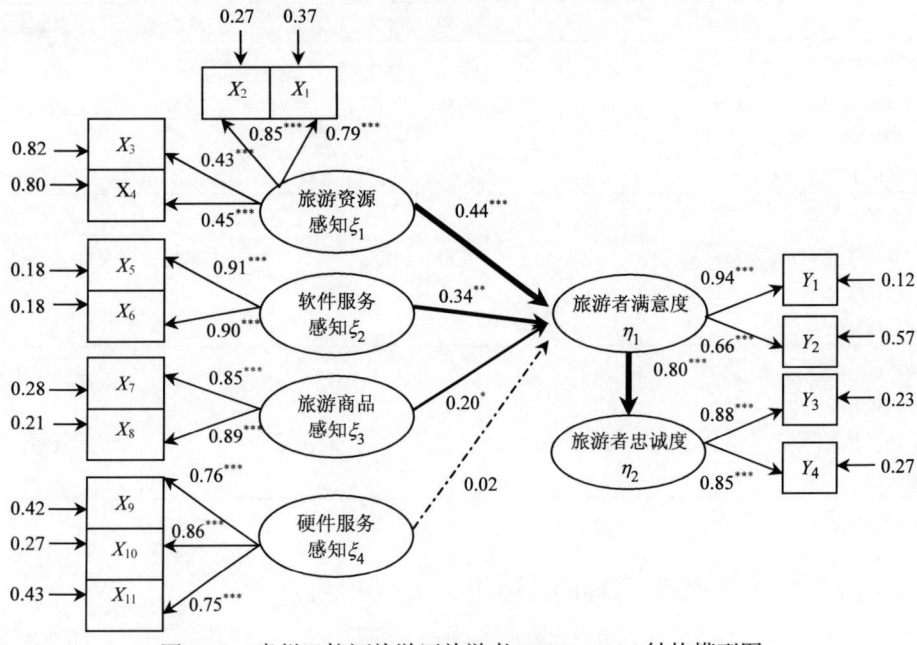

图 5-22　贵州巴拉河旅游区旅游者 TPSB-model 结构模型图

*表示在 0.05 水平上显著；**表示在 0.01 水平上显著；***表示在 0.001 水平上显著

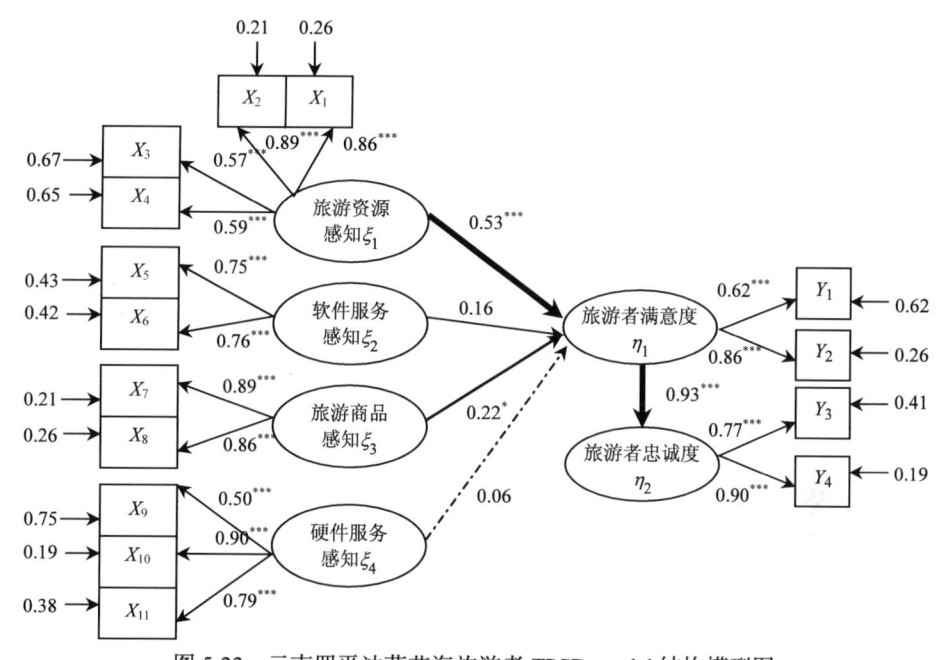

图 5-23 云南罗平油菜花海旅游者 TPSB-model 结构模型图
*表示在 0.05 水平上显著；**表示在 0.01 水平上显著；***表示在 0.001 水平上显著

(二) 三个案例地综合分析

1. 理论模型与修正模型分析

三个案例地数据合并后综合分析。

根据 LISREL 8.7 软件对 TPSP-model 理论模型计算结果的建议及三个农业旅游示范点数据分别与理论模型的实际拟合效果，对模型进行三处修改：①将第四个外生潜变量 ξ_4——硬件服务感知结构变量及相应的三个观测变量 X_9、X_{10}、X_{11} 删除后得到修正模型 A；②根据 LISREL8.7 软件对 TPSP-model 理论模型计算结果的建议，删除修正指数（MI）最大即对减少卡方数值贡献最大的 X_3（乡土风貌）与 X_4（少数民族风俗民情）或将这两个观测变量对潜变量 ξ_2（软件服务感知）、ξ_3（旅游商品感知）的路径改为自由估计，结构方程卡方值将有最大降幅，因此删除 X_3 与 X_4 后得到修正模型 B，路径改为自由估计后得到修正模型 C；③经计算三个修正模型的各项拟合指数均较理论模型提高，即拟合度更好，如表 5-26 所示。但修正模型 A 删除硬件服务显然不符合旅游者对旅游目的地的总体要求，而乡土风貌与少数民族风俗民情在原理论模型中的因子载荷已经达到显著水平，不能仅仅因为能促使各拟合指数达到更为理想水平而删减这两个观测变量，因此修正模型 B 也不适用；X_3 与 X_4 两个观测变量对潜变量 ξ_2（软件服务感知）、ξ_3（旅游商品感知）的路径改为自由估计意味它们从属于软件服务或旅游商品，这同样也不合逻辑，因此三个修正模型显然都不能更好地对从旅游者感知视角对西南少数民族地区旅游可持续发展问题进行说明，故本书仍将延用既定的理论模型进行分析。

表 5-26　旅游者 TPSP-model 理论模型与修正模型拟合指数对比表

拟合指数	X^2/df	绝对拟合指数					相对拟合指数				简约拟合指数	
		GFI	AGFI	RMSEA	SRMR	NFI	NNFI	CFI	IFI	RFI	PNFI	PGFI
标准	(1，5)	>0.90	>0.90	<0.1	<0.08	>0.90	>0.90	>0.90	>0.90	>0.90	>0.50	>0.50
理论模型	4.021	0.92	0.88	0.077	0.046	0.97	0.97	0.98	0.98	0.96	0.73	0.61
修正模型 A	3.329	0.95	0.92	0.068	0.043	0.98	0.98	0.99	0.99	0.97	0.70	0.57
修正模型 B	3.713	0.95	0.91	0.073	0.030	0.98	0.98	0.99	0.99	0.97	0.64	0.52
修正模型 C	3.728	0.93	0.89	0.073	0.035	0.97	0.97	0.98	0.98	0.96	0.70	0.58

注：理论模型：$df=79$，$X^2=317.68$，$p<0.00001$；修正模型 A：$df=47$，$X^2=156.50$，$p<0.00001$；修正模型 B：$df=43$，$X^2=159.67$，$p<0.00001$；修正模型 C：$df=75$，$X^2=279.60$，$p<0.00001$

2. 测量模型分析

TPSP-model 理论模型的所有观测变量 t 检验值都在 0.001 水平上显著，即 t 值均大于 2.58，而且对于个体观测变量信度值（SMC），除旅游资源结构变量的两个观测变量 X_3、X_4 观测变量略低于 0.5 外，其他观测变量均大于 0.5，显示 TPSP-model 理论模型整体具有良好的稳定性，如表 5-27 所示。同时也说明 TPSP-model 理论模型中的观测变量对特定结构变量的影响都是显著的，能够很好地解释相应的潜变量，没有必要剔除任何观测变量。组合信度（composite reliability，CR）的取值均大于 0.60，说明比较理想。潜变量的平均变量抽取量（average variance extracted，AVE）是某一潜变量对所属的测量指标所能解释的变异百分比，0.50 以上是理想的标准。旅游者 TPSP-model 测量模型各潜在变量的变异抽取量 AVE 在 0.560~0.725，超过 0.50 的最低值，且 EP=0，小于规定收敛标准（epsilon=0.000001），说明测量模型的各观测变量较好地被结构变量所解释，即各观测变量收敛于特定的结构变量。从表 5-28 可以看出，对角线上的结构变量平均变异抽取量的平方根绝大多数大于该结构变量与其他结构变量的相关系数，因此可以说测量模型具有较好的收敛效度和判别效度。所有测量模型指标基本上达到理想标准。

表 5-27　旅游者 TPSP-model 测量模型参数估计值及各项检验（N=509）

	η_1	t	η_2	t	ξ_1	t	ξ_2	t	ξ_3	t	ξ_4	t	个体变量信度(SMC)	组合信度(CR)	平均变异抽取量(AVE)
Y_1	0.72												0.52	0.733	0.580
Y_2	0.80	16.69											0.64		
Y_3			0.83										0.69	0.823	0.700
Y_4			0.84	19.62									0.71		
X_1					0.84	22.08							0.71		
X_2					0.85	22.56							0.73	0.818	0.560
X_3					0.62	14.55							0.48		
X_4					0.57	13.33							0.43		
X_5							0.83	22.01					0.70	0.830	0.710
X_6							0.85	22.64					0.72		
X_7									0.82	21.31			0.67	0.842	0.725
X_8									0.89	23.70			0.78		
X_9											0.74	18.15	0.54		
X_{10}											0.87	22.87	0.76	0.818	0.600
X_{11}											0.71	17.25	0.50		

注：AVE＝$\Sigma L_i/[\Sigma L_i+\Sigma \text{Var}(E_i)]$，$L_i$＝变量信度，$\text{Var}(E_i)$＝变异误差；CR＝$(\Sigma H_i)^2/[(\Sigma H_i)^2+\Sigma \text{Var}(E_i)]$，$H_i$＝观测变量因子载荷，$\text{Var}(E_i)$＝变异误差

表 5-28　旅游者 TPSP-model 模型判别效度检验

	η_1	η_2	ξ_1	ξ_2	ξ_3	ξ_4
η_1	**0.762**					
η_2	0.88	**0.837**				
ξ_1	0.78	0.69	**0.748**			
ξ_2	0.79	0.70	0.65	**0.843**		
ξ_3	0.73	0.64	0.50	0.83	**0.851**	
ξ_4	0.64	0.56	0.45	0.75	0.74	**0.775**

注：对角线为结构变量平均变异抽取量的平方根，其余为结构变量之间的相关系数

3. 结构模型分析

结构模型各预先假设成立与否经由标准化路径系数体现，系数越大表示在相互关系中影响越大，重要性越高。通过对结构方程模型中结构变量的路径系数进行检验发现[表 5-29、图 5-25 和方程(5-17)]，理论假设 H_1、H_2、H_3、H_4 得到支持，而 H_5 则不支持，这与前面三个案例地分别研究结果一致，除 γ_{41} 外各结构变量之间的路径系数均是正向显著，说明理论模型大部分得到验证。

从表 5-30 也可看出，旅游资源感知、软件服务感知、旅游商品感知三个外生结构变量不仅对旅游者总体满意度存在显著的正向影响，而且对旅游者忠诚度也存在着间接且显著的影响，从实证定量分析上充分说明了旅游者对旅游目的地旅游资源感知、软件服务感知和旅游商品的感知对总体满意度和忠诚度均有显著影响。从路径系数来看，表现最为重要的影响因子为旅游资源感知。硬件服务感知对旅游者忠诚度影响同样没有达到显著。

在支持的各个假设中，旅游资源感知对旅游者总体满意度影响最大，这说明西南少数民族地区农业旅游目的地丰富的旅游资源令旅游者为之神往，包括各类地域性极强的农产品，如恭城红岩新村万亩月柿、2002 年被上海大世界吉尼斯总部确定为世界上最大的自然天成花园的罗平油菜花海，以及优美的原生态自然风光、多彩的少数民族风情。案例地旅游者旅游目的分析图也说明这一点，如图 5-24 所示。旅游资源感知结构变量的四个观测变量中，自然风光因子载荷最大（为 0.85），而少数民族风情因子相对较小，说明西南少数民族地区农业旅游目的地的良好的自然资源对于旅游者的总体满意度的影响较大，因此自然生态环境的保护对于吸引旅游者至关重要，而人文旅游资源可挖掘潜力仍然巨大，而且在挖掘时应当一方面保持原生态，保护少数民族各种物质、精神文化精髓，另一方面在开发时避免完全商业化、庸俗化开发。

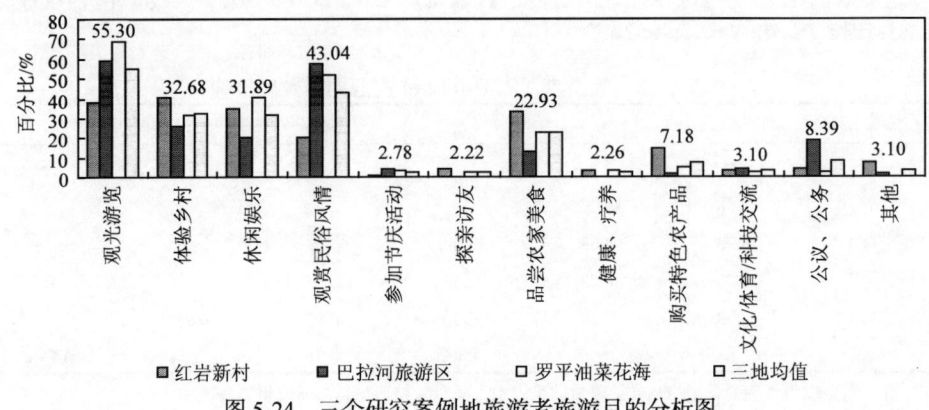

图 5-24 三个研究案例地旅游者旅游目的分析图

旅游商品对旅游者总体满意度的正面影响同样得到结构模型的支持。农业旅游目的地大多有着较突出的特色农业产品，而且品质良好。同时，西南少数民族地区农业旅游目的地由于多处于少数民族聚居区，因此，旅游者在当地还可观赏到少数民族风俗民情，并且购买到各式少数民族手工艺品。习惯了千篇一律大批量生产的工业化产品的城市居民渐渐开始崇尚原生态、手工制作、个性化制品，手工艺品不仅式样上独特、数量少又颇具个性，其丰富独特的民族历史文化内涵和精髓也赋予这些产品更强的生命力。旅游商品通过有形的物质载体传承了原汁原味的无形文化，这才使旅游商品具有珍藏、馈赠、纪念等功能。鉴于旅游商品对旅游者总体满意度的较大影响，西南少数民族地区农业旅游目的地应当开发更有地域特色、民族特色的农产品、工艺品等旅游商品，开发中应尽可能在传统的工艺、材料、技术的基础上，结合现代科学技术，挖掘民族历史文化精华，使其更加质朴、自然、精致，真正体现少数民族历史文化的"土"。通过拉长产业链增强可持续发展能力。

软件服务对旅游者总体满意度有着正面影响，这也得到结构模型的支持。较之成熟旅游目的地旅游软件服务的标准化、管理的规范化，西南少数民族地区农业旅游目的地的软件服务更多地体现在当地居民的热情友好的态度、政府充分扶持上，而且与硬件服务相似，旅游者对西南少数民族地区农业旅游目的地软件服务事前预期并不高，这也一定程度上掩盖了软件服务、人员素质上的不足。

表 5-29　旅游者 TPSP-model 整体结构模型路径系数估计值

假设路径	理论模型 标准化参数估计值	理论模型 t 值	研究假设成立与否
β_{21}：满意度——忠诚度	0.88	15.30	支持
γ_{11}：旅游资源感知——满意度	0.48	8.55	支持
γ_{21}：软件服务感知——满意度	0.20	1.96	支持
γ_{31}：旅游商品感知——满意度	0.26	3.12	支持
γ_{41}：硬件服务感知——满意度	0.08	1.17	不支持

在预设的五个假设中，H_5 旅游硬件服务与旅游者总体满意度的相关性没有得到研究支持，这反映出西南少数民族地区农业旅游目的地的特殊性及其研究的必要性。显然，研究结果否定了既定认识，即硬件服务感知与旅游者总体满意度必然联系，这并不是说西南少数民族地区农业旅游目的地交通、餐饮、住宿、公共服务设施优良到无须改进的地步，而事实上，由于旅游者对西南少数民族地区农业旅游目的地硬件设施服务较低的预期估计极大地减弱了他们对硬件服务带来不便引发的不满，此外丰富而优良的旅游资源、特有的地方热情服务以及独特的旅游商品又在较大程度上掩盖了诸如交通等公共设施的不足，这才导致 γ_{41}——硬件服务感知对满意度影响的路径系数 t 值为 1.17，没有达到显著标准 1.96 的要求。实地调研中发现西南少数民族地区农业旅游目的地地理位置实际上距离中心城市都有相当的距离，但由于政府的大力扶持，多数农业旅游目的地基本公共服务设施已能初步满足旅游者需要，而且旅游者主要是本省及周边省份的城市居民，他

们在当地停留时间通常是周末或节假日 1~3 天，一定程度上是遵循旅游者中、小尺度的旅游空间行为规律——采用节点状旅游路线(保继刚和楚义芳，1999)，因此他们对硬件服务的要求相对而言并不苛刻，这也可以部分解释为何旅游硬件服务与旅游者总体满意度不显著相关。但从长远看，要增强旅游目的地的可持续发展能力，优良的硬件服务仍是不可或缺的重要组成部分，而且随着旅游者的增加必然导致硬件设施压力的增大以及要求的提高，所以西南少数民族地区农业旅游目的地仍应当注意改善交通、食宿等旅游与公共服务供给品质以增强可持续发展能力。

旅游者 TPSP-model 整体结构模型完整数学表达式(5-17)

$$\begin{bmatrix} \eta_1 \\ \eta_2 \end{bmatrix} = \begin{bmatrix} 0 \\ 0.88 \end{bmatrix} \times \begin{bmatrix} \eta_1 \\ \eta_2 \end{bmatrix} + \begin{bmatrix} 0.48 & 0.20 & 0.26 & 0.08 \\ 0 & 0 & 0 & 0 \end{bmatrix} \times \begin{bmatrix} \xi_1 \\ \xi_2 \\ \xi_3 \\ \xi_4 \end{bmatrix} + \begin{bmatrix} 0.22 \\ 0.22 \end{bmatrix} \quad (5\text{-}17)$$

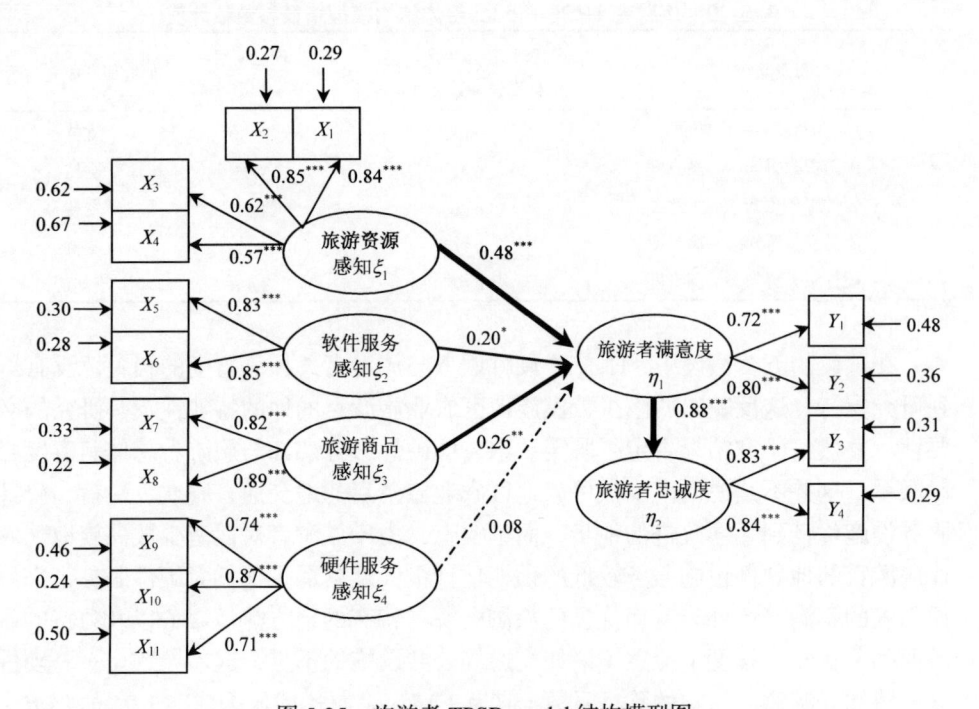

图 5-25　旅游者 TPSB-model 结构模型图

*表示在 0.05 水平上显著；**表示在 0.01 水平上显著；***表示在 0.001 水平上显著

表 5-30　旅游者 TPSB-model 结构方程效应分解说明

外生潜变量	内生潜变量	
	满意度	忠诚度
旅游资源感知		
直接效应	0.48***	
间接效应		0.42***
整体因果效应		0.48***
软件服务感知		
直接效应	0.20*	
间接效应		0.18*
整体因果效应		0.20*
旅游商品感知		
直接效应	0.26**	
间接效应		0.23**
整体因果效应		0.26**
硬件服务感知		
直接效应	0.08	
间接效应		0.07
整体因果效应		0.08

*表示在 0.05 水平上显著；**表示在 0.01 水平上显著；***表示在 0.001 水平上显著

本 章 小 结

（1）三个农业旅游目的地中，居民与旅游者的总体满意度均是广西红岩新村最高，贵州巴拉河旅游区次之，云南省罗平油菜花海第三，旅游者忠诚度则是贵州巴拉河旅游区最优。从居民与旅游者的旅游感知视角分析，广西红岩新村与贵州巴拉河旅游区农业旅游发展较好。

（2）本章运用传统统计学方法和结构方程模型相结合，对西南少数民族地区三个研究案例地居民的感知进行研究。构建居民 RPSP-model 感知模型，结果显示总体与预先假设基本吻合，但各农业旅游目的地居民感知有显著差异，居民感知模型不稳定。不同案例地对各假设路径支持力度不一，路径系数值有较大差别，这说明居民感知、满意度与其旅游开发态度、参与行为之间的关系具有不确定性，同时也充分说明选择不同地理位置、不同发展阶段、不同规模、不同经营管理模式的旅游目的地进行研究的重要性和必要性。

（3）三个案例地在居民 RPSP-model 感知模型中体现的一个重要共同点是，

旅游影响正面感知均显著正面影响居民的满意度，居民参与旅游经营等活动的积极性均很高（分值均在 5 分以上）。西南少数民族地区农业旅游目的地要获得较强的可持续发展能力，不断提高居民满意度、争取居民支持是关键，其中重要环节是提高居民对发展旅游的正面感知。它们包括提升经济方面的正面效应，如促进当地经济发展、增加居民收入、解决农村剩余劳动力；提升社会方面的正面效应，如提高地区形象、增加居民受教育培训机会等；提升环境方面的正面效应，如加强环境保护、提高居民环保意识；同时，政府应给予政策、资金、技术、人才等方面的大力支持。

居民 RPSP-model 感知模型的各预先假设路径中，对于假设 H_3 各案例地模型及综合分析模型均不支持，即居民对旅游业带来负面影响的感知对其满意度没有显著负向影响，反而是正向关系，究其原因，与西南少数民族地区农业旅游目的地各级政府大力提倡发展旅游业，确实为当地居民带来不同程度的实惠有关，虽然居民对旅游带来的负面影响有所感知但强度不大，对居民的总体感受并没有产生实质性的负面影响。因此，在西南少数民族地区发展农业旅游，政府的主导作用功不可没。

从三个案例地综合居民 RPSP-model 感知模型的因子载荷看，社会文化影响正面与负面感知均是最高的，这一方面说明，发展旅游改善了西南少数民族地区社会面貌、改变了村民的传统观念，促进了居民思想观念的更新和开放，提高了当地的知名度，同时还扩展了村民的知识面，并丰富了业余生活。另一方面也反映由于西南少数民族地区有着丰富多彩的、对城市居民有着强烈吸引力的少数民族文化，因此在开发旅游时旅游目的地也常常将少数民族文化开发放在重要位置，但是由于规划管理不当等种种原因往往会导致传统文化资源开发商业化，或在开发时未能取得居民的认可而导致居民的抵触情绪；虽然居民对政府工作给予肯定，但三地居民均认为政府应当提供更多的培训教育机会；由于开发管理的体制不同而产生的居民与旅游公司等外来经营者之间的冲突也成为居民关注的焦点。

不同案例地不同统计学特征的居民感知及态度各有差异，几乎难以找到统一的规律。但有一处是三地共同出现的特征：对于社会影响与环境影响的正面感知，与旅游业关系密切的居民感知弱于不参与旅游经营的居民，而负面影响的感知却强于不参与旅游经营的居民。这一情况与社会交换理论相悖，与已有研究成果不符合。说明社会交换理论只能部分解释社区居民对旅游业的态度。针对不同发展阶段的旅游目的地居民进行社区内部的细分很有必要，不同类别的居民群体针对性的采用合适的媒体和沟通方式，进行"内部营销"，有助于进一步地获得当地社区居民地理解、支持和参与。

（4）结合管理方式及结构方程模型对比分析的结果，广西红岩新村、贵州巴拉河旅游区、云南曲靖罗平三个案例地分别代表了收益驱动下的村民自主管理型、政策与地方情感驱动下的管理收益驱动型、政策驱动下的"农家乐"社区松散管理型。

处于旅游地生命周期的探索阶段和参与阶段的居民参与旅游的热情非常高，良好的经济收益是他们最为重要的驱动力。因此，在农业旅游目的地开发早期应当着重强调旅游发展带来的正面经济影响以促进居民的参与和支持。在生命周期的发展阶段，居民对旅游带来的社会文化、环境影响会更为敏感，这一时期应当加强文化保护，避免过度商业化开发才能得到居民进一步的支持。即使进入稳定阶段，政府的帮助仍然很重要，应加强引导、促进良性循环。但总体而言，西南少数民族地区开展农业旅游要获得居民支持与参与，经济影响正面感知都是最重要的。

三个农业旅游目的地中红岩新村开发时间最短，处于旅游地生命周期的探索阶段向参与阶段过渡期，其村民参与旅游业中各项活动非常积极，由于发展旅游极大地增加了居民收入，加之政府的统一规划与大力扶持，村民有自主管理权，因而对旅游带来的正面影响感知强烈，只有该旅游目的地居民 RPSP-model 感知模型外生潜变量"正面感知"同时显著正面影响内生潜变量"居民的满意度"与"参与行为"。同时其经济影响正面感知因子载荷最高(0.73***)，良好的经济收益对居民满意度与参与行为产生极大影响，据此认为，在西南少数民族地区要赢得居民对旅游开发的支持，通过旅游开发改善居民生活水平，增加居民收入非常重要；巴拉河旅游区开发时间相对较长，目前逐步进入旅游地生命周期的发展阶段，开发旅游的一些负面影响开始显现，三个案例地中只有它的村民对旅游影响的负面感知显著影响居民参与行为，此外其居民对旅游开发的满意程度并不影响其参与行为，这与其得到国际援助与政府强有力扶持，同时旅游区早期发展旅游的带动效应在相当程度上左右村民参与旅游业各项活动的热情有关；三个农业旅游目的地中罗平油菜花海开发时间最早，目前处于旅游地生命周期的发展阶段向稳定阶段过渡，虽然得到当地政府的支持，但居民对目前的设施状况与政府服务管理水平感受一般，其开发管理属于政策驱动下的社区松散管理，农村社区居民参与度不高(弱于前两个案例地)，而且受农业旅游季节性强、农村居民收入增长不快等因素影响，总体满意度不及另外两个案例地，三个案例地中罗平油菜花海的居民满意度对参与行为影响程度最大。

(5) 西南少数民族地区农业旅游目的地旅游者主要来源于本省及周边省份城市居民，但旅游资源丰富、等级更高的旅游地则可面向更为广阔的客源市场。文化程度在大专以上、个人月收入在 1000~5000 元的城市居民是主要消费群体。他们的信息来源以亲朋好友介绍、互联网及电视为主。旅游者出游动机以体验乡村、休闲娱乐、观光游览、观赏民俗风情为主。旅游者对休闲娱乐的选择比例较高充分反映出我国旅游业正由观光旅游向休闲度假转变，西南少数民族地区也不例外。因此，在开发农业旅游时，营造轻松、惬意的休闲氛围必将吸引旅游者。

（6）本章还围绕旅游者对西南少数民族地区农业旅游目的地的感知、满意度与忠诚度，构建旅游者 TPSP-model 感知模型，探讨影响旅游者满意度、忠诚度的因素，同时验证旅游者旅游体验满意度与忠诚度之间的关系，并通过比较不同旅游目的地旅游者感知满意度之间的整体差异来获得基于旅游者感知视角下的旅游目的地可持续发展能力的差异。旅游者 TPSP-model 感知模型是一个具有因果关系的结构方程模型。模型包括 4 个外生潜变量、2 个内生潜变量和 15 个观测变量，所提出的 6 个潜变量分别是旅游资源感知、软件服务感知、旅游商品感知、硬件服务感知、旅游者满意度、旅游者忠诚度，各潜变量间存在五种关联假设。研究结果显示：旅游者感知模型的预先假设 H_1、H_2、H_3、H_4 得到支持，而 H_5 则不支持，无论是三个案例地分别研究还是综合研究潜在变量与观测变量两个层次上在跨样本间均有一致的表现，说明所构建的旅游者感知模型有确定性一致。除 γ_{41} 外各结构变量之间的路径系数均是正向显著，说明旅游者理论模型大部分得到验证，模型具有较强的现实解释能力。

（7）从因子载荷看，三个农业旅游目的地中，对旅游者总体满意度进行测度的观测变量"总体评价 (Y_1)"与"体验经历 (Y_2)"研究结果是红岩新村最好，巴拉河旅游区次之，罗平油菜花海第三。而代表旅游者忠诚度的内生潜变量两个观测变量——重复游览优先考虑 (Y_3) 及向他人推荐 (Y_4)，则是巴拉河旅游区得分最高。因此，从旅游者感知视角分析，广西红岩新村与贵州巴拉河旅游区较云南罗平油菜花海的发展能力更强。

研究表明，旅游资源感知对旅游者总体满意度影响最大，西南少数民族地区农业旅游目的地丰富的旅游资源，除了各类地域性极强的农产品，优美的原生态自然风光、多彩的少数民族风情也令旅游者为之神往。软件服务对旅游者总体满意度的正面影响同样得到结构模型的支持。

与前人研究关注点不同的是，本书将旅游商品单独作潜变量进行分析，这是因为旅游商品一方面体现旅游目的地物产资源状况，同时，也是体现地域文化的物质载体。西南少数民族地区农业旅游目的地的特色之一也正是因其特有的农产品和有别于城市中大机器生产条件下千篇一律毫无个性可言的旅游工艺品等，并在生产、制作、交换过程中给予商品更为丰富的内涵，由此也将拉长产业链，有助于为迫切希望脱贫致富的西南少数民族地区农村居民增加收益，同时带动地方经济发展。该外生潜变量对旅游者满意度的显著影响支持了预期假设，说明在西南少数民族地区农业旅游目的地加强旅游商品的研发将对实现旅游者满意度与忠诚度大有裨益，增强可持续发展能力。因此，西南少数民族地区农业旅游目的地要获得旅游者认可，从而具有较强的可持续发展能力，应当在保持良好生态环境，深入挖掘具有地方性、民族性、乡村性的旅游资源，开发具有西南少数民族特色的旅游商品，提升服务质量上给予高度重视。

（8）对旅游者 TPSP-model 感知模型的构建与检验中得到的另一重要信息是：旅游硬件服务与旅游者总体满意度的相关性没有得到研究支持，研究结果否定了硬件服务感知与旅游者总体满意度必然显著联系的既定认识。究其原因主要是由于旅游者对西南少数民族地区农业旅游目的地硬件设施服务较低的预期估计极大地减弱了因此带来不便而引发的不满，而丰富而优良的旅游资源、特有的地方性热情服务以及独特的旅游商品又较大程度地掩盖了诸如交通等公共设施的不足。从长远的可持续发展角度而言，西南少数民族地区农业旅游目的地交通、餐饮、住宿、公共服务设施仍有极大的改进的空间。

总之，本书成果将有助于学术界及旅游业界更全面地认识西南少数民族地区农业旅游目的地居民与旅游者感知、行为、满意度及忠诚度的形成过程。为针对性地进一步提升旅游目的地可持续发展能力提供依据。

第六章　基于新农村建设目标的农业旅游目的地可持续发展能力研究

西南少数民族地区发展农业旅游的目的是希望通过旅游业带动地区全面持续进步。因此，正确评价旅游目的地可持续发展能力，对促进国家、地区和谐发展具有十分重要的意义。目前我国可持续发展评价体系更多地依赖统计指标而忽视精神层面，而事实上可持续发展社会心态很重要。在旅游目的地开发过程中，其社会经济文化环境的可持续发展能力的维持与提升，都要依赖于旅游目的地的利益主体——人来实现，尤其是居民与旅游者，他们才是最为重要的评价主体，他们对农业旅游发展满意与否是可持续发展最为关键的评判依据。在前一章节研究的基础上，本章结合可持续旅游核心标准，着重关注居民与旅游者感知，对西南少数民族地区农业旅游目的地可持续发展能力体系进行构建与评价，并为进一步探讨、寻求农业旅游可持续发展模式提供更为充实的依据。

第一节　农业旅游目的地可持续发展能力研究

一、可持续发展能力评价理论基础

(一) 农业旅游目的地可持续发展能力评价的必要性

我国开展农业旅游的地区很多，其中有发展成功的案例，但也有许多发展不成功或是不够理想的案例。例如，经营分散，资源不足，规模小；不能形成完整的旅游产业链；急功近利，不注重保护生态环境；部门之间缺乏沟通，多头管理，等等。鉴于此，在旅游资源异彩纷呈但生态环境较为脆弱、少数民族文化古朴浓郁却极易遭受冲击、文化遗产积淀深厚散布民间却难以得到有效保护的西南地区发展农业旅游，建立旅游目的地可持续发展能力评价体系不仅是必要的，而且是亟需的。

(二) 农业旅游目的地可持续发展能力评价体系的建立原则与依据

农业旅游目的地可持续发展能力评价体系的构建应遵循科学性、完备性、导向性、层次性、可操作性、可比性和关联性原则。在对相关科学理论和旅游区域社会、经济、生态、市场等系统充分认识、研究的基础上，本书认为应从不同角度反映农业旅游目的地可持续发展的价值取向，客观、全面、准确地揭示农业旅游目的地发展现状及开发潜力。

在指标选取时除应遵循一般原则外，以下几个具体原则是本研究着重关注的：

(1) 符合"可持续旅游"主要目标——"提高旅游地居民的生活水平；为旅游者提供高质量的旅游感受"，因此应强调当地居民与旅游者的感知评判，兼顾客观指标与主观指标。西南少数民族地区农业旅游目的地可持续发展能力强弱的重要评价主体是当地的居民，可持续发展能力的构建关键在于给民众带来了多少实惠，民众的得失是衡量旅游目的地可持续发展能力的重要标准。同时，旅游目的地能否可持续发展，旅游者的评价也至关重要，没有旅游者，何来旅游目的地长远发展？因此，旅游目的地可持续发展能力的评价离不开公众参与。客观指标能在一定程度上反映社会的和谐程度、可持续程度，但最终的评判权应该在民众手中。

(2) 符合中央提出的建设社会主义和谐新农村的目标和要求，即生产发展、生活宽裕、乡风文明、村容整洁、管理民主。

(3) 反映构建和谐社会的目标和任务。可持续发展的最高境界与本质内涵就是"和谐"。根据《中共中央关于构建社会主义和谐社会若干重大问题的决定》规定：到2020年，将我国建设成为一个"民主法治、公平正义、诚信友爱、充满活力、安定有序、人与自然和谐相处的社会"。

二、现有可持续发展能力评价研究的基本情况

截至目前，国内外鲜见专门关于少数民族地区旅游可持续发展评价体系的研究成果。但是，围绕着《21世纪议程》，近十余年来，不少国家，包括中国在内，不同程度地开展区域性或综合性的可持续发展指标体系及评价标准研究。同时，可持续发展也是为了获得持续成长的竞争实力并期望达到人、自然、社会的和谐发展境界，因此关于和谐发展与竞争力评价的评价体系也不乏启迪之处，这三方面成为构架西南少数民族地区农业旅游可持续发展能力评价体系的重要参考。

(一) 旅游业可持续发展指标体系研究

20世纪90年代以来，可持续发展问题逐渐成为各国际组织、政府和学术界关注的焦点，可持续发展的评价指标体系也随之成为研究热点，如联合国CSD（可持续发展委员会）、UNSTAT（联合国统计局）、SCOPE（环境问题科学委员会）均提出过可持续发展评价指标体系，同时也出现了一批具有较高价值的学术成果。但目前对于可持续发展的研究还主要停留在以国家为研究对象的空间尺度以及区域的整体发展水平上，对于各具体产业的可持续发展及相应能力构筑的研究比较薄弱，基本上还是处于理论探索阶段，旅游业的可持续发展研究也是如此。

世界旅游组织（WTO）从1992年开始进行旅游指标的研究，1993年成立了一个专门研究旅游可持续指标体系的工作组。在随后的几年间，所建立的指标体系在加拿大、荷兰、美国、阿根廷、墨西哥等一些国家进行试验。WTO提出的指标主要以旅游为中心，围绕旅游活动展开，该指标较适用于新的发达的旅游目的地（WTO，1993）。

英国旅游理事会于2001年制定了一套可持续旅游发展指标体系来评价英国的旅游业可持续发展程度，如表6-1所示。该指标体系主要围绕三个目标：①保护和改善自然和人文环境；②维护旅游地社会文化；③有利于旅游目的地经济发展。另外，一些发达国家如加拿大、匈牙利等也制定了自己的旅游可持续发展指标。

表6-1　英国可持续旅游指标体系

经济	产业竞争	英国居民在本国或海外旅游的比例
		旅游相关产业的注册
	旅游工作质量	同国家平均水平相比的旅游业最高资格
		同类国家平均水平相比的旅游业最高资格
社会	旅游可进入性	较低收入居民不参加旅游的比例
		具备残疾人接待能力的住宿的数量
	旅游供应质量	英国篮期奖励的数目
环境	旅游旅行和设备对环境变化的影响	英国居民和国外旅游者旅游所释放的二氧化碳
		旅游、饭店、体育及娱乐场所所消耗的能源和排放和二氧化碳

资料来源：张美英，2006

英国学者Miller（2001）就可持续旅游含义对西方旅游学者进行了问卷调查，分析最可能代表他们观点的"可持续旅游成分"，排在前十位的成分依次是：采用长远的观点、制定优秀的旅游发展规划、地方参与、有效利用资源、提高自然资本存量、遵守承载力、确保当地居民满意、促进代际公平、确保游客满意、鼓励当地振兴。我国学者金波依此方法对我国旅游学者进行调查，结果排在前十位的分别是：具有优秀的旅游规划、采取长期的观点、遵守承载力、有效利用资源、确保游客满意、改善自然资源资本存量、保持自然资本存量水平、促进代际公平、实现地方参与、管理。

国内学者也就旅游可持续发展指标体系做了不少研究。崔凤军等（1999）在国内较早地提出并建立了以生态环境指标、旅游经济指标、社会文化指标和社会支持系统指标的区域旅游可持续发展评价指标体系。之后，旅游业的可持续发展受到了学术界的广泛重视，但如何具体评价一个区域旅游业的可持续发展水平，如何建立一个可供实际操作的可持续发展指标体系，目前还没有令人信服的研究成果出现，持续、深入的研究仍然很有必要。

从网络及 CNKI 中搜索到的旅游业、旅游目的地等的可持续发展指标体系多为研究者的观点，如表 6-2 所示。

表6-2 2000年以来我国提出的旅游可持续发展指标体系特征

序号	提出者	评价层面	指标层次	指标数量	指标权重确定方法	无量纲方法	综合评价
1	王良健（2001）	张家界	三	34	专家咨询法+AHP法	三类数据采用三种不同方法量化	常规
2	李艳双（2001）	城市	二	9	未说明	—	数据包络分析DEA模型
3	牛亚菲（2002）	宏观	三大类，各为三层次	49	—	—	常规
4	魏敏（2004）	泰山农业生态旅游区	五	50	专家咨询法	—	综合评价指数法
5	许涛（2004）	国家	三	29	—	—	—
6	金准（2004）	区域	四	42	专家咨询法+AHP法	—	常规
7	李星群（2004）	自然保护区	三	70	专家咨询法+AHP法	问卷调查，已作无量纲化	常规
8	付红军（2005）	小城镇	三	34	AHP法+主成分分析	—	常规
9	万幼清（2006）	区域	四	47	专家咨询法+AHP法	正向指标：$X=C/C_0$；负向指标：$X=1/(C \times C_0)$	—
10	戴永光（2006）	区域	四	34	平均赋权	正向指标：$V_{ij}=(D_{ij}-D_{imin})/(D_{imax}-D_{imin})$ 负向指标：$V_{ij}=(D_{imin}-D_{ij})/(D_{imin}-D_{imax})$	模糊聚类最大矩阵元法

续表

序号	提出者	评价层面	指标层次	指标数量	指标权重确定方法	无量纲方法	综合评价
11	黄萍(2006)	西部民族地区	二	17	专家咨询法+AHP法	正向指标：$K_i=D_i/\max(A_i)$ 负向指标：$K_i=\min(A_i)(D_i)$	综合评价法（多目标线性加权）
12	赖斌(2006)	四川省	二	9	因子分析	确定模糊变量最大隶属度再计算	因子分析+模糊二元对比决策方法
13	唐善茂(2006)	广西	四	32	专家咨询法+AHP法	—	—
14	刘益(2006)	—	四	58	—	—	—
15	王震(2006)	海洋，山东	三	15	专家咨询法+AHP法	问卷调查，已作无量纲化	常规
16	张美英(2006)	泛珠三角九省区	四	41	均方差法	—	常规

在16个指标体系中，有两个指标体系偏于宏观，其他偏于中观。指标数量在9~70个，平均36个指标。其中2个指标体系的指标数量在10个以下，2个指标体系的指标数量在10~19个指标，1个是20~29个指标，3个指标体系在30~39个指标，5个指标体系在40~49个指标，指标在50个以上的有3个。从指标体系的结构来看，3个指标体系具有2个层次，6个指标体系具有3个层次，6个指标体系具有4个层次，1个指标体系有5个层次。无论是指标层次还是指标个数都跨越较大幅度。指标权重的确定方法以专家咨询与AHP法结合考查最多；无量纲方法也不尽相同，综合评价仍以常规综合评价法居多。

(二) 和谐发展指标体系研究

广义上的和谐社会主要是指社会同一切与自身相关的事情保持着一种协调的状态，包括社会与自然环境、经济、政治、文化之间的协调等。狭义上的和谐社会主要是指社会层面本身的协调，具体来说就是中央关于和谐社会"民主法治、公平正义、诚信友爱、充满活力、安定有序、人与自然和谐相处"六大特征所涉及的内容。可以说和谐是可持续发展的核心要素。

目前，从CNKI及网络等公开渠道收集到的17个和谐社会综合评价指标体系（表6-3），其中3个指标体系是由统计部门提出的，包括国家统计局、北京市和湖北省统计局；3个指标体系由研究机构提出，包括中国社科院、深圳社科院和江苏社科院；其余11个指标体系以研究者个人名义提出。

第六章 基于新农村建设目标的农业旅游目的地可持续发展能力研究

表 6-3 我国现有和谐发展指标体系特征

序号	提出者	评价层面	体系结构	指标层次	指标数量	指标权重确定方法	无量纲方法	综合评价
1	国家统计局(2006)	国家	狭义	三级	25	平均赋值	阈值法	常规
2	中国社科院	—	广义	三级	38	主观赋权	Z-score	常规
3	北京统计局	地区	狭义	四级	20	专家咨询法	—	常规
4	深圳社科院	地区	狭义	三级	35	主观赋权	阈值法	常规
5	湖北省统计局	地区	狭义	三级	16	—	—	—
6	江苏社科院	地区	广义	三级	27			
7	张德存(2005)	—	狭义	三级	26	专家咨询法+模糊综合评价法	阈值法	常规
8	胡学锋(2005)	广东	广义	三级	20	平均赋值	阈值法	常规
9	蒋剑辉(2006)	浙江	广义	四级	23	—	—	因子分析
10	李海波(2006)	海岛	广义	三级	42	专家咨询法	—	模糊
11	周春喜(2006)	浙江	广义	四级	34	专家咨询法+层次分析	阈值法	常规
12	欧阳建国(2006)		狭义	三级	35	专家咨询法+层次分析		
13	辛玲(2007)		广义	三级	21	专家咨询法		
14	谢颖(2007)	武汉	狭义	四级	40	—		
15	李广海(2007)	—	狭义	三级	20	专家咨询法	综合指数法、功效评分法和TOPSIS法	常规
16	陈钰芬(2007)	浙江	广义	三级	25	平均赋值	阈值法	因子分析
17	齐心(2007)	北京、上海	狭义	三级	25	平均赋值	阈值法	常规

注：根据齐心等(2007)、CNKI 及网络截至 2007 年 12 月资料综合整理而成；标注"—"的是无资料或文章未注明

在 17 个指标体系中，有 8 个指标体系偏于广义的和谐社会概念，9 个偏于狭义的和谐社会概念。指标数量在 16~42 个，平均 27 个指标，其中 1 个指标体系的指标数量在 20 个以下，10 个指标体系有 20~29 个指标，4 个指标体系有 30~39 个指标，2 个指标体系的指标数量有 40 个以上。从指标体系的结构来看，13 个指标体系具有 3 个层次，4 个指标体系有 4 个层次。指标权重的确定方法包括三大类：一是平均赋权，二是主观赋权，三是专家咨询；无量纲方法以阈值法居多，有 7 个，其他方法还包括综合指数法、功效评分法、TOPSIS、Z-score 法等。

(三) 旅游业竞争力研究

西南农业旅游目的地可持续发展能力构建的目的之一就是构筑较强的竞争力。已有的旅游目的地竞争力研究主要包括旅游资源、旅游者需求、旅游地形象、旅游空间合作等与旅游目的地竞争力的关联研究。评价旅游目的地竞争力常用指标包括价格、旅游人数、旅游收入、游客满意度、环境管理因素等，如表6-4所示。

表6-4 2000年以来国外旅游目的地竞争力评价体系特征

序号	作者	研究对象	评价方法	数据来源	主要指标
1	Dwyer等(2000)	澳大利亚与19个竞争目的地	方差分析	世界银行、国际游客调查	价格竞争力指数
2	Wang和Wu(2000)	中国台湾、中国香港与东盟五国	三段最小平方回归分析(3SLS)、最优尺度回归分析	WTO旅游统计年鉴	因变量是游客人数；自变量主要有价格、汇率、时间和特殊事件虚拟变量
3	Huybers和Bonnett(2003)	昆士兰	多项逻辑回归分析	问卷调查	环境破坏程度、游客需求
4	Sahli等(2003)	19个OECD国家	线性回归分析	公开发布数据	市场份额、价格竞争力、人均收入、真实汇率、国家客运比较优势、旅馆运营率、游客相对密度
5	Enright和Newton(2004)	中国香港	重要业绩分析(IPA)	调查问卷	吸引物15个属性与产业关联37项因素
6	Gooroochurn和Sugiyarto(2005)	世界各国	因子分析、聚类与判别分析	WTTC	价格、开放性、技术、基础设施、人文旅游、社会发展、环境和人力资源八大指标
7	Enright和Newton(2005)	中国香港、新加坡、曼谷	t检验、方差分析和F检验	调查问卷	吸引物15个属性与产业关联37项因素
8	Kim等(2005)	大陆出境旅游目的地	多维尺度分析、交互最小平方尺度分析	问卷调查	目的地属性、游客偏好
9	Toh(2004)	新加坡、泰国、马来西亚、中国香港	偏离-份额分析(SSA)	世界银行	游客人数

由于目的地竞争力概念上的不统一，选用的评价因子、建立的模型以及量化方法也不同，国外研究中主要使用的量化方法有方差分析、因子分析、聚类与判别分析、重要性—业绩分析、回归模型分析、偏离—份额分析等。国内目的地竞争力研究总体上定性分析比较多，而在定量评价中使用较多的量化方法是层次分析法(史春云，2007)。

(四) 研究述评

综上所述，可持续与和谐一脉相承，可持续发展也是为了获得长久的竞争实力。

我国现有旅游可持续发展能力的研究，特别是指标体系的研究，还是处于探索阶段。而且，由于各地区发展水平不同，实施可持续发展战略的侧重点也有所不同，使得不同地区对于旅游可持续发展的评价标准也会产生差异。同时，研究的空间尺度不同，所选取的评价指标也会有所不同。目前我国评价可持续发展能力体系存在的主要问题包括：①理论建构不足，由于对可持续发展的理解差异，在选取指标时具有较大的随意性。②忽视精神层面，过于依赖统计指标，多数指标体系局限于从现有的统计中选取指标，人的主观感知较少涉及。而事实上可持续发展社会心态很关键，在旅游目的地开发过程中，其社会、经济、文化环境的可持续发展能力的维持与提升，都要依赖于旅游目的地的"人——利益主体"来实现，尤其是居民与旅游者的感知是最为重要的评价主体，却因实际工作的繁重而被常忽略，而国外研究显然在这方面要强于我们。③技术层面上，一些指标体系没有明确评价的对象或层次，多数指标体系还停留在构想阶段，因此对指标体系的可操作性考虑还不够。此外，模糊综合评价、多元统计综合评价等综合评价方法的使用比较薄弱。

三、基于新农村建设目标的民族地区农业旅游目的地可持续能力评价体系构建

综合文献研究成果，将旅游目的地可持续发展的目标表述为：①通过旅游开发满足目的地经济、社会、文化发展需求，提高目的地社区居民的生活品质，并在发展中维护"公平"；②满足日益增长的旅游者需求和旅游业发展要求，为旅游者提供高质量的旅游体验，同时吸引潜在旅游者；③维护作为旅游发展的基本吸引力要素的资源、环境质量；④保持或提高旅游业的竞争力和生存力。

在总结和借鉴前人经验与研究成果，并向相关专家、案例地居民及旅游者进行指标选取咨询的基础上，结合西南少数民族地区农业旅游目的地社会经济发展的实际情况和特点，以及实施问卷调查与访谈，同时兼顾可操作性，本书设计了西南少数民族地区农业旅游目的地可持续发展能力评价体系，如表6-5所示。体系以人为核心，力求充分揭示人、社会、自然三者之间的协调发展状况及旅游发展的态势与潜力。指标体系概括为经济可持续发展、社会文化可持续发展、环境可持续发展、

旅游管理可持续发展、农业旅游开发条件、农业旅游发展潜力六个方面，前四项对应新农村建设中所提出的"生产发展、生活宽裕、乡风文明、村容整洁、管理民主"内容，共计26个指标因子，其中包含旅游目的地居民的感知因子7个，旅游者感知因子2个，旅游目的地"主客"双方的感知因子占总评价指标因子的35%。六个子系统相辅相成，构成一个完整的总体，经济发展是基础，社会稳定和资源环境是保障，社会公平和社会进步是目标，开发条件与潜力保证未来可持续发展，26个指标因子共同揭示西南少数民族地区农业旅游目的地可持续发展能力情况。

表6-5 基于新农村建设目标的民族地区农业旅游目的地可持续发展能力评价体系

目标层A	准则层B		指标因子层C	数据来源
A 农业旅游目的地可持续发展能力评价体系	B₁ 经济可持续发展 （生产发展）	C₁	农民人均纯收入增长率	统计资料
		C₂	旅游目的地内高低收入户收入比（逆指标）	统计资料
		C₃	农民家庭旅游经营年收入增长率	统计资料
		C₄	农民对地方基础设施建设满意度*	问卷调查
		C₅	农民的相对剥夺感（逆指标）*	问卷调查
	B₂ 社会文化可持续发展 （乡风文明）	C₆	治安稳定指数	统计资料
		C₇	农民的生活品质满意度*	问卷调查
		C₈	乡村风貌的认同感*	问卷调查
		C₉	传统文化资源开发认可度*	问卷调查
		C₁₀	教育文娱支出占消费支出比重除以适龄儿童入学率	统计资料
	B₃ 环境可持续发展 （村容整洁）	C₁₁	卫生状况满意度*	问卷调查
		C₁₂	环境质量指数	统计资料
		C₁₃	农村环境赞誉度	统计资料
		C₁₄	能源替代开发指数	统计资料
		C₁₅	森林覆盖率	统计资料
	B₄ 旅游管理可持续发展 （管理民主）	C₁₆	农民参与度	统计资料
		C₁₇	农民对公共服务与民主管理满意度*	问卷调查
		C₁₈	旅游者总体满意度*	问卷调查
		C₁₉	旅游者忠诚度*	问卷调查
	B₅ 农业旅游开发条件	C₂₀	区域经济状况	统计资料
		C₂₁	区位与通达度	统计资料
		C₂₂	适游期	统计资料
		C₂₃	农业景观价值	专家评估
	B₆ 农业旅游发展潜力	C₂₄	产品开发潜力	专家评估
		C₂₅	可持续发展态势	专家评估
		C₂₆	已经编制中长期旅游业发展规划	统计资料

注：标注★的是"主客"双方的感知因子

(一) 经济可持续发展评价：包括 5 项指标

(1) 农民人均纯收入增长率：农民人均纯收入增长率是反映地区经济发展的最重要指标。现有研究中多采用农民人均纯收入，但西南少数民族地区农民收入较低而且即使在区域内差异也较大，可比性不大，而用农民人均纯收入增长率则可以较客观反映社会经济的发展给农民带来的实际利益。农村居民人均纯收入增长主要决定于经济增长。经济发展是社会、政治、文化、教育全面进步的基础。该指标通过统计数据获取(2003 年为基准期)。

(2) 旅游目的地内高低收入户收入比：可持续发展要求社会各阶层收入分配合理、社会保障全面普及、能够体现社会公平。目前反映收入分配差距的指标主要是基尼系数，但是西南少数民族地区农业旅游目的地对此项统计并不完全，因此本书采用旅游目的地内高低收入户收入比作为社会公平与否的指标，该指标通过统计数据计算获取(采用 2006 年数据)。

(3) 农民家庭旅游经营年收入增长率：农民家庭旅游经营年收入增长率反映旅游目的地旅游业对农民经济收入的影响。家庭旅游经营年收入增长不仅促进农村经济发展，也促使农民可自由支配的收入增多，该指标通过统计数据获取(2003 年为基准期)。

(4) 地方基础设施建设满意度：地方基础设施建设与地方经济关联紧密，基础设施建设是否能随着经济的发展而相应改善，当地居民最有发言权，该指标通过问卷调研数据获取。

(5) 农民的相对剥夺感：相对剥夺感是指个人把自己当前的境况与以前或周围的人进行比较，如果觉得下降或不如时产生的一种心理体验。相对剥夺感是造成农村不和谐的直接原因之一。指标数据通过问卷调查或心理测试来获取。

(二) 社会文化可持续发展评价：包括 5 项指标

(1) 治安稳定指数：反映农村社会治安的稳定程度，稳定是一切经济建设工作的保障和前提。保障农村的社会治安和生产安全、提供一个稳定的生活工作环境是确保社会可持续发展的基础。犯罪率是治安保障程度好坏的重要衡量指标，同时参考《全国农业旅游示范点、工业旅游示范点检查标准(试行)》(简称《标准》)对旅游安全要求"旅游安全教育防范制度和安全责任制健全，落实情况好；开业以来无重大旅游安全事故发生；区内有医疗救护点；现场检查无安全隐患"。指标数据通过实地调查及相关统计资料获取。

(2) 农民的生活品质满意度：农村发展，生活水平提高，乡村邻里关系和谐，农民就会感觉到幸福，农村生活气氛活跃，生活品质满意度高。指标数据通过问卷调查获取。

(3) 乡村风貌认同感：农民对居住环境的认同与热爱是农业旅游目的地发展的保障与支撑，指标数据通过问卷调查获取。

(4) 传统文化资源开发认可度：西南少数民族地区开发农业旅游，乡村风貌、农民劳动生活场景、少数民族风俗民情的开发是重要内容，根据文献及实际调研分析，民俗风情开发商业化与庸俗化是最让当地居民苦恼、反感的，他们对传统文化资源开发认可程度直接关系他们对旅游发展的态度，也关系到民族文化的传承，指标数据通过问卷调查获取。

(5) 教育文娱支出占消费支出比重除以适龄儿童入学率：教育文娱支出占家庭消费支出比重是反映一个地区居民文化教育费用支出的指标，随着农村居民生活水平和生活质量的不断提高，人们用于文化教育娱乐的费用将会越来越高。但由于目前少数民族地区农业旅游目的地该项数据统计不完全，用适龄儿童入学率更能反映当地居民对教育的重视程度及社会进步程度。指标数据通过实地调查及相关统计资料获取。

(三) 环境可持续发展评价：包括 5 项指标

(1) 卫生状况满意度：农村卫生状况关系居民与旅游者的直观感受，指标数据通过问卷调查与实地考察获取。

(2) 环境质量指数：参考《标准》中对生态环境效益要求"规划科学，绿化美化好，已通过省级环保部门环境评估为最优；规划较好，绿化较好，已通过地(市)级环保部门环境评估为良好；示范点未造成对生态环境的破坏和建设性破坏为合格"。指标数据通过实地调查及相关统计资料获取。

(3) 农村环境赞誉度：农村环境赞誉是指农村受到国家、地区及有关部门授予的荣誉称号(如"文明村"、"卫生村"、"示范点")和在人们心中的声誉，通过统计资料比较案例地得到的光荣称号数量与等级，并进行具体赋值来获取。

(4) 能源替代开发指数：该指标反映农村因地制宜，利用清洁能源(沼气、秸秆气化、小水电、太阳能、风力发电等技术)替代传统能源的程度。指标数据通过实地调查及统计资料获取。

(5) 森林覆盖率：森林覆盖率主要反映当地生态环境状况。指标数据通过统计资料获取。

(四) 旅游管理可持续发展评价：包括 4 项指标

（1）农民参与度：①参与旅游经营、培训、村务管理人数与总人口比值；②对区域内旅游发展事件的关心程度，如农贸展销会、旅游节事等，通过调查计算关心该事的人数占被调查人数的比重，然后对一年内的各次调查结果进行简单平均来反映。本书通过统计数据与问卷调查兼顾，综合获取数据。

（2）公共服务与民主管理满意度：政府公共服务与管理的能力直接关系到居民对社区发展、旅游发展的态度，该指标针对居民，通过问卷调查获取数据。

（3）旅游者总体满意度：该指标强调旅游者农业旅游体验与总体感知，数据通过问卷调查获取。

（4）旅游者忠诚度：旅游者的口碑宣传与重复游览是最通用的两个反映旅游者对旅游目的地忠诚度的指标，该指标通过问卷调查获取数据，然后取两者平均数得到。

(五) 农业旅游开发条件：包括 4 项指标

（1）区域经济状况：区域经济状况及城镇人口数量直接关系到城市居民的总出游能力，相应地对农村发展农业旅游的可持续能力进行影响，指标数据以 2006 年全国平均城市人口数与城镇居民可支配收入为最低基准值进行换算获取。

（2）区位与通达度：农业旅游目的地主要客源市场是城市居民，因此距离区域内中心城市远近直接关系到是否有充足的潜在客源。此外，从历史发展来看，交通从来都是旅游发展的一个重要因素，农业旅游目的地也不例外。通达度用旅游目的地与主要客源地之间的交通设施便利性确定，包括可直达主要客源地的汽车、火车、飞机情况，但西南少数民族地区农业旅游目的地通常以汽车或火车进入为主，因此本书通过计算案例地与中心城市距离及最快行程时间进行评分。

（3）适游期：适合开展旅游活动的时间长短同样关系到农村地区发展农业旅游的能力强弱，适游期越长，农民从旅游中得到的收益相应越多，越有利于可持续发展。数据通过实地考察与统计数据获取数据。

（4）农业旅游景观价值：参考《标准》中对景观的吸引力评价。

(六) 农业旅游发展潜力：包括 3 项指标

参考《标准》中对发展后劲评估要求将农业旅游发展潜力指标定为：产品开

发潜力，通过《标准》中"还有许多旅游资源和旅游项目可以开发利用"的评价判定；可持续发展态势；已经编制出具有指导性、前瞻性和可操作性的中长期旅游业发展规划。

相对于现有旅游目的地可持续发展评价体系，本书所构建的农业旅游目的地评价指标体系具有以下特点：

(1) 建立更为简单、明晰的层次结构关系；
(2) 注重旅游目的地居民与旅游者的感知评判；
(3) 强调西南少数民族地区农业旅游发展中政府管理、主导、干预的重要作用，以及社区参与重要性，将旅游管理、开发单独作为评价指标层；
(4) 针对性、可操作性较强；
(5) 参考国家现有评价标准体系。

第二节　基于 GA 优化的可持续发展能力评价

遗传算法(genetic algorithm，GA)是一种有效的解决最优化问题的方法，而旅游目的地可持续发展能力通常由多类不同指标构成，各个评价对象间又存在各式差异，目前常用的方法是层次分析法(AHP)与传统的线性加权综合评价法结合，但不同专家在指标选取及进行权重分配时观点各异，综合评价一直是该项研究的难点。GA 具有对可行解表示的广泛性、群体搜索特性、不需要辅助信息等优点，而且农业旅游目的地本身作为一个复杂系统存在非线性相互作用、开放性、动态变化等特性，因此本节研究尝试运用非线性模型与 GA 遗传算法相结合对西南少数民族地区农业旅游目的地可持续发展能力进行评价。

一、遗传算法原理与优点

遗传算法最先是由美国密歇根大学 John Holland 教授于 1975 年提出，之后逐渐发展成为一种通过模拟自然进化过程解决最优化问题的计算模型。遗传算法提供了一种求解非线性、多模型、多目标等复杂系统优化问题的通用框架，它不依赖于问题具体的领域，已经应用于函数优化问题、组合优化、自动控制、社会科学等领域。目前已经在求解旅行商问题、背包问题、图形划分问题等多方面的应用上取得成功(周明和孙树栋，1999)。

利用遗传算法解最优化问题通常包括以下步骤：①编码；②计算适应度；③复制(繁殖)；④交换；⑤突变；⑥循环，回到步骤②~⑤反复进行，直到满足一定要求为止。也就是说，首先应对可行域中的点进行编码，然后在可行域中随机挑选一些编码组成作为进化起点的第一代编码组,并计算每个解的目标函数值,也就是编码的适应度。接着就像自然界中一样,利用选择机制从编码组中随机挑选编码作为繁殖过程前的编码样本。选择机制应保证适应度较高的解能够保留较多的样本;而适应度较低的解则保留较少的样本,甚至被淘汰。在接下去的繁殖过程中,遗传算法提供了交叉和变异两种算子对挑选后的样本进行交换。交叉算子交换随机挑选的两个编码的某些位,变异算子则直接对一个编码中的随机挑选的某一位进行反转。这样通过选择和繁殖就产生了下一代编码组。重复上述选择和繁殖过程,直到结束条件得到满足为止。进化过程最后一代中的最优解就是用遗传算法解最优化问题所得到的最终结果,详细过程可见相关文献,在此不再复述。

从中看出,GA算法具有下述特点:

(1) 对可行解表示的广泛性。GA处理对象是对问题参数的编码组进行操作,而不是直接对参数本身。这一编码操作使遗传算法可以直接对结构对象进行操作,所谓结构对象泛指集合、矩阵、序列、树、图、表等各种一维或二维甚至多维结构形式,这一特点使得遗传算法具有广泛的应用领域。

(2) 群体搜索特性。GA的搜索是对一个种群而不是对单点的并行搜索,即从问题解的编码组开始搜索,而不是从单个解开始,可同时对搜索空间中的多个解进行评估。这一特性使GA具有较好的全局搜索性能,也使得GA本身易于并行化。

(3) 不需要辅助信息。GA使用目标函数值(适应度)这一信息进行搜索,而不需导数等其他信息,也就是不需要相关信息或先验知识,仅需要目标函数和与之相应的适应函数。更重要的是,GA的适应度函数不仅不受连续可微的约束,而且其定义域可以任意设定。

(4) GA算法使用的选择、交叉、变异这三个算子都是随机操作,而不是确定性规则。GA采用概率的变迁规则来指导它的搜索方向,具有内在的并行搜索机制。

但要指出的是,GA不足之处是目前尚无有效的对算法的精度、可信度、计算的复杂性进行分析的标准。

二、可持续发展评价模型

(一) 分类单项指标的发展指数普适公式

目前的综合评价基本模型仍多采用简单线性加权平均法。这类评价模型法无论是方法学本身还是评价功能均存在许多不足之处,如简单线性加权要求各指标具有独立性，这势必给指标体系的筛选带来困难。若评价指标过多，往往出现多重共线性现象，出现不同程度的重复；若指标定的太少，可能因信息量不足而难以反映真实状况；而且各评价指标多是线性函数关系的假设在现实情况下难以成立，作为一个系统可能存在复杂的非线性相互作用。由于 GA 算法对指标个数及选取在一定前提条件下具有较强适应度，对非线性可行解表示出广泛性、群体搜索等特性，本书尝试用此方法进行西南少数民族地区农业旅游目的地可持续发展能力的评价。

若将可持续发展按其特性归为持续、协调、结构和集聚四大类指标，用这些指标来描述社会、经济和环境的发展程度均可用 S 型生长曲线表示，如公式(6-1)所示(王慧炯等，1999；李祚泳等，2000a，2000b，2007)。将农业旅游目的地可持续发展能力分为经济、社会文化、环境、发展条件与发展潜力六大类，它们的非线性发展程度同理可用 S 型曲线描述，因此可用式(6-1)讨论农业旅游目的地可持续发展能力。

$$\mathrm{PI}_j = \frac{1}{1+a_j \mathrm{e}^{-b_j x_j}} \tag{6-1}$$

式中，x_j 为 j 指标值；a_j、b_j 为与 j 指标特性有关的待估参数，e 为常数。若对每类的各项指标的单位，分别选取适当的因子 a_j 进行扩大或缩小规范化处理，使规范化后不同指标的同级标准的数值差异不大(一般不超过 1 个数量级为宜)，则可用 GA 对式(6-1)中不同指标的参数 a_j、b_j 优化，使优化后同类中不同指标的参数变为相同，因而式(6-1)可用以下普适式(6-2)代替：

$$\mathrm{PI}_j = \frac{1}{1+a\mathrm{e}^{-bx_j}} \tag{6-2}$$

(二) 指标权重确定

(1) 所有指标值来源于三部分，如表 6-5 所示。一是采用规范的统计资料，二是实地调查问卷数据，三是专家评估(本次专家评估分值是三个案例地在评定全国农业旅游示范点时所取得的评估数据)，然后进行数据规范化处理。

(2) 对上述量化、规范化的指标进行无量纲化。无量纲化方法有多种，本书运用极值法，即利用指标的极值(极大值或极小值)计算指标的无量纲值 x_i。计算公式主要有

① $x'_i = \dfrac{x_i}{\max x_i}$ ② $x'_i = \dfrac{\max x_i - x_i}{\max x_i}$

③ $x'_i = \dfrac{x_i - \min x_i}{x_i}$ ④ $x'_i = \dfrac{x_i - \min x_i}{\max x_i - \min x_i}$

式中，x'_i 为第 i 指标被转换后的值，x_i 为转换前的指标值，$\max x_i$ 为第 i 个指标中的最大值，$\min x_i$ 为第 i 个指标中的最小值。由于②、③、④式在计算过程中都会出现值为 0 的情况，不利于指标最后的计算和比较，所以本书选取第①个式子对旅游目的地可持续发展能力规范化指标进行无量纲化。

（3）确定指标权重。

本书采用客观的标准差系数法计算各指标的权重，计算方法为：①计算指标 X_i 的标准差系数：

$$V(x_i) = \dfrac{\sigma_i}{\overline{X_i}} \tag{6-3}$$

式（6-3）中，$\overline{X_i}$ 为 X_i 均值，σ_i 为标准差。②对 $V(x_i)$ 进行归一化处理，计算指标 X_i 的权重 w_i：

$$w_i = V(x_i) / \sum_{i=1}^{n} V(x_i) \tag{6-4}$$

（4）经以上步骤分 C 层指标因子层权重如表 6-6 所示。

表 6-6　可持续发展能力指标因子层权重分配表

准则层 B	指标因子层 C				
$w(B_1)$	C_1 0.189	C_2 0.503	C_3 0.221	C_4 0.020	C_5 0.066
$w(B_2)$	C_6 0.301	C_7 0.045	C_8 0.054	C_9 0.488	C_{10} 0.112
$w(B_3)$	C_{11} 0.015	C_{12} 0.094	C_{13} 0.244	C_{14} 0.560	C_{15} 0.087
$w(B_4)$	C_{16} 0.648	C_{17} 0.221	C_{18} 0.065	C_{19} 0.066	
$w(B_5)$	C_{20} 0.237	C_{21} 0.215	C_{22} 0.334	C_{23} 0.215	
$w(B_6)$	C_{24} 0.535	C_{25} 0.137	C_{26} 0.328		

(三) 可协调持续发展综合指数

式(6-5)为各单项指标指数式，PI_j为由式(6-2)计算的j指标的发展指数，W_j为j指标的标准差系数法计算的权值，n为相对于B层而言的C层指标个数。

$$PI(B) = \sum_{j=1}^{n} W_j PI_j \qquad (6\text{-}5)$$

式(6-5)计算出B层数值后同样用标准差系数法确定出各B层权重为

[0.3293，0.0575，0.2631，0.1135，0.1180，0.1186]

最后得到农业旅游目的地可持续发展综合指数式(6-6)

$$PI = \sum_{B=1}^{6} W_B PI(B) \qquad (6\text{-}6)$$

三、西南少数民族地区农业旅游目的地可持续发展能力分析

运用MATLAB软件中的遗传算法工具箱(雷英杰等，2005)对三个案例地数据进行可持续发展能力评价。其中，设定种群中个体数为40；运行中止条件为运行代数300；选择函数为随机一致选择(stochastic uniform)，保留至下代的最优个体数为2；变异函数是高斯变异(gaussian)，交叉函数为发散交叉(scattered)，迁移方向为向前迁移(forward)。

数据及评价标准如表6-7所示，指标的各级标准值及数据均经过规范化处理。将农业旅游目的地可持续发展26个指标的标准划分为五级，凡是调查问卷获取数值的均按由低至高划分1、3、5、7、9五等份；凡是百分数衡量的指标(除C_1、C_3外)均将0~100均分五级后规范化；C_1、C_3取案例地最高值为最高级，参照李祚泳等(2000)，划分五级后规范化；凡是按《标准》取值的则将最高分值设为最高级，然后五等分并规范化；C_{20}，即区域经济状况则以全国2006年平均城镇人口与城镇居民平均可支配收入乘积的两倍作为最低参照标准，按1、1.5、2、3、4倍数划分五级。C_{21}，即区位与交通，以案例地与中心城市距离近、中、远及最快行程时间赋分值；C_{22}(适游期)则将12个月按0、3、6、9、12分级。之后，用GA对指标参数进行优化，此时需构造目标函数，六类的目标函数均构造为式(6-7)

$$\min f(x) = \min \sum_{k=1}^{5} \sum_{j=1}^{n} |PI_{kj} - PI_k| \qquad (6\text{-}7)$$

式中，PI_{kj} 为由式(6-2)计算得到的 j 指标的 k 级标准的指数值；PI_k 为由式 $PI_k=I_0(I_9/I_0)^{i/9}$ ($I_0=0.01$，$I_9=0.99$) 计算得到的 k 级目标值。当 i=1、3、5、7、9 时，得到 5 级标准相应的目标值 PI_1=0.0106，PI_2=0.0463，PI_3=0.1284，PI_4=0.3562，PI_5=0.99。用 GA 优化式(6-2)中的参数 a、b 时，6 类指标的 a、b 初始值设定范围均为 $a\in[0, 250]$，$b\in[0, 50]$。分别将表 6-7 中 6 类指标的分级标准值代入公式(6-2)和式(6-7)，用 GA 优化得到划分为 5 级标准的经济、社会文化、环境、发展条件与发展潜力 6 类单项指标的近似最优解发展指数普适方程(6-8)与图谱（图 6-1~图 6-6），由图谱可见，各单项指标发展能力均处于一种非线性态势。

表 6-7 农业旅游目的地可持续发展能力单项指标评价标准

指标分类		原指标及单位	规范后指标 X_j	规范后的指标 X_j 的评价标准					红岩新村	巴拉河旅游区	罗平油菜花海
				Ⅰ级 弱	Ⅱ级 较弱	Ⅲ级 中等	Ⅳ级 较强	Ⅴ级 强			
B_1 经济可持续发展（生产发展）	C_1	农民人均纯收入增长率(%)	X_1	0	0.50	1.00	2.00	3.20	3.20	2.11	1.50
	C_2	高低收入户收入比(比值)	X_2	2.00	2.50	3.33	5.00	10.00	0.60	6.80	2.19
	C_3	农民家庭旅游经营年收入增长率/%	X_3	0	0.50	1.00	2.00	3.20	2.09	1.96	0.80
	C_4	地方基础设施建设满意度(数值)	X_4	1.00	3.00	5.00	7.00	9.00	6.79	6.30	6.38
	C_5	相对剥夺感(数值)	X_5	1.11	1.43	2.00	3.33	10.00	1.97	2.38	1.85
B_2 社会文化可持续发展（乡风文明）	C_6	治安稳定指数(数值)	X_6	1.60	3.20	4.80	6.40	8.00	8.00	7.00	6.00
	C_7	生活品质满意度(数值)	X_7	1.00	3.00	5.00	7.00	9.00	7.76	7.52	7.46
	C_8	乡村风貌认同感(数值)	X_8	1.00	3.00	5.00	7.00	9.00	7.89	7.75	8.14
	C_9	传统文化资源开发认可度(数值)	X_9	1.11	1.43	2.00	3.33	10.00	2.09	2.67	1.67
	C_{10}	适龄儿童入学率/%	X_{10}	2.00	4.00	6.00	8.00	10.00	10.00	9.40	9.00
B_3 环境可持续发展（村容整洁）	C_{11}	卫生状况满意度(数值)	X_{11}	1.00	3.00	5.00	7.00	9.00	7.36	7.08	7.25
	C_{12}	环境质量效益(数值)	X_{12}	1.00	2.00	3.00	4.00	5.00	5.00	4.00	4.00
	C_{13}	农村环境赞誉度(数值)	X_{13}	1.00	3.00	5.00	7.00	9.00	9.00	9.00	4.50
	C_{14}	能源替代开发指数/%	X_{14}	2.00	4.00	6.00	8.00	10.00	8.80	5.00	1.00
	C_{15}	森林覆盖率/%	X_{15}	2.00	4.00	6.00	8.00	10.00	7.70	7.10	6.00
B_4 旅游管理可持续发展（管理民主）	C_{16}	农民参与率/%	X_{16}	2.00	4.00	6.00	8.00	10.00	6.15	4.83	3.20
	C_{17}	公共服务与民主管理满意度(数值)	X_{17}	1.00	3.00	5.00	7.00	9.00	7.08	5.90	5.97
	C_{18}	农业旅游体验满意度(数值)	X_{18}	1.00	3.00	5.00	7.00	9.00	7.36	7.08	6.92
	C_{19}	旅游者忠诚度(数值)	X_{19}	1.00	3.00	5.00	7.00	9.00	6.90	7.22	6.77
B_5 农业旅游开发条件	C_{20}	区域经济状况(数值)	X_{20}	1.00	1.50	2.00	3.00	4.00	3.89	2.22	3.36
	C_{21}	区位与交通(数值)	X_{21}	1.00	3.00	5.00	7.00	9.00	6.00	9.00	6.00
	C_{22}	适游期(月份)	X_{22}	0	3.00	6.00	9.00	12.00	9.00	7.00	4.00
	C_{23}	农业旅游景观价值(数值)	X_{23}	2.00	4.00	6.00	8.00	10.00	6.67	10.00	6.67

续表

| 指标分类 | | 原指标及单位 | 规范后指标 X_j | 规范后的指标 X_j 的评价标准 ||||| 红岩新村 | 巴拉河旅游区 | 罗平油菜花海 |
				Ⅰ级 弱	Ⅱ级 较弱	Ⅲ级 中等	Ⅳ级 较强	Ⅴ级 强			
B_6 农业旅游发展潜力	C_{24}	产品开发潜力(数值)	X_{24}	2.00	4.00	6.00	8.00	10.00	6.00	9.00	7.00
	C_{25}	可持续发展态势(数值)	X_{25}	2.00	4.00	6.00	8.00	10.00	8.00	8.00	7.00
	C_{26}	旅游发展规划(数值)	X_{26}	2.00	4.00	6.00	8.00	10.00	6.00	8.00	6.00

注：表中规范变换后的新指标 X_j 与原指标 C_j 的变换关系：$X_{1,3,10,14,15}=C_{1,3,10,14,15}\times 10$，$X_{2,5,9}=C_{2,5,9}\times 10$，$X_{4,7,8,11,16\sim 19}=C_{4,7,8,11,16\sim 19}\times 9/7$，$X_{6,12}=C_{6,12}/10$，$X_{13}=C_{13}\times 9/6$，$X_{21}=C_{21}\times 3$，$X_{23}=C_{23}/10$

$$PI(B_1)=\frac{1}{1+62.2483e^{-0.7082x_j}} \quad 适应度=3.7647$$

$$PI(B_2)=\frac{1}{1+250e^{-0.7648x_j}} \quad 适应度=2.1716$$

$$PI(B_3)=\frac{1}{1+250e^{-0.7045x_j}} \quad 适应度=2.8450 \quad (6-8)$$

$$PI(B_4)=\frac{1}{1+250e^{-0.72x_j}} \quad 适应度=1.4166$$

$$PI(B_5)=\frac{1}{1+202.3745e^{-0.6742x_j}} \quad 适应度=2.6704$$

$$PI(B_6)=\frac{1}{1+233.8647e^{-0.6080x_j}} \quad 适应度=1.0610$$

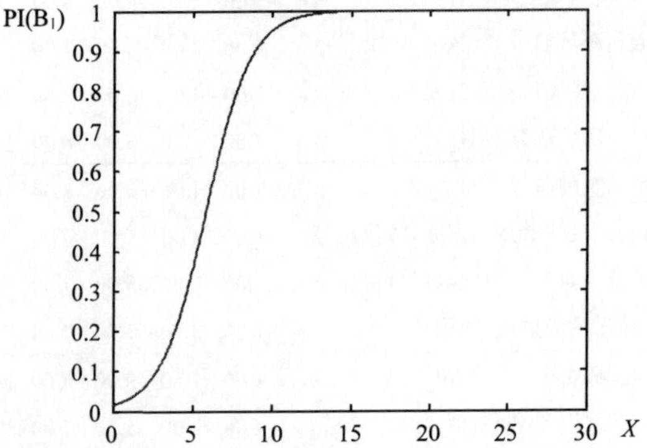

图 6-1 基于 GA 优化的经济可持续发展能力图

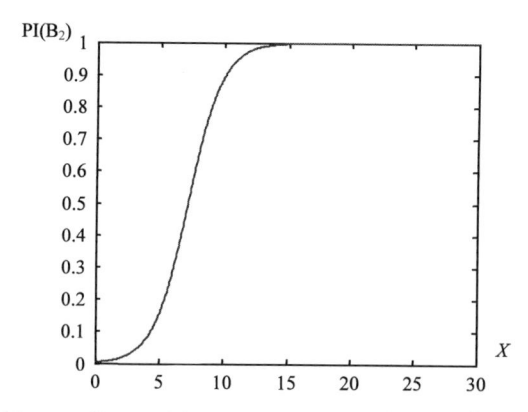

图 6-2　基于 GA 优化的社会文化可持续发展能力图

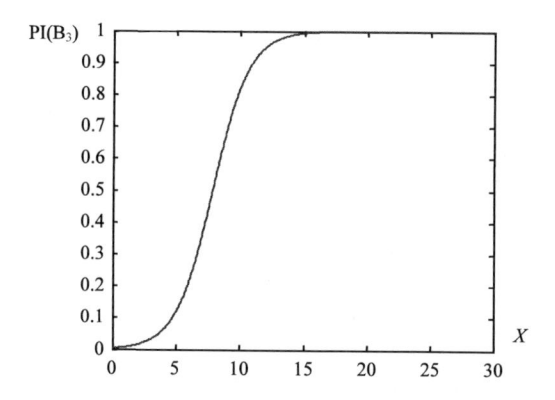

图 6-3　基于 GA 优化的环境可持续发展能力图

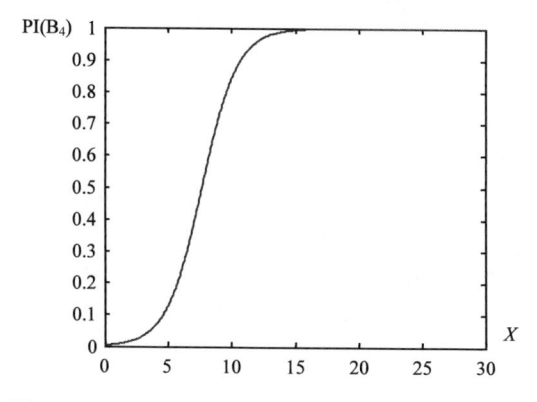

图 6-4　基于 GA 优化的旅游管理可持续发展能力图

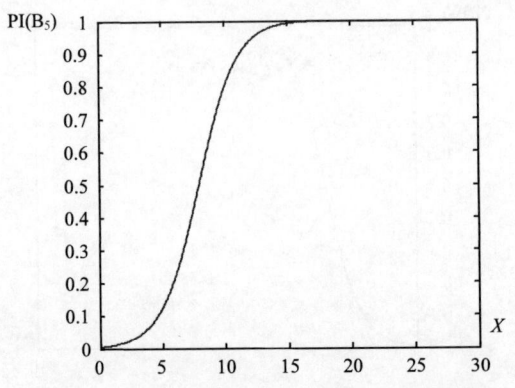

图 6-5 基于 GA 优化的农业旅游开发条件图

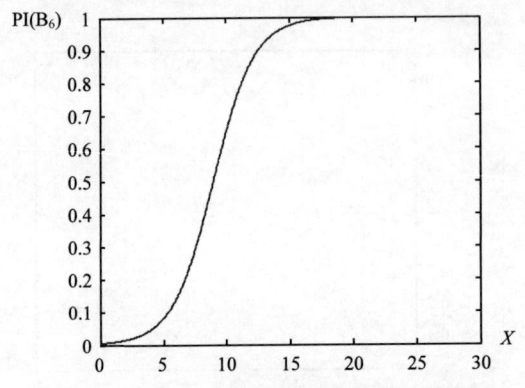

图 6-6 基于 GA 优化的农业旅游开发潜力图

表 6-8 基于 GA 优化的可持续发展分类指标和综合指数的分级标准及案例地分类指数及综合指数数值表

指数类型	可持续发展能力分级标准					红岩新村	巴拉河旅游区	罗平油菜花海
	Ⅰ级	Ⅱ级	Ⅲ级	Ⅳ级	Ⅴ级			
$PI(B_1)$	0.099 7	0.122 6	0.163 7	0.269 5	0.585 4	0.129 0	0.364 5	0.130 5
$PI(B_2)$	0.087 6	0.125 9	0.185 6	0.279 1	0.597 4	0.321 0	0.298 7	0.255 7
$PI(B_3)$	0.099 5	0.165 9	0.263 7	0.391 0	0.532 5	0.464 6	0.310 1	0.145 4
$PI(B_4)$	0.096 5	0.163 0	0.261 9	0.392 5	0.540 5	0.313 0	0.247 9	0.199 6
$PI(B_5)$	0.086 0	0.144 1	0.237 8	0.369 0	0.509 4	0.344 1	0.377 1	0.234 9
$PI(B_6)$	0.116 4	0.175 3	0.255 4	0.356 3	0.471 7	0.246 3	0.386 5	0.287 7
PI	0.099 0	0.147 6	0.222 0	0.338 0	0.544 6	0.288 5	0.337 3	0.180 4

根据分级标准及 GA 最终运算结果判断三个案例地目前可持续发展能力处在Ⅲ级上下(表 6-8),其中贵州巴拉河旅游区可持续发展能力最好,分值为 0.3373,

接近较强标准，广西红岩新村次之，能力中等，云南罗平油菜花海较弱，分值为0.1804。显然，三个案例地可持续发展能力都有待加强。

从各分类指标看，巴拉河旅游区由于与最近的中心城市距离最小、行程短、景观价值高而使其在 B_5（农业旅游发展条件）的分值最高，达到 0.3771，而且有较为丰富的旅游资源、旅游项目可供开发，有极为详尽、具有指导性、前瞻性和可操作性并已逐步实施的旅游发展规划，同时受到国际援助而使其发展潜力 B_6 分值达到 0.3865，明显高于其他两个案例地；红岩新村虽然在三个案例地中农民人均纯收入最高、增长率最快，农民家庭旅游收入增长势头最好，但由于村中高低户收入差距较大，最终导致它的 B_1（经济可持续发展能力）最弱，同时，由于相对巴拉河旅游区与罗平油菜花海而言，红岩新村的体量较小，资源丰度与产品开发潜力弱于其他两个案例地，也使其发展潜力 B_6 分值较低，但红岩新村有极高的沼气入户率，使用清洁、可循环能源，卫生状况优良，居民满意度高而使其环境可持续发展能力 B_3 最优，分值超过较强标准，高达 0.4646。而罗平油菜花海该项分值很低，为Ⅰ级，主要是因为使用清洁、可循环能源一项分值较低造成。三个案例地的治安稳定、居民对所住的乡村都极为热爱，乡村风貌评价较高，生活总体幸福感较好而使三地的社会文化可持续发展能力都在Ⅲ级之上。三个案例地旅游管理、开发的可持续发展能力仍有待增强，三地最高值也只有 0.3130（红岩新村），主要体现在增强农业旅游参与度、提高公共服务与管理效率等方面仍有待改进。

本 章 小 结

（1）如何发挥西南少数民族地区农业旅游目的地优势，并具备良好可持续发展能力，对西南少数民族地区制定可持续发展战略具有十分重要的意义。从我国目前情况来看，对于旅游可持续发展能力的研究，特别是指标体系的研究，还是处于探索阶段。由于各地区发展水平不同，实施可持续发展战略的侧重点也有所不同，使得不同地区对于旅游可持续发展的评价标准也会产生差异。不同空间尺度，所选取的评价指标也会有所不同。现有体系与评价又存在理论建构不足，忽视精神层面、人的主观感知较少涉及，在技术层面上多种综合评价方法的使用仍然比较薄弱的缺憾。因此，旅游目的地可持续发展能力指标体系的建立是一个长期的和不断完善的过程。本章在全面回顾可持续发展、和谐发展、竞争力评价体系的基础上，结合地区实际，提出西南少数民族地区农业旅游目的地可持续发展能力指标体系。体系包括经济、社会文化、环境、旅游管理开发、农业旅游开发条件、农业旅游发展潜力 6 个方面，共计 26 个指标因子，其中包含旅游目的地当地居民的感知因子共计 7 个，旅游者感知因子共计 2 个，旅游目的地"主客"

双方的感知因子占总评价指标因子的35%,着重强调了"主客"双方的感知对评价农业旅游目的地可持续发展能力的重要性。但无论是体系还是方法都是提供一种思路,具体的指标设计和权数的确定完全可以根据研究对象的特点再进行调整和完善。

(2) 基于 GA 优化得出的分类单项指标发展指数式(6-8)不仅适用于表 6-7 中的分类单项指标的指数计算,对于其中某类可能添加的新指标,只要选取适当,对该指标进行规范处理后的各级标准值,与表 6-7 中该类的其余指标相应的标准值差异不大,由于 GA 具有顽健性,就可认为该指标是否加入该类用 GA 优化公式中的参数,对最终优化得到的参数值 a、b 无显著影响,即公式(6-8)对该新指标同样适用。因此,公式(6-8)具有"广义"的普适性。研究尝试运用 GA 遗传算法对西南少数民族地区农业旅游目的地可持续发展能力进行评价,评价结果显示与第五章分析基本吻合。

(3) 评价模型在评价指标体系的不同层次上可以分别采用标准差系数、广义对比分析、AHP 分析法等。前两者计算严格;后者可根据分类指标数目的差异或问题的实际情况,按重要性不同对权值可作适当调整。因此,评价模型的权值计算达到规范与灵活相结合的特点。分类单项指标的发展指数式(6-8)和权值计算式(6-3)、式(6-4)形式简单,使用方便;此外,分类单项指标的发展指数式评价不受分类指标个数多少限制,具有可比性和实用性。

(4) 分类指标发展指数式(6-8)是基于文献查阅及调查问卷等选取的分类指标及其五级标准,应用 GA 优化参数得到的,若分类指标选取的分级标准值与表 6-7 中的标准值差异较大,则优化后的公式(6-8)中的参数 a、b 也有差异。因此,如何制定既能反映可持续发展的普遍规律,又适合西南少数民族地区特点的评价指标体系和评价标准,然后用 GA 优化得出发展指数的普适公式是值得进一步深入探索的问题。

第七章　西南少数民族地区农业旅游发展模式研究

"主客"旅游感知及满意度高低是农业旅游目的地发展可持续与否、发展模式评判与选择的关键依据。考察旅游目的地"主客"旅游感知与满意度是实现旅游业可持续发展的重要前提和步骤。旅游目的地可持续发展的实现依赖于"人与地的和谐"——旅游目的地利益主体与旅游目的地资源环境之间的和谐、"人与人的和谐"——旅游目的地各利益主体之间的和谐。旅游开发对目的地资源环境带来的巨大压力是对目的地可持续发展的挑战,目的地旅游开发的目的是满足各利益主体的需求,其中最关键的就是满足两大利益主体——居民与旅游者的需求,这也是"可持续旅游"[①]的核心目标之一。本书一开始就着重关注农业旅游目的地开发中最重要的利益主体——旅游地居民、旅游者,结合他们的感知、满意度与行为来研究影响农业旅游目的地可持续发展的积极和消极因素,为农业旅游目的地的管理与开发、可持续发展能力的获得与维持、寻求合适的发展模式提供重要参考。

因此,在前面各章节研究"主客"旅游感知与满意度、并结合感知提出的农业旅游目的地可持续发展能力评价体系构建与评估的基础上,进一步探讨农业旅游目的地发展模式才具有科学依据。本章将从四方面探讨西南少数民族地区农业旅游发展模式:理论模式、空间模式、资源(产品)市场开发模式和经营管理运作模式。

第一节　西南少数民族地区农业旅游可持续发展理论模式

一、西南少数民族地区农业旅游发展遵循的基本原则

无论西南少数民族地区农业旅游在何种模式下发展,可持续发展思想无疑是西南少数民族地区发展模式的指导思想。可持续发展基本理念主要体现在以下九

[①] 引自:加拿大温哥华 1990 "全球可持续发展国际大会",《旅游可持续发展行动战略》(*Tourism Planning: A Integrated and Sustainable Development Approach*)。

方面：

可持续发展的系统观：可持续发展把人类赖以生存的地球及局部的区域看成是由自然、社会、经济、文化等多种因素组成的复合系统，它们之间既相互联系，又相互制约。西南少数民族地区农业旅游发展时应当尊重已有的自然、社会、文化系统，不能为开发而强行生硬拆分已有的稳定复合系统。

可持续发展的群众观：西南少数民族地区发展农业旅游重要目的是增加欠发达地区居民收入、提升生活品质，因此要充分了解当地居民的意见和要求，积极动员广大乡村居民参与到旅游业的全过程来。同时，应当不断探知旅游者日益变化的需求，提高旅游者满意度与忠诚度。

可持续发展的效益观：可持续发展开发与保护统一的生态经济观，为社会可持续发展提供了指导思想。一个资源管理系统所追求的，应该包括生态效益、经济效益和社会效益的综合，并把系统的整体效益放在首位。

可持续发展的资源观：可持续发展强调对不同属性的资源采取不同的对策。不可再生的资源应提高其利用效率，尽可能使用替代资源，以延长其使用期限。可更新资源的利用，要限制其在承载力限度内，同时采用人工措施促进可更新资源的再生产，保护生物多样性及生命的支持系统。

可持续发展的体制观：建立能综合调控社会生产、生活和生态功能，信息反馈灵敏、决策水平高的管理体制，这是实现旅游目的地高效、和谐发展的关键。

可持续发展的法治观：把可持续发展的指导思想体现在政策、立法之中，通过宣传、教育和培训，加强可持续发展的意识，建立与可持续发展相适应的政策、法规和道德规范。

可持续发展的公平观：主张人与人、各利益主体之间应相互尊重、相互平等。这种平等也表现在当代人与后代人之间的关系上。

可持续发展的持续观：这是可持续发展的核心。

可持续发展的和谐观：这是可持续发展的最高目标。

二、西南少数民族地区农业旅游可持续发展一般模式分析

农业旅游目的地是一个系统，要实现其可持续发展，应当构建体现其特点的目标模式。图7-1是农业旅游可持续发展四维系统模式图，该系统包含了农业旅游的关键利益主体——当地居民（农民）与旅游者、客体——农业旅游资源、媒体——旅游业、载体——农业旅游环境，而且是分层次、四维结构的系统。农业旅游的可持续发展目标分四个层次。第一层次的核心是可持续发展，位于图的中心；第二、三层次分别获得相应效益并相互协调以保证"可持续"核心

目标的实现；第四层次是四方效益的具体化，如旅游者的利益在于获取独特的旅游经历，通过欣赏、参与、体验、学习达到身心愉悦；当地居民(农民)通过参与到旅游业中而获得经济收益、提高自身文化认同、对发展旅游态度积极等。农业旅游可持续发展模式应以该发展系统为目标。

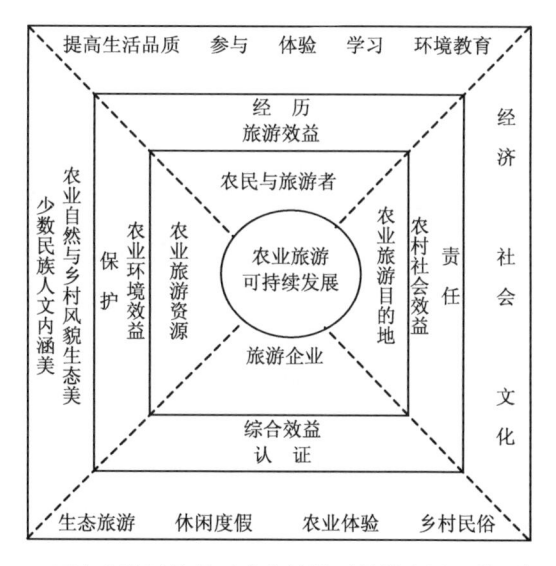

图 7-1　西南少数民族地区农业旅游可持续发展四维目标系统

农业旅游可持续发展目标分组的多维性和状态的差异性，决定了其可持续发展目标实现的复杂性。实现农业旅游可持续发展目标的动力源于农业旅游的受益者，只有所有利益主体(图 7-2)同时实现自己的利益，农业旅游目的地可持续发展目标才可能真正实现。农业旅游受益者的利益共生是实现其可持续发展的最佳途径。利益主体除了旅游者、当地社区居民，还包括政府、旅游企业、学术界、各类机构与部门和媒体，共七大受益主体(杨桂华，2006)。在农业旅游系统中，这些主体有一个共同的特点——均从旅游中获得利益，即他们是农业旅游利益的共同体；不同之处在于他们各自扮演的角色不同，发挥的作用也不同，即所担负的责任和义务有所差异。但要强调的是在西南少数民族地区农业旅游发展中政府作用更为重要，政府由于具有超越自身利益的特质，能够代表农业旅游各利益方的总体利益，为实现总体目标进行控制、引导、协调、规范。

在"主客"旅游感知调研中也尤其关注了对政府所做工作的评判。结果显示，可持续发展能力中上的红岩新村与巴拉河旅游区对于政府开发管理旅游水平、行业规范、资金、税收、技术等方面的扶持工作均给予了肯定(各题项评价分值均在 4 分以上，支持条件总体平均值超过 5 分)，罗平油菜花海对政府扶持工作的总体评价平均值超过 4 分。概括而言,在西南少数民族地区农业旅游发展中政府应当起到积极引导、规范的作用以协调各利益方的总体利益。

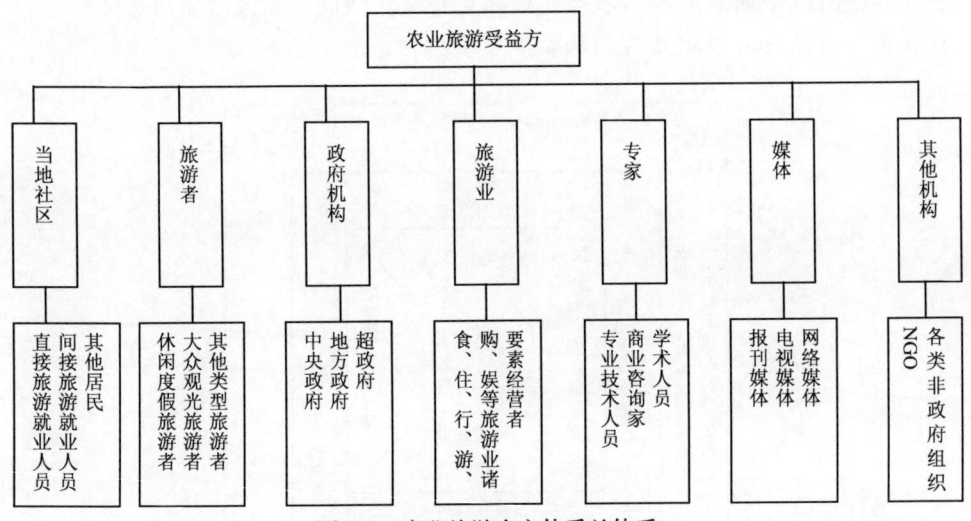

图 7-2 农业旅游多主体受益体系

资料来源:根据 Swarbrook(1999)整理

由于西南少数民族地区农业旅游的开发不仅仅是农业生产等资源的开发,还涉及大量生态环境的利用和少数民族文化资源的开发,各利益主体对其保护与开发的博弈必然产生。因此,西南少数民族地区应当格外注意对"自我"文化体系的防护,提高族群和地方文化的自我认同和自我传承,加强民族文化的保护水平。西南少数民族地区农业旅游目的地的"乡村性"、"地方性"是最为独特的卖点,也是最重要的旅游吸引物;但随着旅游规模的不断扩大以及开发的深入,"乡村性"、"地方性"特征会受到不同程度的削弱,从而使农业旅游的发展面临挑战。因此,在发展策略上要变"给予游客们想要的"为"生产我们能出售的"。妥善处理发展与保护的矛盾,是农业旅游可持续发展策略的重要内容。我们的目标是要在西南少数民族地区发展农业旅游过程中获得"双赢"。因此,在促使农业旅游可持续发展、遵循目前已达成共识的可持续开发原则之时,还应着重考虑的是:开发规模相对小型化、当地居民最大程度参与到旅游发展活动与决策之中(Prentice,1993;McCool and Martin,1994;McCool and Stankey,2001),LAC 开发规划步骤就很好地体现了这一要求(Stankey et al.,1985;1990;Swarbrook,1999;Sarah Katharine Banks,2003),如图 7-3 所示。LAC 理论(limits of acceptable change)最早在美国被提出(Stankey et al.,1985),它为实现自然荒野地域游憩利用的社会和环境效益最大化提供了规划和管理的有效途径。其基本假设和研究重点是:只要有利用，资源必然有损害、有变异，关键问题是这种变化是否在可接受范围之内；其实质是基于开发与保护间相互联系、相互制约的辩证关系，通过动态连续地对开发活动引起的改变进行评估，以此作为保护的出发点和保护程度的标准，确定可以接受的资源使用方式，并依此对保护和开发做出相应的调整以实现动态平衡。

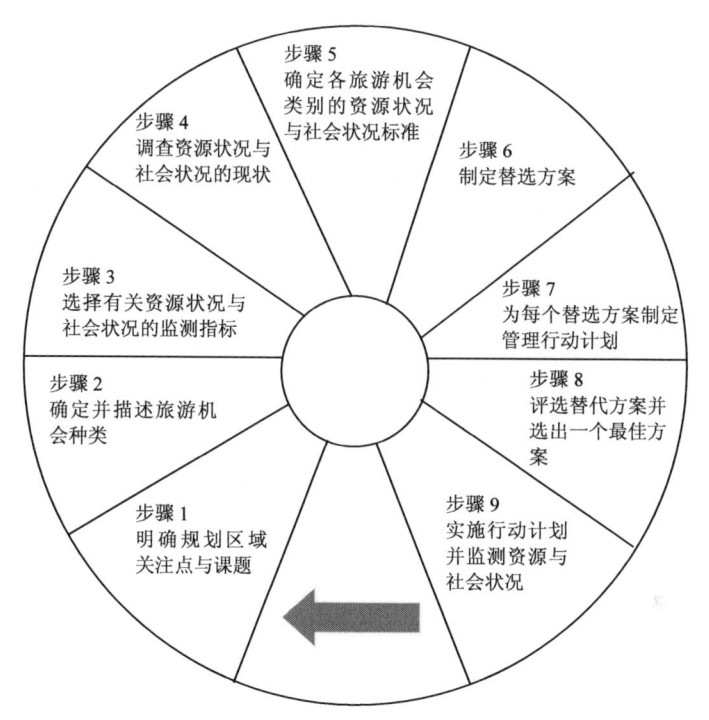

图 7-3 LAC 旅游规划步骤（Stankey et al., 1990）

步骤1 明确规划区域关注点与课题
步骤2 确定并描述旅游机会种类
步骤3 选择有关资源状况与社会状况的监测指标
步骤4 调查资源状况与社会状况的现状
步骤5 确定各旅游机会类别的资源状况与社会状况标准
步骤6 制定替选方案
步骤7 为每个替选方案制定管理行动计划
步骤8 评选替代方案并选出一个最佳方案
步骤9 实施行动计划并监测资源与社会状况

运用 LAC 理论指导西南少数民族地区农业旅游开发应包括以下 9 个基本步骤：①确定农业旅游规划地区的特殊价值、问题与关注点。如地区资源特征与质量、现存管理问题、公众关注问题等，在深刻认识地区资源的基础上就如何管理好西南少数民族地区农业旅游资源（农业资源、民族文化、乡村风貌等）得出一个总体概念。②确定和描述游憩机会种类或规划分区，事实上西南少数民族地区农业旅游发展过程中，初始阶段是"农家乐"形式最多，但是要长远发展、可持续发展，规划与适度的管理完全有必要，这在前面的案例地分析中已有所体现。③选择监测资源状况和社会状况的相关指标。强调指标应反映区域的总体"健康"状况，强调居民与旅游者的感受并促使他们参与测评。④调查当前资源状况和社会状况。根据步骤③所选择的监测指标进行。⑤制定每种旅游机会类别的资源状况标准和社会资源状况标准。⑥根据步骤①确定的主题和关注点与步骤④所得出的现状制定旅游机会类别的可选方案。⑦为每一个可选方案制定管理行动计划,其中要对每种方案进行代价分析。⑧评价可选方案并选出一个优选方案。⑨推行优选方案的管理行动计划并监测资源状况与社会状况。如果行动计划实施后的监测结果是资源状况或社会状况未能改善甚至恶化,应采取进一步或新的管理行动,以制止这种不良的趋势。

总之,体验农村生活,观赏田园风光,领略少数民族乡土文化,进行休闲度假,是西南少数民族地区发展农业旅游的永恒主题;良好的生态环境,突出的"两土三乡"特色,整洁的村容村貌是发展农业旅游的重要保障;积极引导和吸引乡村居民参与旅游开发建设和接待服务,不断提高旅游者满意度与忠诚度是农业旅游可持续发展的关键因素;依托大中城市、旅游城镇吸引城市居民和其他潜在旅游者是发展农业旅游的首要条件;因地制宜采取不同的发展模式和经营方式,正确、合理分配利益,促进农民收入增加和文化素质的提高,带动产业结构调整,促进农村经济社会发展,是发展农业旅游的根本目的。

在农业旅游可持续发展四维目标系统、LAC理论指导下,根据西南少数民族地区农业旅游的本身属性和开发要求,可以从以下三个方面理解其发展模式:一是农业旅游空间布局模式;二是农业旅游资源(产品)开发模式;三是农业旅游经营管理运作模式。

第二节 西南少数民族地区农业旅游空间发展模式

一、区位因子

区位(location)即扩大了的区域及"位置"。在过去,地理学研究的重点简言之是对"事情发生在某地"的研究,而将区位研究系统地总结上升为区位理论的是经济学。瑞典经济学家帕兰德所著的《区位论研究》指出"区位理论所要研究的就是生产活动的地理分布"。廖什认为,区位理论的根本宗旨在于揭示人类社会经济活动的空间法则,在《经济的空间分布》一书的序言中指出:"对我们来说,事物存在的时间是一定的,但我们却可能动地选择它所在的地点,……凡是有生命的事物都需要选择正确的区位。"

概括而言,区位理论将某一区位的影响条件抽象为自然、社会、市场、劳动力、运输和集聚(分散)等区位因子,分析这些区位因子的个性特征(这将在本章第三节中阐述)、各种不同形式的空间组合特征以及不同类型的社会经济活动所需要的理想的区位因子空间配置方式。需要指出的是,区位因子随着技术、经济和社会的不断发展也是不断变化的。在行为心理上,旅游者个人更多地关注愉悦等生活质量的获得。

二、农业旅游目的地地理空间形态

(一) 空间形态分析

根据农业旅游目的地在地理空间上的形态分布状态差异，将其分为四类，分别是片状发展模式、块状发展模式、串珠发展模式、点状发展模式，如表7-1所示。从西南少数民族地区全国农业旅游示范点主要空间形态分析，由于前三种发展模式无论在资源聚集度、丰度还是各类设施供给能力甚至形象感知上均较强，因此这三种模式的可持续发展能力更强，值得推广。

表7-1 西南少数民族地区农业旅游空间形态分布特点分类

空间模式	主要特点	西南少数民族地区全国农业旅游示范点典型代表
片状发展模式	以村、乡、镇为单位，统一规划，多元投入，规模开发，形成全面繁荣，具有一定影响力的农业旅游区	广西桂林恭城红岩新村 广西桂林临桂蝴蝶谷瑶寨 云南省昆明市西山区团结乡 云南德宏傣族景颇族自治州瑞丽市大等喊傣族自然村
块状发展模式	依托一定面积的农场、果园、牧场、绿地、景区、花卉培养园等开办的农业旅游接待场所，是接待设施和乡村景观、自然景观在一定地域上集中组合	广西百色凌云茶场 广西现代农业科技示范园(30万株兰花出口生产基地) 云南曲靖罗平油菜花海 贵州铜仁江口县梵净山景区 贵州黔东南麻江县下司镇农业观光园
串珠发展模式	沿交通线相对集中分布的具有一定特色的村寨或服务于自驾车旅游者或城市周末休闲度假者的"农家乐"群	贵州黔东南州巴拉河流域农业旅游区(7个村寨组成) 广西钦州市灵山县大芦村民族风情旅游区(9个群落组成) 广西桂林龙胜龙脊景区(8个不同民族村寨)
点状发展模式	以农家庭院自主经营的为主要形式，在空间上表现为独楼、独院式的农舍旅馆或餐饮娱乐场所	城市郊区农民开办的家庭式的"农家乐"

注：城市郊区农民开办的家庭式的"农家乐"目前尚无国家级农业旅游示范点

(二) 空间位置分析

农业旅游的客源主体是城市居民，因此距离客源市场越近，区位优势也越大。有学者研究表明，中国城市居民旅游和休闲的出游市场随距离的增加而衰减，80%的出游市场集中在距城市500千米的范围以内。因此，距离主要客源市场的远近和客源市场的大小是影响一个地方农业旅游能否顺利开发的一个重要因素。根据农业旅游目的地在地理空间上与主要客源市场——中心城市距离远近,并结合西南少数民族地区民族众多、村寨密布的特点,将西南少数民族地区农业旅游目的地空间分布进行以下归类,如表7-2所示。

表7-2 农业旅游目的地的地理空间分布表

分区	地区特征	主要依托	开发方向
近郊区	紧邻城区,交通方便,接近客源市场	城市郊区型/景区依托型	科技农业园、花卉观赏园、高档农产品等园艺作物和集约化农业为主,开发设施化、园艺化和观赏性农业,近郊少数民族村寨着重强调农家乐特点,主要开展农业科教旅游、休闲旅游、品尝新鲜瓜果蔬菜等活动
中郊区	城张交错带,交通条件较为便捷,土地资源比较丰富	自然资源依托型/景区依托型	发展高附加值、高效能的种植业,如蔬菜、花卉、瓜果、名特优产品和鱼塘、特种养殖场,开发农民公园、教育农园、垂钓乐园、体验农园等,中郊少数民族村寨要注重民族生态文化保护与开发,开展休闲娱乐、农耕体验、感受民俗风情等旅游活动
远郊区	远离城区,空气清新,自然景色优美,生态环境良好	自然资源依托型	利用优美的自然环境、开阔的山丘林地和丰富的土地资源,开发度假村、森林公园、观光牧场、乡村民居,开展农村度假疗养旅游、乡村民俗文化旅游和农村生态旅游等活动,远郊少数民族村寨着重强调其原生、原创、原始特征

资料来源:根据卢亮和陶卓民(2005),有改动

目前,西南少数民族三省份全国农业旅游示范点距离最近的中心城市(地级市)最远不超过300千米,考虑到三省份山多路不平,将所有47个全国农业旅游示范点按距离中心城市远近划分三类,50千米以内为近郊,50~150千米为中郊,150千米以上为远郊,情况如表7-3所示。从构成比例看,广西与贵州两省区农业旅游示范点近郊分布较多分别达到65.22%、72.22%,远郊分布较少,云南的农业旅游示范点则是中郊分布较多,比例达到66.67%,近郊与远郊分布持平。从空间距离分布情况看,贵州的农业旅游示范点因为近郊与中郊分布比例最大,占94.44%,因此态势最优。

需要指出的是,路途的远近只是影响旅游者感知的一个因素,旅游者心理感知距离也左右着他们的体验判断,例如案例地红岩新村虽然距离桂林市有100多千米,但沿途路况良好,途经著名旅游县阳朔,还可观赏到旖旎山水风光,心理感知距离自然缩小,也导致旅游者对其交通设施评价达到5.625分。而巴拉河旅游区与最近的中心城市(凯里市)距离很短,但旅游者对其交通评价却不如另两个目的地(4.8333分),实地调查发现,这与其主要客源市场不在凯里市有关,由于其客源市场较其他两个旅游目的地更广,不只限于本省城市居民,更多来自全国各地甚至国外,因此外省或外国旅游者最可能经由省会贵阳市再前往旅游区,途

第七章 西南少数民族地区农业旅游发展模式研究

中山路崎岖，无形中增加了旅游者对距离的心理感知。

表 7-3 西南少数民族地区全国农业旅游示范点地理空间分布一览表（截至 2006 年）

序号	景点名称	所在地	距离中心城市/千米
1	蒙自县万亩石榴园	云南红河哈尼族彝族自治州蒙自县新安所镇	289
2	丹寨县金钟农场	贵州黔东南州	210
3	丹州村	广西柳州市三江县	203
4	香粉乡雨卜旅游村	广西柳州市融水县	161
5	红河哈尼梯田箐口哈尼族民俗村	云南红河哈尼族彝族自治州	140
6	罗平县油菜花海	云南曲靖市	131
7	云南高原葡萄酒有限公司	云南红河哈尼族彝族自治州个旧市弥勒县	129
8	红岩生态旅游新村	广西桂林市恭城县	123
9	大洲村	广西柳州市融安县长安镇	110
10	瑞丽市大等喊傣族自然村	云南德宏傣族景颇族自治州瑞丽市	103
11	大芦村民族风情旅游区	广西钦州市政灵山县	100
12	龙脊景区	广西桂林市龙胜县	100
13	凌云茶场	广西百色市	90
14	历村	广西桂林市阳县朔	90
15	江口县梵净山景区	贵州铜仁地区	80
16	贵定县盘江镇音寨村	贵州黔南州	70
17	平坝县天台山天龙屯堡	贵州安顺市	60
18	黄平县舞阳河景区	贵州黔东南州	54
19	施秉县牛场中药材基地	贵州黔东南州	50
20	世外桃源	广西桂林市阳朔县	49
21	修文县谷堡乡	贵州贵阳市修文县	47
22	蝴蝶谷	广西桂林市临桂县	45
23	金满园	广西南宁市	43
24	福泉城厢镇双谷村"金谷福梨"观光园	贵州黔南州福泉市	43
25	扬美古镇	广西南宁市	40
26	布洛陀芒果风情园	广西百色市田阳县	38
27	三娘湾	广西钦州市	38
28	农工商农业观光旅游区	广西柳州市	37
29	麻江县下司镇农业观光园	贵州黔东南州麻江县	37
30	普定县讲义一号营村	贵州安顺市	31
31	安顺黄果树石头寨	贵州安顺市	27

续表

序号	景点名称	所在地	距离中心城市/千米
32	贵阳市乌当情人谷—阿栗杨梅园	贵州贵阳市	26
33	景泉农庄	广西柳州柳城	25
34	刘三姐茶园	广西桂林临桂县	23
35	昆明市西山区团结乡	云南昆明市	21
36	现代农业科技示范园	广西南宁市	20
37	现代农业技术展示中心	广西南宁市	20
38	贵阳市花溪生态农业示范园	贵州贵阳市	20
39	罗政村	广西玉林市北流县	15
40	乡村大世界	广西南宁市	15
41	田野现代农业示范园	广西北海市	12
42	黔东南州巴拉河流域农业旅游区	贵州黔东南州	12
43	下伦农业观光旅游区	广西柳州市柳江	10
44	遵义市新蒲镇农业观光园	贵州遵义市	10
45	遵义市董公寺镇生态农业园	贵州遵义市	6
46	兴义下伍屯万峰林	贵州黔西南州兴义市	4
47	黔西南州共青林场怡心园	贵州黔西南州兴义市	3

三、农业旅游目的地发展的经济空间演化

农业旅游目的地发展的经济空间演化问题涉及演化的推动力。农业旅游目的地发展的重要推动力是市场和政府。实践表明，大多数农业旅游目的地最初是由探查者不断造访形成的，当政府发现这种模式对区域经济发展具有重大作用时，有意识地主动开辟有关区域形成农业旅游目的地。因此，农业旅游目的地发展的经济空间动力模式，大致可以包括三种：政府主导、市场主导、市场和政府共同主导。对应的模式主要有"蛙跳式"动力模式、渐进式动力模式和协同式动力模式。

从实地考察情况看，以"蛙跳式"动力模式为主导的广西红岩新村的居民对旅游总体满意度及对政府工作的评价最高（评价均在 5 分以上），同时，由于规划管理得当，旅游者总体满意度也是最高的；以协同式动力模式为主要特征的贵州巴拉河旅游区对于政府给予的支持评价良好但各项指标评价均比红岩新村低，同样以协同式动力模式为主要特征的云南罗平油菜花海对政府给予的支持评价中等。因此，"蛙跳式"动力模式在西南少数民族地区运用会起到更加良好的促进作用，同时也能起到以点带面的效果。

(一)"蛙跳式"动力模式

经济发展通常服从一般渐进式发展的规律。但由于外部力量的介入，会引起发展路径的"突变性"跳跃，经济学将此称为"蛙跳式"增长。如政府通过对某一产业的扶持，可以实现经济的"蛙跳式"增长。农业旅游目的地发展"突变"下的"蛙跳式"动力模式主要表现为政府作为主导推动力，通过制度传导机制和政策优惠、税收优惠、服务提供等政策工具的作用，全程引导，促使农业旅游目的地在某些优势地区"快速嵌入"并迅速发展，从而实现跳跃式增长。在空间上，一般表现出"飞地型"嵌入模式。政府驱动模式具有明显的目的性和"蛙跳式"特征。"蛙跳式"动力模式如图7-4所示。图中表明，政府在农业旅游目的地的发展中起到了主导作用。首先针对农业旅游资源丰富的地域，由政府选定有潜力的空间并主导进行相应规划设计，然后通过制度的形式予以确认其发展类型和目的，投入资金建设和改善公共基础设施，开发核心景区景点，按照农业旅游目的地发展的需要改造适合旅游者的环境和氛围，吸引社会资金投入建设旅游接待服务设施，吸引、引导当地居民参与旅游接待服务，随着旅游经营者、当地居民、相关利益者快速进入，促进农业旅游的飞跃式发展。一旦集聚效应开始产生，农业旅游目的地就进入了发展的良性循环期，可以吸引更多的人才、资金，从而进一步确认旅游区的发展类型和方向。随着农业旅游目的地的不断发展，因为系统的自增长效应，可以不断强化品牌效应、经济效应、文化效应，造成"强者愈强"的正反馈效应，实现"蛙跳式"增长。

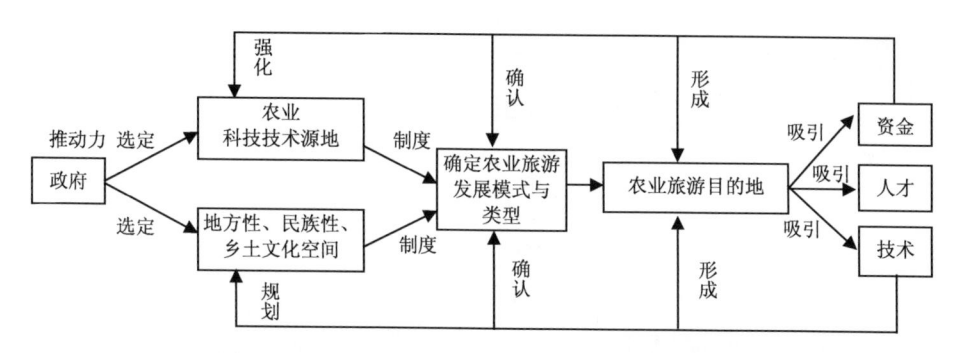

图7-4 农业旅游目的地"蛙跳式"动力模式框架图

由于此模式具有较强的针对性与可操作性，在农村经济发展落后地区开发农业旅游的初始阶段其驱动功效十分突出，广西红岩新村正是此模式下的受益村。从居民调研中发现，三个案例地，该村落的居民的总体满意度与旅游者对旅游目的地的总体评价均是最高的，分值高达 5.9767 和 5.9826 分(7 分为最高值)。该模式下产生的农业旅游地具有典型示范效应，同时也将提升居民的满意度。

(二) 协同式动力模式

西南少数民族地区不少农业旅游目的地是各种社会力量的相互作用形成的，包括开发商、投资商和管理者等。农业旅游目的地发展到了一定阶段，社会对其功能和价值有了更多的认识以后，更多的社会力量就会加入到农业旅游目的地的发展中来，为了从利润中获得回报，一些投资商和中介组织等也会开始主动进入农业旅游开发点。不同行为主体出于各自利益，相互牵制又协同发展，促使农业旅游目的地发展类型和功能多样化。协同式动力模式是一种多动力推动下市场和制度机制共同作用的回旋型发展模式，如图 7-5 所示。贵州巴拉河旅游区、罗平油菜花海的发展路径与此模式相似。这一动力模式下，"主客"感知有差异。与前一模式相比较，巴拉河旅游区与罗平油菜花海的居民感知均弱于"蛙跳式"动力模式主导下的红岩新村。旅游者感知则各有千秋，巴拉河旅游区得益于品位较高、丰度较好的旅游资源及良好的管理运作而在旅游者忠诚度上胜过红岩新村。因此该模式的运作绩效问题还应考虑当地旅游资源情况，在资源丰度、聚集度等都良好的前提下，通过吸引农民参与、政府主导、多方筹资共同开发，可以进入良性循环。

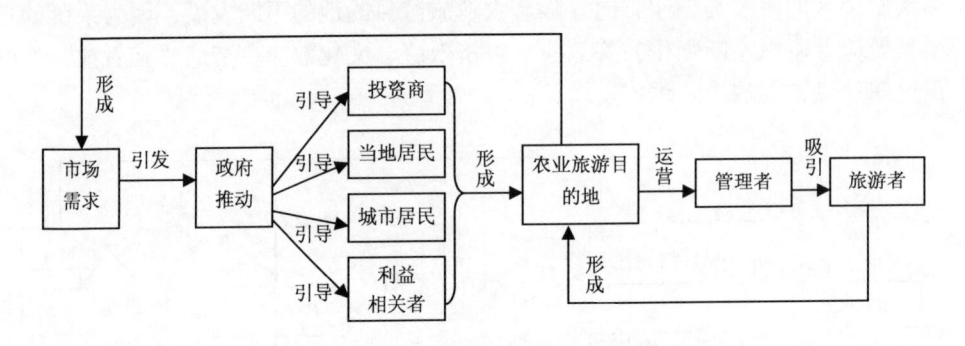

图 7-5 农业旅游目的地协同式动力模式框架图

(三) 渐进式动力模式

渐进式动力模式通常是以探查旅游者为主要推动力，市场机制为主要传导机制，通过市场对农业旅游产品的需求，按照价格机制、资源禀赋调节空间格局，在一定区域内形成和发展小规模农业旅游点，进而发展成农业旅游目的地。这是一个产品和市场不断适应、不断调整和不断完善的过程。因而,在发展路径上是渐进的,驱动力和成长方式主要是内生性的,这些内生性农业旅游目的地的发展与当地市场、文化、经济条件、农村空间、区域发展水平直接相关,还与城市化进程、经济全球化等触动因素有关。在发展过程中市场机制成为主要的调节机制。渐进式动力模式如图7-6所示。即农业旅游目的地的形成是由市场、早期探访者、村落吸引力等因素的推动阶段性发展起来的,经市场需求的推动而向前演进的。当市场有了进一步的产品和服务的需求,就会吸引当地居民、旅游经营者、农业产业链上的企业等到来。农业专家、旅游专家、规划师等不断关注,从而渐渐形成农业旅游目的地。农业旅游目的地一旦形成,就会产生自增强机制,并不断吸引旅游者来此,从而引发产品和服务需求的不断扩大,形成产品和服务消费市场。在这一模式中可以看到从市场到市场,农业旅游目的地的形成是一个不断自我更新和加强的反馈系统。对于西南少数民族地区而言,在人才、资金和机制上尚难达到要求,而且要想更快通过发展农业旅游帮助农村居民脱贫致富,这一演化模式显然较前两种模式发展速度慢,不适宜这一区域农业旅游发展。

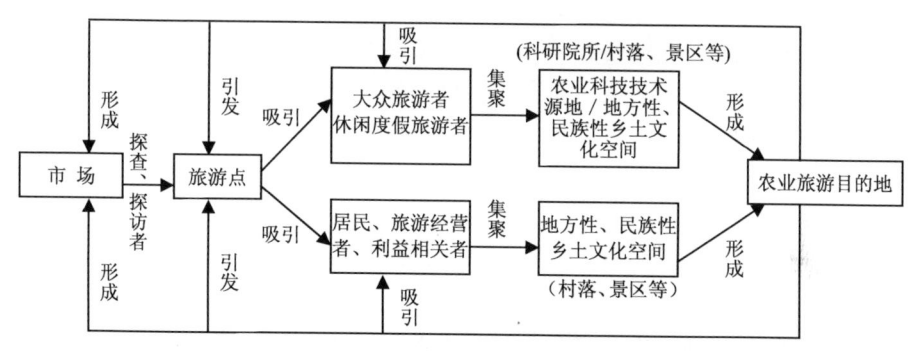

图7-6 农业旅游目的地渐进式动力模式框架图

第三节 西南少数民族地区农业旅游资源(产品)——市场开发模式

西南少数民族地区农业旅游开发必定要针对市场需求进行。旅游者感知研究为旅游目的地、旅游企业提供市场定位、产品设计或进行区域旅游形象策划服务。依据前面各章节对旅游者感知、满意度与忠诚度调查与感知模型研究结果,影响旅游者满意度与忠诚度的主要因素分别是旅游资源、旅游商品、旅游软件服务,本章结合一般旅游产品开发涉及因素,分析西南少数民族地区农业旅游资源、产品、市场的可持续开发模式。

一、西南少数民族地区农业旅游开发的主要影响因子

(一) 特色农业景观

调研中发现，旅游者对农业观光、欣赏田园风光的喜好分值平均高达5.999分，44.28%的旅游者对农家水果由衷喜爱。因此，西南少数民族地区特殊的农业自然景观是其农业旅游赖以生存的基石。西南少数民族地区由于具有独特的地理环境、气候条件、自然景观和生物物种的多样性从而拥有丰富的农业旅游资源。在农业部作的《全国特色农业区域布局"一村一品"规划(2006~2015)》报告书中明确列出的十大类特色农产品中，西南少数民族地区均有特色农产品列于其中，而且品种较多、分布面广（见第三章，表3-3~表3-8）。西南少数民族地区发展农业的自然条件多样、特色农产品众多，农业景观丰富，为发展农业旅游奠定良好基础。

例如，案例地之一的巴拉河旅游区，稻田养鱼示范点、马铃薯脱毒高产种植、玉米育苗移栽技术、两段育秧、养鸡业、反季节蔬菜种植花卉园林等很有观赏价值。案例地广西红岩村的万亩月柿林，红灯笼一样的柿子压弯了枝头，成为秋天收获的象征；案例地云南罗平县四十多万亩油菜花海于2002年被上海大世界吉尼斯总部确定为世界上最大的自然天成花园。

(二) 乡土风貌

农业旅游目的地一定要具备良好的生态环境与乡土风貌。西南少数民族地区的"两土三乡"的挖掘是其农业旅游目的地能否突出主题与特色的关键因子之一，"两土"即乡土特色，本土资源，"三乡"即乡野环境、乡风民俗、乡村生活。西南少数民族地区乡土气息浓郁、本土资源丰富、乡野环境原始古朴、乡风民俗淳厚、乡村生活多姿多彩。内涵丰富而独特的农耕文化、古朴原始的乡村景观、璀璨独特的民俗文化无疑为开发西南地区农业旅游资源锦上添花。

在第五章对旅游者TPSP-model感知模型的分析中发现旅游者对案例地乡土风貌的感知因子评价均超过5分，因子载荷的t值检验均达到显著水平；对自然风光的评价，巴拉河旅游区分值更是达到6.0943，因子载荷的t值检验三个案例地都达到0.001水平上显著。而当地居民对自己家乡的乡土气息、乡村风貌的评价表现出强烈的地区依恋感、自豪感，评价分值均超过5分。

乡土气息、乡村风貌是吸引主要客源——城市居民的主要原因。例如，罗平

油菜花海有花天相连、一望无际的油菜花，花间"浮出"座座绿岛似的青翠峰丛，美不胜收；巴拉河旅游区农历 10 月"苗年"节期间，各村寨几乎天天回荡着悠扬委婉的芦笙曲调让人深深体味乡村生活多姿多彩，其中南猛村的芦笙曲调更多达 50 余种，常跳的芦笙跳法有 30 多种，这些曲调和舞姿形式，都来源于现实生活，富有乡村生活气息，如"斗鸡舞"、"斗雀舞"、"斗牛舞"，即为现实生活中的斗鸡、斗雀、斗牛等动作的加工升华，表演时惟妙惟肖，极有情趣，还有"滚山球"、"老虎戏猪"、"猴子掰包谷"、"溪边水牛天天转"、"双人交换吹同跳"等难度大的民间芦笙舞技艺，民族和地方色彩浓厚；西南少数民族地区许多村寨是以特有的地理环境和风水结构发展起来的，有依据风水理论精心设计选址和建设的，有依据真山真水真环境自发形成的，因地制宜的地方特色显著，又颇具观赏价值。

(三) 少数民族文化

在第五章对旅游者 TPSP-model 感知模型的分析中发现，少数民族民俗风情的观测变量的因子载荷的 t 值检验均达到 0.001 水平上的显著，即使是红岩新村，旅游者对其少数民族民俗风情的评价值略低于 5 分，三个案例地中最低，它的因子载荷也达到 0.64，t 值检验同样达到 0.001 水平上的显著。考虑到少数民族民俗风情这一观测变量从属于旅游资源潜变量，这一潜变量对旅游者的满意度影响最大，因此可以推断少数民族民俗风情是西南少数民族地区开发农业旅游时不可忽视的重要因素。

西南少数民族地区是我国少数民族"地方性"最为典型的区域之一，少数民族文化丰富。这一地区三个省份的少数民族人口数量位于全国前三位。聚居着壮、瑶、侗、苗等数十个少数民族，各少数民族农业生产方式和习俗有明显差异，有着浓厚的少数民族文化特色。其特有的民族传统文化、风俗与现代主流社会中心文化之间存在强烈差异，对外界会产生浓厚的神秘感，深深吸引着人们去探访。少数民族文化作为一项重要而宝贵的乡土、本土人文旅游资源，也是发展农业旅游的重要元素。少数民族文化涵盖了宗教、节庆、服饰、饮食、婚丧嫁娶、歌舞、工艺品、建筑等内容(第三章已作论述)。

(四) 旅游商品

三个案例地旅游商品对旅游者满意度与忠诚度的影响均达到显著(0.05)水平。从旅游者对西南少数民族地区农业旅游目的地旅游商品的喜好中发现少数民族手工艺品是旅游者最为中意的旅游商品(图 7-7)，其次是农家水果。事实上无论农产品、农副产品还是手工艺品对少数民族旅游地的经济都具有特殊意义，前者将拉长产业链，后者为大量的独立开业者提供活动范围内。将少数民族的特色手工民族商品与丰富的劳动力资源优化配置，特色旅游商品作为其旅游市场文化内涵的载体进行开发生产将具有良好的市场前景与现实意义。绝大多数旅游者都希望从旅游地带回具有地方文化特色的旅游纪念品，以便于馈赠、收藏、纪念和使用，从调研中也发现无论是分别就三个案例进行研究还是综合分析，旅游者对旅游商品特色与品质的感知都显著影响旅游者总体满意度。其中案例地广西红岩新村的柿饼、贵州巴拉河旅游区的苗族银饰、云南罗平的"三黄"——小黄姜、菜油、蜂蜜均得到旅游者的青睐，由于特色鲜明、品质优良致使三个案例地的旅游者对当地的农产品和农副产品、手工艺品和纪念品感知良好并直接影响总体满意度。

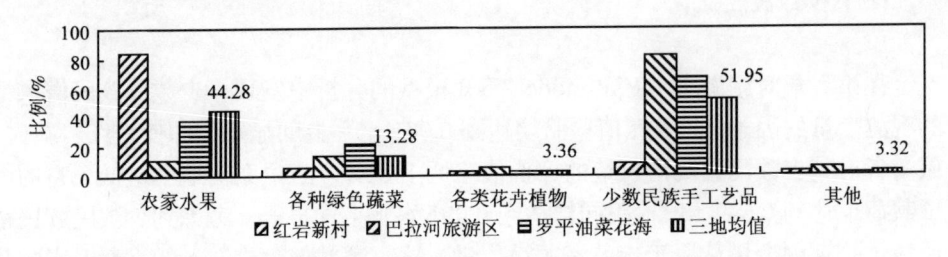

图7-7 旅游者对西南少数民族地区农业旅游目的地旅游商品的喜好图

西南少数民族地区丰富的旅游资源，天然的可开发的旅游商品，为旅游商品的研发提供了可靠的物质保障。根据《旅游资源分类、调查与评价》(GB/T 18972—2003)地方旅游商品包括七大类——菜品饮食、农林畜产品与制品、水产品与制品、中草药材及制品、传统手工产品与工艺品、日用工业品、其他物品。这七类之中无论是哪个少数民族区域均可以从中挖掘出相应的特色商品。西南各少数民族在历史长河中留下数之不尽的优秀传统文化习俗和独特的生产工艺，形成各自的衣食住行、风俗习惯等独有风格，从衣着、装饰到日常生活用品，各民族均有自己的特色与特殊要求。各种内含丰富民族文化特色的手工艺品、土特产品、服装、饰品都具有旅游商品开发价值。例如，西南少数民族地区一直使用的蜡染与扎染，是最具特色的民族服饰布料的染制技术，虽然根据国内外有关书籍记载，蜡染和扎染并非起源于西南少数民族地区，早在公元前就有古埃及人、波斯人穿类似扎染、蜡染衣服，但随工业化大生产的发展，扎染、蜡染在经济发达地区已濒临绝迹，只有在交通相对闭塞、经济滞后的西南少数民族地区仍旧延用着这一古老的传统技艺，一直用植物做染料，不添加任何化学试剂，对人体健康有特殊功效。

事实上从我国旅游发展看，将少数民族文化作为主要旅游吸引物进行建设已成为许多地方发展旅游的重点项目，但其中对旅游商品开发的关注却远不及自然、人文景观的开发。而调研的三个案例地旅游者的评价却恰恰给予我们良好启示，即与旅游商品密切相关的旅游购物本身就可以成为一个旅游目的地主要的吸引力，尤其是对于欠发达地区，由于旅游商品价廉物美而使旅游地又具有了更大的吸引力。

(五) 客源市场

农业产业多样性决定了农业旅游的发展潜力，但其同时还取决于区域资源及客源市场条件(Hegarty C. and Przezborska L., 2005)。人们休闲、旅游需求不断增加。根据国外学者的预测，到2015年左右，人类将有50%的时间用于休闲。人们的休闲时间与花费、人们对休闲活动的参与比例都在不断增加，休闲兴趣和休闲活动正在成为人们整体生活方式的核心。而且，西南少数民族地区国内旅游形势喜人(除2003年"非典"以外)，如图7-8所示。此外，我国节假日的调整相应促进了三天以内的短途旅游。农业旅游在西南少数民族地区有发展前景正是由于不断加速的城市化进程带来了广大城市居民旅游消费市场。桂、黔、滇三省区均属"泛珠三角"区域，该区域人口和经济总量均占全国1/3，加上香港和澳门两个特别行政区，市场前景广阔。"泛珠三角"区域内城镇居民收入较高省份，如广东、福建、湖南的城市居民应是西南少数民族地区发展农业旅游重要目标客源市场。

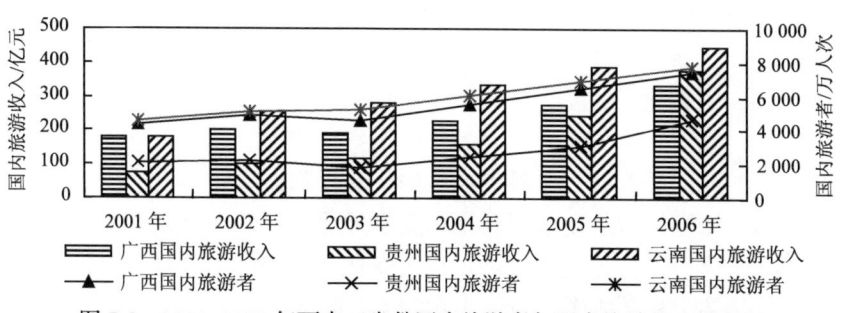

图7-8 2001~2006年西南三省份国内旅游者与国内旅游收入情况图

注：云南、贵州国内旅游收入是将其旅游总收入减去国际旅游收入得到

农业旅游首先是城市居民休闲的"后花园"，而不可能主要依托国际市场。因此，客源市场主要是国内城市居民。距离主要客源市场的远近和客源市场的大小是影响一个地方农业旅游能否顺利开发的一个重要因素。不过，随着科学技术的

不断进步与出行系统的不断完善，短时间长距离的旅行也已成为可能，城市居民休闲活动的出游半径将不断扩大。

客源市场旅游者需求是开发农业旅游的出发点。在案例地的问卷调查中发现旅游者来这些农业旅游目的地的动机主要有：观光游览、观赏民俗风情、休闲娱乐、体验乡村、品尝农家美食（见第五章，表5-16和图5-24）。在WTO为贵州巴拉河旅游区作的规划建议书中（贵州省利用世界银行贷款建设文化和自然遗产地保护基础设施项目），我们还看到这样的描述，旅游者是出于放松与锻炼、文化/教育、了解社会、娱乐、欣赏自然等前来旅游，如表7-4所示，这无疑对开发西南少数民族地区农业旅游有一定借鉴作用，旅游者的旅游动机直接影响旅游开发的方向，开发的好坏与否关系到旅游地是否能可持续发展下去。

表7-4 旅游者来旅游的主要目的

旅游目的	具体描述
放松与锻炼	旅游者前来社区，主要是寻找一个与其平时生活工作的环境不同、远离城市喧嚣之地来放松自己，释解压力，享受阳光以及锻炼身体。他们的主要活动一般有长距离漫步，骑自行车，划独木舟甚至跑步
文化/教育	旅游者想要了解先前未知的地区，了解当地的人民以及该地区的自然资源等。他们前来这样一个安静的环境小住几日并学习了解一些新的事物
社会	以了解社会为目的的旅游有几个原因。其中一个是结识新的朋友。旅游者会访问其祖先原来居住的村庄或者他们的出生地，并期待着有接待旅游者的住宿设施。他们也有可能是前来参加婚礼、葬礼或其他节日。这些旅游者中有可能是政府官员或非政府组织的工作人员
娱乐	旅游者有可能是获悉地方上推出的文化娱乐表演而慕名前来，或者是来参加诸如远足或赛跑等赛事。他们的兴趣有可能是当地歌舞、音乐和赛事等
生态旅游	旅游者来到偏僻的地区小住，这样可以欣赏到当地的自然环境。他们也许会花一整天观赏鸟类、动物、植物或蝴蝶，也许会步行欣赏沿途景色或瀑布等

(六) 服务诸要素

软件服务优良是西南少数民族地区的优势。从调研中发现旅游者满意度中对软件服务的感知较好，主要是因为三个案例地居民的热情、周到的服务，而且当地政府均给予大力扶持与规划管理。三个案例地旅游者对软件服务评价分值均超过5分，而硬件服务与旅游者总体满意度关联较弱。

硬件服务弱是西南少数民族地区不争的事实。旅游者在做出旅游决策时，要求获得最大效益，即最小行游比（=路途时间/整个旅游时间）和最大信息获取量或最高的满意度。但对于西南少数民族地区的硬件设施旅游者显然已有心理预期，这才出现硬件服务与旅游者总体满意度关联较弱的情况。不过，从研究案例地得分看，旅游者对统一规划、建筑趋近于城镇别墅性质的广西红岩新村的评价最好

(图 7-7),甚至高出三地中乡土气息、民族特色最浓的贵州巴拉河旅游区一个数量级,这不得不让人思考农业旅游目的地的主要客源——城市居民对服务的要求究竟是什么。中国社会科学院旅游研究中心魏小安研究员总结的论点很能说明问题:"一是休闲气息浓;二是娱乐项目多;三是康体要求高。这是三个要求,但总体来说,这里面要把握一个点,就是要求以乡村环境为基础,以自然感受为追求,以城市生活为实质,说到底是换一种环境享受城市生活,如果认为换环境就是原汁原味的乡村生活,也是经营不下去的。原汁原味实际上是对应不了市场的,这是改造过的乡村、改造过的自然,最终体现的是城市生活的实质。原汁原味只是外表,是符号,是文化象征,本质还是城市生活。从这个角度来说,把这个点把握清楚,要研究怎么符合这三个需求,这也是发展模式的一个要求。"虽然旅游者总体满意度与硬件服务设施关联较弱,但从具体分值看,有两案例地旅游者评价分值在 5 分以下,而且三个案例地当地居民对交通的评价都低于旅游者(图 7-9),这说明旅游者事前的预期降低了他们对交通设施的要求。而世代居住的居民对交通设施才最有发言权,西南地区发展旅游更主要的目的是解决当地经济发展、改善农民收入、生活品质问题,因此交通服务仍有待进一步完善。调研中还发现,尽管旅游者满意度分值较高,他们仍认为以下三方面是着重应当改进的,即"明确主题,创造特色"、"改善旅游交通条件"、"丰富内涵,提升文化",如图 7-10 所示。此外,调研中也发现居民对农业旅游发展建议(表 7-5)中同样指出"交通条件成为制约条件"、"乡村文化(民族特色)内涵挖掘不够"、"旅游者的停留时间太短"及"乡村旅游商品生产与销售处于初级水平"(均值在 4.9 分以上,且排前四位)四点是他们最关心、也是目前最应当解决的制约旅游发展的问题。因此,交通也成为主要影响因子。

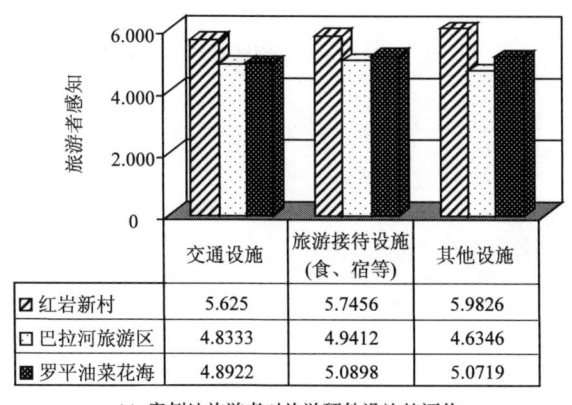

	交通设施	旅游接待设施(食、宿等)	其他设施
红岩新村	5.625	5.7456	5.9826
巴拉河旅游区	4.8333	4.9412	4.6346
罗平油菜花海	4.8922	5.0898	5.0719

(a) 案例地旅游者对旅游硬件设施的评价

	交通设施	旅游接待设施(食、宿)	其他设施
红岩新村	5.250	5.767	4.837
巴拉河旅游区	4.753	5.315	4.630
罗平油菜花海	4.324	5.462	5.736

(b) 案例地居民对旅游硬件设施的评价

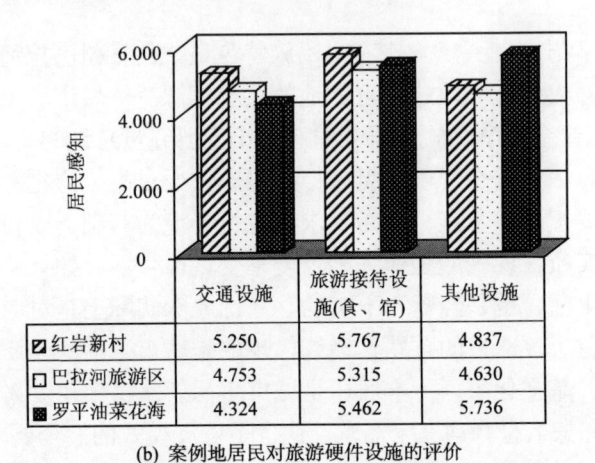

图 7-9 案例地旅游者、当地居民对旅游硬件设施评价图

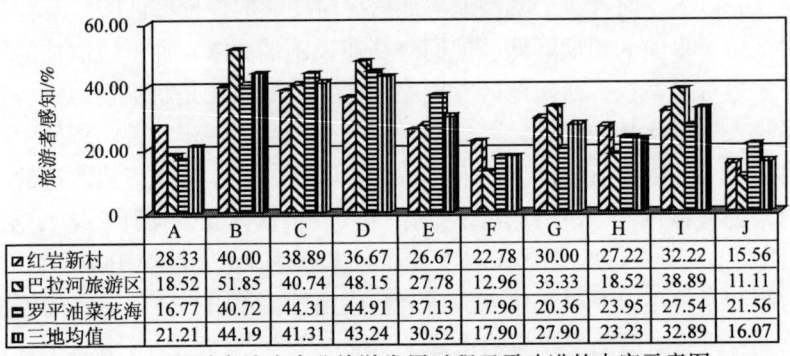

	A	B	C	D	E	F	G	H	I	J
红岩新村	28.33	40.00	38.89	36.67	26.67	22.78	30.00	27.22	32.22	15.56
巴拉河旅游区	18.52	51.85	40.74	48.15	27.78	12.96	33.33	18.52	38.89	11.11
罗平油菜花海	16.77	40.72	44.31	44.91	37.13	17.96	20.36	23.95	27.54	21.56
三地均值	21.21	44.19	41.31	43.24	30.52	17.90	27.90	23.23	32.89	16.07

图 7-10 旅游者认为农业旅游发展过程亟需改进的内容示意图

注：A.开发建设新农业景区(景点)；B.明确主题，创造特色；C.改善旅游交通条件；D.丰富内涵，提升文化；E.完善旅游接待设施；F.增加现代新型旅游设施；G.加大广告宣传力度；H.加强乡村旅游商品生产与销售；I.提高旅游服务水准；J.整治旅游环境

表 7-5 居民对农业旅游发展建议评分表

对比项	广西 红岩新村	贵州 巴拉河旅游区	云南 罗平油菜花海	三地均值
交通条件成为制约条件	5.0930	4.6712	5.5165	5.0936
政府支持力度不大	3.5122	3.6575	4.5934	3.9210
农业观光项目单一，特色不足	4.6585	4.0274	4.4505	4.3788
乡村文化(民族特色)内涵挖掘不够	5.0465	5.1370	5.1868	5.1234
旅游接待设施不够完善	4.3953	4.9452	4.4396	4.5934
旅游服务水平不高	4.4186	3.6986	4.4725	4.1966
广告宣传力度不大	4.5476	4.0274	5.1319	4.5690
乡村旅游商品生产与销售处于初级水平	5.0698	4.5479	5.2747	4.9641
旅游者的停留时间太短	5.3953	4.5068	5.5385	5.1469

注：各对比项按居民赞同程度由大至小赋予 7~1 分，超过中位数 4 的即为发展建议，分值越大要求改进的需要越迫切

二、西南少数民族地区农业旅游开发内容

对农业旅游开发内容的理解有广义和狭义之分。狭义的农业旅游开发是指农业旅游资源（或产品）的开发；广义的农业旅游开发则由规划、建设、管理和监测四个环节组成。农业旅游的真正价值在于与名城旅游、工业旅游、商贸旅游等有着显著不同的特色，如有开阔的田园风光、有独特的乡村风情、有地方的土特产品、有可参与的农事活动、有鲜美的农家小吃、有直感的返璞归真。因此，应当根据旅游资源、市场和西南少数民族地区的地域特点与发展需要，实施系统的农旅结合的发展模式。

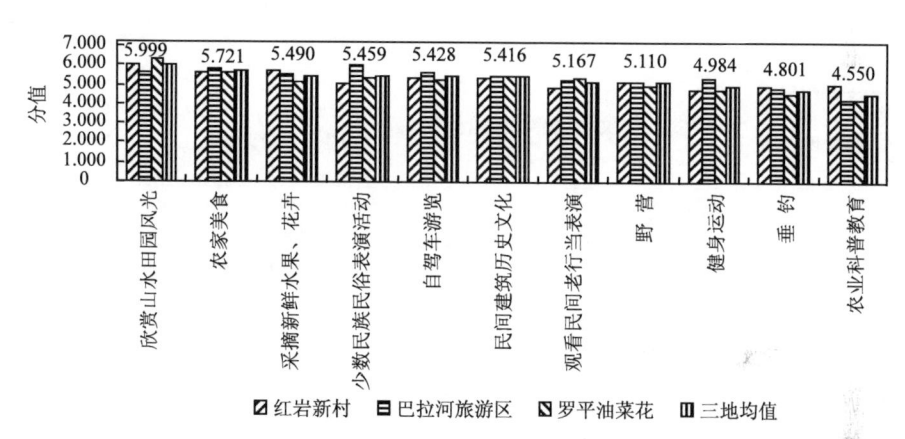

图7-11 旅游者对西南少数民族地区农业旅游开发项目的喜好图

表7-6 旅游者感知视角下西南少数民族地区农业旅游资源的构成要素分析表

要素类别	旅游者感知的内容	旅游者要求
自然景观环境	天然植被、地形、水体、农田、气候、动物	景观优美，环境宜人
乡村景观风貌	建筑、街路、村落与环境的关系、环境卫生	乡村情调，天人合一
居住	乡村农家、少数民族客房的特色，面积适中，用具卫生	朴素干净，安全卫生
饮食	农家日常饮食、节日饮食、特色饮食、卫生	简单天然，可口特色
农业生产	农艺、农产品收获、有机农业、渔业	参与体验，学习有趣
少数民族民俗	方言、宗教、历史、歌舞、节庆、婚俗、礼仪、环境变迁	参与体验，原汁原味，学习有趣
乡土制作	酿造、农具制作、陶艺、剪纸、刺绣、编织	参与体验，学习有趣，纪念实用
土特产	绿色食品、药材、标本、手工艺品、日用器具	纪念实用，健体康乐
游憩活动	民间戏曲歌舞、民间体育、登山、慢跑、自行车等	参与体验，学习有趣，健体康乐

根据第五章分析，旅游者对旅游目的地旅游资源感知、软件服务感知和旅游商

品的感知对总体满意度和忠诚度均有显著影响。实地调研分析还可知,旅游者对西南少数民族地区农业旅游开发项目的偏好与所希望购买的旅游商品,如图7-11所示,据此归纳出西南少数民族地区农业旅游开发的主要内容、体系(表7-6和表7-7)。

表7-7 西南少数民族地区农业旅游开发内容体系

开发内容	开发要求	开发措施
民俗村寨、文化、生态保护与修复	保护第一,容量控制,景观美化	建立管理机构,完善管理体制与制度,环境评价,对开展农业旅游的民俗村寨及其文化与生态环境进行科学规划、合理分区与旅游者容量限制,落实保护与全程监测措施
农业旅游资源与产品开发	突出地方主题特色,强化参与性、地域性、多样性和教育性,强调少数民族地区的农业旅游扶贫作用	农业旅游资源分类评价,农业旅游产品开发,农业旅游体验项目设计与旅游活动组织,农业旅游商品开发等
农业旅游设施开发建设	基础设施生态化、布局合理化、景观协调化	生态交通、生态建筑(生态酒店、生态商店、生态厕所等)、生态环保设施的开发建设
少数民族文化开发	挖掘民族文化,提高文化含量和景区品位,强调构筑民族自觉性	挖掘文化、表现文化、延伸文化,开发与自然生态相协调的文化景观、文化商品和文化旅游活动
农业旅游市场开发	市场定位准确,主题形象鲜明,促销措施有力	调查分析农业旅游市场、选择合适的目标市场,塑造旅游形象,实施多元化营销,提高市场知名度与影响力(如积极申报国家级农业旅游示范点)
农业科技、旅游科技开发应用	应用现代科学技术,提高当地农业生产科技含量、旅游科技含量,促进区域经济、文化、环境建设与旅游清洁生产	科技兴农、绿色能源、环保技术的应用开发与实施旅游业清洁生产等
农业旅游支持系统开发	支持系统完善,保障措施有力,促进可持续发展	完善政策法规,加强环境教育,培养专业人才,吸引社区参与,筹措发展资金等

三、农业旅游资源(产品)——市场开发模式

(一) 通用模式——农旅兼顾、注重规划、加强生态保育

案例地分析显示,西南少数民族地区农业旅游目的地优美的自然风光对于旅游者总体满意度的影响最大,因此自然生态环境的保护对于吸引旅游者至关重要。生态环境是农业旅游生命力所在,没有良好的生态环境,西南少数民族地区农业旅游也就失去了它的价值。因此生态安全监管也是农业旅游可持续发展的根本保证。把旅游的发展与生态环境的保护相统一,充分考虑资源、环境的承载能力,强化生态环境的保护,做到保护和开发并重,实现合理开发和有效利用。同时挖

掘少数民族地区地域文化、乡土文化中丰富的内涵。

因此，本书所提出西南少数民族地区农业旅游资源(产品)开发模式应强调农旅兼顾、保护原生性为前提，依托农业旅游资源优势和旅游市场需求，有选择性地适度开发农业旅游产品，即遵循"农旅兼顾，特色优先，保育第一，科学规划，生态为基，适度开发，加强监管，综合生效"（黄震方等，2007）的开发原则，寻求农业旅游资源(产品)的最优开发和可持续发展（图7-12）。

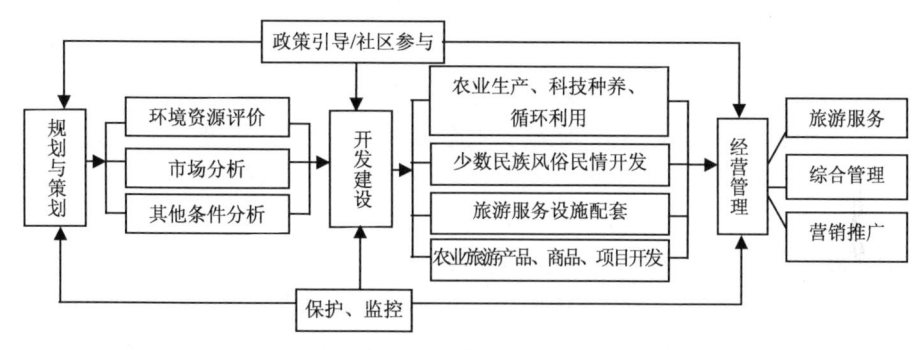

图7-12 农业旅游资源(产品)开发模式

该模式强调：农业旅游是一种可持续旅游形式，为保护好农业旅游资源，尤其是极其脆弱的少数民族文化资源与生态环境，预先对开发进行良好规划及影响评估是农业旅游可持续发展的前提；科学地制定农业旅游规划，对开发者、旅游者和当地居民进行生态环境教育、民族文化自觉性、认同性教育，遵循生态保护、适度开发原则进行发展建设，适度开展市场营销和对环境、质量、旅游者与社区的管理，是农业旅游开发的重要环节；加强政策引导和法规约束，吸引社区参与是实施农业旅游开发的有效途径；进行系统的环境监测和旅游环境影响评估，建立保育机制，是确保农业旅游可持续发展的重要举措。

(二) 商品研发——突出地域与少数民族特色，因地制宜，拉长产业链

案例地分析显示，无论是分别就三个案例进行研究还是综合分析，旅游者对旅游商品特色与品质的感知都显著影响旅游者总体满意度。富有地域特点、物美价廉、品质优良的农产品、民族工艺品对旅游者起到很大的吸引力。而整个西南少数民族地区所具有的品种繁多、分布面广的特色农产品、丰富的少数民族文化则为特色旅游商品的研发提供良好基础，因地制宜开发旅游商品大有可为。无论是农产品、农副产品还是手工业对少数民族旅游地的经济都具有特殊意义，前者将拉长产业链，促进农业增加收入，促进农村产业结构调整。后者为大量的独立

开业者提供活动范围内。将少数民族的特色手工民族商品与丰富的劳动力资源优化配置，特色旅游商品作为其旅游市场文化内涵的载体进行开发生产将具有良好的市场前景与现实意义。通过特色商品的开发也将促进当地文化的自我认同、保护、弘扬与发展。因此，特色旅游商品的研发是增强西南少数民族地区农业旅游目的地可持续发展能力的关键。

(三) 产品开发——以生态、休闲、民俗为基础，开发系列旅游产品

首先，西南少数民族地区农业旅游目的地自然资源丰富，具有原汁原味的特点，适宜开展农业旅游、休闲旅游、生态旅游。农业生产是根本，农业旅游是基础；休闲旅游符合现代城市居民出游目的（调研数据也说明了休闲娱乐动机的普遍存在）；生态旅游是走资源节约型和可持续发展之路。三者对带动少数民族地区的经济发展，增强开放意识，扩大对外交流，加快脱贫步伐都有着特殊的意义。

其次，农业旅游是一个系统概念，是以农业景观为基础，以农村和农民为载体，以民间风情和民族文化为内容。同时，我国旅游业正沿着观光旅游、休闲旅游和体验旅游的轨迹，阶段性地发展演进，因此，农业旅游不仅包括用来满足旅游者观光需求的观光农业旅游，满足旅游者休闲度假需要的休闲农业旅游，更应包括旅游者能高度参与的、集科教文化于一体的、让旅游者能在心灵上有所感悟又能在精神上得到满足的体验旅游。例如贵州巴拉河旅游区就提出将农业旅游与乡村旅游这两个示范项目统一，使巴拉河流域旅游开发实现三个结合，即农业观光旅游与民族文化旅游相结合，农业观光旅游与乡村体验旅游相结合，农业体验参与游与休闲度假旅游相结合。

最后，调研中发现甚至连居民都认为旅游活动项目单一，民族特色挖掘不足，而且报怨旅游者停留时间短，分值都在 4 以上，即对题项均为中立或赞成，如图 7-13 所示。因此，在产品、项目设计开发时应考虑到不同的旅游者有不同的旅游需求，同一旅游者也有多种多样的旅游需求，在开发农业旅游、休闲旅游、生态旅游基础上再进行拓展，逐渐增强知名度，从而继续扩大客源市场，延长旅游者停留时间，激发旅游者重游的旅游动机。有学者曾从产品类型的角度探讨了农业旅游的开发，根据不同类型的资源依托与开发导向两个维度对农业旅游产品进行划分，存在不同类别的农业旅游产品表现形态，如图 7-14 所示。

因此，西南少数民族地区农业旅游目的地进行旅游开发时，为满足旅游者多样化需求，开发系列旅游产品是必然选择。在开发系列旅游产品时，应当坚持以下原则：①以生态、休闲、民俗旅游为基础；②因地制宜利用自身条件和挖掘资源特色；③针对城市客源市场需求特征；④提升农业旅游产品文化内涵。

第七章 西南少数民族地区农业旅游发展模式研究

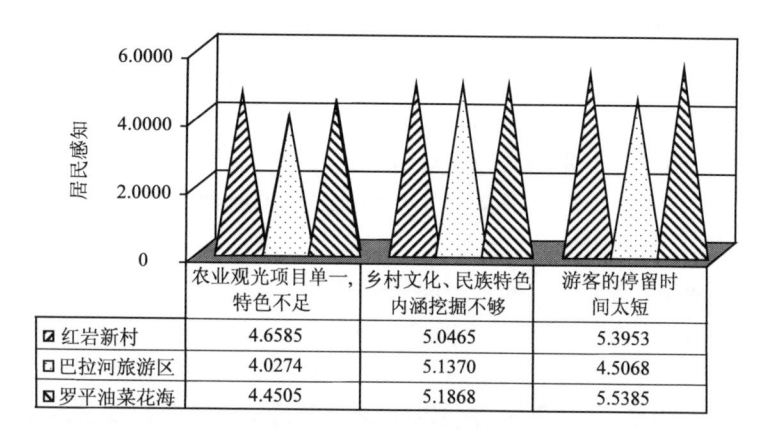

	农业观光项目单一，特色不足	乡村文化、民族特色内涵挖掘不够	游客的停留时间太短
红岩新村	4.6585	5.0465	5.3953
巴拉河旅游区	4.0274	5.1370	4.5068
罗平油菜花海	4.4505	5.1868	5.5385

图 7-13 社区居民认为农业旅游发展过程亟需改进的内容示意图

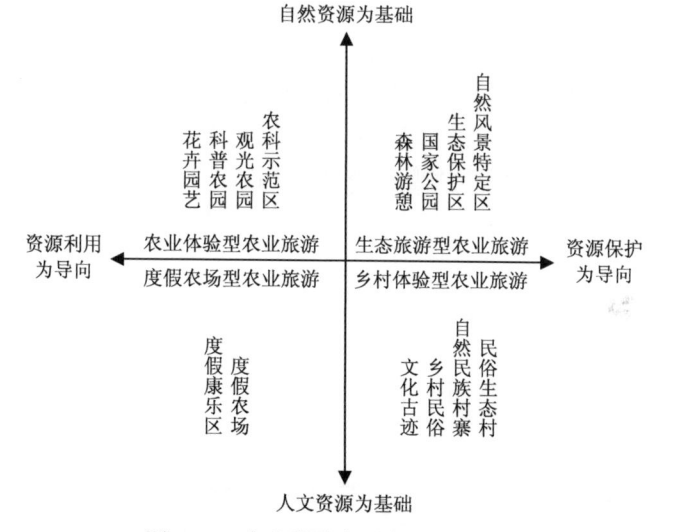

图 7-14 农业旅游产品表现形态图示

(四) 市场开发——树立特色旅游形象，改善服务设施供给

独特的形象是西南少数民族地区的卖点。而旅游产品的不可移动性决定其要靠形象来传播。国内外旅游研究表明，形象是促进旅游地发展的重要因素之一。形象建设对于西南少数民族地区农业旅游目的地而言更具战略意义，农业旅游正在全国兴起，西南少数民族地区农业旅游目的地只有在众多竞争者中凸显自己鲜明的地方特色、民族特色、乡土特色，并对形象加以传播，才能影响和改变大众对旅游目的地的印象，从而刺激他们产生旅游动机，并最终实现出游计划，进而

促进该地旅游业的发展。因此,形象驱动是西南少数民族地区农业旅游目的地客源市场开发的突破口。如贵州巴拉河旅游区力图培植其旅游品牌——"人类苗族文化遗产保留地",全国仅此一地,特色鲜明。

服务设施的改善主要指交通、食宿及公共基础设施的改善,其中交通更为关键(前文已作分析)。外部交通条件的好坏是改善其地理区位状况的重要因素,交通不便则资源优势很难转化为经济优势。内部交通同样影响旅游者的旅游感知,有的地方的经验值得借鉴,如罗平油菜花海用农家牛车作为进村的交通工具,将路途时间无形地转化成为旅游时间,使旅游者兴致盎然。

第四节 西南少数民族地区农业旅游经营管理运作模式

在第五章研究中发现,无论是对三个案例地分别研究还是综合考虑,居民感知模型中"支持条件"的因子载荷均达到显著(达到 0.001 水平),即支持条件显著影响居民的满意度,这与西南少数民族地区农业旅游目的地各级政府大力提倡发展旅游业,确实为当地居民带来不同程度的实惠有关,政府的主导作用功不可没。西南少数民族地区政府对农业旅游给予财税、技术、资金、人才等的支持不可或缺、至关重要。

一、农业旅游经营管理一般模式回顾

农业旅游因其开发过程的参与主体不同,经营管理运作模式也有所差异,如表 7-8 所示。

表 7-8 基于参与主体差异的农业旅游经营管理运作模式分类表

	开发模式	主要特征
完全政府行为	政府投资建设开发的公有模式	一切由政府解决; 只需处理好政府与村民集体的关系; 投入与收益不确定、风险较大; 政府财政可能遇到瓶颈、加大困难程度
政府驱动型	政府出资金与村民出资源的合股模式	政府财力比较宽裕,由政府出资主导开发,村民留驻原地; 政府承担开发风险较大
	政府主导和协调,由外来或本地投资商独资模式/"政府+公司(投资商)"模式	协调村民与投资商的关系;政府协调村民迁移、搬迁工作; 对于政府而言风险最小; 迁移村民无法从旅游中受益或感觉受到蒙蔽或欺骗; 开发模式适合规模较小,人口密度小,资源相对比较集中的乡村

续表

	开发模式	主要特征
政府驱动型	政府主导，外来或本地投资商与当地村民合作合股模式/"股份合作为基础的收益分配模式"	国家、集体、企业和村民联合，进行服从制经营，通过土地、资金、管理与劳动等形式共同参与乡村旅游的开发；政府能较好地协调投资商与村民的关系；给投资商和当地村民政策保障；开发商担心与村民后期协商以及协议能否完全执行等
	"政府+公司(投资商)+社区+旅行社"模式	政府负责规划和基础设施建设，优化以展环境；公司负责经营管理和商业运作；社区(村委会)负责组织村民参与农业旅游，并协调公司与村民的利益；旅行社负责开拓市场，组织客源
完全非政府行为	公司(投资商)+农户模式	政府不参与；公司开发、经营与管理，村民参与，公司直接与村民联系、合作；开发商和当地村民所承担的风险都较大；可能造成当地的旅游资源尤其是历史人文旅游资源造成不可挽回的损失
	由当地村民委员会与外来投资商合股开发模式/公司(投资商)+社区+农户模式	公司只与当地社区(村委会)合作，由社区委员会(村委会)组织村民参与农业旅游。同时，公司负责村民的专业培训和规范村民的旅游经营行为
	"农户"+"农户"模式	自发组织，自由合作，相互带动，共同参与农业旅游的开发与经营
	农户个体自发自主开发模式	以自己所有的农家庭院及农牧果场开发旅游项目，进行旅游个体经营，提供餐饮、住宿、农事采摘为主的农家乐等形式出现。这种开发类型特点是经营管理比较灵活，缺点是缺乏规范引导，容易导致无序竞争，农家乐旅游的"农家"特色退化、经营内容雷同化、接待设施城市化
	"飞地"模式	指城里人占据了农业旅游中的经营者地位，在乡村旅游目的地形成了城里人的"飞地"。"外来户"的优势是：经济实力雄厚，能够在区电视台作广告；与县里、市里有比较广泛的人际关系；了解城市旅游者的口味。该模式中的外来户主要经营高投资的餐饮与娱乐，本地户主要经营经济实惠的家庭旅馆与农家饭菜

农业旅游发展问题上，政府是否参与、参与程度、参与内容、扮演角色是区分参与主体差异的关键。1995年召开的第十一届世界旅游组织年会，专门就国家旅游局(NTO)在旅游业发展的不同时期的作用进行讨论，认为经历三个阶段：①开拓者，即在旅游发展初期，NTO投资于基础设施，以拟定旅游发展计划及管理为工作中心；②规范者，在旅游业逐步兴起乃至蓬勃发展时期，NTO主要进行立法、

规范工作，保证行业良性发展；③协调者，旅游业走向成熟时，NTO工作重心是协调各方关系。

我国旅游界则对此一直存在着不同看法和争论。

第一种观点认为政府主导型旅游业发展模式是国家旅游局在"九五"期间一直在全国倡导并已取得成效的战略。这一战略的形成，一是借鉴了国外经验；二是适应旅游发展的内在规律；三是在这一战略的贯彻过程中，各级政府都显著加强了对旅游发展的重视力度和扶持力度，并对旅游环境的改善、旅游发展水平的提升起到了显著效果。因此，政府主导型旅游发展战略符合我国作为发展中国家的国情和我国旅游发展的实际。

第二种观点是在改革开放的实践过程中，我们的指导方针经过了一步一步的探索，从摸着石头过河一直到十四大明确指出了建立社会主义市场经济体制的基本方略。这之后，改革进度大大加快，各个方面向市场经济发展已成为不可逆转之势。在这种情况下，旅游业提出"政府主导型"的旅游发展战略，显然是有悖于基本方略的。一是旅游业并非垄断性行业，而是具有高度竞争性的行业，这样的行业应当是市场主导型的。二是政府主导型的提法，容易引起各个方面的误解，甚至会引起改革是否要停顿或改变方向的误解。三是从实践效果看，政府主导必然会成为长官意志的翻版，造成一种政绩竞赛，产生一批无人负责的项目。有学者认为，我们的旅游业管理一直采用政府主导模式，它的基本特征或主要弊端是旅游管理职能与旅游经营职能交织在一起，在实行这一模式的过程中确实产生了一些成功的典型，但从总体上看，我们为此付出了极为昂贵的学费（林炳镛，1992；李周和操建华，2004）。可取的做法是按照职能将现有的旅游管理机构一分为二，政府的旅游管理机构只承担旅游管理职能，而将旅游经营的部分逐渐演变为旅游行业协会。

第三种观点则是政府和市场的关系在不同发展阶段应按照实际情况采取不同的模式。

总体来说，不同的模式大体分三种：一是政府主导型；二是政府干预型；三是市场主导型。从经济学的观点出发，政府主导和市场机制都存在的欠缺或不足，有"政策失效"和"市场失灵"可能。政府干预是对纠正市场失灵必不可少的手段，市场调节则是克服政策失效的有效机制（熊元斌和朱静，2006）。在发展的不同阶段，两种机制动态变化。各阶段采取相应对策与模式是必然选择。

二、西南少数民族地区农业旅游现阶段发展模式研究

在目前西南少数民族地区经济水平较低、农业旅游目的地的旅游业处于初始

发展阶段的情况下，针对西南少数民族地区农业旅游资源的品质与经济发展实际情况，西南少数民族地区旅游发展实行政府主导模式非常有必要。必要性主要表现在：

（1）有助于西南少数民族地区农业旅游目的地成功脱贫。在我国现阶段，在西南少数民族地区实施旅游扶贫是一项集社会经济、政治、文化、环境于一体的复杂的系统工程，需要政府有效地组织、引导、协调和管理。既要保障公平、实现共同富裕，又要处理好民族关系、保持社会的稳定；既要改善和增加旅游供给，又要保护好自然和文化生态环境。实施政府有效主导，以使旅游扶贫真正一步到位。

（2）西南少数民族地区农业旅游可持续发展的客观要求。旅游业是综合性产业，其发展对政府调控有着较强的依附性，离不开政府强有力的支持和引导。而且在对案例地进行可持续发展能力评价中发现，可持续发展能力中上的红岩新村与巴拉河旅游区对政府的扶持与帮助均给予高度肯定。

（3）发展西南少数民族地区农业旅游及相关旅游的有力保证。由于旅游景观、旅游线路等旅游产品具有不可移动性，为满足旅游者在旅游过程中的消费需求，需要各部门和相关行业配合，这需要政府去协调发展。

（4）提高西南少数民族地区农业旅游竞争能力的需要。旅游产品的特点是跨地域性，客观上要求政府协调，开发旅游市场，形成区域合作并相得益彰的局面。

当然，政府的责任是为旅游业的发展营造公平竞争的市场环境，出台有利于促进旅游业发展的政策，保护旅游业经营者的财产安全，完善公共设施供给。政府主导要避免参与旅游业的经营，更不能越俎代庖，与社区和农民争利。因此西南少数民族地区各级政府应适当采用不同的方式介入、引导农业旅游发展，具体如下：

旅游发展初期（启动阶段，旅游生命周期的探索阶段、参与阶段、发展阶段早期），一般实行政府主导型发展模式，此时政府主要充当"催化剂"的角色。其最大特点是运用政府的行政体制力量，较快地动员所掌握的经济资源，加快旅游开发和建设，迅速形成较大的产业规模和供给能力，促进旅游快速发展。目前在红岩新村的农业旅游发展中，政府作用即是如此。

旅游业发展成长期（发展阶段，旅游生命周期的发展阶段后期、稳定阶段），可采取有限的政府主导型发展战略模式，此时政府主要执行规制与服务职能。政府管理旅游业开始由直接管理变为间接调控，着重在建立和完善旅游法规体系，规范旅游市场竞争秩序，发挥政府的宏观调控和市场监管职能，实现由管理职能向服务职能的转变。贵州巴拉河旅游区、罗平油菜花海现阶段政府即发挥此类作用。

旅游业发展成熟期（成熟阶段，旅游生命周期的稳定阶段、停滞阶段），实行以市场主导、政府调控为特征的市场主导型发展战略模式，此时政府主要充当协调者、中介者角色。目前西南少数民族地区绝大多数农业旅游目的地尚未进入此阶段。

总体上看，由于西南少数民族地区农业旅游目的地大多处于旅游生命发展的探索阶段、参与阶段、发展阶段，结合地域实际情况，政府主导下的发展模式仍是最优的选择路径，如图 7-15 所示。

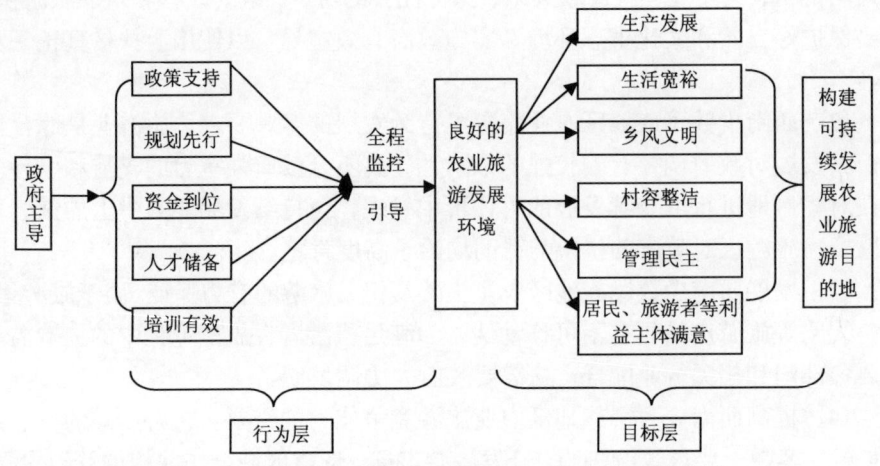

图 7-15　政府主导下农业旅游目的地可持续发展流程图

此外，在发展的前两个阶段，针对旅游目的地居民的教育与培训非常重要，它直接影响居民对旅游业的感知与态度。从三个案例调查发现三地居民对政府旅游培训教育服务的感知均低于对政府开发管理旅游水平的认可度，如图 7-16 所示，即在政府开发管理旅游中培训与教育尚未作到位，居民在认可政府工作之余还希望得到更多学习机会，毕竟人才是地方旅游持续发展的关键。

	红岩新村	巴拉河旅游区	罗平油菜花海
■ 政府开发管理旅游水平	5.698	5.069	4.505
□ 旅游培训、教育服务	5.163	4.164	4.418

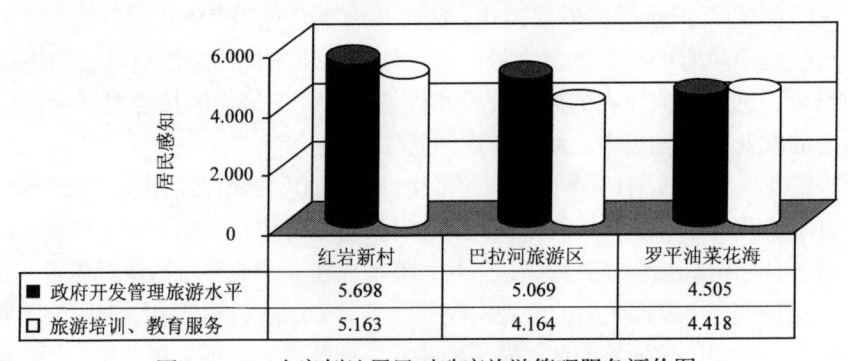

图 7-16　三个案例地居民对政府旅游管理服务评价图

表 7-8 所列各种模式不一定都适用于西南少数民族地区旅游发展，鉴于案例地贵州巴拉河旅游区与广西红岩新村"主客"满意度较高(见第五章)、可持续发展能力较好(见第六章)，它们的经营管理运作模式对西南少数民族地区开发农业旅游有一定借鉴意义。

三、案例地——"主客"总体感知均良好的红岩新村模式

根据前文分析，红岩新村的居民与旅游者总体满意度在三个案例地中均为最高。红岩新村居民对旅游经济、社会文化、环境及政府支持条件的正面感知均很强，因子载荷均达到 0.001 水平上的显著，正面感知显著影响居民的满意度与参与行为；而旅游者总体满意度分值高达 5.9826。"主客"总体感知均良好的红岩新村发展过程中值得借鉴之处：一是注重生态，大力发展特色农产品；二是政府主导、全面参与规划协调，农民自主管理，社区参与比例高、收益好，极大调动农民的积极性。

(一) 表现形态——"五位一体"特色农业模式

红岩新村的养殖、沼气、种植、加工、旅游"五位一体"生态农业——旅游社区循环经济模式(图 7-17)在广西区内广泛推介，即以果业种植为龙头，以沼气建设为中心，联动养殖、粮食、加工与旅游产业，在吸收传统农业精华和现代农业先进技术的基础上，广泛开展农业生物综合利用的生态发展模式。具体而言，利用人畜粪便下池产生的沼气做燃料和照明能源，引进先进技术，实施无公害月

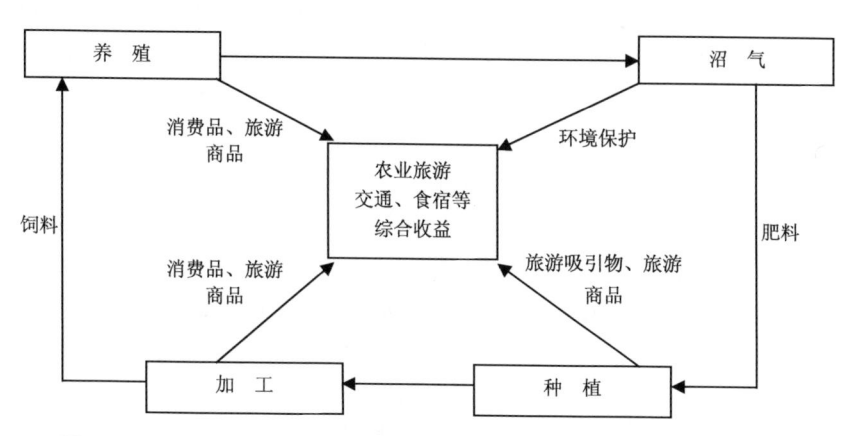

图 7-17 红岩新村"五位一体"生态农业——旅游社区循环经济模式图

柿标准化栽培，同时利用屋前房后建起多个小鱼池，并在鱼池上方安放诱虫灯，以沼液、虫子作鱼的饲料，这样既减少了养鱼成本，又可降低果园用药次数，确保水果食用安全，优化环境，增加收入。利用沼渣、沼液种果、养鱼、喂猪、种菜，多层次利用和开发自然资源，提高了经济效益。沼气池入户既有效解决农村的能源问题，又有效保护森林资源，改善生态环境，促进了"生态利用—生态保护"的良性循环。全村绿化覆盖率达80%。"五位一体"特色农业模式重视自然与人类生活中四种组成物质的循环系统：土壤、水、火和空气的保护。生产的同时，将农业生产的场地、产品、设备、作业及成果用作观光获取收益，包括果实、蔬菜、花卉的采摘，在"绿色"上做文章。秋季收获期间，万亩红灿灿的月柿林是供旅游者接近自然、亲近泥土、参与采摘的最佳场所，最终形成"农家乐+景区（点）+观赏农业+休闲康体"旅游形式。由于果业发展得好，还吸引了汇源果汁这样的大企业来投资建设果汁原料加工厂，投资额达到10亿元。

（二）经营管理运作——政府主导、协调，村民自主管理模式

作为大桂林旅游圈唯一一个农民自己经营的全国农业旅游示范点，红岩新村的发展道路是政府主导、部门支持、全村参与、自主管理模式。

2005年红岩新村接待旅游者逾20万人次，旅游使农民人均增收数千元，一些家庭甚至突破了10万元，目前发展情况良好。据村支部书记朱培铭介绍，红岩新村农业旅游发展经验有如下七点：

（1）利用生态农业的优势，依托丰富的生态资源，结合自然山水风光，以回归自然、游览观光的开发思路定位，不断完善旅游功能，集中展现自然生态与地质景观。突出别具一格的生态田园风光特色，改善环境，培植农村经济增长点。统一规划，加强旅游配套设施建设，创建全国农业旅游示范点，形成了红岩新村农业旅游的新品牌。

（2）政府部门投资扶持景区建设，制定相应的扶持政策。政府派有旅游管理经验的工作人员深入村落，完善旅游的管理规范，培训村民的旅游接待技能。

（3）该村按照"互助合作，利益共享"的原则，成立自治组织，进行自主管理，包括有村民理事会、新村管理委员会、水果销售协会、生态文化旅游协会，还有妇女协会、老年人协会等。新村建设所涉及的土地置换协调、建房资金管理、公益物资管理、公共环境卫生治理、公益事业建设、旅游接待安排及水果生产、采收、销售等，都通过各类自治组织出面协调、具体实施，使村民的组织化程度得到很大提高。全面推行村级重大事项议事制度、村级财务账簿管理制度、村务公开制度、村集体财务审计制度、卫生管理制度等，制定村规民约，促使村民自觉遵章守则，农民切身利益得到普遍维护。例如，旅游提成是村集体重要的收入来源，村里来了15人以上的旅游团，哪户接待一个客人住宿一天提成2元，接待一桌客人用餐提成5元，15人以下的算散客不提成。这项提成一年有3万元左右，所用之处必须公开，村里的清洁费就是其中开支大项。

（4）以旅游节庆活动为龙头，打造农业旅游品牌。把建设富裕生态家园和农业旅游紧密结合，借助万亩无公害月柿果园和十里桃花长廊，举办"桃花节"、"月柿节"及"关公文化节"，以节为媒，探索发展农业休闲观光旅游的新路子。并充分利用机会，打出"品瑶乡月柿、赏桃园风光、住生态家园、做快活神仙"的主题宣传口号。让游客充分领略生态田园风光、民族文化，提高旅游知名度。

（5）强化宣传促销，打造旅游品牌。红岩新村所在的恭城县为打响农业旅游的品牌，在政府和领导的支持下，组织旅游工作人员，到桂林、柳州、广东等地举行旅游推介会，并先后在报纸、电视、电台、网络等媒体上做广告宣传。

（6）在乡村农业旅游开发上先规划、后建设，避免损坏原生态，做到旅游开发有计划、有步骤、有条理、有依据。坚持"科学规划，先易后难，稳步推进"，采取政府引导、集体补助、群众投工投料、整村推进的方式，新建房屋结构一致、面积相当、风格相近。按照"五改十化"的标准，进行"富裕、生态、文明、和谐"的富裕生态家园示范村的建设。制定《农业生态保护规划》，每年投入经费做好景区环境的绿化、美化工作，同时开展护林活动和节能改灶，沼气使用率达100%，每一户都用上了太阳能热水器。把项目开发与保护生态环境结合起来，走可持续发展道路。

（7）旅游精英、经济能人的示范性的带动作用效果显著。在调研中发现，红岩新村朱天佑等第一群"吃螃蟹"的十余户村民每年旅游毛收入在2万~10万元，高于全村绝大多数农户，其菜单设计与外立广告牌的制作的档次与品味均高于其他农户，其参与旅游意识也明显强于其他农户，旅游商机的把握使他们中大部分成为农业旅游发展中先富起来的群体。在先锋农户的带动下，第二年开发旅游的农户达到近五十户，增幅高达300%，目前全村一百余户居民大多都参与开发旅游。

(三) 发展建议

（1）挖掘瑶族文化精华，提高产品文化内涵。虽然红岩新村的居民不认为传统文化在消逝，但从实地调研看，传统的饮食文化、节庆文化相对保存较好，村中瑶家传统建筑文化、服饰文化已比较淡化。而且笔者认为新农村建设应当摆脱单纯城镇化模式，在统一规划中应加入少数民族文化的元素，如建筑上兼顾提升居住品质的同时，保留建筑外在的民族特色展示。而旅游者对红岩新村的"少数民族民俗风情"评价也仅为 4.9186,说明红岩新村的瑶族文化内涵仍有待挖掘。

(2) 加强教育培训,不断提高居民素质。事实上,红岩新村居民对政府给予的教育培训现状的感知评价在三个案例中是最高的,但与自身其他因素的较高评价值相比,这一因子的分值仍相对较低,这也是西南少数民族在发展农业旅游时都应当重视的问题,教育培训是西南地区的薄弱环节,只有人的素质不断提高,发展才具有可持续性。同时我们从调研中也发现居民对参与旅游教育培训的积极性是很高的(三个案例地分值均在 5 分以上)。因此,政府应当积极引导居民多方式、多途径、全方位进行自身综合素质的提高。

四、案例地——旅游者忠诚度高的巴拉河旅游区模式

根据前文分析,巴拉河旅游区旅游者忠诚度在三个案例中最高(两个观测变量分值达到 5.4902、5.7400,因子载荷均在 0.001 水平上显著),即旅游者重游意愿与向他人推荐的意愿均很强烈,而且该旅游区可持续发展能力较强(接近较强水平,0.3773)。究其原因,巴拉河旅游区文化生态村的原生态发展模式值得推荐。文化生态村能够同时实现以下三大需求:满足旅游者"原汁原味"的文化旅游需求;使当地社区居民的经济利益受到保护的需求;民族传统文化得以传承和保护的需求。纵观国际、国内相关研究成果及现实开发案例,尤其是结合西南少数民族地区旅游资源特色(桂、黔、滇三省区全国农业旅游示范点中少数民族村寨分别占 43.48%、38.89%、66.67%)及实地调查看,农业旅游与民族村寨旅游相结合,建立"文化生态村",是实现少数民族地区旅游可持续发展的一种有效模式。

(一) 表现形态——文化生态村模式

村寨(自然村寨)是中国乡村的基本社区,是相对完整并且在很大程度上自给自足的社会生活单位。一个民族村寨,包括了该民族所有的文化要素,在这个有限的范围内,该民族的各种民俗事象会在特定时间里有规律地展现。所以,它是最全面、系统集中的负载本民族各类民俗事象的相对完整社区,同时,民族村寨是"原生的",它处于所赖以生存的真实的自然环境中,可以给旅游者更深刻的文化体验(黄萍和王元珑,2005)。

作为国际援助项目——世界银行贷款,并得到新西兰政府的技术援助,贵州巴拉河旅游区七个苗族村寨完整保留,并进行相应旅游分工与定位,对文化生态村模式进行成功操作。通过在贵州偏远乡村的少数民族地区开发旅游业,实现了旅游扶贫和文化、环境保护。在人与自然和谐的原生民族村寨直接接待旅游者的

旅游模式中，整体上坚持了尊重民族文化的原则，作为"人类苗族文化遗产保留地"，他们尽可能把民族文化最精华的东西体现出来，突出"人类苗族文化遗产保留地"的"大气"和"土气"。

若将文化生态村视为一个旅游景观系统，其价值是多维的：其一，对旅游者而言，它的价值在于旅游体验感知上。旅游者在此可以获得原汁原味的"真品、正品"，贵州巴拉河旅游区突出的苗族组群式结构的文化特色，增强了旅游者对少数民族村寨"天人合一"的体验与感受，满足旅游者"返璞归真、回归自然"的需求。其二，对村民们来说，它的价值主要体现在通过接待旅游者获得经济利益，例如贵州巴拉河旅游区南花村2005年仅凭每场收费500元的接待表演，收入达42万元。另外"农家乐"、卖工艺品、土特产等其他收入150多万元。全村171户均旅游收入近万元；雷山郎德上寨181户、751人，旅游从业人员500多人，创旅游总收入37.23万元。其三，对于整个村寨，村民在接待旅游者过程中清楚地认识到自己的非主流生活方式和居住地优美的自然环境是最受旅游者欢迎的，认识到保护自己的民族文化和自然环境就是保护了自己的经济利益，因而自觉地担当起保护和传承的使者，"保护"和"可持续"也就在此找到了真正的内在动力和支撑点。在巴拉河旅游区村寨将传统的节日和习俗、传统歌舞艺术、传统建筑风格、建筑形式和建筑工艺、传统民族服饰、纺织、印染、银饰加工、雕刻、编织、制陶等传统手工艺及传统的农林牧土特产品作为重点加以保护。巴拉河农业旅游的开发，改善了流域的生态环境，促进社会经济的可持续发展。通过发展农业旅游，改变当地落后的生活方式，为保护生态环境和发展地方经济找到了最佳结合点。郎德已改过去"砍树"为现在的"种树"、"看树"。为了开发旅游，当地政府严格推行封山育林政策，村里制定了《村规民约》，禁止破坏区内的旅游资源，政府积极引导绿化荒山，发展沼气，推广节能柴灶，解决农民燃料问题。近两年来，巴拉河流域当地政府安排专项资金30多万元，在各村寨发展沼气375多口。生态环境得到了很好的保护，为旅游业的可持续发展提供了保障。

(二) 经营管理运作——"政府+企业+农村旅游协会"模式

管理上政府主导、企业(集团)运作和群众参与相结合，由政府领导下的"巴拉河旅游示范项目办公室"实施分层管理模式，宏观协调、充分发挥其办公室作用，协调县、市和州各职能部门按功能化准则管理巴拉河旅游区的开发与保护问题。

产品开发上突出民族特色和本土风格，充分展示巴拉河乡村旅游原始、神秘、浩瀚、雄浑的自然景观和原生、神奇、粗犷、淳朴的民族文化，树立起区别于其他地域的旅游形象，高起点、高立意、高水平进行规划和建设。依据国际、国内旅游市场动向和旅游者需求趋向,创造性地塑造旅游品牌,走出一条依托优势资源开发优势产品、依靠优势产品发展优势产业、进而带动黔东南州整体发展的"三优"发展模式。

由于巴拉河流域农业经济的开展,随着知名度的不断上升,旅游区不断升温,社会各界投入旅游开发的热情日益高潮,仅南花村就引来了10位投资商开发村寨周边的旅游项目和开发乡村旅馆。"巴拉河游乐园"、"南花度假村"、"梦里水乡"、"月亮湾"休闲山庄等已具备了一定的接待规模。这些旅游企业的介入带动了周边村寨的发展,如平寨、排乐等村的种养殖业,并解决了当地不少农村闲置劳动力就业问题。

巴拉河旅游区发挥旅游产业链中各环节的优势,通过合理分配利益,避免旅游开发过度商业化,保护本土文化,增强当地居民的自豪感,为旅游可持续发展奠定基础。政府负责规划和基础设施建设,优化发展环境;农民旅游协会负责组织社区村民参与表演、导游、工艺品的制作、提供住宿餐饮等,并负责维护和修缮各自的传统民居,协调公司与农民的利益;旅游公司负责经营管理、商业运作、开拓市场,组织客源。发展中坚持旅游开发与扶贫工作相结合,走可持续发展道路,明确以发展文化旅游、农业生态旅游为重点,以发展民居旅馆为突破口,加快区域经济发展。有学者对社区参与式的活动与传统的农业甚至传统的旅游活动进行了比较,认为他们对社会经济、文化和环境所产生的效益是不相同的,前者所产生的综合效益更利于可持续发展(表7-9)。

表7-9 参与式农业旅游与传统旅游与农业的比较

比较项目	参与式农业旅游	传统旅游	传统农业
开发主体	社区、农民、当地政府	旅游企业	农民
利益主体	社区、农民、旅游者	旅游企业、旅游者	农民
关注效益	长远利益、经济社会、环境、文化效益	近期利益,经济效益	近期利益,经济效益
社区利益	增收易,实现环保和社保利益	利益瓜分,资源占用	增收难,环境破坏
带动效应	示范强、参与积极、带动快	示范性强、参与难、带动慢	不愿种地,消极抵触
农产品转化	环节少,直接转化为货币	环节少但转化慢	环节多,转化难,转化慢
总体效益	农民增收,环境美化,实现农村经济社会的可持续发展	企业增收,农村环境退化、资源逐渐丧失	城乡差距拉大,投资回报低,生态环境恶化

相应具体经营管理方法包括:

1. 建立管理机构、完善管理制度

(1) 成立州、县、镇三级管理机构。为了加强对巴拉河乡村旅游示范项目工作的指导，确保该项目工作落到实处，州、县、镇人民政府成立了巴拉河乡村旅游示范项目工作指导小组及工作机构，下设办公室，明确专人负责项目的管理和实施，为巴拉河示范项目工作的顺利开展提供了组织保证。

（2）组建巴拉河村级民间旅游管理协会。协会自我服务、自我发展、自我约束、自我管理。第一层面是7个村参与的区域性旅游协会，主要职能是统一巴拉河乡村旅游的整体开发与保护、价格与促销、招商与联营、利益分配与发展、内外协调等重大问题；第二层面是7个村相对独立的旅游协会，其职责主要有：实施规划；维护各种旅游设施的完好、协调各种旅游开发活动；建立旅游信息库，记录旅游者来访的频率、旅游者量及不同村寨之间的互访数；组织旅游活动、安排行程和费用收取、帮助收取其他费用；帮助有实力够条件的村民发展民营企业；组织安排村民培训；组织对村寨环境、建筑及其他文化遗产的保护，制定村寨保护规章并负责监督实施；组织村民整治环境卫生，进行污水处理，改厕改圈。加强监督管理主要职能，决定和协调本村旅游发展的一切事项，定期开展卫生评比。协会以村寨为单位建立，村寨中每个成年居民均在合作组织中享有股份并登记在册。所有利润根据具体的股份多少来分配，组织执行规划的目标和政策由全体成员的年会来决定，包括发展顺序、费用收取和公开利益的分配。第三层面，成立"巴拉河乡村旅游股份发展有限责任公司"。在旅游协会的基础上，吸收村民、村组织、开发商组建股份制公司，旅游部门作为出资人参与，实现资本扩张，资产重组。经营权与监督权相分离。

（3）在农业旅游的建设过程中，逐步建立和形成了一整套系统、规范而完整的标准和制度，规范行业服务，如《巴拉河乡村旅游标准体系》、《村寨环境和卫生竞赛评判标准》、《乡村农家星级旅馆管理办法》等。

2. 提高村民办旅游的积极性和主动性，同时加强公平性

巴拉河乡村旅游示范项目区近几年来，借助当地资源优势，办起了农业旅游、乡村旅游、生态旅游。但由于经验不足，缺乏旅游管理等方面的人才，发展相对缓慢。因此，为提高村民的旅游管理水平及办旅游的积极性和主动性，提高巴拉河旅游整体形象，省、州、县项目办对村两委负责人、旅游协会管理人员、信息员及部分村民代表举办系列学习培训活动。

（1）专家入村进寨培训。专家入村、入户调研/培训，帮助村民牢固树立起"巴拉河旅游区"区域概念，以及在旅游发展中，村寨与村寨之间是平等、合作、互补的关系，有不同的分工、扮演着不同的角色，而不是竞争对手和对立关系，各村寨应共同打造"巴拉河"品牌的概念。

（2）各级政府、相关部门、村民组织和每位村民全方位参与"巴拉河旅游区"

项目建设的过程。

(3) 组织外出考察学习。在 2004~2006 年共培训村民 900 余人次，培训村寨信息员 50 名，200 多村民参加了日常英语培训，还组织了村委负责人、旅游管理人员、信息员和部分村民代表 90 多人，到花溪镇山、青岩、安顺天龙、广西龙胜等地考察学习。

(4) 实行"工分制"。工分制体现劳有所得、多劳多得的原则，特别是在村寨大型集体表演活动中，采用工分制既能体现分配的公平性，同时也具有一种自觉参与的约束力。巴拉河旅游区的南花村和郎德上寨的集体接待表演活动都采用工分制来实现自觉参与和公平分配。工分制还作为那些对村寨环境保护、造林护林、传统技艺传授、村寨卫生等作出重大贡献、但又无法从旅游发展中直接受益的普通村民的受益或补偿依据。

(5) 实行"补偿制"。针对部分村民参与能力实在有限，经济较困难，或因区位条件较差无法正常获益的村民，村里则从旅游基金中拿出一部分对其实行一定补偿。同时对部分为村寨作出突出贡献但无法从正常分配中获取相应报酬的村民以及为了集体的旅游发展而牺牲了个体利益的村民进行适当补偿。

3. 资金模式——政府资金引导，企业资金辅助，吸引民间资金投入

各级政府安排相应的专项发展经费，纳入财政预算。州、县政府整合交通、农业、水利、扶贫、旅游等部门资金，共投入 200 多万元，加大旅游区公路、步道、桥梁、水电、民居旅馆、环境等基础设施建设力度。从而切实保证开发、建设和保护的资金需求，相对集中投入提高资金使用效益。同时，交通、林业、环保、生态、水利、小城镇建设、环境保护、扶贫开发等方面的资金和项目，与巴拉河旅游项目结合起来，采取资金"集聚"。政府投入的资金，主要用于公益性项目，并通过贴息、补助等方式，适当支持半经营半公益性项目。创造宽松的环境，提供优质服务，鼓励民间资本投资旅游业。

4. 加强基础设施建设，改善旅游发展环境

开展公路建设、风雨桥建设、三线地埋工程、制作旅游区生态引导标识牌、开展"苗家乐"挂牌服务。

5. 信息监控

为了做好项目村寨信息的收集、反馈工作，7 个村寨都设立了专职信息员，及时准确地收集监控信息，按时向贵州省、州旅游部门和国内外专家上报，使省、州项目办和国内外专家及时了解和掌握各村旅游发展动态及工作效果，为下一步

工作开展提供帮助和决策依据。

(三) 发展建议

(1) 提升居民自我文化的认同，突出主题特色。旅游者对该旅游区的主题特色的认可度极高(分值为 5.9231)，可是居民对此认可度却不如其他两个案例地(分值为 5.7397)，这不得不让人深思。这实际上也是一个教育深化的过程，通过不断提升居民对自身文化的认同、热爱，控制并减少商业化运作带来的负面社会文化影响(第五章中该旅游区居民感知模型中社会文化影响的负面感知因子载荷是三个案例中最高的，达到 0.75[***])，以此获得更强的可持续发展能力。深入挖掘苗族文化精华，突出"人类苗族文化遗产保留地"、全国仅此一地的鲜明形象。

(2) 不断提高软硬件服务水平，拓展客源市场。由于资源品位高，少数民族风情浓郁，在三个案例中，巴拉河旅游区客源市场最为广泛，有不断拓展省外及国际客源的潜能。因此，除了天然禀赋的资源外，还应着重关注影响旅游者满意度的因子，包括软件服务(两个观测变量——服务与管理水平、接待人员素质的因子载荷在三个案例地中是最高的，0.91[***]、0.90[***])与旅游商品。而巴拉河旅游区硬件服务三个观测变量的评价均低于其他两个案例地，显然是该旅游区的短板，在交通、食宿、其他公共设施的建设上仍应多方筹资，予以进一步完善。

本 章 小 结

(1) 提出西南少数民族地区农业旅游可持续发展四维共生目标系统，同时在可持续发展原则指导下，运用 LAC 理论阐述西南少数民族地区农业旅游进行开发的一般模式步骤。根据农业旅游的本身属性和开发要求，以及西南少数民族地区实际从三个方向分析、总结农业旅游发展模式：包括农业旅游空间布局模式，农业旅游资源(产品)市场开发模式，农业旅游经营管理运作模式。

(2) 片状发展模式、块状发展模式、串珠发展模式是西南少数民族地区农业旅游发展较为适合的空间形态选择。农业旅游空间布局模式上，贵州全国农业旅游示范点空间分布态势最优。从农业旅游目的地发展的经济空间演化角度分析农业旅游目的地发展的三种模式，笔者认为"蛙跳式"动力模式、协同式动力模式，即政府主导或是市场和政府共同主导是目前西南少数民族地区农业旅游发展较为适合的经济空间运营管理选择模式。

(3) 通过总结前面各章节的工作，分析影响西南少数民族地区农业旅游开发的主要因子，提出西南少数民族地区农业旅游资源(产品)开发模式应当是农旅兼顾、注重规划、加强生态保育；商品研发上应当突出地域与少数民族特色，因地制宜，拉长产业链；产品开发上以生态、休闲、民俗为基础，开发系列旅游产品；市场开发上，树立特色旅游形象，不断改善服务设施供给。

（4）在回顾旅游经营管理运作一般模式基础上，认为西南少数民族地区农业旅游现阶段发展当是实施政府主导下农旅结合、农民参与的发展模式，并提出政府主导下农业旅游目的地可持续发展流程。目前西南少数民族地区农业旅游目的地多处于旅游生命周期中的探索阶段、参与阶段、发展阶段，政府主导发展模式能够较快地动员所掌握的各类资源，加快旅游开发和建设，迅速形成较大的产业规模和供给能力，促进旅游快速发展。

（5）根据居民、旅游者综合评价及可持续发展能力的分析结果，对可持续发展能力中上的广西红岩新村、贵州巴拉河旅游区发展模式进行总结并提出建议。"主客"总体感知均良好的广西红岩新村发展模式在表现形态上是"五位一体"特色农业模式，其经营管理运作是政府主导、协调，村民自主管理模式；旅游者忠诚度较高的贵州巴拉河旅游区模式，表现形态上是文化生态村模式，经营管理运作上是"政府+企业+农村旅游协会"模式。两个案例地模式都在当地取得良好效果，具有推广意义。应该指出的是，对一种模式的肯定并不意味着对另一种模式的否定，多样化本身就是可持续发展的内涵之一。而且，无论采用何种管理运营模式，在西南少数民族地区发展农业旅游两点非常关键。

一是政府的扶持。西南少数民族地区尤其是贫困地区由于经济技术水平低，人口素质较低，发展工商业困难较大，致富门路有限，但由于有洁净的生态环境、奇特的自然景观、丰富的民族文化、古朴的民俗风情，若立足现有的生态资源，发展农业旅游，与发展其他工商业相比具有空气污染少、环境破坏小、市场风险不大等特点。同时，它既能使自然与农业旅游资源得到充分利用，又能以极小的成本较快地增加群众的收入，带动诸多行业的发展，增加大量的就业机会，对于保持社会稳定和促进农村经济发展具有重要的意义。因此，各级政府应对农业旅游给予长期的经济、技术和人才支持，同时制定对其开发倾向性的政策，将农业旅游的开发纳入到各级旅游总体开发规划中。

二是社区参与。一方面，西南少数民族地区发展农业旅游重要目标之一是扶贫，社区参与可以最大可能地动员当地居民参与，使他们从中获益；其二，农民在农业旅游开发中具有不可忽视的作用，一是因为他们是农业生产和农村建设的主体，二是他们的衣食住行、文化习俗、精神风尚、生产方式又是农业旅游开发的客体，因此，应充分依靠农民，调动他们的积极性、参与能动性，使他们在开发中获得经济实惠，为农业旅游营造一个安全有序、整洁卫生的外部环境和淳朴热情的人文环境。

第八章 结论与讨论

第一节 主要研究结论

农业旅游研究是我国旅游研究重要内容之一。少数民族地区农业旅游资源丰富并面临良好发展机遇,而西南少数民族地区又是少数民族典型区域。在这一区域进行农业旅游研究对于有效开发特色农业旅游资源、解决欠发达地区"三农"问题、推进社会主义新农村建设具有重要研究价值。通过研究得出了以下重要的结论:

(1)农业旅游是以农业生产与经营活动为基础,在农业生产与经营活动空间中进行,利用农村人文资源、自然环境、生态资源,将农林牧渔农事活动、农村民俗文化及农家生活、自然风光、科技示范、休闲娱乐、生态保护等融为一体,使人们达到身心愉悦体验目的,农业与旅游业相结合的农业经营新方式,也是一种新型旅游形式/旅游产品。西南少数民族地区发展农业旅游将促进该地区特色农业开发、带动关联产业发展、加速农村产业结构调整与社会主义新农村建设的良性互动。研究成果显示注重西南特色农业景观开发、加强自然生态资源与少数民族文化保护、不断提高居民的生活水平和旅游业参与度、为旅游者提供高质量的旅游体验并加强政府支持力度与调控是提高西南少数民族地区农业旅游目的地可持续发展能力的关键。在农业旅游发展与新农村建设过程中应当注意十大关系。

(2)居民与旅游者的旅游感知视角为建立不同区位、不同发展阶段、不同经营管理模式、不同规模的欠发达地区农业旅游目的地可持续发展评价提供一个普遍适用的研究框架。由于西南地区农业旅游目的地与传统意义上的旅游目的地有所不同,无论在规模、品位、区位还是交通等条件上均有差异,而旅游目的地可持续发展能力表现和形成机理也互不一样、各有特色,仅仅按照传统的经济、社会、文化、环境等旅游影响效应来比较西南少数民族地区农业旅游目的地可持续发展能力,难以得到普遍适用的、统一可测的指标体系。在旅游地,最重要的两大利益主体——居民和旅游者,即"主客"双方必然存在,从他们的视角、结合他们的感知评价旅游目的地可持续发展能力为旅游目的地可持续发展研究提供一个较为可行、具有普适性的思路。

(3)首次运用结构方程从实证层面单独定量验证旅游商品对旅游者满意度与

忠诚度的影响,同时定量验证西南少数民族农业旅游目的地自然风光、乡村风貌、民族风情等主题特色的保持与挖掘是吸引旅游者的关键因素。过去同类相关研究中,旅游商品往往只作为潜变量的观测因子进入研究者视角。特色旅游商品体现西南地区物产资源状况、地域文化、民族文化、乡土文化,对其进行研发将拉长产业链,有助于为追切希望脱贫致富的农村居民增加收益,带动地方经济发展。三个案例地旅游商品对旅游者满意度与忠诚度的影响均达到显著(0.05)水平,在综合旅游者 TPSB-model 感知模型中旅游商品特色与品质的因子载荷均超过 0.8,研究假设得到验证。研究还发现丰富的"两土三乡"旅游资源对旅游者满意度、忠诚度影响最大。单独设置的主题与特色、自然风光、乡村风貌与少数民族民俗风情四个观测变量在旅游资源潜变量上因子载荷均达到 0.001 水平上显著。

(4) 在实地调查研究和深入分析的基础上,运用结构方程、方差分析、相关分析等方法,定量描述农业旅游目的地居民旅游影响感知与满意度及参与行为的关系。研究结果显示,旅游影响正面感知显著影响居民的满意度(达到 0.001 水平),不同案例地的居民满意度不同程度影响居民参与旅游的行为。提升居民对发展旅游的经济、社会、环境与政府支持条件的正面感知是不断提高居民满意度、使西南少数民族地区农业旅游目的地获得可持续发展能力的关键环节。同时,针对不同发展阶段的旅游目的地居民进行社区内部的细分很有必要,不同类别的居民群体针对性的采用合适的媒体和沟通方式,进行"内部营销",有助于进一步地获得当地社区居民地理解、支持和参与。

(5) 合理评估西南少数民族地区农业旅游发展现状,科学评价和判定可持续发展能力强弱对促进西南少数民族地区农业旅游可持续发展非常重要。在居民与旅游者感知研究的基础上,结合区域特点与农业旅游开发实际建立西南少数民族地区农业旅游目的地可持续发展能力评价体系,并运用非线性模型结合 GA 遗传算法对案例地进行评估。研究将为西南少数民族地区农业旅游可持续发展提供适时反馈信息,从而促使在实践工作中做出有针对性的改进和调控。本书提出的农业旅游目的地可持续发展能力评价体系包括经济可持续发展、社会文化可持续发展、环境可持续发展、旅游管理可持续发展、农业旅游开发条件、农业旅游发展潜力六个方面,共计 26 个指标因子,其中包含 9 个居民与旅游者的感知因子,占总评价指标因子的 35%,着重强调"主客"双方的感知对评价农业旅游目的地可持续发展能力的重要性,同时契合国际可持续旅游发展核心要素和目标。尝试运用非线性模型、GA 遗传算法对案例地进行评价,结果为贵州巴拉河旅游区与广西桂林红岩新村可持续发展能力中上,云南罗平油菜花海较弱,三地都需要加强可持续发展战略研究,这一研究成果将为西南少数民族地区农业旅游目的地可持续发展提供科学决策依据。

(6) 政府主导或是市场与政府共同主导下，农旅结合、农民参与的发展模式是目前西南少数民族地区农业旅游发展较为适合的开发模式。西南少数民族地区农业旅游处于旅游地生命周期的前半段，政府主导开发模式能够加快旅游开发和建设步伐，迅速形成较大的产业规模和供给能力，使旅游扶贫真正一步到位。

本书从四个方面探讨西南少数民族地区农业旅游发展模式——可持续发展理论模式、空间布局模式、资源（产品）与市场开发模式、经营管理运作模式。提出西南少数民族地区农业旅游可持续发展四维目标系统与政府主导下农业旅游目的地可持续发展流程。并指出"蛙跳式"动力模式、协同式动力模式是现阶段西南少数民族地区农业旅游发展较为适合的经济空间演化选择模式。认为西南少数民族地区农业旅游资源（产品）开发模式上应当农旅兼顾、注重规划、加强生态保育；商品研发上应突出地域与少数民族特色，因地制宜，拉长产业链；产品开发上以生态、休闲、民俗为基础，开发系列旅游产品；市场开发上，树立特色旅游形象，不断改善服务设施供给。最后根据居民、旅游者综合评价及可持续发展能力的分析结果，对可持续发展能力中上的广西红岩新村、贵州巴拉河旅游区发展模式进行总结并提出建议。"主客"总体感知均良好的广西红岩新村在表现形态上是"五位一体"特色农业模式，其经营管理运作是政府主导、协调，村民自主管理模式；旅游者忠诚度较高的贵州巴拉河旅游区表现形态上是文化生态村模式，经营管理运作上是"政府+企业+农村旅游协会"管理模式，两个案例地模式都在当地取得良好效果，具有典型性和推广意义。

第二节 研究的创新点

(1) 研究成果为有效开发西南乃至西部地区农业旅游资源、解决经济欠发达地区"三农"问题、推进社会主义新农村建设提供理论支撑体系和方法。

通过对西南少数民族地区农业旅游目的地的示范性研究进一步丰富农业旅游发展的理论内涵，完善农业旅游资源与可持续发展能力评价方法。尤其是对建立科学的西部地区农业旅游发展模式具有重要的理论意义。

研究成果有助于整个西部地区特色农业旅游资源合理开发和永续利用，带动关联产业发展，加速西部地区农村产业结构调整，解决西部地区"三农"问题具有重要实践意义。同时，对科学开发少数民族地区农业旅游资源，促进农旅结合、社区参与具有重要参考与示范价值。

(2) 结构方程在西南少数民族地区居民与旅游者感知研究中的运用拓展了这一方法的应用范围。同时，运用非线性模型、GA 遗传算法对西南少数民族地区农业旅游目的地可持续发展能力评价体系进行构建与评判是对可持续发展研究的有益尝试。研究得出比较合理的评价结果，为科学评估少数民族地区农业旅游目的地发展现状及前景提供方法和依据。

(3) 居民与旅游者的旅游感知视角为构建欠发达地区农业旅游目的地可持续发展评价及发展模式选择提供一个普遍适用的研究框架，并进行示范性研究。由于其所在区域经济、社会发展尚不发达，从常见的宏观、产业的研究角度出发很难对西南少数民族地区农业旅游发展进行定量评价与比较。选择居民、旅游者这一微观层面评价旅游目的地发展现状与发展能力，为旅游目的地可持续发展研究提供一个普遍适用的研究视角与研究方法。同时研究具有直接可比性、可操作性、客观性与动态性，将有助于西南乃至整个西部地区对农业旅游发展进行长期地、动态地监测、评价与管理。

第三节 研究展望

一、模型的修正与验证

由于居民感知模型的不稳定性与地域差异性，对其进行不断修正与检验非常必要。虽然在综合居民感知模型中的假设得以部分验证与支持，但应该看到整体模型的收敛度不佳、稳定性较弱，各个案例地对假设支持程度也不一致同时拟合都不是很理想，因此需要对居民感知、态度、参与行为进行深入地分析研究，对测量模型与结构模型进行修正，重新设定假设路径，然后再进行实践检验。

旅游者感知模型虽然无论是三个案例地个体研究还是综合研究都具有良好的跨样本检验结果，但对于西南少数民族地区硬件服务的分析仍有待深入。硬件服务在研究中出现与旅游者满意度与忠诚度联系极小的原因仍有待细化考究。

二、对新农村建设框架下可持续发展能力的评价

如何发挥少数民族地区农业旅游目的地优势，使其具备良好的可持续发展能力，逐步建设社会主义新农村，对少数民族地区可持续发展具有十分重要的意义。从我国目前情况看，旅游可持续发展能力的研究，特别是指标体系的研究，还处于探索阶段。而且，由于各地区发展水平不同，实施可持续发展战略的侧重点也有所不同，使得不同地区对于旅游可持续发展的评价标准产生差异。同时，研究的空间尺度不同，所选取的评价指标也会有所不同。此次，本书着重强调新农村建设目标指导下"主客"双方的感知对农业旅游目的地可持续发展能力构建的重要性。但无论是体系还是方法都是提供一种思路，具体的指标设计和权数的确定

仍应进行动态调整和完善。同时，虽然考虑到旅游目的地是复杂的非线性系统，借用已有的可持续发展非线性评价模型进行研究，但在评价方法的运用上除了GA遗传算法外，还可再多选用几种方法进行对比研究，以增强说服力与科学性。

三、西部少数民族地区农业旅游目的地的动态、系统、全面研究

旅游目的地可持续发展始终处于动态发展的态势，因此长期、动态的跟踪调查研究对于理解旅游目的地成长和发展具有重要意义，而本书在此方面有所欠缺。同时各地农业旅游发展模式的选择应当因地制宜，仅就部分案例地的研究还不能够全面概括西部少数民族地区农业旅游目的地所有特点，但这一工作庞大，本书远远不够。此外，少数民族地区农业旅游的发展不仅取决于居民与旅游者的感知判断，其发展还有赖于各利益方的博弈；旅游业与农业发展如何更好结合？旅游政策法规、社会经济、科学技术等如何紧密联系，为保护少数民族地区农业旅游的地方性、民族性作出贡献……为突出重点，未能对这些问题进行系统阐述，有待于在今后研究中进一步深入探讨。

参 考 文 献

保继刚, 楚义芳. 1999. 旅游地理学. 北京: 高等教育出版社
保继刚. 2005. 旅游开发研究——原理、方法、实践. 北京: 科学出版社
陈健昌, 保继刚. 1988. 旅游者的行为研究及其实践意义. 地理研究, 7(3): 44-51
陈金华, 陈秋萍. 2007. 居民对海岛旅游资源环境感知研究——以东山岛为例. 中国海洋大学学报(社会科学版), 2: 81-84
陈文君. 2005. 都市农业旅游与都市可持续发展研究. 经济地理, 25(6): 915-919
陈钰芬, 苏为华. 2007. 浙江省和谐社会评价指标体系的构建与实证分析. 商业经济与管理, 187(5): 63-69
陈昭郎. 2004. 台湾休闲农业发展策略. 见: 郑健雄, 郭焕成. 2004 海峡两岸休闲农业与观光旅游学术研讨会. 台湾
谌永生. 2005. 敦煌市居民旅游感知及态度研究. 人文地理, 2: 66-71
成升魁, 徐增让, 李琛, 等. 2005. 休闲农业研究进展及其若干理论问题. 旅游学刊, 5: 26-30
程道品, 梅虎. 2004. 农业旅游研究综述. 改革与战略, 10: 28-31
崔凤军, 许峰, 何佳梅. 1999. 区域旅游可持续发展评价指标体系的初步研究. 旅游学刊, 4: 42-45
戴凡, 保继刚. 1996. 旅游社会影响研究——以大理古城居民学英语态度为例. 人文地理, 11(2): 37-42
戴美琪, 游碧竹. 2006. 国内休闲农业旅游发展研究. 湘潭大学学报(哲社版), 4: 144-148
戴永光. 2006. 旅游城市可持续发展评价指标体系. 云南地理环境研究, 18(1): 35-42
丁忠明, 孙敬水. 2000. 我国观光农业发展问题研究. 中国农村经济, 12: 27-31
董观志, 杨凤影. 2005. 旅游景区旅游者满意度测评体系研究. 旅游学刊, 20(1): 27-30
付红军. 2005. 小城镇旅游业可持续发展评价研究. 长沙: 中南林学院硕士学位论文
傅丽华. 2007. 基于景观生态学理论的城郊农业旅游产品设计研究. 农业经济, 3: 35-36
高海霞. 2003. 消费者的感知风险及减少风险行为研究——基于手机市场的研究. 杭州: 浙江大学博士学位论文
郭彩玲. 2004. 区域农业生态旅游发展模式研究. 生态学杂志, 23(4): 188-191
郭春华, 马晓燕, 冷平生. 2002. 浅析观光农业类型和规划要点. 北京农学院学报, 17(2): 23-27
郭焕成, 刘军萍, 王云才. 2000. 观光农业发展研究. 经济地理, 20(2): 119-124
郭英之, 姜静娴, 李雷, 等. 2007. 旅游发展对中国旅游成熟目的地居民生活质量影响的感知研究. 旅游科学, 21(2): 23-28
国家统计局课题组. 2006. 和谐社会统计监测指标体系研究. 统计研究, 5: 23-29
何景明. 2003. 国外乡村旅游研究述评. 旅游学刊, 1: 76-80
侯杰泰, 温忠麟, 成子娟. 2004. 结构方程模型及其应用. 北京: 教育科学出版社
胡学锋. 2005. 对和谐广东的统计描述和评价方法的研究. 广东财经职业学院学报, 5: 80-84
黄洁, 吴赞科. 2003. 目的地居民对旅游影响的认知态度研究. 旅游学刊, 18(6): 84-89

黄萍, 王元珑. 2005.创建四川民族文化生态旅游可持续发展模式研究.西南民族大学学报(人文社科版), 26(8): 177-180

黄萍. 2006a. 城郊农业旅游开发中的"三农"利益保障问题——成都三圣乡农业旅游开发模式实证分析. 农村经济, 1: 47-50

黄萍. 2006b. 西部民族旅游可持续评价体系构建研究. 中华文化论坛, 4: 115-119

黄庭满, 方烨. 2005 中国农村发展第三次大调整. 经济观察报. http://www.agri.gov.cn/jjps/t20051026-4842002.htm

黄燕玲, 黄震方, 袁林旺. 2006. 基于 SEM 的饭店顾客满意度测评模型研究. 旅游学刊, 21(11): 54-60

黄燕玲, 黄震方. 2007. 城市居民休闲度假需求实证研究. 人文地理, 22(3): 60-64

黄燕玲. 2008. 西南少数民族地区休闲农业可持续发展探析. 现代农业科技, 3: 1771-1773

黄颖华, 黄福才. 2007. 旅游者感知价值模型、测度与实证研究. 旅游学刊, 8: 42-47

黄玉理. 2007. 基于旅游影响感知的丽江古城居民类型划分. 云南地理环境研究, 19(4): 58-62

黄震方, 侯国林, 徐沙. 1999. 城郊旅游的可持续发展与观光农业的开发初探. 南京师大学报(自然科学版), 22(4): 103-106

黄震方, 黄金文, 袁林旺, 等. 2007. 海滨湿地生态旅游可持续开发模式研究. 人文地理, 97(5): 118-123

黄震方, 李想. 2002. 旅游目的地形象的认知与推广模式.旅游学刊, 17(3): 65-70

简王华. 2005. 广西民族村寨旅游开发与民族文化旅游品牌构建. 广西民族研究, 82(4): 187-191

蒋剑辉, 王嘉佳. 2006. 浙江省和谐社会影响因素的因子分析及对策研究. 经济理论研究, 1: 3-8

金准, 庄志民. 2004. 区域旅游可持续力分析的修正方案. 旅游学刊, 19(5): 77-81

赖斌, 杨丽娟, 方杰. 2006. 民族文化生态旅游可持续发展水平的测度研究. 生态经济, 11: 99-104

雷英杰, 张善文, 李续武, 等. 2005. MATLAB 遗传算法工具箱及应用. 西安: 西安电子科技大学出版社

李广海, 陈通, 赵言涛, 等. 2007. 和谐社会理念的新农村评价指标体系构建. 西北农林科技大学学报(社会科学版), 1: 10-13

李海波, 刘则渊, 蔡小慎, 等. 2006. 县市区域建设和谐社会的评价指标体系初探. 探索, 2: 84-89

李同升, 马庆斌. 2002. 观光农业景观结构与功能研究——以西安现代农业综合开发区为例. 生态学杂志, 21(2): 71-78

李星群, 廖荣华. 2004. 生态旅游地可持续旅游评价指标体系探讨. 邵阳学院学报(自然科学版), 1: 100-104

李艳双, 韩文秀, 曾珍香, 等. 2001. DEA 模型在旅游城市可持续发展能力评价中的应用. 河北工业大学学报, 5: 62-66

李有根, 赵西萍, 邹慧萍. 1997. 居民对旅游影响的知觉. 心理学动态, 5(2): 21-27

李周, 操建华. 2004. 旅游业对中国农村和农民的影响研究. 北京: 中国农业出版社

李祚泳, 彭荔红, 程红霞. 2000. 基于 GA 优化的城市可持续发展评价的普适公式. 系统工程, 18(6): 6-10

李祚泳, 沈仕伦, 邓新民. 2000a. 社会、经济与环境协调发展指数评价模型. 上海环境科学,

19(5): 201-204
李祚泳, 汪嘉扬, 熊建秋, 等. 2007b. 可持续发展评价模型与应用. 北京: 科学出版社
连漪, 汪侠. 2004. 旅游地顾客满意度测评指标体系的研究及应用. 旅游学刊, 19(5): 9-13
梁学成, 郝索. 2005. 对国内旅游者的旅游商品需求差异性研究. 旅游学刊, 20(4): 51-55
林炳镛. 1992. 略谈我国旅游业部门管理与行业管理的关系问题. 旅游学刊, 7(3): 36-37
刘春香. 2006. 发展观光休闲农业, 实现农业可持续发展. 生态经济, 2: 97-98
刘敏, 孟海霞, 冯卫红. 2007. 不同发展阶段旅游地居民感知与态度比较研究——以山西晋祠旅游区和武乡红色旅游区为例. 山西大学学报(哲学社会科学版), 30(2): 122-126
刘笑明, 李同升, 杨新军. 2005. 西安市观光农业空间分区研究. 人文地理, 3: 99-102
刘益. 2006. 旅游业可持续发展指标及综合评价体系研究. 经济前沿, 6: 1-4
刘赵平. 1999. 旅游对目的地社会文化影响研究结构框架. 桂林旅游高等专科学校学报, 10(1): 29-34
卢亮, 陶卓民. 2005. 农业旅游空间布局研究. 商业研究, 19: 171-173
卢世菊. 2005. 少数民族地区发展乡村旅游的思考. 理论与实践. 8: 70-72
卢纹岱. 2002. SPSS for Windows 统计分析. 北京: 电子工业出版社
卢云亭. 1995. 论新型交叉产业——观光农业. 见: 卢云亭, 刘军萍. 观光农业. 北京: 北京出版社
陆林, 焦华富. 1996. 山岳旅游者感知行为研究. 北京大学学报(哲学社会科学版), 33(3): 41-46
陆林. 1996. 旅游地居民态度调查研究——以皖南旅游区为例. 自然资源学报, 11(4): 377-382
罗晓彬, 王汝辉. 2005. 成都市郊区农业观光策略选择. 西南民族大学学报(人文社科版), 9: 226-229
罗永常. 2003. 民族村寨旅游发展问题与对策研究. 贵州民族研究, 2: 103-107
毛跃一. 2005. 我国西南地区农业持续发展的对策研究. 农村经济, 1: 103-105
牛亚菲. 2002. 旅游业可持续发展的指标体系研究. 中国人口、资源与环境, 12(6): 42-45
农业部调研组. 2006. 和谐社会与新农村建设. 北京: 中国农业出版社
欧阳建国. 2006. 社会主义和谐社会综合评价体系研究. 浙江社会科学, 2: 16-22
彭兆荣. 2004. 旅游人类学. 北京: 民族出版社
齐心, 梅松. 2007. 大城市和谐社会评价指标体系的构建与应用. 统计研究, 7: 17-21
乔治·瑞泽尔. 2005. 当代社会学理论及古典渊源. 杨淑娇译. 北京: 北京大学出版社
桥纳森·特纳. 2001. 社会学理论的结构. 邱泽奇译. 北京: 华夏出版社
邱皓政. 2005. 结构方程模式——LISREL 的理论、技术与应用. 台北: 双叶书廊有限公司
瞿振元, 李小云, 王秀清. 2006. 中国社会主义新农村建设研究. 北京: 社会科学文献出版社
邵琪伟. 2007. 发展乡村旅游促进新农村建设. 求是, 1: 42-44
沈向友. 1999. 旅行社服务质量与旅游者满意度影响因素分析. 旅游学刊, 5: 24-30
史春云. 2007. 利益主体感知视角下的旅游地竞争力研究. 南京: 南京大学博士学位论文
舒伯阳, 朱信凯. 2006. 休闲农业开发模式选择及农户增收效益比较. 农业经济问题, 7: 48-50
舒伯阳. 1997. 中国观光农业旅游的现状分析与前景展望. 旅游学刊, 5: 41-43
宋红, 马勇. 2002. 大城市边缘区观光农业发展研究. 经济地理, 22(3): 376-378
宋振春, 陈方英, 宋国惠. 2006. 基于旅游者感知的世界文化遗产吸引力研究——以泰山为例. 旅游科学, 20(6): 28-34

苏勤, 林炳耀. 2004. 基于态度与行为的我国旅游地居民的类型划分——以西递、周庄、九华山为例. 地理研究, 23(1): 104-114

台湾农委会. 2000. 农业发展条例

唐善茂, 张瑞梅. 2006. 区域旅游可持续发展评价指标体系构建思路探讨. 桂林工学院学报, 26(1): 143-147

陶卓民, 是丽娜, 沈俪. 2003. 南京市农业旅游市场需求分析与市场定位研究. 华东经济管理, 17(1): 12-15

万幼清. 2006. 旅游可持续发展评价指标与方法. 统计与决策, 2: 10-12

汪纯孝, 岑成德, 王卫东, 等. 1999. 顾客满意程度模型研究. 中山大学学报(社会科学版), 39(5): 92-98

汪纯孝. 1999. 服务性企业整体质量管理. 广州: 中山大学出版社

汪侠, 顾朝林, 梅虎. 2005. 旅游景区顾客的满意度指数模型. 地理学报, 60(5): 807-816

汪侠, 顾朝林, 梅虎. 2007. 多层次灰色评价方法在旅游者感知研究中的应用. 地理科学, 27(1): 121-126

汪侠, 梅虎. 2006. 旅游地顾客忠诚模型及实证研究. 旅游学刊, 21(10): 33-38.

王斌. 2001. 旅游行为及其影响机制研究. 西安: 西北大学硕士学位论文

王恩涌, 赵荣, 张小林, 等. 2000. 人文地理学. 北京: 高等教育出版社

王慧. 2006. 农业旅游对建设新农村的意义及其发展对策探析. 农业经济, 6: 29-30

王慧炯, 甘师俊, 李善同, 等. 1999. 可持续发展与经济结构. 北京: 科学出版社

王家骏. 1997. 旅游者对旅游目的地的选择——旅游决策行为研究. 旅游地理纵横谈

王磊, 刘洪涛, 赵西萍. 1999. 旅游目的地形象的内涵研究. 西安交通大学学报(社科版), 19(1): 25-27

王莉, 陆林. 2005. 国外旅游地居民对旅游影响的感知与态度研究综述及启示. 旅游学刊, 20(3): 87-93

王丽华. 2006. 城市居民对旅游影响的感知研究. 南京: 南京师范大学博士学位论文

王良健. 2001. 旅游可持续发展评价指标体系及评价方法研究. 旅游学刊, (1): 67-70

王宪礼, 朴正吉, 黄永炫, 等. 1999. 长白山生物圈保护区旅游的社会影响分析. 旅游学刊, 14(2): 65-70

王湘. 2001. 旅游环境学. 北京: 中国环境科学出版社

王小磊, 张兆胤, 王征兵. 2007. 试论乡村旅游与农业旅游. 经济问题探索, 2: 155-158

王秀红. 2006. 我国乡村旅游研究述评. 重庆工学院学报, 20(3): 114-119

王仰麟, 陈传康. 1998. 论景观生态学在观光农业规划设计中的应用. 地理学报, 53(增刊): 21-27

王莹, 吴明华. 1991. 旅游期望于感受偏差原因分析. 旅游学刊, 4: 42-44

王莹. 1997. 对发展我国农业旅游的思考. 地域研究与开发, 16(4): 84-87

王震. 2006. 山东省海洋旅游业可持续发展系统分析与评价. 青岛: 中国海洋大学硕士学位论文

魏敏, 冯永军, 李芬, 等. 2004. 农业生态旅游可持续发展评价指标体系研究. 山东农业大学学报(社会科学版), 6(1): 27-30

魏小安. 2003-12-05. 旅游目的地发展十二要素及其内涵. http://www.163.com

温碧燕, 汪纯孝. 2002. 服务公平性顾客服务评估和行为意向的关系研究. 中山大学学报(社会

科学版),42(2):109-116

吴必虎,黄琢玮,殷柏慧.2004.中国城郊型休闲农业吸引物空间布局研究.见:郑健雄,郭焕成.2004海峡两岸休闲农业与观光旅游学术研讨会.台湾

吴必虎,唐俊雅,黄安民,等.1997.中国城市居民旅游目的地选择行为研究.地理学报,52(2):97-103

吴承照.2005.中国旅游规划的时代特点与学术前沿.上海:同济大学出版社

吴雪飞.2002.饭店顾客满意度测评指标体系研究.杭州:浙江大学硕士学位论文

吴忠宏,洪常明,钟林生.2005.居民对生态旅游认知与态度之研究——以澎湖列岛为例.旅游学刊,20(1):57-62

肖翠金,伍青生.2007.基于都市圈模式的休闲农业选址与定位研究.安徽农业科学,35(4):1189-1190

肖光明.2004.观光农业的复合型开发模式.经济地理,24(5):679-682

谢花林.2005.西部地区农业生态系统健康评价.生态学报,25(11):3028-3036

谢颖.2007.论和谐社区指标体系.理论月刊,4:25-28

辛玲.2007.科学发展观下社会和谐发展的综合评价指标体系研究.生产力研究,17:61-62

熊元斌,朱静.2006.论旅游业发展中的有限型政府主导模式.商业经济与管理,181(11):73-76

徐峰.2003.观光农业景观设计.林业建设,2:15-18

许涛,张秋菊,赵连劳.2004.我国旅游可持续发展研究概述.干旱区资源与环境,18(6):123-127

宣国富,陆林,章锦河,等.2002.海滨旅游地居民对旅游影响的感知——海南省海口市及三亚市实证研究.地理科学,22(6):741-746

杨桂华.2006.生态旅游可持续发展四维目标模式探析.旅游管理,1:26-29

杨玲,胡小纯,冯学钢.2004.旅游地吸引力因子分析法及其数学模型.桂林旅游高等专科学校学报,1:66-69

杨涛.2006.论农业旅游的开发模式与对策.商业研究,356:156-158

杨兴柱,陆林,王群.2005.农户参与旅游决策行为结构模型及应用.地理学报,60(6):928-940

杨彦明,董锁成.2004.甘肃酒泉市观光农业发展研究.干旱区地理,27(1):84-89

叶滢,刘杰.2001.城郊休闲观光农业发展初探.江西社会科学,1:214-217

应天煜.2004.浅议社会表象理论在旅游学研究中的应用.旅游学刊,19(1):87-92

于法稳,李来胜.2005.西部地区农业资源利用的效率分析及政策建议.中国人口、资源与环境,15(6):35-39

袁定明.2006.我国休闲农业现状及发展对策分析.农村经济,9:53-56

张德存.2005.和谐社会评价指标体系的构建.统计与决策,11:9-11

张美英.2006.区域旅游可持续发展及其评价研究.广州:中科院广州地球化学研究所博士学位论文

章锦河.2003.古村落旅游地居民旅游感知分析——以黟县西递为例.地理与地理信息科学,19(2):105-109

赵玉宗.2005.国外旅游地居民旅游感知和态度研究综述.旅游学刊,20(4):85-92

赵跃龙.1999.中国脆弱生态环境类型颁布及其综合整治.北京:中国环境出版社

郑健雄.2004.休闲农业的产业分析.见:郭焕成,郑健雄.海峡两岸观光休闲农业与乡村旅游

参考文献

发展. 徐州: 中国矿业大学出版社

郑铁, 周力. 2006. 观光农业可持续发展对策研究. 农村经济, 6: 34-35

郑雨尧, 娄钰华, 陈国定. 2006. 休闲农业发展的实证研究. 农业经济, 6: 31-33

钟国庆. 2006. 北京市休闲果业发展研究. 林业经济问题, 26(3): 260-264

周春喜, 陈钰芬. 2006. 社会主义和谐社会评价指标体系及其评价. 浙江工商大学学报, 1: 34-40.

周明, 孙树栋. 1999. 遗传算法原理及应用. 北京: 国防工业出版社

朱孔山. 2004. 农业旅游开发模式与发展探讨. 农村经济, 6: 34-35

庄孔韶. 2004. 人类学通论(修订版). 山西: 山西教育出版社

宗晓莲, 朱闪. 2004. 国外旅游的社会文化影响研究进展. 人文地理, 19(4): 14-21

Abler R, Janelle D, Philbrick A, et al. 1975. Human geography in a shrinking world. North Scituate, MA: Duxbury Press

Aiello C, Larry J R. 1976. Consumer satisfaction toward and integrative framework. Proceedings of the Southern Marketing Association, 169-171

Akis S, Peristianis N, Warner J. 1996. Residents attitudes to tourism development: the case of cyprus. Tourism Management, 17: 481-494

Allen L R, Long P T, Perdue R R, et al. 1998. The impacts of tourism development on residents' perceptions of community life. Journal of Travel Research, 27: 16-21

Andereck K L, Karin M V, Richard C K, et al. 2005. Residents' perceptions of community tourism impacts. Annals of Tourism Research, 32(4): 1056-1076

Anderson E W, Sullivan M W. 1993. The antecedents and consequences of customer satisfaction for firms. Marketing Science, 12(2): 125-143

Ap J, Crompton J. 1993. Resident strategies for responding to tourism impacts. Journal of Travel Research, 32(1): 47-50

Ap J. 1992. Residents perceptions on tourism impacts. Annals of Tourism Research, 9: 665-690

Babin B J, Kim K. 2001. International students travel behavior: a model of the travel-related consumer/dissatisfaction process. Journal of Travel and Tourism Marketing, 10(1): 93-106.

Becken S. 2005. Harmonizing climate change adaptation and mitigation: the case of tourist resorts in Fiji. Global Environmental Change, 15(4): 381-393

Belisle F, Hoy D. 1980. The perceived impact of tourism by residents: a case study in Santa Marta, Colombia. Annals of Tourism Research, 7: 83-101

Besculides A, Lee M, McCormick P. 2002. Residents perceptions of the cultural benefits of tourism. Annals of Tourism Research, 29: 303-319

Bitner M J, Hubbert A R. 1994. Encounter Satisfaction Versus Overall Satisfaction Versus Quality. In: Rust R T, Oliver R L. Service Quality: New Directions in Theory and Practice. Thousand Oaks, CA: Sage Publications. 72-94

Boomsma A. 1982. Nonconvergence, improper solutions, and starting values in LISREL maximum likelihood estimation. Psychometrika, 50: 229-242

Boulding K. 1956. The Image. Ann Arbor: University of Michigan Press

Bowen R L, Cox L J, Fox M. 1991. The interface between tourism and agriculture. Journal of Tourism Studies, 2(2): 43–54

Bramwell B, Lane B. 1994. Rural Tourism and Sustainable Rural Development. UK: Channel View Publications

Briedenhann J, Wickens E. 2004.Tourism routes as a tool for the economic development of rural areas—vibrant hope or impossible dream? Tourism Management, 25(1): 71-79

Brunt P, Courtney P. 1999. Host perceptions of sociocultural impacts. Annals of Tourism Research, 26: 493-515

Buhalis D, Spada A. 2000. Destination management systems: criteria for success. Information Technology & Tourism, 3(1): 41-58

Busby G, Rendle S. 2000. The transition from tourism on farms to farm tourism. Tourism Management, 21(8): 635–642

Butler R W. 1974. Social impacts of tourism development. Annals of Tourism Research, 1(1): 100-119

Butler R W. 1980. The concept of a tourist area cycle of evolution: implications for management of resources. Canadian Geographer, 24(1): 5-12

Byrne N. 1989. A Primer of LISREL: Basic Applications and Programming for Confirmatory Factor Analytic Models. New York: Springer

Cadotte E B, Woodruff R B, Jenkins R L. 1987. Expectation and norm in models of consumer satisfaction. Journal of Marketing Research. August: 304-314

Calantone R I, di Benedetto C A, Hakam A, et al. 1989. Multiple multinational Tourism positioning using correspondence analysis. Journal of Travel Research, 28(2): 25-32

Canan P, Hennessy M. 1989. The growth machine, tourism and the selling of culture. Sociological Perspectives, 32: 227-243

Carmen T, Faulkner B. 1999. Multi-destination travel patterns of international visitors to queensland. Journal of Travel Research, May: 364-374

Clarke J. 1996. Farm accommodation and the communication matrix. Tourism Management, 17(8): 611-616

Cohen E. 1978. The impact of tourism on the physical environment. Annals of Tourism Research, 5(2): 215-237

Cohen E. 1979. Rethinking the sociology of tourism. Annals of Tourism Research, 6(1): 18-35

Craik K H, Zube E H. 1976. Perceiving Environmental Quality. New York: Plenum Press

Cronin J J, Taylor S A. 1992. Measuring service quality: an examination and extension. Journal of Marketing, 56(3): 54-68

Davies E T, Gilbert D C. 1992. Planning and marketing of tourism: a case study of the development of farm tourism in wales. Tourism Management, 13(1): 56-63

Davis D, Allen J, Cosenza R. 1988. Segmenting local residents by their attitudes, interests, and opinions toward tourism. Journal of Travel Research, 27(2): 2-8

Dernoi L A. 1983. Farm Tourism in Europe. Tourism Management, 4(3): 155-166

Dernoi L. 1991. Prospects of rural tourism: needs and opportunities. Tourism Recreation Research, 16(1):89-94

Doxey G V. 1975. A Causation Theory of Visitor Resident Irritants, Methodology and Research

Inferences. In: Conference Proceedings: Sixth Annual Conference of Travel Research Association. SanDiego, 195-198

Dwyer L, Forsyth T H P, Rao P. 2000. The price competitiveness of travel and tourism: a comparison of 19 destinations. Tourism Management, 21: 9-22

Dyer P, Gursoy D, Sharma B, et al. 2007. Structural modeling of resident perceptions of tourism and associated development on the Sunshine Coast, Australia. Tourism Management, 28: 409-422

Embacher H. 1994. Marketing for agri-tourism in Austria: strategy and realization in a highly developed tourist destination. Journal of Sustainable Tourism, 2(1+2): 61-76

Enright M J, Newton J. 2004. Tourism destination competitiveness: a quantitative approach. Tourism Management, 25: 777-788

Enright M J, Newton J. 2005. Determinants of tourism destination competitiveness in Asia pacific: comprehensiveness and universality. Journal of Travel Research, 5(43): 339-350

Evans N J, Ilbery B W. 1992. Advertising and farm-based accommodation: a British case study. Tourism Management, 13(4): 415-422

Evans N J. 1990. Farm-based Accommodation and the Restructuring of Agriculture in England and Wales. Coventry Polytechnic (CNNA), PhD thesis

Evans T R. 1993. Residents Perceptions of Tourism in New Zealand Communities. Masters of Commerce Thesis, University of Otago, Dunedin

Fakeye P C, Crompton J L. 1991. Image differences between prospective, first-time, and repeat visitors to the lower rio grande valley. Journal of Travel Research, 30(Fall): 10-16

Fleischer A, Pizam A. 1997. Rural tourism in israel. Tourism Management, 18: 367-372

Fleischer A, Tchetchik A. 2005. Does rural tourism benefit from agriculture? Tourism Management, 26: 493-501

Franklin A, Crang M. 2001. The Trouble with Tourism and Travel Theory? Tourist Studies, 1: 10

Fredline E, Faulkner B. 2000. Host community reactions: a cluster analysis. Annals of Tourism Research, 27: 763-784

Friedmann H. 1980. Household production and the national economy: concepts for the analysis of agrarian formation. Journal of Peasant Studies, 7(2): 158-184

Gallarza M G, Saura I G. 2006. Value dimensions, perceived value, satisfaction and loyalty: an investigation of university students' travel behavior. Tourism Management, 27: 437-452

Gartner C M. 1991. The meaning and measurement of destination image. Journal of Tourism Studies, 2(2): 2-12

Gartner W C. 1993. Image formation process. Journal of Travel and Tourism Marketing, 2: 199-212

Gartner W. 2004. Rural tourism in the USA. International Journal of Tourism Research, 6(3): 151-164

George R. 2003. Tourists'perceptions of safety and security while visiting Cape Town. Tourism Management, 24(5): 575-585

Getty J M, Thompson K N. 1994. The relationship between quality, satisfaction, and recommending behavior in lodging decisions. Journal of Hospitality and Leisure Marketing, 2(3): 3–22

Getz D, Page S J. 1997. Conclusions and implications for rural business development. In: Stephen J.

The Business of Rural Tourism. Page and Don Getz.Boston: International Thomson Business Press

Getz D. 1986. Models in tourism planning toward integration of theory and practice. Tourism Management, 7: 21-32

Giffin J. 1995. Customer Loyalty: How to Earn It and How to Keep It. New York: Lexington Books

Goodrich J N. 1977. A new approach to image analysis through multidimensional scaling. Journal of Travel Research, 16(3): 3-7

Gooroochurn N, Sugiyarto G. 2005. Competitiveness indicators in the travel and tourism industry. Tourism Economics, 11(1): 25-46

Greffe X. 1994. Is rural tourism a lever for economic and social development?. Journal of Sustainable Tourism, 2: 23-40

Gunn C. Scape V. 1992. Austin: Bureau of Business Research. Texas: University of Texas

Gursoy D, Jurowski C, Uysal M. 2002. Resident attitudes: a structural modeling approach. Annals of Tourism Research, 29: 79-105

Gursoy D, Kendall K W. 2006. HOSTING MEGA EVENTS modeling locals' support. Annals of Tourism Research, 33(3): 603-623

Gursoy D, Rutherford D G. 2004. Host attitudes toward tourism: an improved structural model. Annals of Tourism Research, 31(3): 495-516

Hair J, Anderson R, Tatham R, et al. 1998. Multivariate Data Analysis(5th ed.). Upper Saddle River, NJ: Prentice Hall

Hall C M, Jenkins J. 1998. The policy dimension of rural tourism and recreation. In: Butler R, Hall C M, Jenkins J. Tourism And Recreation In Rural Areas. Chichester: Wiley. 19-42

Hegarty C, Przezborska L. 2005. Rural and agri-tourism as a tool for reorganizing rural areas in old and new member states—a comparison study of Ireland and Poland. International Journal of Tourism Research, 7(2): 63-77

Hendee J C, Stankey G H, Lucas R C. 1990. Wilderness Management.2^{nd}ed.Golden CO: North American Press, Fulcrum Publishing: 215-239

Hernandez S A, Cohen J, Garcia H L. 1996. Residents attitudes towards an instant resort enclave. Annals of Tourism Research, 23: 755-779

Heung V C S, Qu H. 2000. Hong Kong as a travel destination: an analysis of Japanese tourist' satisfaction levels, and the likelihood of them recommending Hong Kong to others. Journal of Travel and Tourism Marketing, 9(1/2): 57-80

Hillery M, Nancarrow B, Griffin G, et al. 2001. Tourists' perceptions of environmental impact. Annals of Tourism Research, 28(4): 853-867

Hjalager A M. 1996. Agricultural diversification into tourism. Tourism Management, 17(2): 103-111

Hong L. 2001. Farming the Tourists: the social benefits of farm tourism in southland, New Zealand. Pacific tourism Review, 4: 171-177

Hoyland I. 1982. The development of farm tourism in the UK and Europe: some management and economic aspects. Farm Management, 4(10): 383-389

Huybers T, Bennett J. 2003. Environmental management and the competitiveness of nature-based tourism destinations. Environmental and Resource Economics, 24: 213-233

Inskeep E. 1991. Tourism Planning—An Integrated and Sustainable Development Approach. US: Van Nostrand Reinhold

Isabel P A P, María T D D. 2005. Rural tourism demand by type of accommodation. Tourism Management, 26(6): 951-959

Jansen V M, and Ashworth G J. 1991. Environmental integration of recreation and tourism. Annals of Tourism Research, 17: 618-622

Jansen V M. 1998. The synergism between shopping and tourism. In: Theobald W. Global Tourism. Oxford: Butterworth-Heinemann. 428-446

Johnson J, Snepenger D, Akis S. 1994. Residents' perceptions of tourism development. Annals of Tourism Research, 21: 629-642

Jöreskog K, Sörbom D. 1989. LISREL 7: User's Reference Guide (1st ed.). Chicago: Scientific Software

Jöreskog K G Sörbom D. 1993. LISREL 8: Structural Equation Modeling With The SIMPLIS Command Language. Chicago, IL: Scientific Software International

Juanta C L, Var T. 1986. Resident attitudes toward tourism impacts in Hawaii. Annals of Tourism Research, 13(2): 193-214

Jurowski C, Gursoy D. 2004. Distance effects on residents' attitudes toward tourism. Annals of Tourism Research, 31(2): 296-312

Jurowski C, Uysal M, Williams D. 1997. A theoretical analysis of host community resident reactions to tourism. Journal of Travel Research, 36(2): 3-11

Kaplanidou K, Vogt C. 2006. A structural analysis of destination travel intentions as a function of web site features. Journal of Travel Research, 45(November): 204-216

Kashyap R, Bojanic D. 2000. A structural analysis of value, quality, and price perceptions of business and leisure travelers. Journal of Travel Research, 39(1): 45-51

Keogh B. 1990. Public Participation in community tourism planning. Annals of Tourism Research, 17: 449-465

Kim S S, Guo Y Z, Agrusa J. 2005. Preference and positioning analyses of overseas destinations by mainland Chinese outbound pleasure tourists. Journal of Travel Research, 44(11): 212-220

Ko D, Stewart W P. 2002. A structural equation model of residents' attitudes for tourism development. Tourism Management, 23: 521-530

Kohn T. 1996. Island involvement and the evolving tourist. In: Abram S, Waldren J. Tourists and Tourism: Identifying with People and Places. Oxford/New York: Berg

Lankford S V, Howard D R. 1994. Developing a tourism impact attitude scale. Annals of Tourism Research, 21: 121-139

Lawson R W, Williams J, Young T, et al. 1998. A comparison of residents attitudes towards tourism in New Zealand destinations. Tourism Management, 19(3): 247-256

Lee C, Back K. 2003. Pre-and post-casino impact of residents' perception. Annals of Tourism Research, 30(4): 868-885

Lee C, Yoon Y, Lee S. 2007. Investigating the relationships among perceived value, satisfaction, and recommendations: the case of the Korean DMZ. Tourism Management, 28: 204-214

Lee Choong Ki, Yong Ki Lee, Bruce W. 2004. Segmentation of festival motivation by nationality and satisfaction. Tourism Management, 25: 61-70

Leiper N. 1993. Industrial entropy in tourism systems. Annals of Tourism Research, 20(1): 221-226

Lepp A, Holland S. 2006. A comparison of attitudes towards state led conservation and community based conservation in the village of Bigodi, Uganda. Society and Natural Resources, 19(7): 609-623

Lepp A. 2004. Tourism In a Rural Ugandan Village: Impacts, Local Meaning And Implications for development. University of Florida: Doctoral dissertation

Lepp A. 2007. Residents, attitudes towards tourism in Bigodi village, Uganda. Tourism Management, 28: 876–885

Lew A, McKercher B. 2006. Modeling tourist movements: a local destination analysis. Annals of Tourism Research, 33(2): 403-423

Lipscomb A F H. 1998. Village-based tourism in the Solomon Islands: impediments and impacts. In: Laws E, Faulkner B, Moscardo G. Embracing and Managing Changes in Tourism: International Case Studies. London: Routledge

Liu J C, Sheldon P J, Var T. 1987. Residents perceptions of the environmental impacts of tourism. Annals of Tourism Research, 14: 17-37

Liu J, Var T. 1986. Residents attitude toward tourism impacts in Hawaii. Annals of Tourism Research, 13: 193-214

Lobo R E, Goldman G E, Jolly D A, et al. 1999. Agritourism benefits agriculture in San Diego county. California-Agriculture, 53(6): 20-24

Lue C C, Crompton J L, Fesenmaier D R. 1993. Conceptualization of multi-destination pleasure trips. Annals of Tourism Research, 20(1): 289-301

Lue C C, Crompton J L, Stewart W P. 1996. Evidence of cumulative attraction in multidestination recreational trip decisions. Journal of Travel Research, 35(summer): 41-49

MacDonald R, Jolliffe L. 2003. Cultural rural tourism: evidence from Canada. Annals of Tourism Research, 30(2): 307-322

Madrigal R. 1995. Residents perceptions and the role of government. Annals of Tourism Research, 22: 86-102

Manjula C. 2000. Indias' image as a tourist destination—a perspective of foreign tourists. Tourism Management, 21(3): 293-297

Maslow A H. 1943. A theory of human motivation. Psychological Review, 50: 370-396

Mason P, Cheyne J. 2000. Residents' attitudes to proposed tourism development. Annals of Tourism Research, 27(2): 391-411

Mathieson A, Wall G. 1982. Tourism: Economic, Physical and Social Impacts. New York: Longman

McCool S, Martin S. 1994. Community attachment and attitudes toward tourism development. Journal of Travel Research, 32(3): 29-34

McCool S, Stankey G. 2001. Managing access to wildlands for recreation in the USA: background and issues relevant to sustainable tourism. Journal of Sustainable Tourism, 9(5): 389

McGehee N G, Kim K, Gayle R J. 2007. Gender and motivation for agri-tourism entrepreneurship. Tourism Management, 28(1): 280-289

McGehee G N, Kim K. 2004. Motivation for agri-tourism entrepreneurship. Journal of Travel Research, 43(2): 161-170

McGehee N, Andereck K. 2004. Factors predicting rural residents' support of tourism. Journal of Travel Research, 43: 131–140

Melián-González A, Arcía-Falcón J M. 2003. Competitive potential of tourism in destination. Annals of Tourism Research, 30(3):720-740

Miller G. 2001. The development of indicators for sustainable tourism: results of a Delphi survey of tourism researchers. Tourism Management, 22 (4): 351-362

Milman A, Pizam A. 1995. The Role of awareness and familiarity with a destination: the central Florida case. Journal of Travel Research, 33(3): 21-27

Mitchell J T. 2006. Conflicting threat perceptions at a rural agricultural fair. Tourism Management, 27(6): 1298-1307

Moutinho L. 1984. Vacation tourist decision process. The Quarterly Review of Marketing, 9(spring): 8-17

Mulaik S, James L, Alstine J, et al. 1989. Evaluation of goodness-of-fit indices for structural equation models. Psychological Bulletin, 10: 430-445

Murphy P, Pritchard M P, Smith B. 2000. The destination product and its impact on traveler perceptions. Tourism Management, 21(1): 43-52.

Murphy P. 1985. Tourism: A Community Approach. New York: Routledge

Nash R. 2001.Anthropology of Tourism. Kidlingdon: Pergamon

Neal J D, Sirgy M J, Uysal M. 1999. The role of satisfaction with leisure travel/tourism services and experiences in satisfaction with leisure life and overall life. Journal of Business Research, 44(3): 153-164

Nilsson P A K. 2002. Staying on farms—an ideological background. Annals of Tourism Research, 29(1): 7-24

Oh H. 1999. Service quality, customer satisfaction, and customer value: a holistic perspective. International Journal of Hospitality Management, 18(1): 67-82

Oh H. 2003. Price fairness and its asymmetric effects on overall price, quality, and value judgments: the case of an upscale hotel. Tourism Management, 24: 397-399

Oliver R L. 1980. A cognitive model of the antecedents and consequences of satisfaction decisions. Journal of Marketing Research, 17(November): 462

Oliver R L. 1993. A conceptual model of service quality and service satisfaction: compatible goal, different concepts. Advances in Service Marketing and Management, 2: 64-86

Oppermann M. 1996. Rural tourism in southern Germany. Annals of Tourism Research, 23: 86-102

Page S J, Getz D. 1997. The Business of Rural Tourism: International Perspectives. London: International Thomson Business Press

Palmer T, Riera A. 2003. Tourism and environmental taxes, with special reference to the "Balearic ecotax". Tourism Management, 24(6): 665-674

Patmore J A. 1983. Recreation and Resources, Leisure Patterns and Leisure Places. Oxford: Blackwell

Pearce P L. 1982. Perceived changes in holiday destinations. Annals of Tourism Research, 9: 145-164

Perdue L, Perdue R, Allen L. 1990. Rural resident tourism perceptions and attitudes by community level of tourism. Journal of Travel Research, 28(3): 3-9

Perver K. 1996. Resident attitudes toward tourism impacts. Annals of Tourism Research, 23(3): 695-726

Peterson C A, Asby J. 1998. 威尔士农村旅游业: 一个示范计划. 产业与环境, (1-2): 93-97

Petrick J F, Backman S J. 2002. An examination of the construct of perceived value for the prediction of golf travelers: Intentions to revisit. Journal of Travel Research, 41(August): 38-45

Petrick J F, Morais D D, Norman W C. 2001. An examination of the determinants of entertainment vacationers intensions to revisit. Journal of Travel Research, 40(August): 41-48

Phelps A. 1986. Holiday destination image—the problems of assessment: an example developed in menorca. Tourism Management, 7(3): 168-180

Pizam A. 1978. Tourism impacts: the social costs to the destination community as perceived by its residents. Journal of travel research, 16(1): 8-12

Prentice R. 1993. Community-driven tourism planning and residents, references. Tourism Management, 14(3): 218-227

Pulinaa M, Dettorib D G, Paba A. 2006. Life cycle of agrotouristic firms in Sardinia. Tourism Management, 27: 1006-1016

Reichel A, Lowengart O, Milman A. 2000. Rural tourism in Israel: service quality and orientation. Tourism Management, 21(5): 451-459

Reisinger Y, Mavondo F. 2002. Determinants of youth travel markets' perceptions of tourism destinations. Tourism Analysis, 7: 55-66

Reisinger Y, Turner L. 1999. Structural equation modeling with Lisrel: application in tourism. Tourism Management, 20: 71-88

Renata T, Bill F. 2000. Tourism and older residents in a sun bell resort. Annals of Tourism Research, 27(1): 93-144

Robert W. 2000. An examination of the role of beneficial image in tourist destination selection. Journal of Travel Research, Aug: 37-44

Ross G F. 1993. Destination evaluation and vacation preferences. Annals of Tourism Research, 20: 477-489

Ross S, Wall G. 1999. Evaluation ecotourism: the case of north Salawesi, Indonesia. Tourism Management, 20(6): 673-682

Ryan C. 1995. Global tourist Behavior-Ulysal. Tourism Management, 16(4): 327-328

Ryan C. 2002. Equity, management, power sharing and sustainability issues of the "new tourism". Tourism Management, 23(1): 17-26

Sahli M, Hazari B, Sgro P. 2003. Tourism specialization: a comparison of 19 OECD destination countries. http://www.erc.ucy.ac.cy/English/conference2003/.

Sarah Katharine Banks. 2003. Tourism Related Impacts as Perceived by Three Resident Typology

Groups in San Pedro, Belize. USA: North Carolina State University

Schofield P. 2000. Evaluating castle field urban heritage park from the consumer perspective: destination attributes importance, visitor perception, and satisfaction. Tourism Analysis, 5(2-4): 183-189

Sharpley R, Sharpley J. 1997. Rural Tourism: An Introduction. London: International Thomson Business Press

Sharpley R, Vass A. 2006. Tourism, farming and diversification: an attitudinal study. Tourism Management, 27(5): 1040-1052

Sharpley R. 2002. Rural tourism and the challenge of tourism diversification: the case of Cyprus. Tourism Management, 23(3): 233-244

Sheldon P J, Abenoja T. 2001. Resident attitudes in a mature destination: the case of Waikiki. Tourism Management, 22: 435-443

Shoemaker S, Lewis R C. 1999. Customer loyalty: the future of hospitality marketing. Hospitality Management, 1(8): 344-370

Silverman M, Gulliver P H. 1992. Historical anthropology and ethnographic tradition: a personal, historical and intellectual account. In: Silverman M, Gulliver P H. Approaching the Past: Historical Anthropology through Irish Case Studies. New York: Columbia University Press

Simth D M, Krannich S R. 1998. Tourism development and resident attitudes. Annals of Tourism Research, 25(4): 783-802

Slee B, Farr H, Snowdon P. 1996. The Economic Impact of Alternative Types of Rural Tourism. Working Paper. Aberdeen: Department of Agriculture, University of Aberdeen

Slee R W, Yells R. 1985. Some aspects of marketing farm holiday accommodation. Farm Management, 5(8): 317-323

Smith M D, Krannich R S. 1998. Tourism dependence and resident attitude. Annals of Tourism Research, 25(4): 783-802

Smith V L. 1977. Host and Guests: The Anthropology of Tourism. Philadelphia: University of Pennsylvania Press

Smith V L. 1980. Anthropology and tourism: a science-industry evaluation. Annals of Tourism Research, 1: 13-33

Social Science Research Council. 1954. Acculturation: an exploratory formulation. American Anthropologist, 56: 973-1002

Stankey G H, McCool S F, Stokes G L. 1990. Managing for appropriate wilderness conditions: the carrying capacity issue. In: Hendee J C, Stankey G H, Lucas R C. Wilderness Management. 2nd ed. Golden CO: North American Press, Fulcrum Publishing

Steime F. 1996. The living landscape Agra-ecological approach to landscape planning. Graw-Hill Inc., 57-59

Swanson K K, Horridge P E. 2004. A structural model for souvenir consumption, travel activities, and tourist demographics. Journal of Travel Research, 42: 372-380

Swanson K K, Horridge P E. 2006. Travel motivations as souvenir purchase indicators. Tourism Management, 27: 671-683

Swarbrook J. 1999. Sustainable Tourism Management. Washington, DC: CABI

Tam J L M. 2000. The effects of service quality, perceived value and customer satisfaction on behavioral intentions. Journal of Hospitality and Leisure Marketing, 6(4): 31-43

Teye V, Sirakaya E. 2002. Residents attitudes toward tourism development. Annals of Tourism Research, 29(3): 668-688

Toh R S, Khan H, Lim Lay-ling. 2004. Two-stage shift-share analysis and purpose of visit: the singapore experience. Journal of Travel Research, 43(1): 57-66

Tosun C. 1998. Roots of unsustainable tourism development at the local level: the case of Urgup in Turkey. Tourism Management, 19(6): 595-610

Tribe J, Font X, Griffiths N, et al. 2000. Environmental Management for Rural Tourism and Recreation. London: Cassell

Um S, Crompton J. 1987. Measuring resident's attachment levels in a host community. Journal of Travel Research, 25(3): 27-29

Unwin T. 1996. Tourist development in Estonia: images, sustainability, and integrated rural development. Tourism Management, 17(4): 265-276

Var T, Kendall K W, Tarakcoglu E. 1985. Residents attitudes toward tourists in a turkish resort town. Annals of Tourism Research, 12: 652-658

Walford N. 2001. Patterns of development in tourist accommodation enterprises on farms in England and wales. Applied Geography, 21: 331-345

Wall G, Wright C. 1977. The Environmental Impact of Outdoor Recreation. Canada Ontario: Dept. of Geography, Faculty of Environmental Studies, University of Waterloo

Wang K L, Wu C S. 2000. A Study of Competitiveness of international tourism in the South East Asian Region. Eleventh Annual East Asian Seminar on Economics: Trade in Services, (6): 22-24

Weaver D B, Fennell D A. 1997. The vacation farm sector in Saskatchewan: a profile of operations. Tourism Management, 18(6): 357-365

Westbrook R A, Reilly M D. 1983. Value-percept disparity: an alternative to disconfirmation of expectations theory of consumer satisfaction. In: Richard B, Tybout A M. Advances in Consumer Research. Ann Arber, MI: Association for Consumer Research. 256-261

Williams J, Lawson R. 2001. Community issues and resident opinions of tourism. Annals of Tourism Research, 28: 269-290

Wong J, Law R. 2003. Difference in shopping satisfaction levels: a study of tourists in Hong Kang. Tourism Management, 24(4): 401-410

Woodruff R B, Cadotte E R, Jenkins R L. 1983. Modeling consumer satisfaction processes using experience-based norms. Journal of Marketing Research, 20(3): 286-304

Woodside A G, Lysonski S. 1989. A general model of traveler destination choice. Journal of Travel Research, 16(winter): 8-14

WTO. 1993. Sustainable Tourism Development: Guide for Local Planners. Madrid: World Tourism Organization

WTO. 2002. Think Tank Enthusiastically Reaches Consensus on Frameworks for Tourism Destination

Success. Madrid: World Tourism Organization

Yoon Y, Gursoy D, Chen J S. 2001. Validating a tourism development theory with structural equation modeling. Tourism Management, 22: 363-372

Yoon Y, Uysal M. 2005. An examination of the effects of motivation and satisfaction on destination loyalty: a structural model. Tourism Management, 26: 45-56

Young G. 1973. Tourism: Blessing or Blight. Harmondsworth: Penguin

Zeithaml V A, Binter M J. 1996. Service Marketing. NY: The McGraw-Hill Companies, INC

附　录

附录A　居民参与旅游情况调查问卷（一）

尊敬的女士/先生：

您好！我们现在正在进行的这项工作是关于居民参与旅游情况的问卷调查，请您协助我们填写这张问卷调查表。我们希望了解您的真实看法，并为您的回答严格保密。请您根据自己的真实看法，在合适的选项上打"√"。

对您的支持与合作，我们表示衷心的感谢！

在符合您的情况的选项上打"√"或空格上填上合适的内容。

一、个人背景资料

1. 性别与民族：A. 男　　　B. 女　　　　　　民族：_____
2. 您的年龄：A. 14岁以下　B. 15~24岁　C. 25~44岁　D. 45~64岁　E. 65岁以上
3. 您的学历：A. 大专及以上　B. 中专及高中　C. 初中　　D. 小学　　E. 小学以下
4. 您在本地居住时间：A. 5年以下　B. 5~10年　C. 10~20年　D. 20~30年　E. 30年以上
5. 您的职业：A. 农民　　B. 工人　　C. 专业技术人员　　D. 职员
　　　　　　E. 教育工作者　F. 政府工作人员　G. 企事业管理人员　H. 学生
　　　　　　I. 服务及售货人员　J. 退休人员　K. 军人　L. 其他
6. 您的家庭人口数：A. 5人以上　B. 2~4人　C. 单身
7. 家庭年收入是：A. 3000元以下　B. 3000~5000元　C. 5000~1万元　D. 1万~2万元
　　　　　　　　E. 2万~3万元　F. 4万~5万元　G. 5万元以上

二、居民参与旅游基本情况

8. 家庭是否从事旅游经营：A. 是　　B. 否　　若有旅游投资金额为_____
9. 家庭主要从事哪些旅游经营活动：A. 住宿　B. 餐饮　C. 旅游商品买卖(含农产品)
　　　　　　　　　　　　　　　　　D. 娱乐　E. 旅游交通　F. 观光农园　G. 农艺馆　H. 旅游中介
10. 家庭近几年年均旅游收入：A. 1000元以下　B. 1000~3000元　C. 3000~5000元
　　　　　　　　　　　　　　D. 5000~1万元　E. 1万~2万元　F. 2万元以上
11. 家庭旅游收入占家庭经济总收入的比重：A. 10%以下　B. 10%~20%　C. 21%~50%
　　　　　　　　　　　　　　　　　　　　D. 51%~80%　E. 80%以上

三、居民对旅游的认知

12. 居民对农业旅游现状评价 (1~7 表示您满意的程度：7 表示完全满意，1 表示完全不满意)

完全满意————————→完全不满意

(1) 总体感受：	7 6 5 4 3 2 1
(2) 本地区(本景区)情况：	
①本地区(本景区)主题与特色	7 6 5 4 3 2 1
②本地区(本景区)风光	7 6 5 4 3 2 1
③活动种类	7 6 5 4 3 2 1
④本地区(本景区)布局	7 6 5 4 3 2 1
⑤本地区(本景区)质量与规模	7 6 5 4 3 2 1
⑥本地区(本景区)开发总体规划	7 6 5 4 3 2 1
(3) 乡村环境：	
①卫生状况	7 6 5 4 3 2 1
②乡村风貌	7 6 5 4 3 2 1
③生态状况(大气、水质、土壤等)	7 6 5 4 3 2 1
(4) 设施状况：	
①交通设施	7 6 5 4 3 2 1
②旅游接待设施(食、宿等)	7 6 5 4 3 2 1
③其他公共基础设施	7 6 5 4 3 2 1
(5) 政府服务与管理水平：	
①政府开发管理旅游水平	7 6 5 4 3 2 1
②行业标准及规范制定	7 6 5 4 3 2 1
③旅游培训、教育服务	7 6 5 4 3 2 1

四、旅游影响评估 (1~7 表示您同意的程度：7 表示完全同意，1 表示完全不同意)

完全同意————————→完全不同意

13. 经济影响

①旅游发展导致居民贫富两极分化	7 6 5 4 3 2 1
②发展旅游只导致少数人受益	7 6 5 4 3 2 1
③旅游促进地方经济发展	7 6 5 4 3 2 1
④外来投资增多	7 6 5 4 3 2 1
⑤您的基本生活水平显著提高(收入增加)	7 6 5 4 3 2 1
⑥您的购物和娱乐条件及服务质量改善	7 6 5 4 3 2 1
⑦旅游经营收入增加	7 6 5 4 3 2 1
⑧农业肥料等生产资料价格上涨	7 6 5 4 3 2 1

⑨基本生活用品价格上涨影响生活质量　　　　　　7　6　5　4　3　2　1

14. 社会影响

①提高了地方形象　　　　　　　　　　　　　　　7　6　5　4　3　2　1
②解决农村大量剩余劳动力　　　　　　　　　　　7　6　5　4　3　2　1
③农业旅游就业季节性明显　　　　　　　　　　　7　6　5　4　3　2　1
④促进了居民思想观念的更新和开放　　　　　　　7　6　5　4　3　2　1
⑤居民有接受旅游职业技能培训的机会　　　　　　7　6　5　4　3　2　1
⑥本地区传统文化资源开发商业化、庸俗化　　　　7　6　5　4　3　2　1
⑦犯罪和不良现象增加　　　　　　　　　　　　　7　6　5　4　3　2　1
⑧游人众多，居民使用公共休憩设施的机会减少　　7　6　5　4　3　2　1
⑨引发居民与旅游者之间的冲突　　　　　　　　　7　6　5　4　3　2　1
⑩引发居民与旅游公司等外来经营者之间的冲突　　7　6　5　4　3　2　1

15. 环境影响

①本地区投资环境大大改善　　　　　　　　　　　7　6　5　4　3　2　1
②本地区自然环境得到有效开发和保护　　　　　　7　6　5　4　3　2　1
③本地区环境卫生状况非常令人满意　　　　　　　7　6　5　4　3　2　1
④居民环保意识增强　　　　　　　　　　　　　　7　6　5　4　3　2　1
⑤交通和人口过度拥挤、嘈杂　　　　　　　　　　7　6　5　4　3　2　1

16. 旅游支持条件

①政府对农民开展旅游经营资金、税收上进行大力扶持　7　6　5　4　3　2　1
②政府对农民开展旅游经营政策上进行大力支持　　7　6　5　4　3　2　1
③政府经常请来农业专家为农民引进新技术，解答难题　7　6　5　4　3　2　1
④政府对农林改造政策十分公平有利　　　　　　　7　6　5　4　3　2　1
⑤政府因开展旅游对农民房屋拆迁补偿政策非常公平　7　6　5　4　3　2　1
⑥政府、集体、旅游公司、居民利益分配合理　　　7　6　5　4　3　2　1
⑦旅游开发应以政府主导(1表示市场主导)　　　　7　6　5　4　3　2　1

17. 我和我的家人将支持并积极参与旅游经营活动　　7　6　5　4　3　2　1
18. 我和我的家人将支持并积极参与旅游培训活动　　7　6　5　4　3　2　1

五、您对农业旅游发展的建议

19. 交通条件成为制约条件　　　　　　　　　　　　7　6　5　4　3　2　1
20. 政府支持力度不大　　　　　　　　　　　　　　7　6　5　4　3　2　1
21. 本地区(本景区)农业观光项目单一，特色不足　　7　6　5　4　3　2　1
22. 乡村文化(民族特色)内涵挖掘不够　　　　　　　7　6　5　4　3　2　1
23. 旅游接待设施不够完善　　　　　　　　　　　　7　6　5　4　3　2　1

24. 旅游服务水平不高	7	6	5	4	3	2	1
25. 广告宣传力度不大	7	6	5	4	3	2	1
26. 乡村旅游商品生产与销售处于初级水平	7	6	5	4	3	2	1
27. 游客的停留时间太短	7	6	5	4	3	2	1
28. 旅游开发未能和社会主义新农村建设紧密结合	7	6	5	4	3	2	1

附录B 居民参与旅游情况调查问卷(二)

尊敬的女士/先生：

您好！我们现在正在进行的这项工作是关于居民参与旅游情况的问卷调查，请您协助我们填写这张问卷调查表。我们希望了解您的真实看法，并为您的回答严格保密。请您根据自己的真实看法，在合适的选项上打"√"。

对您的支持与合作，我们表示衷心的感谢！

在符合您的情况的选项上打"√"或空格上填上合适的内容。

一、个人背景资料

1. 性别与民族：A. 男　　　B. 女　　　　　民　族：_____
2. 您的年龄：A. 14岁以下　B. 15~24岁　C. 25~44岁　D. 45~64岁　E. 65岁以上
3. 您的学历：A. 大专及以上　B. 中专及高中　C. 初中　D. 小学　E. 小学以下
4. 您在本地居住时间：A. 5年以下　B. 5~10年　C. 10~20年　D. 20~30年　E. 30年以上
5. 您的职业：A. 农民　B. 工人　C. 专业技术人员　D. 职员
　　　　　　E. 教育工作者　F. 政府工作人员　G. 企事业管理人员　H. 学生
　　　　　　I. 服务及售货人员　J. 退休人员　K. 军人　L. 其他
6. 您的家庭人口数：A. 5人以上　B. 2~4人　C. 单身
7. 家庭年收入是：A. 3000元以下　B. 3000~5000元　C. 5000~1万元　D. 1万~2万元
　　　　　　　　E. 2万~3万元　F. 4万~5万元　G. 5万元以上

二、居民参与旅游基本情况

8. 家庭是否从事旅游经营：A. 是　B. 否　若有旅游投资金额为_____
9. 家庭主要从事哪些旅游经营活动：A. 住宿　B. 餐饮　C. 旅游商品买卖(含农产品)
　　　　　　　　　　　　　　　　D. 娱乐　E. 旅游交通　F. 观光农园　G. 农艺馆　H. 旅游中介
10. 家庭近几年年均旅游收入：A. 1000元以下　B. 1000~3000元　C. 3000~5000元　D. 5000~1万元
　　　　　　　　　　　　　　E. 1万~2万元　F. 2万元以上
11. 家庭旅游收入占家庭经济总收入的比重：A. 10%以下　B. 10%~20%　C. 21%~50%
　　　　　　　　　　　　　　　　　　　　D. 51%~80%　E. 80%以上

三、居民对旅游资源的认知

12. 居民对农业旅游资源现状评价（1~7 表示您认可的程度：7 表示完全认可，1 表示完全不认可）

　　　　　　　　　　　　　　　　　完全认可————→完全不认可

(1) 农业旅游资源的民族性：

① 民族服饰保留完整　　　　　　　　7　6　5　4　3　2　1
② 民族语言保留完整　　　　　　　　7　6　5　4　3　2　1
③ 民族风俗保留完整　　　　　　　　7　6　5　4　3　2　1
④ 民族建筑保留完整　　　　　　　　7　6　5　4　3　2　1
⑤ 民族农业生产方式保留完整　　　　7　6　5　4　3　2　1

(2) 农业旅游资源的休闲性：

① 乡土气息浓厚　　　　　　　　　　7　6　5　4　3　2　1
② 娱乐性强　　　　　　　　　　　　7　6　5　4　3　2　1
③ 参与性强　　　　　　　　　　　　7　6　5　4　3　2　1

(3) 农业旅游资源的美景度

① 资源丰富　　　　　　　　　　　　7　6　5　4　3　2　1
② 规模宏大　　　　　　　　　　　　7　6　5　4　3　2　1
③ 特色明显　　　　　　　　　　　　7　6　5　4　3　2　1
④ 视觉冲击力强　　　　　　　　　　7　6　5　4　3　2　1

(4) 农业旅游资源的可达度

① 发展旅游条件好　　　　　　　　　7　6　5　4　3　2　1
② 内部交通发达　　　　　　　　　　7　6　5　4　3　2　1
③ 外部交通便捷　　　　　　　　　　7　6　5　4　3　2　1
④ 旅游接待设施完善（食、宿等）　　7　6　5　4　3　2　1
⑤ 其他设施完善（供水、供电、排污等）　7　6　5　4　3　2　1

四、旅游影响评估(1~7 表示您同意的程度：7 表示完全同意，1 表示完全不同意)

　　　　　　　　　　　　　　　　　完全同意————→完全不同意

13. 经济影响

① 发展旅游导致少数人受益　　　　　7　6　5　4　3　2　1
② 发展旅游促进地方经济发展　　　　7　6　5　4　3　2　1
③ 您的经济收入显著提高　　　　　　7　6　5　4　3　2　1

14. 社会影响

① 提高了地方形象　　　　　　　　　7　6　5　4　3　2　1
② 解决农村大量剩余劳动力　　　　　7　6　5　4　3　2　1

③促进了居民思想观念的更新和开放	7	6	5	4	3	2	1
④居民有接受旅游职业技能培训的机会	7	6	5	4	3	2	1
⑤本地区传统民族文化资源开发商业化、庸俗化	7	6	5	4	3	2	1
⑥犯罪和不良现象增加	7	6	5	4	3	2	1
⑦由于旅游引发的冲突增加	7	6	5	4	3	2	1
15. 环境影响							
①本地区生态环境得到有效保护	7	6	5	4	3	2	1
②本地区环境卫生状况得到改善	7	6	5	4	3	2	1
③交通和人口过度拥挤、嘈杂	7	6	5	4	3	2	1
④居民环保意识增强	7	6	5	4	3	2	1
16. 旅游支持条件							
①政府对旅游开发规划管理到位	7	6	5	4	3	2	1
②政府对农民开展旅游经营政策上进行大力支持	7	6	5	4	3	2	1
③政府对旅游培训、教育服务到位	7	6	5	4	3	2	1
④政府、集体、旅游公司、居民利益分配合理	7	6	5	4	3	2	1
17. 我和我的家人将支持并积极参与旅游经营活动	7	6	5	4	3	2	1
18. 我和我的家人将积极参与旅游教育培训活动	7	6	5	4	3	2	1
总体感受	7	6	5	4	3	2	1

五、您对农业旅游发展的建议

19. 交通条件成为制约条件	7	6	5	4	3	2	1
20. 政府支持力度不大	7	6	5	4	3	2	1
21. 本地区(本景区)农业观光项目单一,特色不足	7	6	5	4	3	2	1
22. 乡村文化(民族特色)内涵挖掘不够	7	6	5	4	3	2	1
23. 旅游接待设施不够完善	7	6	5	4	3	2	1
24. 旅游服务水平不高	7	6	5	4	3	2	1
25. 广告宣传力度不大	7	6	5	4	3	2	1
26. 乡村旅游商品生产与销售处于初级水平	7	6	5	4	3	2	1
27. 游客的停留时间太短	7	6	5	4	3	2	1
28. 旅游开发未能和社会主义新农村建设紧密结合	7	6	5	4	3	2	1

衷心感谢您的大力合作!

附录C 旅游者感知调查研究问卷（一）

尊敬的女士/先生：

您好！为了不断提高本地区农业旅游的接待服务水平，使您得到质价相符的旅游产品与服务，请您协助我们填写这张问卷调查表。我们希望了解您的真实看法，并为您的回答严格保密。以下问题的答案没有正确与错误的区别，请您根据自己的真实看法，在相应选项上打"√"。

对您的支持与合作，我们表示衷心的感谢！

一、个人背景资料

1. 您的居住地：＿＿＿＿＿＿省＿＿＿　＿＿＿＿＿市（县）
2. 性　　别：A.男　　　　B.女
3. 您的年龄：A.14岁以下　B.15~24岁　C.25~44岁　D.45~64岁　E.65岁以上
4. 您的学历：A.初中及以下　B.高中或中专　C.大专　D.本科　E.研究生及以上
5. 您的职业：A. 农民　　B. 工人　　C. 专业技术人员　　D. 公务员　　E. 教育工作者
   　　　　　F. 私营业主　　G. 企事业管理人员　　H. 学生　　I. 服务人员
   　　　　　J. 退休人员　　K. 军人　　　　　　　L. 其他＿＿＿＿＿＿
6. 个人月收入是：A. 无　　B. 300元以下　　C. 300~499元　　D. 500~999元
   　　　　　　　E. 1000~1999元　　F. 2000~2999元　　G. 3000~4999元
   　　　　　　　H. 5000~9999元　　I. 1万元以上

二、旅游基本情况

7. 您来此地旅游的目的是(可多选)：A. 观光游览　　B. 体验乡村　　C. 休闲娱乐
   　　　　　　　　　　　　　　　D. 观赏民俗风情　E. 参加节庆活动　F. 探亲访友
   　　　　　　　　　　　　　　　G. 品尝农家美食　H. 健康/疗养　　I. 购买特色农产品
   　　　　　　　　　　　　　　　J. 文化/体育/科技交流　K. 会议、公务　L. 其他
   　　　　　　　　　　　　　　　如＿＿＿＿＿＿
8. 您对此地的了解，来自(可多选)：A. 电视　　B. 报刊杂志广告　　C. 广播　　D. 书籍
   　　　　　　　　　　　　　　　E. 旅行社广告　　F. 亲友与朋友介绍　　G. 互联网
   　　　　　　　　　　　　　　　H. 其他，如＿＿＿＿＿＿
9. 您中意的外出旅游的方式(可多选，不要超过三个)：
   　　　　　A. 个人出游　　B. 和家人出游　　C. 和朋友结伴　　D. 单位组织
   　　　　　E. 自驾车旅游　F. 旅行社组织　　G. 出差顺便　　H. 其他方式，如＿＿＿＿＿
10. 您来此地的交通方式：A. 旅游专线车　　B. 公交车　　C. 自驾车　　D. 旅行社/单位车

E. 自行车

11. 来此地旅游您的总花费为(若一同出游人数在两人以上,请填人均花费):

　　　A. 100元以下　B. 100~299元　C. 300~499元　D. 500~999元　E. 1000元以上

12. 截至目前,您是第_____次来此地旅游,一般停留的时间是:

　　　A. 半天　　B. 1天　　C. 2天　　D. 3~4天　　E. 5天以上

三、旅游者对旅游地(景区)认知情况

您对此地的农业旅游现状评价[1~7表示您对所提问题感知:7表示非常好(或完全赞同),1表示非常差(或完全反对)]

	非常好　　　→　　　非常差
13. 总体感受:	7　6　5　4　3　2　1
14. 您对本地区(本景区)基本情况评价:	
①本地区(本景区)主题与特色	7　6　5　4　3　2　1
②本地区(本景区)风光	7　6　5　4　3　2　1
③活动种类	7　6　5　4　3　2　1
④本地区(本景区)布局	7　6　5　4　3　2　1
⑤本地区(本景区)质量与规模	7　6　5　4　3　2　1
⑥本地区(本景区)开发总体规划	7　6　5　4　3　2　1
15. 乡村环境:	
①卫生状况	7　6　5　4　3　2　1
②乡村风貌	7　6　5　4　3　2　1
③生态状况(大气、水质、土壤等)	7　6　5　4　3　2　1
④民族风情	7　6　5　4　3　2　1
16. 设施状况:	
①交通设施	7　6　5　4　3　2　1
②旅游接待设施(食、宿)	7　6　5　4　3　2　1
③娱乐设施	7　6　5　4　3　2　1
④其他公共基础设施(如厕所、停车场)	7　6　5　4　3　2　1
17. 服务与管理水平:	7　6　5　4　3　2　1
18. 旅游接待人员素质:	7　6　5　4　3　2　1
19. 旅游商品特色:	7　6　5　4　3　2　1
20. 旅游商品品质:	7　6　5　4　3　2　1
21. 各项服务及商品价格合理性:	7　6　5　4　3　2　1
22. 您觉得在本地区(景区)旅游经历:	7　6　5　4　3　2　1
23. 您再次选择农业旅游时会首先考虑本地区(景区):	7　6　5　4　3　2　1

24. 您非常愿意向他人推荐本地区(景区)：　　　　　7　6　5　4　3　2　1
25. 您希望购买的旅游商品是：
　　　　A. 农家水果　　B. 各种绿色蔬菜　　C. 各类花卉植物　　D. 少数民族手工艺品
　　　　E. 其他(请列出)
26. 您认为本地区(景区)最吸引人的地方是(可多选，不要超过三个)：
　　　　A. 乡村田野风光　　B. 少数民族民俗风情　　C. 休闲轻松的氛围　　D. 特色农产品
　　　　E. 农家活动　　F. 良好管理与服务　　G. 特色项目设置　　H. 其他，_____
27. 本地区(景区)的旅游开发较好地体现了
社会主义新农村建设：　　　　　　　　　　　　　　7　6　5　4　3　2　1

四、对下列农业旅游活动依据你的喜爱程度，在选定的数字上打"√"

　　　　　　　　(1~7 表示您喜爱的程度：7 表示非常喜爱，1 表示非常不喜爱)

28. 农业观光(欣赏山水田园风光)　　　　　　　　7　6　5　4　3　2　1
29. 观看民间老行当表演(如手工艺制作等)　　　　7　6　5　4　3　2　1
30. 观看、参加少数民族民俗表演活动　　　　　　7　6　5　4　3　2　1
31. 采摘新鲜水果　　　　　　　　　　　　　　　7　6　5　4　3　2　1
32. 自驾车游览　　　　　　　　　　　　　　　　7　6　5　4　3　2　1
33. 野营　　　　　　　　　　　　　　　　　　　7　6　5　4　3　2　1
34. 垂钓　　　　　　　　　　　　　　　　　　　7　6　5　4　3　2　1
35. 健身运动　　　　　　　　　　　　　　　　　7　6　5　4　3　2　1
36. 农业科普教育　　　　　　　　　　　　　　　7　6　5　4　3　2　1
37. 农家美食　　　　　　　　　　　　　　　　　7　6　5　4　3　2　1
38. 农家休闲　　　　　　　　　　　　　　　　　7　6　5　4　3　2　1
39. 其他：_____

五、请您给出您的宝贵意见

40. 您认为本地区(景区)农业旅游发展过程亟须改进的是：
　　　　A. 开发建设新农业景区(景点)　　　B. 明确乡村旅游主题，创造乡村旅游特色
　　　　C. 改善旅游交通条件　　　　　　　D. 丰富乡村旅游内涵，提升乡村旅游文化
　　　　E. 完善旅游接待设施　　　　　　　F. 增加现代新型旅游设施
　　　　G. 加大广告宣传力度　　　　　　　H. 加强乡村旅游商品生产与销售
　　　　I. 提高旅游服务水准　　　　　　　J. 整治旅游环境
　　　　K. 其他，如_____

　　　　　　　　　　　　　　　　　　　　　　　　衷心感谢您的大力合作！

附录 D 旅游者感知调查研究问卷(二)

尊敬的女士/先生：

您好！为了不断提高本地区农业旅游的接待服务水平，使您得到质价相符的旅游产品与服务，请您协助我们填写这张问卷调查表。我们希望了解您的真实看法，并为您的回答严格保密。以下问题的答案没有正确与错误的区别，请您根据自己的真实看法，在相应选项上打"√"。

对您的支持与合作，我们表示衷心的感谢！

一、个人背景资料

1. 您的居住地：_____省_____市(县)
2. 性　　别：A. 男　　　　B. 女
3. 您的年龄：A. 14 岁以下　B. 15~24 岁　C. 25~44 岁　D. 45~64 岁　E. 65 岁以上
4. 您的学历：A. 初中及以下　B. 高中或中专　C. 大专　D. 本科　E. 研究生及以上
5. 您的职业：A. 农民　　B. 工人　　C. 专业技术人员　D. 公务员　E. 教育工作者
　　　　　　F. 私营业主　　G. 企事业管理人员　　H. 学生　　I. 服务人员
　　　　　　J. 退休人员　　K. 军人　　L. 其他_____
6. 个人月收入是：A. 无　B. 300 元以下　C. 300~499 元　D. 500~999 元　E. 1000~1999 元
　　　　　　　　F. 2000~2999 元　G. 3000~4999 元　H. 5000~9999 元　I. 1 万元以上

二、旅游基本情况

7. 您来此地旅游的目的是(可多选)：A. 观光游览　　B. 体验乡村　　C. 休闲娱乐
　　　D. 观赏民俗风情　E. 参加节庆活动　F. 探亲访友　G. 品尝农家美食　H. 健康/疗养
　　　I.购买特色农产品　J. 文化/体育/科技交流　　K. 会议、公务　L.其他，如_____
8. 您认为自己是：A. 休闲度假旅游者　　还是　　B. 观光旅游者_____？
9. 您对此地的了解，来自(可多选)：A. 电视　　B. 报刊杂志广告　　C. 广播　　D. 书籍
　　　E. 旅行社广告　　F. 亲友与朋友介绍　　G. 互联网　　H. 其他，如_____
10. 您中意的外出旅游的方式(可多选，不要超过三个)：
　　　A. 个人出游　　B. 和家人出游　　C. 和朋友结伴　　D. 单位组织
　　　E. 自驾车旅游　　F. 旅行社组织　　G. 出差顺便　　H. 其他方式，如_____
11. 您来此地的交通方式：A. 旅游专线车　　B. 公交车　　C. 自驾车　　D. 旅行社/单位车
　　　E. 自行车
12. 来此地旅游您的总花费为(若一同出游人数在两人以上，请填人均花费)：
　　　A. 100 元以下　　B. 100~299 元　　C. 300~499 元　　D. 500~999 元　　E. 1000 元以上

13. 截至目前，您是第_____次来此地旅游，一般停留的时间是：_____。
    A. 半天　　　　B. 1天　　　　C. 2天　　　　D. 3~4天　　　　E. 5天以上

三、旅游者对旅游地(景区)认知情况

您对此地的农业旅游现状评价[1~7 表示您对所提问题感知：7 表示非常好(或完全赞同)，1 表示非常差(或完全反对)]

                                    非常好 ⎯⎯⎯⎯→ 非常差

14. 总体感受：　　　　　　　　　　　　　　7　6　5　4　3　2　1
15. 您对本地区(本景区)基本情况评价：
①本地区(本景区)主题与特色　　　　　　　7　6　5　4　3　2　1
②本地区(本景区)风光　　　　　　　　　　7　6　5　4　3　2　1
③本地区(本景区)旅游布局　　　　　　　　7　6　5　4　3　2　1
16. 农业旅游资源的民族性：
①民族服饰的保留　　　　　　　　　　　　7　6　5　4　3　2　1
②民族语言的保留　　　　　　　　　　　　7　6　5　4　3　2　1
③民族风俗的保留　　　　　　　　　　　　7　6　5　4　3　2　1
④民族建筑的保留　　　　　　　　　　　　7　6　5　4　3　2　1
⑤民族农业生产方式的保留　　　　　　　　7　6　5　4　3　2　1
17. 农业旅游资源的休闲性
①乡土气息　　　　　　　　　　　　　　　7　6　5　4　3　2　1
②娱乐性　　　　　　　　　　　　　　　　7　6　5　4　3　2　1
③参与性　　　　　　　　　　　　　　　　7　6　5　4　3　2　1
18. 农业旅游资源的美景度
①资源的丰富度　　　　　　　　　　　　　7　6　5　4　3　2　1
②资源规模　　　　　　　　　　　　　　　7　6　5　4　3　2　1
③视觉冲击力　　　　　　　　　　　　　　7　6　5　4　3　2　1
19. 农业旅游资源的可达度
①内部交通发达　　　　　　　　　　　　　7　6　5　4　3　2　1
②外部交通便捷　　　　　　　　　　　　　7　6　5　4　3　2　1
③旅游接待设施完善(食、宿等)　　　　　　7　6　5　4　3　2　1
④其他设施完善(供水、供电、排污等)　　　7　6　5　4　3　2　1
20. 服务与管理水平：　　　　　　　　　　　7　6　5　4　3　2　1
21. 旅游接待人员素质：　　　　　　　　　　7　6　5　4　3　2　1
22. 旅游商品特色：　　　　　　　　　　　　7　6　5　4　3　2　1
23. 旅游商品品质：　　　　　　　　　　　　7　6　5　4　3　2　1

24. 各项服务及商品价格合理性：   7   6   5   4   3   2   1
25. 您觉得在本地区(景区)旅游经历   7   6   5   4   3   2   1
26. 您再次选择农业旅游时会首先考虑本地区(景区)   7   6   5   4   3   2   1
27. 您非常愿意向他人推荐本地区(景区)：   7   6   5   4   3   2   1
28. 您希望购买的旅游商品是：
    A. 农家水果　　B. 各种绿色蔬菜　　C. 各类花卉植物　　D. 少数民族手工艺品
    E. 其他(请列出)_____
29. 您认为本地区(景区)最吸引人的地方是(可多选,不要超过三个)：
    A. 乡村田野风光　　B. 少数民族民俗风情　　C. 历史文化　　D. 休闲轻松的氛围
    E. 特色农产品　E. 农家活动　F. 良好管理与服务　G. 特色项目设置　H. 其他_____
30. 本地区(景区)的旅游开发较好地体现了
    社会主义新农村建设：   7   6   5   4   3   2   1

四、对下列农业旅游活动依据你的喜爱程度，在选定的数字上打"√"

(1~7 表示您喜爱的程度：7 表示非常喜爱，1 表示非常不喜爱)

31. 欣赏山水田园风光   7   6   5   4   3   2   1
32. 观看民间老行当表演(如手工艺制作等)   7   6   5   4   3   2   1
33. 观看、参加少数民族民俗表演活动   7   6   5   4   3   2   1
34. 采摘新鲜水果、花卉   7   6   5   4   3   2   1
35. 民间建筑历史文化   7   6   5   4   3   2   1
36. 野营   7   6   5   4   3   2   1
37. 垂钓   7   6   5   4   3   2   1
38. 健身运动   7   6   5   4   3   2   1
39. 农业科普教育   7   6   5   4   3   2   1
40. 农家美食   7   6   5   4   3   2   1
41. 自驾车游览   7   6   5   4   3   2   1
42. 其他：_____

五、请您给出宝贵意见

43. 您认为本地区(景区)农业旅游发展过程亟须改进的是：
    A. 开发建设新农业景区(景点)　　B. 明确乡村旅游主题，创造乡村旅游特色
    C. 改善旅游交通条件　　D. 丰富乡村旅游内涵，提升乡村旅游文化
    E. 完善旅游接待设施　　F. 增加现代新型旅游设施
    G. 加大广告宣传力度　　H. 加强乡村旅游商品生产与销售
    I. 提高旅游服务水准　　J. 整治旅游环境
    K. 其他，如_____

后　　记

　　本书是在博士论文《基于旅游感知的西南少数民族地区农业旅游发展模式研究》和主持的国家社科基金项目与国家自然基金项目部分研究成果的基础上，经充实、修改完善而成。本书既是本人近年研究成果的总结与提炼，也是团队合作的成果。全书由黄燕玲与罗盛锋统稿，书中第四章由罗盛锋与闫春合作撰写，第六章第二节由黄燕玲与封全喜合作完成，其他章节由黄燕玲撰写。

　　本书的写作得到南京师范大学地理科学学院黄震方教授与沙润教授的悉心指导与大力帮助。同时本书的出版也得到桂林理工大学旅游学院院长王金叶教授、研究生处处长程道品教授和科技处处长邹正光教授的指导与支持。研究撰写过程中云南师范大学明庆忠教授、中山大学保继刚教授、澳大利亚昆士兰大学旅游学院丁培毅高级研究员和 Noel Scott 副教授提出了宝贵意见和建议。书稿修订还得到桂林理工大学硕士研究生肖婷婷、吴露岚与张东玲等的大力帮助，在此表示衷心感谢！

　　感谢父母，正是他们的无数牺牲，才使本书得以顺利完成。感谢女儿为我们的生活带来无限快乐和希望。

　　谨以本书献给所有关心、帮助、支持我们的人！

　　由于作者水平所限，书中难免有不当和错误之处，恳请读者批评和指正。

笔　者

2011 年 12 月于桂林